1.1007.
Df 28.g.5

14832

LETTRES

DE

MADAME DE SÉVIGNÉ.

TOME CINQUIÈME.

CHATEAU DE BIRON.

LETTRES
DE
MADAME DE SÉVIGNÉ,
DE SA FAMILLE ET DE SES AMIS

TOME CINQUIÈME

A PARIS,

M DCCC XVIII.

MA

D

LETTRES

DE
MADAME DE SÉVIGNÉ,

DE SA FAMILLE ET DE SES AMIS.

AVEC PORTRAITS, VUES ET FAC-SIMILE.

TOME CINQUIÈME.

A PARIS,

J. J. BLAISE, LIBRAIRE DE S. A. S. MADAME
LA DUCHESSE D'ORLÉANS DOUAIRIÈRE,
QUAI DES AUGUSTINS, N° 61, À LA BIBLE D'OR.

M D CCC XVIII.

Le 7 may a grignan 1696.

vous comprenés si bien monsieur, tout ce que l'on
peut sentir dans la perte que nous venons de faire
et vous y entrés si sincerement espons vous, espacuns
que ie me trouve obligé de joindre aux tres humbles
remerciments que je dois a vos bontés, un compliment
particulier sur vostre douleur, en verité monsieur
toutes les personnes qui estoient attachées a m.me de sevigné
par les liens du sang, et de l'amitié sont bien a plaindre
et surtout celles qui ont pu connoistre dans les dernieres
journées de sa vie, toute l'estandue de son merite et de
sa solide vertu, j'aurey l'honneur quelque jour de vous
conter des details sur cela qui augmenteront vos admira-
tions, faittes moy la grace d'estre tousiours bien persuadé monsieur
de mon parfait attachement pour vous et du veritable
respect avec lequel je suis vostre tres humble et tres obeissant
serviteur.   grignan

m.r de pomponne

CHÂTEAU DE GRIGNAN (Côté de la Guitaumme)

LETTRES
DE
MADAME DE SÉVIGNÉ.

543.

De Madame DE SÉVIGNÉ *à Madame* DE GRIGNAN.

A Paris, mercredi 30 septembre 1676.

Je mens, il n'est que mardi, mais je commence toujours ma lettre pour faire réponse aux vôtres, et pour vous parler de madame de Coulanges, et je l'achéverai demain, qui sera effectivement mercredi.

C'est le quatorze de madame de Coulanges : les médecins n'en répondent point encore, parcequ'elle a toujours la fièvre, et que dans les rêveries continuelles où elle est, ils ont raison de craindre le transport. Cependant, comme les redoublements sont moindres, il y a tout sujet de croire que tout ira bien. On vouloit lui faire prendre ce matin de l'émétique ; mais elle avoit si peu de raison, qu'on n'a pu lui en faire prendre que cinq ou six mauvaises gorgées, qui n'ont pas fait la moitié de ce qu'on desiroit. Il me semble que vous avez envie d'être en peine de moi, dans l'air de fièvre de cette maison; je vous assure que je me porte bien. M. de Coulanges aime et souhaite fort ma présence : je suis dans la chambre, dans le jardin; je vais, je viens, je cause avec mille gens, je me promène, je ne prends point l'air de la fièvre; enfin, ma fille, n'ayez point d'inquiétude sur ma santé.

Le pauvre Amonio n'est plus à Chelles, il a fallu céder au visiteur; *Madame*[1] est inconsolable de cet affront; et pour s'en venger, elle a défendu toutes les entrées de la maison, de sorte que ma sœur de Biron, mes nièces de Biron, ma sœur de La Meilleraie, ma belle-sœur de Cossé, tous les amis, tous les cousins, tous les voisins, tout est chassé. Tous les parloirs sont fermés, tous les jours maigres sont observés, toutes les matines sont chantées sans miséricorde, mille petits relâchements sont réformés; et quand on se plaint : *Hélas ! je fais observer la règle.* — Mais vous n'étiez point si sévère. — *C'est que j'avois tort, je m'en repens....* Enfin, on peut dire qu'Amonio a mis la réforme à Chelles. Cette bagatelle vous auroit divertie; et en vérité, quoique vous disiez sur cela les plus folles choses du monde, je suis persuadée de la sagesse de *Madame* : mais c'est par cette raison que la chose en est plus sensible. Amonio est chez M. de Nevers; il est habillé comme un prince, et bon garçon au dernier point. Il a veillé cinq ou six nuits madame de Coulanges; je vous assure qu'il en sait

---

[1] Marguerite-Guyonne de Cossé, abbesse de Chelles, sœur de la duchesse de La Meilleraie et de la marquise de Biron.

autant que les autres; mais sa barbe n'osoit se montrer devant celle de M. Brayer. Ils m'ont tous assurée que la vendange de cette année m'auroit empirée, et que je suis trop heureuse d'en avoir été détournée. Vous me direz qui vous avoit parlé de cette vendange? Tout le monde, et Vesou comme les autres; mais il s'est ravisé, et j'en suis bien aise.

Tout le monde croit que *l'ami* n'a plus d'amour, et que *Quanto* est embarrassée entre les conséquences qui suivroient le retour des faveurs, et le danger de n'en plus faire, crainte qu'on n'en cherche ailleurs. D'un autre côté, le parti de l'amitié n'est point pris nettement[a] : tant de beauté encore et tant d'orgueil se réduisent difficilement à la seconde place. Les jalousies sont vives; mais ont-elles jamais rien empêché? Il est certain qu'il y a eu des regards, des façons pour la *bonne femme*; mais quoique tout ce que vous dites soit parfaitement vrai[b], elle est *une autre*, et c'est beaucoup. Bien des gens croient qu'elle est trop bien conseillée pour lever l'étendard d'une telle perfidie, avec si peu d'apparence d'en jouir long-temps; elle seroit précisément en butte à la fureur de *Quanto*; elle ouvriroit le chemin à l'infidélité, et serviroit comme d'un passage pour aller à d'autres plus jeunes et plus ragoûtantes :

[a] Ce passage vient à l'appui de l'observation contenue dans la note de la page 317 du tome III.

[b] Madame de Grignan observoit sans doute à sa mère que madame de Soubise étant alors âgée de vingt-neuf ans et ayant eu huit enfants, il étoit peu vraisemblable qu'elle pût fixer long-temps le roi. (*Voyez* la note de la page 429 du tome IV.)

Voilà mes réflexions, chacun regarde, et l'on croit que le temps découvrira quelque chose. La *bonne femme* a demandé le congé de son mari, et depuis son retour, elle ne se montre ni parée, ni autrement qu'à l'ordinaire.

Vous ai-je mandé que la bonne marquise d'Uxelles a la petite-vérole? On espère qu'elle s'en tirera; c'est un beau miracle à nos âges.

Il est mercredi au soir. La pauvre malade est hors d'affaire, à moins d'une trahison que l'on ne doit pas prévoir. Pour *Beaujeu*, elle a été en vérité morte, et l'émétique l'a ressuscitée : il n'est pas si aisé de mourir que l'on pense.

544.

De M. *l'Abbé* DE PONTCARRÉ[a], *à la même.*

A Paris, vendredi 2 octobre 1676.

Suivant mes anciennes et louables coutumes, je me suis rendu ce matin dans la chambre de madame la marquise; au moment que je lui ai présenté ma face réjouie, elle s'est bien doutée de mon dessein, et m'a lâché cette feuille de papier; sa libéralité n'est pas entière, car elle prétend bien aussi s'en servir, ce que j'approuve beaucoup. Je vous dirai donc *in poche parole*, madame

---

[a] Pierre Camus de Pontcarré, aumônier du roi, mort en 1684. Il étoit l'ami intime du cardinal de Retz. Madame de Sévigné parle souvent de lui; elle l'appelle presque toujours *le gros abbé*.

la comtesse, que nous ne savons encore ce que l'on fera le reste de la campagne. M. de Lorraine¹ demeurera-t-il les bras croisés? *Ecco il punto*. On est aussi en peine de M. de Zell, qui marche vers la Moselle. M. de Schomberg doit avoir passé la Sambre dès le 27, et marché vers Philippeville; il lui sera facile d'envoyer des troupes à M. le maréchal de Créqui. Vous savez tous les démêlés qui sont arrivés au conclave : si cela venoit jusqu'à l'éminence souveraine, vous ne feriez pas mal de vous transporter à Rome, pour lui offrir votre bras; vous en aurez le temps, s'il est vrai que l'élection ne se fasse pas sitôt. Je fus hier à la porte de Richelieu une partie de la journée; j'y trouvai les dames bien intriguées pour leurs ornements de Villers-Coterets; ce que je puis vous dire, c'est que l'*Ange*ᵃ sera des plus magnifiques. Je frondai à mon ordinaire cette dépense, mais je fus traité de vieux rêveur et de *pantalon*. Je souffris patiemment toutes ces injures, parcequ'il ne m'en coûtoit rien. On m'auroit volontiers proposé quelque emprunt de pierreries; je ne donnai pas dans cette idée, ayant toujours fort condamné cette sorte de familiarité. Nous aurons ici lundi madame de Verneuil, qui vient se mettre en état de partir pour le Languedoc. La *Manierosa*ᵇ

¹ Le prince Charles de Lorraine venoit de prendre Philisbourg. (*Voyez* la note de la lettre 541, tome IV, page 478.)
ᵃ Madame de Grancey.
ᵇ C'est madame la duchesse de Sully qui est désignée par cette épithète. Madame de Verneuil, veuve en premières noces du duc de Sully, étoit sa belle-mère. Le château de Sully est situé sur les bords de la Loire à quatre lieues de Gien.

vient avec elle pour demeurer quelques jours avec nous, ensuite elle prendra la route de la Loire. Je suis à vous, Madame, avec tout le respect que je dois, et à M. le Comte.

Madame DE SÉVIGNÉ *continue.*

Vous connoissez le gros abbé, et la joie qu'il a d'épargner son papier; par bonheur, je suis encore plus aise de lui en donner. Il lui est arrivé un grand accident dont il est triste, et ne se peut consoler, c'est qu'il a donné à son valet-de-chambre un manteau qui ne lui a servi qu'un an : il croyoit qu'il y en eût deux : ce mécompte est sensible, il est fort bon là-dessus. Pour moi, je le trouve original sur l'économie, comme l'abbé de La Victoire ^a sur l'avarice.

Voilà une nouvelle de madame de Castries ¹ qui me mande qu'Odescalchi ² est pape : vous l'aurez su plus tôt que nous. Enfin, voilà donc nos cardinaux qui reviennent; s'ils repassent en Provence, ce sera sitôt, que vous les verrez avant que de partir. Savez-vous que le petit Amonio est présentement en poste sur le chemin de Rome? Son oncle, c'est-à-dire un autre que celui qui étoit au défunt pape, est maître-de-chambre de ce nouveau pape. Vous voyez bien que voilà sa fortune faite, et qu'il n'a plus besoin de madame de Chelles, ni de

---

^a L'abbé Lenet. (*Voyez* la note de la lettre 111, tom. I, pag. 265.)

¹ Élisabeth de Bonzi, sœur du cardinal de ce nom, veuve de René-Gaspard de La Croix, marquis de Castries.

² Odescalchi, élu pape le 21 septembre, prit le nom d'Innocent XI.

toutes ses bonnes. Il est vendredi, ma fille, et je serois déjà retournée à Livry, parcequ'il fait divinement beau, et que madame de Coulanges est hors de tout péril, et dans toute la douceur de sa convalescence; sans que je veux savoir tantôt, si M. de Pomponne a fini ce matin notre affaire, afin de vous envoyer sa lettre ce soir. Je veux aussi le remercier, et parler à Parère; après cela, j'aurai l'esprit en repos, et m'en irai demain ou dimanche à Livry.

Madame de Maintenon vint hier voir madame de Coulanges; elle témoigna beaucoup de tendresse à cette pauvre malade, et bien de la joie de sa résurrection. L'ami et l'amie[a] avoient été tout hier ensemble : la femme (*la reine*) étoit venue à Paris: On dîna ensemble, on ne joua point en public. Enfin la joie est revenue, et tous les airs de jalousie ont disparu. Comme tout change d'un moment à l'autre, la grande femme[b] est revenue sur l'eau; elle est présentement aussi bien avec la belle qu'elle y étoit mal. Les humeurs sont adoucies; et enfin ce que l'on mande aujourd'hui n'est plus vrai demain : c'est un pays bien opposé à l'immutabilité. Je vous conjure, ma très chère, de ne le point imiter sur votre départ, et de songer que nous sommes au 2 d'octobre. Pour ma santé, n'en soyez point en peine; Livry, quoi que vous en vouliez dire, me va faire tous les biens du monde, pour le reste du beau temps. Ne dites rien, je vous prie, à T...; mais je l'aime d'avoir voulu vous plaire

---

[a] Le roi et madame de Montespan.
[b] C'est madame d'Heudicourt. (*Voyez* plus bas, page 31.)

in ogni modo, en vous disant qu'il m'a vue : cette petite menterie vient d'un fonds admirable : ma belle, je ne l'ai pas vu, et je ne pensois pas même qu'il fût à Paris. Langlade a pensé mourir à Frêne de la même maladie que madame de Coulanges, hors qu'il fut plus mal encore, et qu'on lui donna l'extrême-onction. Madame Le Tellier*a* paiera pour tous, elle est très mal. Adieu, ma chère Comtesse, j'embrasse le Comte et les jolis *Pichons*; mon Dieu, que tout cela m'est cher! Je vous exhorte à lire le P. Le Bossu; il a fait un petit *Traité de l'Art poétique*[1] que Corbinelli met cent piques au-dessus de celui de Despréaux.

545. *

A la même.

A Livry, mercredi 7 octobre 1676.

Je vous écris un peu *à l'avance*, comme on dit en Provence, pour vous dire que je revins ici dimanche,

a La femme du chancelier. Elle ne mourut pas de cette maladie.

[1] On ne voit point qu'il y ait aucun rapport entre les deux ouvrages dont il s'agit. L'un, écrit en prose, est un traité assez étendu sur le *poëme épique* en particulier; et l'autre, écrit en vers, embrasse la poésie en général, mais d'une manière fort abrégée, et dans le goût de l'*Art poétique* d'Horace : de sorte que l'ouvrage du père Le Bossu peut être estimé et loué avec justice, sans qu'on doive pour cela le mettre au-dessus de l'*Art poétique* de Despréaux, qui est un chef-d'œuvre de poésie didactique.

afin d'achever le beau temps et de me reposer. Je m'y trouve très bien, et j'y fais une vie solitaire qui ne me déplaît pas, quand c'est pour peu de temps. Je vais aussi faire quelques petits remèdes à mes mains, purement pour l'amour de vous, car je n'ai pas beaucoup de foi; et c'est toujours dans cette vue de vous plaire que je me conserve, étant très persuadée que l'heure de ma mort ne peut ni avancer ni reculer; mais je suis les conduites ordinaires de la bonne petite prudence humaine, croyant même que c'est par elle qu'on arrive aux ordres de la Providence. Ainsi, ma fille, je ne négligerai rien, puisque tout me paroît comme une obéissance nécessaire. Voilà qui est bien sérieux; mais voici la suite de mon séjour à Paris de près de quinze jours : vous savez ce que je fis le vendredi, et comme j'allai chez M. de Pomponne. Nous avons trouvé, M. d'Hacqueville et moi, que vous devez être contents du réglement, puisque enfin le roi veut que le lieutenant soit traité comme le gouverneur; et qu'on se trouve à l'ouverture de l'assemblée comme on a fait par le passé : voilà une grande affaire. Le samedi, M. et Mme de Pomponne, madame de Vins, d'Hacqueville et l'abbé de Feuquières, vinrent me prendre pour aller nous promener à Conflans [a]. Il faisoit très beau. Nous trouvâmes cette maison cent fois plus belle que du temps de M. de Richelieu. Il y a six fontaines admirables, dont la machine tire l'eau de la rivière, et ne finira que lorsqu'il n'y aura pas une goutte d'eau. On pense avec plaisir à cette eau natu-

[a] Sur les bords de la Seine auprès de Charenton.

relle, et pour boire, et pour se baigner quand on veut. M. de Pomponne étoit gai; nous causâmes et nous rîmes extrêmement. Avec sa sagesse, il trouvoit par-tout un air de *cathédrale*" qui nous réjouissoit beaucoup. Cette petite partie nous fit plaisir à tous; vous n'y fûtes point oubliée.

La vision de la *bonne femme* passe à vue d'œil, mais c'est sans croire qu'il y ait plus autre chose que la crainte qui attache à *Quanto*. Pour le voyage de M. de Marsillac, gardez-vous bien d'y entendre aucune finesse, il a été fort court. M. de Marsillac est aussi bien que jamais auprès du roi : il ne s'est ni amusé, ni détourné : il avoit Gourville, qui n'a pas souvent du temps à donner : il le promenoit par toutes ses terres, comme un fleuve qui apporte la graisse et la fertilité. Quant à M. de La Rochefoucauld, il alloit, comme un enfant, revoir Verteuil et les lieux où il a chassé avec tant de plaisir; je ne dis pas où il a été amoureux, car je ne crois pas que ce qui s'appelle amoureux, il l'ait jamais été". Il revient plus doucement que son fils, et passe en Touraine chez madame de Valentiné et chez l'abbé d'Effiat[b].

[a] La maison dont il s'agit appartenoit aux archevêques de Paris.

" Ce passage semble en opposition avec le caractère connu du duc de La Rochefoucauld. Ce fut son amour pour la duchesse de Longueville qui le fit entrer dans le parti de la Fronde, et tout le monde sait qu'ayant été blessé au combat de Saint-Antoine, il s'appliqua ces deux vers de la tragédie d'Alcionée de Duryer.

Pour mériter son cœur, pour plaire à ses beaux yeux,
J'ai fait la guerre aux rois, je l'aurois faite aux Dieux.

[b] A Veret, sur les bords de la Loire, près de Tours.

Il a été dans une extrême peine de madame de Coulanges, qui revient assurément de la plus grande maladie qu'on puisse avoir : la fièvre ni les redoublements ne l'ont point encore quittée; mais parceque toute la violence et la rêverie en sont dehors, elle se peut vanter d'être dans le bon chemin de la convalescence. Madame de La Fayette est à Saint-Maur : je n'y ai été qu'une fois : elle a son mal de côté qui l'a empêchée d'aller chez madame de Coulanges, dont elle étoit fort inquiétée; et d'aller voir Langlade, qui a pensé mourir à Frêne du même mal que madame de Coulanges, et a eu de plus qu'elle l'extrême-onction. Enfin, elle a été soulagée de tous les côtés, sans avoir quitté sa place.

Je disois l'autre jour à madame de Coulanges que *Beaujeu* avoit eu sur elle l'extrême-onction, et qu'on lui avoit crié : *Jesus Maria;* elle me répondit avec une voix de l'autre monde : *Hé, que ne me le crioit-on? je le méritois autant qu'elle.* Que dites-vous de cette ambition? Ecrivez au petit Coulanges, il a été digne de compassion; il perdoit tout en perdant sa femme. Ce fut une chose fort touchante quand elle fit écrire à M. du Gué[1] pour lui recommander M. de Coulanges, et cela par conscience et par justice, reconnoissant de l'avoir ruiné, et demandant à M. et à Mme du Gué cette marque de leur amitié comme la dernière : elle leur demandoit pardon, et leur bénédiction en même temps. Je vous assure que ce fut une scène fort triste. Vous écrirez donc à ce pauvre petit homme, qui est parfaitement

[1] Père de madame de Coulanges, intendant de Lyon.

content de mon amitié : en vérité, c'est dans ces occasions qu'il faut la témoigner.

Votre petit Allemand paroît extrêmement adroit au bon abbé, il est beau comme un ange, et doux et honnête comme une pucelle. Il va répéter son allemand chez M. de Strasbourg*a*. Je l'ai fort exhorté à se rendre digne : mais je vous défie de deviner son nom; quoi que vous puissiez dire, je vous dirai toujours, c'est autrement; c'est qu'il s'appelle *Autrement*. N'est-ce pas là un nom bien propre à ouvrir l'esprit à des pointilleries continuelles? Je lui apprends à nouer des rubans : en un mot, je crois que vous vous en trouverez fort bien.

Madame Cornuel étoit l'autre jour chez Berryer*b* dont elle étoit maltraitée; elle attendoit à lui parler dans une anti-chambre qui étoit pleine de laquais. Il vint une espèce d'honnête homme qui lui dit qu'elle étoit mal

---

a François Egon, cardinal de Furstemberg, évêque de Strasbourg, mort en 1682.

b On lit ce nom dans l'édition de 1734; il a été supprimé dans celle de 1754, parceque Nicolas-René Berryer descendant de celui-ci, étoit alors lieutenant de police. Il est ici question de Louis Berryer, procureur syndic perpétuel des secrétaires du roi. Il devoit sa fortune à la protection de Colbert, dont il s'étoit fait la créature; il avoit été sergent au Mans, et l'on prétendoit même qu'il avoit commencé par être marqueur de jeu de paume; c'est ce qui fit faire ce couplet:

> Grand roi, veux-tu que tes édits
> Soient reçus au palais sans fronde?
> Reçois bien ce fidèle avis,
> Et ne crois pas qu'aucun en gronde;
> Fais-les écrire et publier
> Sur la peau du sergent Berryer.

dans ce lieu-là *Hélas!* dit-elle, *j'y suis fort bien, je ne les crains point tant qu'ils sont laquais.* Voilà ce qui a fait éclater de rire M. de Pomponne, de ces rires que vous connoissez; je crois que vous le trouverez fort plaisant aussi.

M. le cardinal m'écrit, du lendemain qu'il a fait un pape, et m'assure qu'il n'a aucun scrupule. Vous savez comme il a évité le sacrilège du faux serment; les autres y doivent trouver un grand goût, puisqu'il n'est pas même nécessaire. Il me mande que le pape est encore plus saint d'effet que de nom; qu'il vous a écrit de Lyon en passant, et qu'il ne vous verra point en repassant, par la même raison des galères, dont il est très fâché; de sorte qu'il se retrouvera dans peu de jours chez lui, comme si de rien n'étoit. Ce voyage lui a fait bien de l'honneur, car il ne se peut rien ajouter au bon exemple qu'il a donné. On croit même que, par le bon choix du souverain pontife^a, il a remis dans le conclave le St-Esprit qui en étoit exilé depuis tant d'années. Après cet exemple, il n'y a point d'exilé qui ne doive espérer.

Vous voilà donc dans la solitude; c'est présentement

^a Le pape une fois nommé, le cardinal de Retz devoit paroître de l'avis du conclave; d'ailleurs les historiens s'accordent à regarder Odescalchi comme un homme vertueux. Mais on voit dans la *Relation des conclaves de 1689 et de 1691*, que Coulanges a laissée, et dont l'original écrit de sa main est sous nos yeux, que la France avoit toujours combattu l'exaltation d'Innocent XI; dès 1669, le parti françois, dirigé par les cardinaux de Retz et de Bouillon, étoit parvenu à lui faire préférer le cardinal Altieri, qui prit le nom de Clément X. Mais en 1676, les efforts des cardinaux françois furent paralysés par la

que vous devez craindre les esprits : je m'en vais parier que vous n'êtes plus que cent personnes dans votre château. Je suis persuadée de toute l'*aimabilité* de la belle Rochebonne; mais la constance de Corbinelli est abymée dans tant de philosophie, et il est si terriblement attaché à la justesse des raisonnemens, que je ne vous réponds plus de lui. Il dit que le père Le Bossu ne répond pas bien à vos questions; qu'il auroit tort de vouloir vous instruire, que vous en savez plus qu'eux tous : vous nous en manderez votre avis.

Je vous ai mandé l'histoire de Brisacier^a; on n'en peut rien dire jusqu'à ce que le courrier de Pologne soit revenu. Il est cependant hors de Paris et de la cour : il assiège la ville, et demeure chez ses amis aux environs : il étoit l'autre jour à Clichy : madame du Plessis le vint voir de Frêne, pour faire les lamentations de la rupture de son marché. Brisacier lui dit qu'assurément il n'étoit point rompu, et qu'on verroit, au retour du courrier, s'il étoit aussi fou qu'on disoit. S'il est protégé de la reine de Pologne, ou du roi, nous en jugerons comme vous faites.

M. de Bussy est arrivé comme j'écrivois cette lettre; je lui ai fait voir votre souvenir. Il vous dira lui-même

défection du cardinal d'Etrées, et Odescalchi fut nommé pape. On doit attacher d'autant plus de confiance à ce récit, que Coulanges n'a fait que rapporter ce que le cardinal de Bouillon exposa dans le conseil qui fut tenu à Rome, en 1689, entre les cardinaux françois, le duc de Chaulnes et le jeune marquis de Torcy, sur le choix à faire du nouveau pape.

^a *Voyez* la lettre 542, tome IV, page 482.

combien il en est content*a*. Il m'a lu des mémoires les plus agréables du monde : ils ne seront pas imprimés*b*, quoiqu'ils le méritassent bien mieux que beaucoup d'autres choses.

On nous vient dire que Brisacier et sa mère, qui étoient ici près à Gagny, ont été enlevés; ce seroit un mauvais préjugé pour le duché. Cette nouvelle est un peu crue : comme elle est présentement à Paris, d'Hacqueville ne manquera pas de vous l'apprendre. Je vous embrasse mille fois, ma très chère, avec une tendresse fort au-dessus de ce que je vous en pourrois dire.

Je reçois, ma fille, votre lettre du 30; mais quoi! vous n'aviez pas reçu la mienne du 21? quelle sottise à la poste! elle étoit toute propre à vous instruire : je décidois sur votre départ, et je vous conjurois par pure tendresse de ne point le différer; c'est ce que je vous demande encore par les mêmes raisons : vous suivrez ce conseil, si vous avez pour moi autant d'amitié que je vous en crois; dans cette confiance, je ne me remettrai point à vous dire combien je le souhaite, ni combien six semaines font à mon impatience. Madame de Soubise est allée voir son mari malade en Flandre : cela me plaît : voyez la *Gazette de Hollande.* Adieu, j'embrasse tendrement le seigneur Comte.

a *Voyez* le billet de Bussy, plus bas sous le n° 547.
b C'est la marquise de Coligny qui les fit imprimer après la mort de son père; on a retranché des faits qui auroient éclairci l'histoire de son temps, en y conservant de misérables galanteries qui n'auroient pas dû voir le jour.

546.*

A la même.

A Livry, vendredi 9 octobre 1676.

Je suis fâchée, ma très chère, que la poste vous diffère mes lettres de quelques jours. Je connois votre amitié et vos inquiétudes; mais il n'y a qu'à recourir au grand d'Hacqueville pour y trouver tout le secours que l'on peut souhaiter. Je me souviendrai toute ma vie du plaisir et de la consolation que je trouvai aux Rochers dans une de ses lettres, après que vous fûtes accouchée; sans quoi je n'étois pas en état de soutenir l'excès de la douleur où j'étois. J'espère que vous aurez été contente le lendemain, à moins qu'un laquais de madame de Bagnols, à qui je donnai mes lettres pour les porter à la poste, ne les ait jetées je ne sais où; il m'en a pris quelque petite crainte. Vous aurez vu, dans cette lettre, si vous l'avez reçue, la réponse de celle où vous me parliez d'attendre M. de Grignan : je vous priois, ma chère, de ne point écouter cette pensée; je vous assurois que celle de la saison moins avancée ne m'avoit point fait souhaiter que votre arrivée précédât la sienne; que c'étoit l'extrême envie que j'avois de vous voir, qui me faisoit vous conjurer de me donner cette petite avance; que je la méritois, par la seule raison de la discrétion que j'ai eue de ne point vouloir vous tirer de votre château plus tôt qu'au départ de M. de Grignan pour l'*assemblée*¹ ; que j'avois pris sur moi tout le temps dont vous m'aviez rendue la maîtresse, et qu'en un mot je vous conjurois, comme je fais encore de tout mon cœur, de songer à partir ce mois-ci, comme nous en sommes demeurées d'accord. Je crois que M. de Grignan ne trouve rien d'injuste à tout mon procédé. Je vous ai mandé le peu d'argent qu'il vous faut, en attendant qu'il vienne ; je crois que votre voiture doit être la litière jusqu'à Roannes, et la rivière jusqu'à Briare, où vous trouverez mon carrosse. Voilà, ma fille, l'essentiel du contenu de ma lettre, au cas qu'elle soit perdue.

L'abbé Bayard me mande que j'ai très bien fait de ne point aller cet automne à Vichy, que les pluies continuelles ont rendu les eaux très mauvaises ; que Saint-Hérem et Planci, qui y étoient allés exprès, n'en ont point pris ; qu'il n'y avoit que M. de Champlâtreux" qui n'étoit guère content ; enfin sa lettre m'a fait un plaisir admirable ; je ne savois pas trop bien d'où me venoit mon opiniâtreté, c'étoit justement cela. Je fais ici un certain tripotage à mes mains avec de la moelle de cerf et de l'eau de la reine de Hongrie, qui me fera, dit-on, des merveilles. Ce qui m'en fait beaucoup, c'est le temps miraculeux qu'il fait ; ce sont de ces beaux jours de cristal de l'automne, qui ne sont plus chauds, qui ne sont pas froids : enfin j'en suis charmée ; je me tiens dehors

¹ L'assemblée des états de Provence qui se tient à Lambesc.
" Louis Molé de Champlâtreux conseiller au parlement de Paris.

depuis six heures du matin jusqu'à cinq heures du soir; je n'en perds pas un moment, et à cinq heures, avec une obéissance admirable, je me retire, mais ce n'est pas sans m'humilier, reconnoissant, avec bien du déplaisir, que je suis une misérable mortelle, et qu'une sotte timidité me fait rompre avec l'aimable serein, le plus ancien de mes amis, que j'accuse peut-être injustement de tous les maux que j'ai eus. Je me jette dans l'église, et je ferme les yeux, jusqu'à ce qu'on me vienne dire qu'il y a des flambeaux dans ma chambre : car il me faut une obscurité entière dans l'entre-chien et loup, comme les bois, ou une église, ou que l'on soit trois ou quatre à causer; enfin je me gouverne selon vos intentions. J'ai vu le petit Sanguin* du prince, qui est chez son cousin; il m'apporta des perdrix et des lièvres : il est tout tel qu'il étoit; nous parlâmes fort du temps passé, et de la princesse.

La nouvelle de Brisacier est tout assurée : on a découvert par des lettres qu'il écrivoit au roi de Pologne, qu'il travailloit à le détourner de l'amitié de notre monarque; de sorte qu'il est à la Bastille, et sa destinée est encore incertaine entre la potence et le duché[b].

Pour l'Allemagne, il y auroit beaucoup à dire. Le gé-

---

[a] L'obscurité de ce passage aura sans doute été cause de sa suppression. Il se lit dans l'édition de 1734, et on ne le retrouve plus dans celle de 1754. Il y a apparence qu'il ne s'agit pas du fils de Claude Sanguin, premier maître-d'hôtel du roi, mais que madame de Sévigné veut dire qu'elle a reçu la visite du premier maître-d'hôtel d'un prince qui pourroit bien être M. le duc.

[b] Brisacier avoit abusé de sa charge de secrétaire des commande-

néral a été encore un peu mortifié, en faisant escorter des convois; il est obligé de se rapprocher de nous, pendant que ces brutaux d'Allemands, dès qu'il aura repassé le Rhin, se mettront autour de Brisach, comme ils firent l'année passée à Philisbourg : cela seroit assez impertinent. Il y a beaucoup de division dans cette armée, j'entends celle de M. de Luxembourg. Je reçois un billet de d'Hacqueville, qui fut mercredi à Versailles, pour voir faire et envoyer cette manière de règlement pour l'assemblée. Il faut avouer que jamais il ne s'est vu un tel ami : quand on lui recommande quelque affaire, rien n'empêche de croire que c'est la seule qu'il ait, tant il s'en acquitte ponctuellement.

547.*

Du Comte DE BUSSY *à Madame* DE GRIGNAN*.

A Livry, ce 10 octobre 1676.

Il y a trois jours que je suis ici, Madame, avec madame votre mère. Vous croyez bien que sa rate et la mienne en ont mieux valu. Elle m'a montré un endroit

---

ments de la reine, en faisant signer à cette princesse, sans qu'elle s'en aperçût, une lettre de recommandation adressée au roi de Pologne. *Voyez* la lettre suivante, et les mémoires de l'abbé de Choisy.

* Cette lettre n'est pas dans le manuscrit de Bussy qui est entre nos mains, mais elle a été publiée dans ses *lettres*, tome V, page

de votre dernière lettre où vous me faites un compliment sur la prison de mon fils, dont je vous rends mille graces. Mais vous m'en aviez promis un sur la qualité de grand-père que je porte fort indignement. Je n'en sais point du tout faire les fonctions; je n'en suis pas moins gai, et j'espère de devenir bisaïeul sans en être plus grave. Mais quand arriverez-vous, Madame? Vous vous faites bien desirer, sans avoir besoin de ce secours, pour nous faire bien aises de vous revoir.

> Revenez vite à nous, Grignan;
> Quittez pour un temps la Provence.
> N'attendez pas le bout de l'an,
> Revenez vite à nous, Grignan;
> Peut-être sera-ce à mon dam,
> Mais je ne crains que votre absence.
> Revenez vite à nous, Grignan,
> Quittez pour un temps la Provence.

Je laisse à madame votre mère à vous envoyer tous les autres triolets qu'on chante ici; et pour moi, Madame, je vous chanterai toujours, jusqu'à ce que je vous parle.

394. Elle a dû être jointe à la collection des lettres de madame de Sévigné, parceque cette dernière l'annonce à sa fille dans la lettre 545, page 19 de ce volume.

548.*

De Madame DE SÉVIGNÉ *à Madame* DE GRIGNAN.

Commencée à Livry, et finie à Paris,
mercredi 14 octobre 1676.

Je vous remercie, ma fille, de votre complaisance, et de l'amitié que vous me témoignez, puisque vous êtes résolue de partir avant M. de Grignan. Je l'embrasse et je le remercie aussi du consentement qu'il y donne : je connois la pesanteur de votre absence, et je comprends ce qu'il souffrira; mais c'est pour si peu de temps, qu'il a raison de ne me pas envier cette satisfaction : sa part est toujours bien grande au prix de la mienne. Je vous conjure à présent, ma très chère, de prendre un bon conducteur pour votre voyage; j'ai de la peine à penser à l'ennui que vous aurez : je vous recommande à Montgobert; ayez des livres; et au nom de Dieu, défendez à vos muletiers de prendre le chemin le plus court, en allant de chez vous à Montélimart; qu'ils prennent le chemin du carrosse : ils menèrent madame de Coulanges par celui que je vous dis; sans du But, qui descendit promptement, et soutint la litière, elle tomboit dans un précipice épouvantable; il m'a conté cela dix fois, et m'a fait transir. La crainte qu'on ne vous mène par ce chemin m'a déjà réveillée plus d'une fois la nuit.

Je vous conjure, ma très chère, de donner ce soin à quelqu'un qui ait plus d'attention à votre conservation que vous-même. J'écrirai à Moulins à un M. Le Châtelain, qui vous rendra mille petits services ; c'est un très bon et très honnête homme, qui a de l'esprit et de la piété. Vous y verrez aussi madame de Gamaches, qui est de la maison de Montmorin[a] : elle est vive, elle est jolie femme : elle ne m'a pas quittée pendant quatre ou cinq jours, en deux fois, que j'ai été à Moulins, ou chez mesdames Fouquet : enfin elle est ma première amie de Moulins.

M. de Seignelai est allé en poste à Marseille, pour une affaire de la marine ; nous ne savons ce que c'est. Le Brisacier et sa mère sont toujours à la Bastille. La mère a obtenu une femme pour la servir ; mais *M. le duc* se déchausse lui-même.

Votre médecin philosophe tire de trop loin pour tirer juste ; il me croit malade, et je suis guérie ; et je vous assure que les conseils qu'on m'a donnés ici, sont opposés aux siens. Je finirai ma lettre demain à Paris.

Jeudi 15.

Me voici donc à Paris. J'ai couché à Saint-Maur ; j'y allai de Livry. J'y ai vu M. de La Rochefoucauld, et nous avons fort causé. Si *Quanto* avoit bridé sa coiffe à Pâques de l'année qu'elle revint à Paris, elle ne seroit pas

---

[a] Marie-Françoise de Montmorin, mariée en 1666 à Jean-Frédéric de Gamaches comte de Châteaumélian.

dans l'agitation où elle est : il y avoit du bon esprit à prendre ce parti ; mais la foiblesse humaine est grande ; on veut ménager des restes de beauté ; cette économie ruine plutôt qu'elle n'enrichit. La *bonne femme* (*madame de Soubise*) est en Flandre : cela ferme la bouche. J'ai trouvé que mes rêveries de ma forêt se rapportent fort aux raisonnements d'ici. Je n'ai point encore vu madame de Coulanges, je n'irai qu'après avoir fait ce paquet. On m'assure qu'elle est très bien, et que les épigrammes recommencent à poindre. Je lui ferai vos amitiés, et donnerai votre lettre à son mari.

On dit que le crime de Brisacier, c'est d'avoir abusé de sa charge[1]; en faisant écrire la reine au roi de Pologne, pour l'engager à prier le roi d'accorder un brevet de duc à Brisacier, son secrétaire. Il faut que le courrier de Pologne ait apporté cette nouvelle, puisqu'on a donné des commissaires à Brisacier; et vous savez ce que c'est d'abuser du sceau et du seing d'une reine de France. Je crains que *M. le duc de Brisacierski* ne soit pendu.

Je prévois que mon fils reviendra, au lieu d'aller sur la Meuse, où sa mauvaise destinée l'envoie; il a un rhumatisme à la cuisse, qui sera bon pour obtenir son congé. Si le beau temps continue, j'irai encore un moment à Livry : ma maison est toute prête et toute rangée, c'est le principal. Parlez-moi un peu de votre départ, et je vous parlerai vendredi de votre voiture de Briare ou d'Orléans. Au reste, Amonio est pape, c'est-à-

[1] De secrétaire des commandements de la reine.

dire, son oncle est maître de chambre d'Odescalchi.
Vous jugez bien que le voilà à Rome, se moquant de
Chelles, après y avoir mis la réforme : tout ce que vous
me mandez sur ce sujet est l'étoffe de dix épigrammes.
Vous êtes la plus plaisante créature du monde, avec
toute votre sagesse et votre sérieux : si vous vouliez
prendre soin de ma rate, je serois immortelle ; car c'est
de là que sont venus tous mes maux, à ce qu'ils disent.
Songez, ma très chère, à venir me voir ; je n'attendrai
point de sang froid la joie que j'aurai de vous embrasser, et mes petits esprits se mettront bientôt en mouvement pour aller au-devant de vous. Adieu, ma très
chère enfant ; je vous écrirai vendredi. Je vous fais
mille amitiés de madame de La Fayette qui m'en a
chargée par-dessus la tête, et M. de La Rochefoucauld
aussi. Je n'ai encore vu personne : vous savez comme
j'aime à ramasser des *rogatons* pour vous divertir. Ce
que je ne puis vous mander, c'est, en vérité, l'excès de
l'amitié que j'ai pour vous.

549.

A la même.

A Paris, vendredi 16 octobre 1676.

En vérité, ma fille, je n'ai jamais vu de si sots enfants
que les miens ; ils sont cause que je ne puis retourner

à Livry, comme j'en avois le dessein. Je vois bien que cela vous fait rire, et que vous n'avez pas grande envie de me plaindre d'être obligée de faire faux bond à Livry le 15 d'octobre. D'Hacqueville, Corbinelli, M. et madame de Coulanges, vous aideront fort à approuver que je ne les quitte plus. Il est vrai cependant que, sans vous et mon fils, j'aurois continué ma solitude avec plaisir: j'étois là plus à moi en un jour que je n'y suis ici en quinze; je prioit Dieu, je lisois beaucoup; je parlois de l'autre vie, et des moyens d'y parvenir. Le père prieur a plus d'esprit que je ne pensois, quoique je le trouvasse un fort honnête homme. Enfin me revoilà dans le tourbillon.

Il faut que j'aille voir M. Colbert pour votre pension; d'Hacqueville m'y mènera, quand ce ministre viendra à Paris, afin d'éviter le voyage de Versailles: voilà pour madame, voici pour monsieur. Vous saurez que son malheur l'envoie sur la Meuse, et son bonheur fait qu'il a un rhumatisme sur une cuisse et sur une hanche, qui lui fait beaucoup de mal, et l'empêche de se soutenir. Il est à Charleville, et me prie de demander son congé: il faut donc voir M. de Louvois, c'est une affaire. N'ai-je pas raison, ma belle, de me plaindre de mes enfants, et de leur dire des injures?

M. de Coulanges vous avoit écrit une très jolie lettre semée de vers par-ci par-là: il vous contoit tous les soins et toutes les inquiétudes qu'on a marqués à madame de Coulanges dans sa maladie; et que la marquise de La Trousse, qui en étoit demeurée en Berry sur la nouvelle de son extrémité, étoit seule à mourir de peur d'apprendre une résurrection¹. Cet endroit, quoique la malade en ait déjà ri, s'est présenté à son esprit avec quelque vapeur noire, de sorte qu'elle l'a improuvé; et en même temps son mari a pris la lettre, et l'a chiffonnée comme un petit enfant, et l'a jetée dans le feu. Nous sommes demeurés tous étonnés, et il en a fait une autre dans son chagrin, qui, en vérité, est plus plate que la feuille de papier sur quoi elle est écrite. La vôtre étoit admirable : nous la considérâmes comme une pièce digne d'être gardée, pour s'en parer dans de pareilles occasions.

M. de La Vallière est mort : on lui a fait plusieurs opérations; et enfin il s'en est allé. Sœur Louise de la Miséricorde² fit supplier le roi de conserver le gouvernement pour acquitter les dettes, sans faire mention de ses neveux. Le roi lui a donc donné ce gouvernement, et lui a mandé que s'il étoit assez homme de bien pour voir une carmélite aussi sainte qu'elle, il iroit lui dire lui-même la part qu'il prend à la perte qu'elle a faite. Madame de Soubise est revenue de Flandre; je l'ai vue, et lui ai rendu une visite qu'elle me fit à mon retour de Bretagne. Je l'ai trouvée fort belle, à

---

¹ La marquise de La Trousse étoit si jalouse du prétendu attachement de son mari pour madame de Coulanges, qu'on croyoit pouvoir hasarder cette plaisanterie. *Voyez* aussi la lettre du 20 septembre 1679.

² Françoise-Louise de La Baume-le-Blanc, duchesse de La Vallière : alors religieuse aux Carmélites de la rue Saint-Jacques à Paris, étoit sœur de Jean-François de La Baume-le-Blanc, gouverneur et grand-sénéchal de la province de Bourbonnois, mort le 13 octobre 1676.

une dent près qui lui fait un étrange effet au-devant de la bouche; son mari est en parfaite santé, et fort gai. Il me paroît qu'on les a mal gardés ces nuits passées.

La *grande femme*" s'est fort éclaircie avec Quanto, et a fait voir au doigt et à l'œil qu'elle étoit incapable d'approuver de nouveaux feux. On ne peut pas être mieux qu'elle est présentement; peut-être que demain ce ne sera plus la même chose: mais enfin elle est au comble; on lui a donné quatre cents louis pour les habits de Villers-Cotterets, où l'on doit faire la Saint-Hubert; on croit cette partie rompue; j'ai toujours cru qu'il n'y auroit de sûr que la dépense des dames qui est excessive. Elle a été si sotte que de donner scrupuleusement dans l'étoffe; il me semble qu'elle eût mieux fait d'en mettre au moins une partie en pain de Gonesse, d'autant plus que quand on n'achète point un visage neuf, les atours ne font pas un bon effet. On assure que mademoiselle d'Elbeuf a dit à MONSIEUR que madame de Richelieu a fait un compliment à M. le duc, sur ce que MADAME n'est accouchée que d'une fille; cela fait une fourmilière de dits, de redits, d'allées, de venues, de justifications, et tout cela ne pèse pas un grain.

Je vous ai envoyé un grand discours du P. Le Bossu sur la lune; je crois qu'il pourroit bien être dans ce paquet perdu du 25, dont je suis encore très affligée. Je meurs d'envie que vous me parliez de votre départ; je crois que vous feriez mieux d'aller jusqu'à Orléans, ce

---

" *Voyez* la lettre 544, page 11 de ce volume, et la lettre du 22 juillet 1685.

n'est qu'un jour de plus; vous y trouverez Beaulieu, qui vous tiendra une voiture prête, et le lendemain assurément je vous irai recevoir et prendre dans mon carrosse : celui d'Orléans amènera vos gens et toutes vos hardes. Adieu, ma très chère, songez à ce mauvais chemin de Grignan à Montélimart. Je suis très fâchée que vous ayez été importunée de votre M. de C... noir comme une taupe, et tout le reste : il me semble que je vois votre désespoir; dès qu'on a un pouce de terre, on connoît ces sortes de visites.

550.

A la même.

A Paris, mercredi 21 octobre 1676.

Hé, mon Dieu, ma fille! est-il possible que vous puissiez croire que le monde trouve ridicule que vous me veniez voir, et qu'on puisse trouver étrange que vous quittiez M. de Grignan pour un peu de temps, afin de me donner cette marque de votre amitié? Peut-être auroit-on plus de peine à justifier le contraire, et vos amis y seroient plus embarrassés, qu'à défendre le voyage que vous allez faire. Soyez donc en repos là-dessus, et croyez qu'il n'y a rien que de fort sage et de fort raisonnable à témoigner, dans cette occasion, l'amitié que vous avez pour moi. D'Hacqueville vous en dira son avis; et comme M. de Grignan doit être parti pour l'assemblée, nous commencerons à voir le jour de votre départ.

Madame de Verneuil passera le jour de la Toussaint à Lyon : elle me demanda si elle ne vous rencontreroit point; je lui dis que cela n'étoit pas impossible. Amonio s'en va aussi; si vous le trouvez, vous lui ferez une fort bonne mine : j'en suis assurée. J'écris à M. de Grignan et à M. l'archevêque, pour les prier d'entrer dans mes intérêts contre vous. Je suis fort embarrassée : j'ai demandé le congé de mon fils, parcequ'il est malade de son rhumatisme à Charleville; M. de Louvois répondit fort honnêtement que, si je voulois, il le demanderoit au roi : mais que mon fils feroit fort mal sa cour, et qu'il seroit refusé; que le petit Villars, et tous les autres l'avoient été, et qu'il lui conseilloit de se guérir tout doucement à Charleville; que s'il avoit pris, dès l'armée, une attestation de M. de Schomberg, il seroit revenu; mais que sa lettre toute seule ne produiroit aucun effet. J'ai mandé tout cela, et en même temps je reçois une lettre, où, sans avoir reçu la mienne, il me mande qu'il part avec un de ses amis qui revient, et qu'il sera demain ici. Je crains que cela ne lui fasse une affaire; je vous manderai la suite. Le P. Le Bossu sera fort aise de voir ce que vous dites de lui. Son *Art poétique*[1] est fort admiré; vous en sentiez la beauté, sans savoir à qui vous en aviez l'obligation. Vous trouverez ici une traduction de S. Augustin, *sur la prédestination et la*

---

[1] C'est-à-dire, son *Traité du Poëme épique*.

persévérance des bons[a] : nos amis ont triomphé dans cet ouvrage; vraiment c'est la plus belle et la plus hardie pièce qu'on puisse voir. Vous trouverez aussi, dans un autre genre, les rondeaux de Benserade : ils sont fort mêlés; avec un crible, il en demeureroit peu : c'est une étrange chose que l'impression[b].

Voici une histoire fort extraordinaire : on envoie quelquefois de l'argent à son mari, quand il est à l'armée; Saint-Géran en a envoyé à sa femme[1] : il lui mande que si elle n'emploie à s'habiller les neuf cents francs qu'il lui fait tenir, il ne reviendra point de son quartier d'hiver; tellement que la petite dame a donné dans l'étoffe, selon l'intention du fondateur. Madame de Soubise a paru avec son mari, deux coiffes et une dent de moins, à la cour; de sorte que l'on n'a pas le mot à dire. Elle avoit une de ses dents de devant un peu endommagée; ma foi, elle a péri, et l'on voit une place

---

[a] Cette traduction est de M. du Bois de l'académie françoise. Elle parut en 1656, en un volume in-12.

[b] Le roi avoit donné à Benserade une somme considérable pour le dédommager des frais de gravure et d'impression de ses *Métamorphoses en rondeaux*. Cette faveur royale ne fut pas assez forte pour protéger l'ouvrage contre le ridicule. Tout y est rondeau, même la préface, le privilège et l'errata, qui seul obtint l'approbation générale :

> Pour moi, parmi des fautes innombrables,
> Je n'en connois que deux considérables,
> Et dont je fais ma déclaration.
> C'est l'entreprise et l'exécution;
> A mon avis fautes irréparables
>   Dans ce volume.

[1] Madame de Saint-Géran aimoit le jeu.

comme celle du gros abbé*, dont elle ne se soucie guère davantage; c'est pourtant une étrange perte. Le voyage de Villers-Cotterets est rompu; mais le roi a la bonté de permettre qu'on porte ses beaux habits à Versailles. La plus incroyable chose du monde, c'est la dépense que font ces dames, sans avoir le premier sou, hormis celles à qui le roi les donne.

Je vous vois dans vos prairies une bergère sans berger, bien solitaire et bien éloignée de l'agitation de celles-là : votre ame est bien tranquille, et vos esprits sont bien paisibles en comparaison du mouvement de ce bon pays; mais que peut faire une bergère sans un berger? Vous répondrez fort bien à cette question par votre exemple. Madame de Coulanges a des retours de fièvre dont elle est fort chagrine; cela est ordinaire à la suite des grandes maladies. Langlade est revenu de Frêne, où il a été encore plus mal que madame de Coulanges. Je l'ai vu : il est divinement bien logé à ce faubourg. Madame de La Fayette est revenue de Saint-Maur : elle a eu trois accès marqués de fièvre quarte; elle dit qu'elle en est ravie, et qu'au moins sa maladie aura un nom.

A cinq heures du soir.

Savez-vous bien où je suis? Je vous défie de le deviner. Je suis venue dîner par le plus beau temps du monde à nos sœurs de Sainte-Marie du faubourg : vous croyez que je m'en vais dire, Saint-Jacques; point du

---

* L'abbé Le Camus de Pontcarré, aumônier du roi.

tout, c'est du faubourg Saint-Germain*. On vient de m'y apporter votre lettre du 14. Je suis dans la plus belle maison de Paris, dans la chambre de mademoiselle de Raymond[b], qui s'y est fait faire, comme bienfaitrice, un petit appartement enchanté: elle sort quand elle veut; mais elle ne le veut guère, parcequ'elle a principalement dans la tête de vouloir aller en paradis. Je vous amènerai ici, non seulement comme une relique de ma grand'mère, mais comme une personne curieuse, qui doit aimer à voir une très belle maison de campagne; vous en serez surprise. Je vais donc, dans cet aimable lieu, répondre à votre lettre. Je continue à vous conjurer de décider en ma faveur, et de ne plus balancer à faire un voyage que vous m'avez promis, et qu'en vérité vous me devez un peu. Je ne suis pas seule à trouver que vous marchandez beaucoup à me faire plaisir. Partez donc, ma fille, partez; vous devez avoir pris vos mesures sur le départ de M. de Grignan: je l'embrasse, et vous prie de lui donner ma lettre; je vous recommande aussi celle de M. l'archevêque; j'espère plus en eux qu'en vous pour une décision.

*Une maison de dames de la Visitation, établie en 1660 dans la rue de Montorgueil, avoit été transférée en 1673 dans le faubourg Saint-Germain, rue du Bac, où ce couvent étoit encore au moment de la révolution. (*Voyez* l'Histoire de Paris par Félibien, tome II, page 1313.)

[b] On a déjà vu dans les lettres 108 et 115 que mademoiselle de Raymond donnoit des concerts et réunissoit une brillante société en l'année 1671. (*Voyez* tome Ier, page 251 et 258.) La vie retirée ne paroît pas avoir convenu long-temps à cette demoiselle. (*Voyez* la lettre du 6 novembre suivant.)

J'ai dit, comme vous, sur ce règlement; il n'y a pas de raison à leur dire, que quand ils seront malades, ils ne viendront point à l'assemblée, cela s'en va sans dire; et aussi, qu'ils se trouveront à l'ouverture, quand ils seront dans le lieu; quelle folie! ils ne s'y trouveront jamais : ce n'est point un lieu où l'on se trouve par hasard : j'avois corrigé cet article, sans rien ôter au sens : mais d'Hacqueville aima mieux l'envoyer promptement, que de tarder encore huit jours, disant que les évêques de vos amis ne feroient point de difficulté, et que les autres en feroient toujours : l'intendant au moins n'y sauroit manquer; cette affaire m'a donné du chagrin. N'admirez-vous point l'éclat et la puissance que donne la réverbération du soleil? *si me miras, me miran*[a] : n'aurions-nous jamais un rayon? Je disois hier au fils d'un malheureux (*le comte de Vaux*), que si, avec son mérite et sa valeur, qui percent même la noirceur de sa misère, il avoit la fortune du temps passé, on lui auroit dressé un temple : je dis vrai; mais si cela étoit, il seroit gâté.

Vous avez grande raison de ne pouvoir vous représenter madame de Coulanges à l'agonie, et M. de Coulanges dans la douleur; je ne le croirois pas, si je ne l'avois vu : une vivacité morte, une gaieté pleurante, ce sont des prodiges. La pauvre femme avoit encore hier

[a] Le comte de Croisi étoit au nombre des *chevaliers du soleil* au carrousel qui eut lieu en 1612 dans la place royale, au mariage de Louis XIII et d'Anne d'Autriche; il avoit pour emblême un cadran solaire avec ces mots *Si me miras, me miran. Si vous me regardez, on a les yeux sur moi.*

la fièvre; on ne sort point nettement de ces grands maux. Quand je songe qu'au bout de dix mois j'ai encore les mains enflées, cela me fait rire; car pour du mal, je n'en ai plus. Je ne proposerai point à Corbinelli de raisonner avec vous sans *la méthode*; il entre en fureur, et l'on n'est point en sûreté. Il est occupé à faire des rondeaux sur la convalescence de madame de Coulanges: je les corrige; jugez de la perfection de l'ouvrage. Adieu, ma chère enfant; partez et venez: tenez-vous donc une fois pour décidée, et défaites-vous d'épiloguer sur les bienséances de votre voyage: elles y sont tout entières, et ce n'est pas moi seule qui le dis.

L'abbé de Pontcarré me montra hier ce que vous lui écrivez sur le manteau donné inconsidérément[a]: cela est fort plaisant. Il est vrai que la conduite de notre cardinal est adorable: on l'admire bien aussi; il en reçoit l'honneur qu'il mérite.

~~~~~~

551.[*]

A la même.

A Livry, vendredi 23 octobre 1676.

Voici le second tome du *Frater*. Je lui envoyai hier un carrosse au Bourget, et je vins, cela soit dit en pas-

[a] *Voyez* la lettre 544, page 10 de ce volume.

sant, avec un autre à six chevaux, le trouver ici, où je ne croyois pas trop qu'il dût arriver si précisément ; cependant le hasard, qui est quelquefois plaisant, nous fit tous rencontrer au bout de l'avenue : cette justesse nous fit rire. Nous entrâmes, nous nous embrassâmes, nous parlâmes de vingt choses à-la-fois, nous nous questionnâmes sans attendre ni entendre aucune réponse ; enfin cette entrevue eut toute la joie et tout le désordre dont elles sont ordinairement accompagnées. Cependant monsieur boite tout bas, monsieur crie, monsieur se vante d'un rhumatisme, quand il n'est pas devant moi ; car ma présence l'embarrasse ; et comme nous en avons bien vu d'autres ensemble, il ne se plaint qu'à demi. Dans mes rêveries de ma grande maladie, je trouvois, et je croyois, et je disois que j'avois une cuisse bleue, c'étoit celle qui me faisoit le plus de mal ; de sorte que je lui ai donc accordé qu'il a une cuisse bleue, pourvu qu'il demeure d'accord aussi qu'il a la tête verte, tellement que cela compose un homme qui a la cuisse bleue et la tête verte. Gardez-vous bien de dire cela à Montgobert : elle en abuseroit cet hiver avec le pauvre baron, qui se prépare bien à la tourmenter. Elle écrit les plus plaisantes choses du monde, et à lui, et à moi ; mais nous voyons, au travers de sa bonne humeur, qu'elle est malade, et nous en sommes très fâchés. Mon fils sera donc ici quelques jours, en attendant qu'on lui ait envoyé de Charleville les attestations nécessaires pour avoir le congé, ou que les troupes qui étoient allées sur la Meuse, reviennent, comme on le dit, parceque ce duc de Zell, qui nous faisoit peur, s'est retiré, et a peut-être plus de peur que nous. Voilà l'état de notre abbaye : on voudroit bien que je fusse obligée d'en partir, pour aller au-devant de vous; car vous êtes une pièce fort nécessaire à notre véritable joie. Je ne vous dirai plus rien sur votre départ : il me semble qu'il doit être résolu, ou jamais; vous ne sauriez douter du désir que j'en ai. Je crois que M. de Grignan est parti pour l'assemblée : ainsi, en bonne justice, vous devriez être en chemin ; si cela étoit, j'aurois moins de regret que cette lettre-ci fût perdue, que ce gros paquet du 25, dont je suis encore fâchée*. Si mon écriture est un peu chancelante, n'en soyez point en peine, c'est que j'ai froid aux doigts. Adieu, ma très chère, je laisse la plume à M. *le Clopineux.* On disoit l'autre jour qu'on avoit jeté un monitoire, pour savoir où étoit l'armée de M. de Luxembourg; et quand il partit, on prétend que le grand Condé disoit: *Ah, le beau poste! ah, le joli commandement jusqu'au mois de juillet!* On dit encore que M. de Luxembourg[1] a mieux fait l'oraison funèbre de M. Turenne que M. de Tulle, et que le cardinal de Bouillon lui fera avoir une abbaye; tout cela, sans préjudice des chansons[b]. A propos de cardinal, ce que

---

* Ce paquet ne fut pas perdu, car la lettre du 25 septembre se trouve plus haut à sa date.

[1] Le maréchal de Luxembourg éprouva dans ce temps-là ce qui arrive à la plupart des grands hommes. Il fut d'abord en butte aux traits de l'envie et de la malignité; mais enfin l'une et l'autre se turent devant ses victoires, et firent place aux louanges et à l'admiration.

[b] On lit une de ces chansons dans le *Nouveau Siècle de Louis XIV*, tome II, page 165.

vous avez dit, *sans sacrilège dans le conclave ni peccadille par le chemin*, est une chose admirable. Le bon abbé vous aime et vous honore de tout son cœur; et moi, ma chère, je vous embrasse de tout le mien.

Monsieur DE SÉVIGNÉ.

Me voici quasi établi comme vous le souhaitez. J'ai la cuisse bleue, il est vrai; mais je ne conviens pas de la tête verte : je voudrois pourtant bien avoir changé du bleu de ma cuisse contre un peu de verdure à ma tête ; j'en marcherois beaucoup mieux et plus légèrement. J'ai reçu votre lettre, ma petite sœur : je vous remercie de vos soins et de votre inquiétude ; je crois, si je ne me trompe, que nous serons le mieux du monde ensemble cet hiver : vous savez pourtant que je vous ai promis de ne jamais oublier votre cœur, ni votre ame intéressée : à cela près, je penserai assez de bien de vous, malgré vos irrésolutions, dont on m'a dit d'assez grandes impertinences : nous vous en gronderons tout à loisir; venez seulement voir ma très chère bonne maman, qui se porte à merveilles, et qui est belle comme un ange. Si votre retour ne vous paroît pas nécessaire pour lui redonner la santé, sachez qu'il l'est fort pour l'y maintenir, et l'un vaut bien l'autre. *Venez, reine des dieux; venez, venez, favorable Cybèle**. Vous nous paroîtrez bien descendue des cieux; mais quoique vous veniez sans équipage, vous ne vous trouverez pas

---

* Vers de l'opéra d'*Atys*, acte Ier, scène VII.

tombée des nues; maman mignonne a pourvu à tout. Adieu, ma belle et aimable petite sœur; je fais mille compliments et mille amitiés à M. de Grignan.

Madame DE SÉVIGNÉ.

Je suis une sotte; j'ai offensé la géographie: vous ne passez point par Moulins, la Loire n'y va point. Je vous demande pardon de mon impertinence; mais venez m'en gronder et vous moquer de moi.

---

552. *

A la même.

À Livry, mercredi 28 octobre 1676.

On ne peut jamais être plus étonnée que je le suis, de vous voir écrire que le mariage de M. de La Garde est rompu. Il est rompu! hé, bon Dieu! n'avez-vous point entendu le cri que j'ai fait? Toute la forêt l'a répété, et je suis trop heureuse d'être en un lieu où je n'aie de témoins de ce premier étonnement que les échos. Je saurai bien prendre dans la ville tous les tons d'une amie, et même je n'y aurai pas de peine. J'approuvois son choix, par la grande estime que j'ai pour lui; et par la même raison, je change comme lui. Plût à Dieu qu'il fût disposé à revenir avec vous ! vraiment ce seroit bien là un conducteur comme je le voudrois.

Je suis étonnée que l'assemblée ne soit point encore commencée. M. de Pomponne croyoit que ce dût être le 15 de ce mois. Vous passerez donc encore la Toussaint à Grignan; mais après cela, ma très chère, ne penserez-vous point à partir? Je vous ai dit tant de choses là-dessus, et vous savez si bien ce que je pense, que je ne dois plus vous rien dire. Le *Frater* est toujours ici, attendant les attestations qui lui feront avoir son congé. Il clopine; il fait des remèdes; et quoiqu'on nous menace de toutes les sévérités de l'ancienne discipline, nous vivons en paix, dans l'espérance que nous ne serons point pendus. Nous causons et nous lisons : le compère, qui sent que je suis ici pour l'amour de lui, me fait des excuses de la pluie, et n'oublie rien pour me divertir; il y réussit à merveilles; nous parlons souvent de vous avec tendresse.

Monsieur DE SÉVIGNÉ.

La fille du seigneur *Alcantor* n'épousera donc point le seigneur *Sganarelle*, qui n'a que cinquante-cinq ou cinquante-six ans[1] : j'en suis fâché, tout étoit dit, tous les frais étoient faits. Je crois que la difficulté de la consommation a été le plus grand obstacle; le chevalier *de la Gloire*[2] ne s'en trouvera pas plus mal; cela me

---

[1] *Voyez* la scène II du *Mariage forcé*, comédie de Molière.
[2] Le chevalier de Grignan.

console. Ma mère est ici pour l'amour de moi; je suis un pauvre criminel, que l'on menace tous les jours de la Bastille ou d'être cassé. J'espère pourtant que tout s'apaisera, par le retour prochain de toutes les troupes. L'état où je suis pourroit tout seul produire cet effet; mais ce n'est plus la mode. Je fais donc tout ce que je puis pour consoler ma mère, et du vilain temps, et d'avoir quitté Paris : mais elle ne veut pas m'entendre, quand je lui parle là-dessus. Elle revient toujours sur les soins que j'ai pris d'elle pendant sa maladie; et, à ce que je puis juger par ses discours, elle est fort fâchée que mon rhumatisme ne soit pas universel, et que je n'aie pas la fièvre continue, afin de pouvoir me témoigner toute sa tendresse et toute l'étendue de sa reconnoissance. Elle seroit tout-à-fait contente, si elle m'avoit seulement vu en état de me faire confesser; mais, par malheur, ce n'est pas pour cette fois : il faut qu'elle se réduise à me voir clopiner, comme clopinoit jadis M. de La Rochefoucauld, qui va présentement comme un Basque. Nous espérons vous voir bientôt; ne nous trompez pas, et ne faites point l'impertinente; on dit que vous l'êtes beaucoup sur ce chapitre. Adieu, ma belle petite sœur; je vous embrasse mille fois du meilleur de mon cœur.

De Madame DE SÉVIGNÉ[*].

Vous pouvez compter que vous aurez votre pension; j'irai la semaine qui vient à Versailles, pour parler à

[*] Cette apostille se trouve dans l'édition de 1734; elle a été retran-

M. Colbert avec le grand d'Hacqueville : il nous la donna si vite pour vous faire partir; ne voudra-t-il point en faire autant pour vous faire revenir? Adieu, ma très chère et très parfaitement aimée ; j'embrasse tout ce qui est auprès de vous. Dieu sait si je souhaite de vous voir : cependant je vous avoue que je ne veux point que ce soit contre votre gré, ni avec tout le chagrin que je crois voir dans vos lettres : il faut que vous partagiez cette joie, si vous voulez que la mienne soit entière.

553.

A la même.

A Livry, vendredi 3o octobre 1676.

Je reçois avec tendresse, ma chère enfant, ce que vous me dites pour fortifier mon cœur et mon esprit contre les amertumes de la vie, à quoi je ne puis m'accoutumer : rien n'est plus raisonnable ni plus chrétien; et de quelque façon que vous le preniez, c'est toujours avoir soin de ma rate; car la sagesse que vous m'enseignez ne me seroit pas moins salutaire que la joie. Je finis ce discours, non pas que je n'eusse beaucoup de

chée dans celle de 1754. On verra la cause de cette suppression dans la lettre du 18 novembre suivant sous le n° 558.

choses à dire, si je voulois vous parler de mes sentiments, mais parceque ce n'est pas la matière d'une lettre.

On dit des merveilles de notre bon pape*, et cela retombe en louanges sur le cardinal de Retz. Pour M. de Paris (*de Harlay*), ce sont d'autres merveilles, il a emporté contre les commissaires qui avoient la conscience plus délicate que lui, que le roi pût mettre des abbesses à plusieurs couvents de filles, sur-tout aux Cordelières; et cela commence à s'exécuter avec un bruit et un scandale épouvantable. Les quatre commissaires qui se signalèrent contre lui, sont MM. Pussort, Boucherat, Pommereuil et Fieubet. On a pris six filles à Chelles pour être abbesses de çà et de là: la d'Oradour n'en est pas, dont elle est tout-à-fait mortifiée, car elle a extrêmement l'esprit et la vocation de la petite cour orageuse des abbayes.

J'ai toujours vu avec chagrin le peu de séjour que M. de Grignan a fait dans son château; sa dépense ni

---

* Benoît Odescalchi, élu pape le 21 septembre 1676, prit le nom d'Innocent XI. Il résista à Louis XIV avec une rigueur qui tenoit de l'opiniâtreté, dans l'affaire de la régale, et dans celle des franchises. Il refusa des bulles à tous ceux qui furent nommés à des bénéfices après les assemblées du clergé de 1681 et de 1682, de sorte qu'à sa mort, arrivée en 1689, il y avoit en France un grand nombre d'églises sans pasteurs. « Il savoit peu, dit le père d'Avrigny, parcequ'il « avoit peu étudié; d'ailleurs il étoit fort homme de bien, se réglant « dans la pratique sur des maximes qui étoient austères jusqu'à la « dureté; mais opiniâtre dans ses sentiments, inflexible, ne revenant « presque point de ses premières impressions, persuadé qu'elles « étoient fondées sur la raison et sur la justice. »

ses occupations n'ont point eu d'intervalle. Je trouve la Provence si sujette à des événements, et la présence de M. son gouverneur m'y paroît si nécessaire, que je tremble toujours pour son congé. Je ne vous parlerai plus de votre départ; vous dites qu'il dépend de Dieu et de moi : pour de ma volonté et de mes décisions, vous n'en pouvez pas douter; il est donc question maintenant de la volonté de Dieu, et de la vôtre : ma fille, ne lui donnez pas la torture, suivez librement votre cœur, et même votre raison. Les reproches me sont sensibles; il faut qu'ils me le soient beaucoup, puisque j'y ferai céder, s'il le faut, mes plus chers intérêts*a*. Vous êtes raisonnable, vous m'aimez; vous voyez mieux que moi ce que vous voulez, et ce que vous pouvez, et les choses dont vous êtes blessée : c'est à vous à décider librement; car je suis assurée que M. de Grignan et M. l'archevêque consentiront à tout ce que vous voudrez. Adieu, ma très chère, je ne suis pas bien en train de vous parler d'autre chose. Nous sommes toujours dans cette forêt; votre frère fait des remèdes. Nous lisons saint Augustin, et nous sommes convertis sur la *prédestination* et sur la *persévérance*b.

a Ce passage conservé dans l'édition de 1754, étoit en harmonie avec celui qui a été rétabli à la suite de la lettre précédente d'après l'édition de 1734.
b Voyez la lettre 550, page 33 de ce volume.

Monsieur DE SÉVIGNÉ.

Il s'en faut encore quelque chose que nous ne soyons convertis; c'est que nous trouvons les raisons des semi-pélagiens fort bonnes et fort sensibles, et celles de saint Paul et de saint Augustin fort subtiles, et dignes de l'abbé Têtu. Nous serions très contents de la religion, si ces deux saints n'avoient jamais écrit; nous avons toujours ce petit embarras. Adieu, ma belle petite sœur, dépêchez-vous de venir, je serai ravi de vous voir, si je ne suis pas pendu entre ci et là.

554.

A la même.

A Livry, mercredi 4 novembre 1676.

C'est une grande vérité, ma fille, que l'incertitude ôte la liberté. Si vous étiez contrainte, vous prendriez votre parti, vous ne seriez point suspendue comme le tombeau de Mahomet[a], l'une des pierres d'aimant auroit emporté l'autre; vous ne seriez plus *dragonnée*, qui est un état violent. La voix qui vous crie en passant

---

[a] Il est faux que le tombeau de Mahomet, à Médine, soit suspendu à une pierre d'aimant. Cette fable a été accréditée par quelques

la Durance : *Ah, ma mère! ah, ma mère!* se feroit entendre dès Grignan; ou celle qui conseille de la quitter ne vous troubleroit point à Briare : ainsi je conclus qu'il n'y a rien de si opposé à la liberté, que l'indifférence et l'indétermination. Mais le sage La Garde, qui a repris toute sa sagesse, a-t-il perdu aussi son libre arbitre? Ne sait-il plus conseiller? Ne sait-il point décider? Pour moi, vous avez vu que je décide comme un concile; mais La Garde qui revient à Paris, ne sauroit-il placer son voyage utilement pour nous?

Si vous venez, ce n'est pas mal dire de descendre à Sully : la petite duchesse vous enverra sûrement jusqu'à Nemours, où certainement vous trouverez des amis, et le lendemain encore des amis; ainsi en relais d'amis vous vous trouverez dans votre chambre. On vous auroit un peu mieux reçue la dernière fois; mais votre lettre arriva si tard, que vous surprîtes tout le monde, et vous pensâtes même ne me pas trouver, qui eût été une belle chose; nous ne tomberions pas dans le même inconvénient. Il faut que je me loue du chevalier (*de Grignan*); il arriva vendredi au soir à Paris; il vint samedi dîner ici; cela n'est-il pas joli? Je l'embrassai de fort bon cœur; nous dîmes ce que nous pensions touchant vos incertitudes. Je m'en vais faire un tour à Paris. Je veux voir M. de Louvois sur votre frère qui est toujours ici sans congé; cela m'inquiète. Je veux

voyageurs, mais elle est démentie par tous les écrivains orientaux. (*Voyez* la *Vie de Mahomet* par Gagnier, tome III, page 263, édition de 1748, et la *Religion des mahométans*, tirée de Reland. La Haye 1731, page 173.)

voir aussi M. Colbert pour votre pension : je n'ai que
ces deux petites visites à faire. Je crois que j'irai jusqu'à Versailles; je vous en rendrai compte. Il fait cependant ici le plus beau temps du monde : la campagne n'est point encore affreuse : les chasseurs ont été favorisés de saint Hubert.

Nous lisons toujours saint Augustin avec transport : il y a quelque chose de si noble et de si grand dans ses pensées, que tout le mal qui peut arriver de sa doctrine, aux esprits mal faits, est bien moindre que le bien que les autres en retirent. Vous croyez que je fais l'entendue; mais quand vous verrez comme cela s'est familiarisé, vous ne serez pas étonnée de ma capacité. Vous m'assurez que si vous ne m'aimiez pas plus que vous ne le dites, vous ne m'aimeriez guère* : je suis tentée de ravauder sur cette expression, et de la tant retourner que j'en fasse une rudesse; mais non, je suis persuadée que vous m'aimez, et Dieu sait aussi bien mieux que vous de quelle manière je vous aime. Je suis fort aise que Pauline me ressemble : elle vous fera souvenir de moi. *Ah, ma mère! il n'est pas besoin de cela.*

Monsieur DE SÉVIGNÉ.

Quand je songe que M. de La Garde est avec vous, et qu'il vous voit recevoir vos lettres, je tremble qu'il n'ait

---

* Il semble que madame de Grignan trouvoit elle-même que ses lettres n'étoient pas exemptes de sécheresse, et qu'elle cherchoit à s'en excuser. Le reproche que madame de Sévigné lui adressoit dans la lettre 552 pouvoit bien avoir quelque fondement.

vu sur votre épaule la sottise que je vous écrivois[1] il y a quelques jours. Là-dessus, je frémis, et je m'écrie : *Ah, ma sœur! ah, ma sœur!* si j'étois aussi libre que vous l'êtes, et que j'entendisse cette voix comme vous entendez celle d'*ah, ma mère! ah, ma mère!* je serois bientôt en Provence. Je ne comprends pas que vous puissiez balancer ; vous donnez des années entières à M. de Grignan, et à ce que vous devez à toute la famille des Grignan : y a-t-il, après cela, une loi assez austère pour vous empêcher de donner quatre mois à la vôtre? Jamais les lois de chevalerie, qui faisoient jurer Sancho Pança, n'ont été si sévères; et si Don Quichotte eût eu pour lui un auteur aussi grave que M. de La Garde, il auroit assurément permis à son écuyer de changer de monture avec le chevalier de l'armet de Mambrin. Profitez donc de M. de La Garde, puisque vous l'avez, accordez ensemble votre voyage, et songez que vous avez plusieurs devoirs à remplir. On est sûr de votre cœur ; mais ce n'est pas toujours assez, il faut des *signifiances*. Partagez donc vos faveurs et votre présence entre l'un et l'autre hémisphère, à l'exemple du soleil qui nous luit : voilà une assez belle façon de parler pour n'en pas demeurer là. Adieu, ma belle petite sœur, j'ai toujours une cuisse bleue, et j'ai grand'peur de l'avoir tout l'hiver.

[1] *Voyez* la lettre du 26 octobre, plus haut, pag. 43 de ce volume.

555.

A la même.

A Paris, vendredi 6 novembre 1676.

Il n'y eut jamais une si brillante lettre que la vôtre dernière; j'ai pensé vous la renvoyer pour vous donner le plaisir de la lire; et j'admirois en la lisant qu'on pût souhaiter avec tant de passion de n'en plus recevoir. Voilà pourtant l'affront que je fais à vos lettres : il me semble que vous traitez bien mieux les miennes.

Cette Raymond est assurément *hem! hem!* avec cette coiffe que vous connoissez; elle a été attirée, comme vous dites, par le désir d'entendre la musique du Paradis; et nos sœurs l'ont été par le désir de sept mille francs en fonds, et de mille francs de pension, moyennant quoi[1] *elle sort quand elle veut, et elle le veut souvent.* Nous n'avions pas encore eu de pareille marchandise; mais la beauté de notre maison nous fait passer par-dessus tout. Pour moi, j'en suis ravie, car sa chambre et sa voix sont charmantes; *hem! hem!*

Les dates que vous trouvez, en parlant de madame

---

[1] Madame de Sévigné chante ici la palinodie. *Voyez* ci-dessus la lettre du 21 octobre. [2] Petite-fille de madame de Chantal, fondatrice des filles de Sainte-Marie, madame de Sévigné se considéroit comme l'une de leurs compagnes.

de Soubise, sont, dieu merci, de celles dont je ne me souviens pas. Il faut qu'il y ait eu quelque rudesse marquée à ces fêtes de Versailles. Madame de Coulanges vient de me mander que du jour d'hier la dent avoit paru arrachée : si cela est, vous aurez très bien deviné qu'on n'aura point de dent contre elle. Vous me parlez fort plaisamment de la maladie de mon amie (*madame de Coulanges*), et tout ce que vous dites est vrai. La fièvre quarte de celle du faubourg (*madame de La Fayette*) s'est heureusement passée. J'ai envoyé votre lettre au chevalier sans peur et sans reproches (*le chevalier de Grignan*). Je l'aime tout-à-fait, et mon *Pichon*, je voudrois bien le baiser : je m'en suis fait une petite idée, je ne sais si c'est cela ; je verrai quelque jour toutes ces petites personnes. J'ai peine à comprendre celle de huit mois ; est-elle toujours bien résolue de vivre cent ans ? Je crois que ces messieurs qui se sont battus dans la rue en vivront autant. Cette punition, pour s'être rencontrés l'été sur le pavé, est fort plaisante et fort juste. Adieu, ma très belle et très aimable, j'achèverai ceci dans la bonne ville.

Vendredi, à Paris.

M'y voici donc arrivée. J'ai dîné chez cette bonne Bagnols ; j'ai trouvé madame de Coulanges dans cette chambre belle et brillante du soleil, où je vous ai tant vue quasi aussi brillante que lui. Cette pauvre convalescente m'a reçue agréablement : elle vous veut écrire deux mots ; c'est peut-être quelque nouvelle de l'autre monde que vous serez bien aise de savoir. Elle m'a conté les transparents : avez-vous ouï parler des transparents ? Ce sont des habits entiers des plus beaux brocarts d'or et d'azur qu'on puisse voir, et par-dessus des robes noires transparentes, ou de belle dentelle d'Angleterre, ou de chenilles veloutées sur un tissu, comme ces dentelles d'hiver que vous avez vues : cela compose un transparent qui est un habit noir, et un habit tout d'or, ou d'argent, ou de couleur, comme on le veut, et voilà la mode. C'est avec cela qu'on fit un bal le jour de Saint-Hubert, qui dura une demi-heure; personne n'y voulut danser. Le roi y poussa madame d'Heudicourt à vive force; elle obéit; mais enfin le combat finit faute de combattants. Les beaux justaucorps en broderie destinés pour Villers-Coterets servent le soir aux promenades, et ont servi à la Saint-Hubert. M. le prince a mandé de Chantilly aux dames que leurs transparents seroient mille fois plus beaux si elles vouloient les mettre à cru; je doute qu'elles fussent mieux. Les Grancey et les Monaco n'ont point été de ces plaisirs, à cause que cette dernière est malade, et que la mère *des Anges*[2] a été à l'agonie. On dit que la marquise de La Ferté y est, depuis dimanche, d'un travail affreux qui ne finit point, et où Bouchet perd son latin.

M. de Langlée a donné à madame de Montespan une robe d'or sur or, rebrodé d'or, rebordé d'or, et par-dessus un or frisé, rebroché d'un or mêlé avec un certain or, qui fait la plus divine étoffe qui ait jamais

---

[2] La maréchale de Grancey.

été imaginée: ce sont les fées qui ont fait cet ouvrage en secret; ame vivante n'en avoit connoissance. On la voulut donner aussi mystérieusement qu'elle avoit été fabriquée. Le tailleur de madame de Montespan lui apporta l'habit qu'elle lui avoit ordonné; il en avoit fait le corps sur des mesures ridicules : voilà des cris et des gronderies, comme vous pouvez le penser; le tailleur dit en tremblant: « Madame, comme le temps presse, « voyez si cet autre habit que voilà ne pourroit point « vous accommoder, faute d'autre. » On découvrit l'habit: Ah! la belle chose! ah! quelle étoffe! vient-elle du ciel? Il n'y en a point de pareille sur la terre. On essaie le corps; il est à peindre. Le roi arrive; le tailleur dit: Madame, il est fait pour vous. On comprend que c'est une galanterie; mais qui peut l'avoir faite? C'est Langlée, dit le roi: C'est Langlée assurément, dit madame de Montespan; personne que lui ne peut avoir imaginé une telle magnificence; c'est Langlée, c'est Langlée: tout le monde répète, c'est Langlée; les échos en demeurent d'accord, et disent, c'est Langlée; et moi, ma fille, je vous dis pour être à la mode, c'est Langlée.

Madame DE COULANGES.

Je suis aise de n'être plus morte, Madame, puisque vous revenez cet hiver. Je suis dans votre maison; je ne pouvois plus souffrir la chambre ni le lit où je suis morte. Que ne venez-vous paroître avec des transparents comme les autres? Vous épargneriez fort bien le brocart, et personne ne me paroît plus propre à croire

M. le prince que vous. Comment cela vous paroît-il? Vous êtes la première personne à qui j'écris de ma main : il y a quelque chose entre nous; je ne sais pas trop bien ce que c'est. L'abbé Têtu n'est pas encore en quartier d'hiver*. Adieu, Madame, je souhaite en vérité bien vivement votre retour.

Madame DE SÉVIGNÉ.

Voilà un style qui ressemble assez à celui de la défunte. Nous avons ri de ce que vous avez dit d'elle, et de La Garde, comparant l'extrémité où ils ont été tous deux, et d'où ils sont revenus : cela fait voir que la sagesse revient de loin, comme la jeunesse. J'attends d'Hacqueville et le chevalier de Grignan pour former mon conseil de guerre, et savoir ce que deviendra le pauvre baron que j'ai laissé à Livry, tout estropié. Adieu, ma très chère et trop aimable mille fois pour mon repos; si vous avez pris le parti que nous souhaitons, j'espère que ma lettre vous trouvera en chemin.

---

* Dès que l'été commençoit, l'abbé Têtu alloit à Fontevraud charmer les loisirs de madame de Rochechouart, que Saint-Simon (*Mémoires*, tome II, page 6) appelle *la reine des abbesses;* l'hiver le ramenoit aux pieds de madame de Coulanges. (*Voyez* les lettres 143, tome II, page 57; 406, tome III, page 456; et 445, tome IV, page 154.)

556.

A la même.

A Livry, mercredi 11 novembre 1676.

Cette lettre ne vous trouvera point à Grignan; mais je ne sais point encore quel parti vous aurez pris, ni de quoi vous vous repentez; car vous nous assurez que le repentir sera inséparable de votre résolution; cependant, si vous avez pris la route de Lyon, il me semble que vous n'y devez point avoir de regret, puisque vous contentez tout le monde, et satisfaites à toutes vos paroles et à tous vos devoirs. Pour moi, j'espère en M. de Grignan, et je suis persuadée que je lui devrai la décision d'une chose que je souhaite avec tant de passion.

Je revins ici lundi. Mon fils attend que les troupes prennent un parti: on ne m'a point conseillé de demander son congé; de sorte qu'il est moine de cette abbaye. Il est fort aise que je lui tienne compagnie, et il prétend que la plus belle marque de son amitié, c'est l'envie qu'il a de me chasser pour vous aller recevoir.

Monsieur DE SÉVIGNÉ[*].

Il n'y a que cette raison qui me fasse supporter le départ de ma chère maman mignonne. Vous connoîtrez bientôt par vous-même le plaisir qu'il y a de la revoir après quelque temps d'absence. Je suis encore dans les premiers transports de cette joie : mais quand il est question d'aller recevoir la divinité de Provence, dont la beauté s'est si long-temps cachée à nos yeux, il faut céder.

Ce droit saint et sacré rompt tout autre lien.

J'espère aussi que mon exil ne durera pas long-temps. On ne doute presque plus du retour des troupes; et il seroit très possible que j'arrivasse à Paris le même jour que vous. Adieu, mon adorable petite sœur, que j'aime avec toute la tendresse dont je suis capable, et que vous méritez; je ne sais pourquoi vous me quittez du réciproque; il me semble que vous devriez être contente de ce que je sens pour vous.

Madame DE SÉVIGNÉ.

Si vous n'êtes point partie, c'est moi qui me repentirai bien de mes honnêtetés. Je serai bien persuadée qu'il ne faut jamais remettre le paiement des lettres-de-change; j'y ai déjà pensé mille fois. Le *bien bon* est ravi de vos aimables petits souvenirs. Adieu, ma très chère, je ne sais point de nouvelles. *Quanto* dansa aux derniers bals toutes sortes de danses, comme il y a vingt ans, et dans un ajustement extrême. Tout le monde croit... Enfin, adieu, je me porte bien, ne pensez plus à ma santé.

557.*

A la même.

À Livry, vendredi 13 novembre 1676.

Enfin vous êtes à Lambesc; et dans le temps que je vous espérois encore, vous preniez le chemin de la Durance : il faut avoir autant de raison que vous en avez pour s'accommoder de cette conclusion ; et je vous avoue que, quoi que vous puissiez croire de mes sentiments sur le déplaisir que je sens de cet éloignement, ce sera au-dessous de la vérité. Vous connoîtriez mal l'amitié que j'ai pour vous, si vous ne preniez toutes les précautions qui sont dans votre lettre, pour m'adoucir un peu cet endroit. Vous êtes bien loin d'être trompée sur la pensée que vous en avez ; c'est à vous maintenant à faire que je ne le sois pas dans l'espérance que vous me donnez : après avoir si bien rempli les devoirs de Provence, je crois que vous serez pressée de songer à moi. Mais j'admire la liaison que j'ai avec les affaires publiques; il faut que l'excès de ce qu'on demande à votre assemblée retombe sur moi. Quand je le sus, je sentis le contre-coup ; et vous connoissant comme je fais, il me tomba au cœur que vous ne voudriez point quitter M. de Grignan. C'est, comme vous dites, une des plus grandes occasions qui puisse arriver dans une province : vous lui serez très utile, et je suis contrainte d'avouer que rien n'est si honnête ni si digne de vous que cette conduite. Je vous assure que je crains fort cette délibération, quand je pense aux peines de M. de Grignan, pour les faire venir à cinq cent mille francs ; je ne comprends point du tout comment il pourra faire pour doubler la dose. J'ai toujours la vision d'un pressoir que l'on serre jusqu'à ce que la corde rompe. Je vous prie de me bien mander le détail de tout ; je suis plus occupée des nouvelles de Lambesc que de celles de Saint-Germain ; instruisez-m'en plutôt que de répondre à mes lettres. N'oubliez pas aussi les aventures que vous voulez me conter ; j'aime que vous ayez quelque chose à me dire. Vous avez bien fait de laisser vos ballots à Grignan ; je souhaite que vous repreniez bientôt le fil de votre voyage ; de la manière dont vous l'avez commencé vous vous trouveriez plutôt à Rome qu'à Paris. Je vais faire un tour dans cette bonne ville pour aller à Saint-Germain avec mes hommes de l'autre jour pour votre pension : après cela je reviendrai encore dans cette forêt avec le pauvre *Frater* ; il n'est occupé que de m'y divertir, et je crois qu'il me trouve à Livry une des bonnes compagnies qu'il y puisse avoir. Je lui laisse la plume, et je vous embrasse avec une véritable tendresse.

Monsieur DE SÉVIGNÉ.

Il est vrai que je suis assez aise d'être ici avec ma mère, et que je suis fort fâché quand elle s'en va. Je lui aurois bien volontiers pardonné de me quitter pour vous aller recevoir; mais il n'est pas tout-à-fait si aisé de m'adoucir sur votre pension, quoique je sache très bien que c'est un secours qu'il ne faut pas négliger. Le zèle que j'ai moi-même pour le service du roi, et l'exactitude qu'il y faut apporter, me font comprendre les raisons de votre retardement : je les trouve en effet très dignes de vous; votre caractère rempliroit à merveille une comédie parfaite; il ne se dément point, et se soutient toujours également. Cette perfection si peu ordinaire me fait espérer que vous continuerez aussi à être pour moi ce que vous avez été jusqu'ici : je le souhaite beaucoup, et je vous aime de tout mon cœur; n'est-ce point assez pour le mériter? Vous m'attaquez toujours sur un certain chapitre, de manière à me faire connoître le grand avantage que vous avez sur moi : mais trouvez-vous qu'un homme qui a pu plaire tout un hiver aux yeux de mademoiselle *Agara*, et de la maîtresse de cinq heures, soit indigne d'être votre frère? Vous souvenez-vous bien de ces yeux? Il est vrai que je dormois un peu les soirs; et vous, ne dormez-vous pas les matins? Vous ne connoissez pas quelle jolie maladie est une sciatique : elle est charmante les nuits; le jour ce n'est pas de même. Adieu, ma très belle petite sœur; je vous donnerai le loisir d'assister à mon *salve*. Je vous prie de revenir bientôt, ne fût-ce que pour empêcher ma mère d'écrire; car pour moi j'y perds mon latin.

558. *

A la même.

A Paris, mercredi 18 novembre 1676.

Ah! ma fille, le mot d'indifférence n'est point fait pour parler d'aucun des sentiments que j'ai pour vous. Vous dites qu'il en paroît dans une de mes lettres; j'ai de bons témoins, aussi bien que vous, de la manière dont je souhaite de vous voir : mais, au milieu de cette véritable tendresse, j'ai eu la force de vous redonner votre liberté, persuadée que, si vous pouviez venir, cela étoit plutôt capable de vous décider que de vous arrêter; et que si vous ne le pouviez pas, vous prendriez les résolutions qui vous conviendroient, plutôt que d'apporter ici du chagrin et des reproches. Voilà, ma très chère, ce qui me fit écrire cinq ou six lignes qui m'arrachoient le cœur"; mais, s'il est vrai, comme je le crois, que vos affaires n'en souffriront pas, et que vous ayez envie de me donner la joie de vous voir, croyez une bonne fois, sans balancer, que c'est la chose du monde que je souhaite le plus; et après avoir donné à M. de Grignan cette marque d'amitié, que j'approuve

---

* C'est sans doute l'apostille qui a été rétablie à la suite de la lettre 552, plus haut, page 44 de ce volume.

dans une occasion aussi considérable que celle-ci, prenez le parti de venir sans l'attendre : il peut arriver cent choses qui l'arrêteront. Son congé ne seroit pas une chose honnête à demander si, par exemple, le roi partoit dès le mois de mars; peut-être aussi qu'on fera une suspension d'armes, comme le pape le demande; mais enfin, dans toutes ces incertitudes, prenez une résolution, et venez, de bon cœur et de bonne grace, me combler de la plus sensible joie que je puisse avoir en ce monde. Je suis persuadée que M. de Grignan y consentira de bon cœur; il m'en écrit trop sincèrement, pour que j'en puisse douter. Une plus longue incertitude ne seroit pas bonne pour cette santé que vous aimez tant; et je suis trop émue de tout ce qui vient de vous, pour souffrir tranquillement les divers états où j'ai passé depuis quelque temps. Je vous avoue donc que je me rends à toute l'espérance que j'avois, et je suis persuadée que vous viendrez, comme vous me l'avez promis.

Je suis ici depuis dimanche. J'ai voulu aller à Saint-Germain parler à M. Colbert de votre pension; j'y étois très bien accompagnée : M. de Saint-Géran, M. d'Hacqueville, et plusieurs autres, me consoloient par avance de la glace que j'attendois. Je lui parlai donc de cette pension, je touchai un mot des occupations continuelles, et du zèle pour le service du roi; un autre mot des extrêmes dépenses à quoi l'on étoit obligé, et qui ne permettoient pas de rien négliger pour les soutenir; que c'étoit avec peine que M. l'abbé de Grignan et moi, nous l'importunions de cette affaire : tout cela étoit plus court et mieux rangé; mais je n'aurai nulle fatigue à vous dire la réponse : *Madame, j'en aurai soin;* et me remène à la porte, et voilà qui est fait". Je fus dîner chez M. de Pomponne; les dames n'y étoient pas; je fis les honneurs à sept ou huit courtisans, et je revins sans voir personne : on m'auroit parlé de mon fils, de ma fille, que pourrois-je en dire? Voilà mon voyage, que je crains fort qui ne vous soit inutile. J'espère cependant que cela viendra; mais il est certain que personne n'est encore payé. Si vous chargiez un de vos gens d'une affaire de conséquence, et que dans ce temps il vous priât de lui payer une pistole que vous lui devriez, ne le feriez-vous pas? Oui, sans doute, mais ce n'est pas la mode ici. On me conseille toujours de ne point demander le congé de mon fils, et d'attendre ce qui arrivera en Allemagne: mais cela est un peu ennuyeux; et quand j'aurai passé encore quelques jours à Livry, je reviendrai ici, pourvu que j'aie la vue de vous attendre ; car, sans cela, je vous assure que je me trouverois encore mieux à Livry qu'à Paris.

On ne joue plus tous ensemble comme on faisoit à Versailles. Tout est à Saint-Germain comme il étoit. M. de Pomponne m'a dit qu'à Rome il n'est question que de notre cardinal; il n'en vient point de lettres qui ne soient pleines de ses louanges : on vouloit l'y retenir

---

" « Colbert avoit des sourcils épais, le regard austère, le *pli de front*
« redoutable. Il étoit dans ses audiences froid et silencieux. Madame
« Cornuel lui dit un jour qu'elle l'entretenoit d'affaires sans pouvoir
« obtenir une réponse : *Monseigneur, faites au moins signe que vous
m'entendez.* » (M. Villenave, art. *Colbert*, Biographie universelle.)

pour être le conseil du pape; il s'est encore acquis une nouvelle estime dans ce dernier voyage; il a passé par Grenoble pour voir sa nièce[a], mais ce n'est pas sa *chère nièce*[b]: c'est une chose bien cruelle de ne plus espérer la joie de le revoir; savez-vous bien que cela fait une de mes tristes pensées? La paix de Pologne est faite, mais romanesquement. Ce héros (*Sobiesky*), à la tête de quinze mille hommes, entouré de deux cent mille, les a forcés, l'épée à la main, à signer le traité. Il s'étoit campé si avantageusement, que depuis la Calprenède[c] on n'avoit rien vu de pareil; c'est la plus grande nouvelle que le roi pût recevoir, et qui achemine la paix, par les ennemis que le roi de Pologne et le grand-seigneur vont nous ôter de dessus les bras. Le *Marseille* (*M. de Janson*) a déjà mandé qu'il avoit eu bien de la peine à conclure cette paix; il souffle, il s'essuie le front comme le mé-

[a] La duchesse de Sault, qui étoit alors à Grenoble, auprès du duc de Lesdiguières son beau-père, gouverneur du Dauphiné, étoit la propre nièce du cardinal.

[b] Expression d'amitié dont se servoit le cardinal de Retz en parlant de madame de Grignan; elle étoit sa nièce, à la mode de Bretagne, et au sixième degré seulement, par Marguerite de Vassé, son aïeule paternelle, fille de Lancelot-de-Vassé et de Françoise de Gondy, sœur de Philippe Emmanuel de Gondy, père du cardinal de Retz. (*Voyez* l'arbre généalogique des Gondy, à la tête du IIe volume de l'histoire de cette maison, publiée par Corbinelli en 1705, rectifiée en ce qui concerne les Sévigné, par le nobiliaire de Bretagne, *Manuscrit de l'Arsenal.*) Le cardinal de Retz appelle madame de Grignan sa *nièce* dans la lettre 63, tome 1ᵉʳ, page 150.

[c] Auteur de Sylvandre, Cassandre, Cléopâtre, Pharamond, romans à grandes aventures que madame de La Fayette a fait oublier.

decin de la comédie qui avoit eu tant de peine à faire parler cette femme qui n'étoit point muette*. Dieu sait quelle bavarderie. C'est à-peu-près la même peine qu'il eut quand on élut ce brave roi¹.

Dangeau a voulu faire des présents aussi bien que Langlée : il a commencé la ménagerie de Clagny : il a ramassé pour deux mille écus de toutes les tourterelles les plus passionnées, de toutes les truies les plus grasses, de toutes les vaches les plus pleines, de tous les moutons les plus frisés, de tous les oisons les plus oisons, et fit hier passer en revue tout cet équipage, comme celui de Jacob, que vous avez dans votre cabinet de Grignan².

Je reçois votre lettre du 10 de ce mois ; je suis vraiment bien contente de la bonne résolution que vous prenez ; elle sera approuvée de tout le monde, et vous êtes fort loin de comprendre la joie qu'elle me donne. Ce fut dans le chagrin de vos incertitudes, que je voulus vous dire que, bien loin de m'aimer plus que vous ne disiez, vous m'aimiez moins, puisque vous ne vouliez point me venir voir : voilà l'explication de cette grande rudesse; mais, ma fille, je change de langage en changeant mon humeur chagrine contre une véritable joie. Je crois que la vôtre n'a pas été médiocre de voir le cardinal de Bouillon ; vous aviez bien à causer ensem-

---

* *Voyez* le *Médecin malgré lui*, acte III, scène VI. Cette plaisanterie sur le cardinal de Janson ne se trouve que dans l'édition de 1726.

¹ Cette élection s'étoit faite le 10 mai 1674.

² C'étoit un présent de l'abbé de Coulanges. (*Voyez* t. IV, p. 12.)

ble. Ce que je vous ai mandé du cardinal de Retz se rapporte bien à tout ce que vous m'en dites : je crois que vous êtes aussi blessée que moi de la pensée de ne le plus voir. Je suis fort contente de vos conducteurs ; ayez soin de m'avertir de tous vos pas. Je suis fort aise de savoir que l'ouverture de l'assemblée s'est faite comme il convenoit, et que le petit discours a été bien et gentiment prononcé. Je m'en vais demain à Livry passer encore cinq ou six jours avec votre frère, et puis je reviens ici, n'étant plus occupée que de votre retour et de tout ce qui en dépend. Ma très chère enfant, je vous remercie de toute la joie que vous me donnez et j'embrasse M. de Grignan de tout mon cœur.

559.*

A la même.

A Livry, vendredi 20 novembre 1676.

Un bonheur n'arrive jamais seul. J'avois reçu votre lettre du 10, qui me plaisoit beaucoup ; je venois d'y faire réponse, je reçus, une heure après, un billet du chevalier de Grignan, qui me manda de Saint-Germain que les ennemis du baron se retiroient, et qu'au lieu de s'en aller *clopin-clopant*, comme il avoit résolu, audevant de sa compagnie, il seroit en liberté de revenir dans cinq ou six jours, et qu'apparemment La Fare[1] seroit la colombe qui apporteroit le rameau d'olivier. Il me manda aussi que votre pension seroit bientôt payée. Tout cela me fit gaillarde, et je revins hier trouver mon fils, qui prit pour le moins la moitié de ma joie. Notre séjour ici sera fort court; je m'en irai songer à vous bien recevoir, et à m'en aller au-devant de vous. Je fais mille amitiés à vos deux conducteurs; mon Dieu, les honnêtes gens! Je verrai M. le cardinal de Bouillon dès qu'il sera arrivé. Je crois que Vineuil fera fort bien la vie du héros[2]. Ce que vous dites du conclave est admirable : mais savez-vous bien que je ne trouve pas bien naturel que notre cardinal ait passé assez près de vous, qu'il ait pu vous voir, et qu'il ne l'ait pas fait? Il vous a témoigné tant d'amitié, qu'il n'est pas aisé d'imaginer qu'il ait eu plus d'envie de voir sa nièce de Sault que sa *chère nièce* : enfin, il ne l'a pas jugé à propos. Je

---

[1] M. de La Fare étoit sous-lieutenant de la compagnie des gendarmes-dauphin; M. de Sévigné en étoit enseigne; il acheta la charge du marquis de La Fare, en mai 1677. (*Voyez* la lettre du 19 mai 1677.)

[2] Cette vie de M. de Turenne n'a pas été imprimée. M. de Vineuil composa, à ce qu'il paroît, quelques unes des pièces que l'on a jointes aux *Mémoires de La Rochefoucauld*, dans l'édition subreptice de Cologne. (*Voyez l'avertissement* qui précède la première partie de ces *Mémoires*. Paris, Renouard, 1817.) On ne peut pas douter aujourd'hui que ce livre n'ait alors éprouvé de grandes altérations. Une lettre écrite par le duc de La Rochefoucauld à la marquise de Sablé, contient le désaveu formel de l'ancienne édition. L'original de cette lettre, dont l'éditeur conserve une copie, fait partie des *Manuscrits* de la Bibliothèque du Roi.

souhaite que vous vous accommodiez mieux que moi de la pensée de ne le voir jamais ; je ne puis m'y accoutumer ; je suis destinée à périr par les absences.

On espère fort la paix ; et je crois que vous pourrez obtenir le congé de M. de Grignan, s'il n'arrive rien de nouveau : mais rien n'est certain de ce qui le regarde ; madame de Vins passa un jour tout entier avec moi ; il me semble qu'elle vous aime fort ; vous devez lui donner tous les avis qu'on vous donne ; elle meurt d'envie de faire quelque chose de bon avec vous. Adieu, ma très chère et très aimable, je vous embrasse tendrement.

Monsieur DE SÉVIGNÉ.

Je me doutois bien que la comparaison du soleil vous toucheroit, et qu'elle pourroit vous faire hâter votre voyage, pour achever la parfaite conformité de vous à ce grand astre. J'espère que nous ne serons pendus ni les uns ni les autres ; nos ennemis s'en vont, et ma liberté approche par conséquent ; et pour M. de Grignan, j'apprends que les Provençaux sont plus dociles que je ne croyois : notre famille ne sera donc point honnie pour ce coup. Vous avez eu le petit cardinal ; je suis fâché que le grand n'y ait pas été aussi ; cette petite entrevue, qui auroit été proprement un dernier adieu, vous auroit fait plaisir, malgré les tristes réflexions qui l'auroient suivie. Adieu, ma très belle, adieu, mon soleil ; vous ferez bien de nous venir réchauffer, car celui-ci ne fait guère bien son devoir : il ne faut pourtant pas s'en plaindre. Je salue M. de Grignan.

560.

A la même.

A Livry, mercredi 25 novembre 1676.

Je me promène dans cette avenue; je vois venir un courrier. Qui est-ce? c'est Pomier; ah, vraiment! voilà qui est admirable. Et quand viendra ma fille? — Madame, elle doit être partie présentement. — Venez donc que je vous embrasse. Et votre don de l'assemblée? — Madame, il est accordé. — A combien? — A huit cent mille francs. Voilà qui est fort bien, notre pressoir est bon, il n'y a rien à craindre, il n'y a qu'à serrer, notre corde est bonne. Enfin, j'ouvre votre lettre, et je vois un détail qui me ravit. Je reconnois aisément les deux caractères, et je vois enfin que vous partez. Je ne vous dis rien sur la parfaite joie que j'en ai. Je vais demain à Paris avec mon fils; il n'y a plus de danger pour lui. J'écris un mot à M. de Pomponne, pour lui présenter notre courrier. Vous êtes en chemin par un temps admirable, mais je crains la gelée. Je vous enverrai un carrosse où vous voudrez. Je vais renvoyer Pomier, afin qu'il aille ce soir à Versailles, c'est-à-dire à Saint-Germain. J'étrangle tout, car le temps presse. Je me porte fort bien; je vous embrasse mille fois, et le *Frater* aussi.

561.

A la même.

A Paris, vendredi 27 novembre 1676.

Enfin, ma très chère et très aimable, je vous écris à Valence; ce changement me ravit. J'espère que vous aurez passé sagement ces terribles bords du Rhône, et que je recevrai de vos nouvelles, pour savoir où vous envoyer un carrosse : si vous voulez que ce soit à Briare, je l'approuve très fort, et vous serez servie à point nommé. Je revins hier de Livry : je ramenai le *Frater*, parceque La Fare est arrivé, et que voilà qui est fini. Je vis en arrivant le chevalier de Grignan, M. d'Hacqueville, madame de Vins et M. de La Trousse; nous parlâmes fort de votre retour. Je vous ai mandé comme j'avois vu Pomier à Livry, et comme je le renvoyai à Saint-Germain avec un billet pour M. de Pomponne. Le voilà qui entre; il a présenté vos paquets à M. de Pomponne, qui les a très bien reçus. La nouvelle des huit cent mille francs a été très agréable au roi et à tous ses ministres. On a promis pour lundi l'ordonnance; j'aurai soin de tout. Madame de Vins se charge du congé de M. de Grignan. Sa Majesté a eu un habit de mille écus, si beau, si riche, que tout le monde y veut entendre finesse. Adieu, ma très belle; je ne sais ce que j'ai, je n'ai plus de goût à vous écrire : d'où vient cela? seroit-ce que je ne vous aime plus? en vérité, je ne le crois pas, ni vous non plus. J'ai une envie extrême de vous entendre conter bien des choses, et de vous embrasser de tout mon cœur. Le baron vous embrasse, et n'aspire qu'à vous voir et aller au-devant de vous.

562.

A la même.

A Paris, mercredi 9 décembre 1676.

Voici encore une lettre qu'il faut que je vous écrive à Lyon. J'attends ce soir de vos nouvelles : je ferai un étrange bruit, si j'apprends que vous ayez différé votre départ. Je m'en vais vous gronder, ma fille, de deux ou trois choses : vous ne m'avez pas mandé comment vous avez trouvé la petite religieuse à Sainte-Marie[*]; vous savez que je l'aime fort joliment. Vous ne m'avez point parlé de l'affaire de vos procureurs du pays. J'ai oublié la troisième : si elle me revient, elle vous reviendra. Je fais bien d'être ainsi méchante pendant que vous êtes à Lyon; car vous ne serez pas assez fâchée pour vous en

---

[*] Marie-Blanche d'Adhémar de Grignan, fille aînée de madame de Grignan, qui fut religieuse au couvent de la Visitation d'Aix.

retourner à Grignan : mais si vous étiez encore à Aix, vous me croiriez de si mauvaise humeur que vous ne viendriez point me voir. Je vous dirai que, pour me venger, je viens d'envoyer à M. de Grignan un paquet de M. de Pomponne, tout rempli d'agrément et de douceurs. M. de Pomponne a glissé fort à propos nos cinq mille francs. Le roi dit en riant : On dit tous les ans que ce sera pour la dernière fois. M. de Pomponne, en riant, répliqua : Sire, ils sont employés à vous bien servir. Sa Majesté apprit aussi que le marquis de Saint-Andiol[1] étoit procureur du pays; le sourire continua, comme disant qu'on voyoit bien la part qu'avoit M. de Grignan à cette nomination. M. de Pomponne lui dit : Sire, la chose a passé d'une voix, sans aucune contestation ni cabale. Cette conversation finit, et se passa fort bien.

Ah ! j'ai retrouvé ma gronderie; c'est que si vous aviez demandé plus tôt cette sénéchaussée de Grasse, vous l'auriez eue; le chevalier de Séguiran la demanda, et l'obtint, il y a trois semaines; il l'a vendue dix mille francs, qui vous auroient été fort bons. Il n'en coûte rien de proposer certaines choses; on s'amuse au moins à voir si elles sont possibles. Adieu, ma très aimable, vous voilà toute grondée; et vous verrez qu'après cette bouffée de méchanceté, vous ne trouverez plus que de la douceur, et une tendresse, et une joie extrême, en vous embrassant. Voilà le chevalier et Corbinelli qui ne

[1] Laurent Varadier, marquis de Saint-Andiol, beau-frère de M. de Grignan, ayant épousé le 6 juin 1661 Marguerite d'Adhémar, sa sœur.

veulent plus vous écrire. L'abbé de La Victoire (*Lenet*) *mortuus et sepultus est*[a].

***

563.

A la même.

A Paris, dimanche au soir 15 décembre 1676.

Que ne vous dois-je point, ma chère enfant, pour tant de peines, de fatigues, d'ennuis, de froid, de gelée, de frimas, de veilles? Je crois avoir souffert toutes ces incommodités avec vous; ma pensée n'a pas été un moment séparée de vous, je vous ai suivie par-tout, et j'ai trouvé mille fois que je ne valois pas l'extrême peine que vous preniez pour moi, c'est-à-dire, par un certain côté; car celui de la tendresse et de l'amitié relève bien mon mérite à votre égard. Quel voyage, bon Dieu! et quelle saison! vous arriverez précisément le plus court jour de l'année, et par conséquent vous nous ramènerez le soleil. J'ai vu une devise qui me conviendroit assez; c'est un arbre sec, et comme mort, et autour ces paroles: *Fin che sol ritorni*. Qu'en dites-vous, ma fille? Je ne vous parlerai donc point de votre voyage, nulle question là-dessus; nous tirerons le rideau sur vingt jours d'extrêmes fatigues, et nous tâcherons de donner

---

[a] *Voyez* la note [b] de la lettre du 27 février 1671, t. 1er, p. 265.

un autre cours aux petits esprits, et d'autres idées à votre imagination. Je n'irai point à Melun; je craindrois de vous donner une mauvaise nuit par une dissipation peu convenable au repos : mais je vous attendrai à dîner à Villeneuve-Saint-Georges; vous y trouverez votre potage tout chaud; et sans faire tort à qui que ce puisse être, vous y trouverez la personne du monde qui vous aime le plus parfaitement. L'abbé vous attendra dans votre chambre bien éclairée, avec un bon feu. Ma chère enfant, quelle joie! puis-je en avoir jamais une plus sensible?

N. B. *Madame de Grignan arriva à Paris le 22 décembre 1676, et elle ne retourna en Provence qu'au mois de juin 1677.* (Voyez ci-après la lettre 568.)

564. *

Du Comte de Bussy à Madame de Sévigné.

A Paris, ce 23 décembre 1676.

Elle est donc arrivée, cette belle Madelonne; j'envoie le savoir; assurément, si je n'étois fort enrhumé, je l'irois apprendre moi-même; car, *après vous*, personne ne l'aime plus que je fais. Cet *après vous* a deux sens, et je dis vrai dans quelque sens qu'on le prenne : car je vous aime plus qu'elle, et il n'y a que vous qui ayez plus d'amitié pour elle que moi. Je veux aller dîner l'un de ces jours avec vous pour la bien voir. Mandez-moi si tous les jours sont bons pour cela, parceque je ne veux ni perdre mes peines, ni vous embarrasser. Sur ce que j'ai appris que le roi avoit parlé de moi avec bonté au duc de Saint-Aignan, j'ai cru qu'une lettre à Sa Majesté pourroit faire un bon effet, je vous l'envoie. J'aurois été vous la lire, si je n'étois enrhumé.

J'attends réponse de mon ami Saint-Aignan; je ne suis nullement en peine de ses soins, de sa chaleur à me servir, ni de son jugement à choisir bien le temps de donner ma lettre au roi, le reste dépend de cette folle de Fortune à qui véritablement je déplais, mais qui pourroit bien à la fin se raccommoder avec moi. Si elle ne le fait pas, ce qui me consolera de ses injustices, c'est qu'elle déshonorera infailliblement ceux qu'elle aura employés à me persécuter.

565. *

De Madame DE SÉVIGNÉ *au Comte* DE BUSSY.

A Paris, ce 23 décembre 1676.

Ma fille arriva hier, aussi lasse que vous êtes enrhumé; je lui ferai voir votre billet; cependant, je vous dirai qu'elle sera aussi aise de vous voir que vous elle. Venez dîner avec nous quand vous voudrez; délicat comme vous êtes, vous ne sauriez me surprendre.

566. **

Du Comte de Bussy[a] à Madame de Sévigné.

A Bussy, ce 14 mai 1677.

Çà, Madame, recommençons un peu notre commerce. J'ai été bien fâché de vous quitter. Je commençois fort à me raccoutumer à vous; et si quelque chose adoucit la peine que j'ai à me passer de vous voir, c'est l'espérance que j'ai de recevoir de vos lettres. Elles me font tant de plaisir, que si je pouvois passer ma vie auprès de vous, ce qui seroit pour moi le plus grand plaisir du monde, je vous quitterois quelquefois, seulement pour vous écrire, et pour avoir de vos réponses. Employons donc bien le temps pendant lequel la fortune veut que nous soyons séparés, et sur-tout ne prenons point les affaires trop à cœur, car cela nuit fort à la longueur de la vie. Quand je dis les affaires, je n'entends pas seulement les affaires de ce monde-ci, j'entends encore parler de celles de l'autre. C'est, à mon avis, être déjà presque damné, que de craindre trop de l'être; il

---

[a] Le volume in-4°, manuscrit, intitulé *Suite des Mémoires du Comte de Bussy*, a fourni quelques fragments qui ne se trouvent pas dans le *manuscrit* des lettres. Il commence ici, et contient la suite de la correspondance jusqu'au 6 mars 1679. (*Voyez* la *Notice bibliographique*, tome Ier, page 43.)

y a raison par-tout. Vivons bien, et nous réjouissons. En matière de conscience, trop de délicatesse fait les hérésies. Je ne veux aller qu'en paradis et pas plus haut. Je vous fais ce petit sermon, Madame, parceque je sais à quel point de perfection vous aspirez, et qu'outre qu'il ne vous est pas possible d'y atteindre en votre condition, c'est que je le crois même inutile. Sauvons-nous avec notre bon parent saint François de Sales, il conduit les gens en paradis par de plus beaux chemins que MM. de Port-Royal.

Je ne doute pas que quand vous lirez cette lettre à la belle Comtesse, elle ne se récrie que cela sent mes amis, le père Rapin et le père Bouhours, à pleine gorge. A vous dire le vrai, je ne sais pas s'ils pensent là-dessus comme moi, mais je vous assure que je n'ai pris ces sentiments de personne, et qu'il n'y a qu'un concile qui m'en pût faire changer. Nous arrivâmes ici samedi dernier, la petite veuve (*madame de Coligny*) et moi. J'y ai eu jusqu'ici les embarras que donnent les nouveaux établissements. Je commence maintenant à respirer, et je pourrois vous y recevoir, si vous daigniez honorer Bourbilly d'une de vos visites. Quoi que vous fassiez, je vous supplie de me le mander; car vous passerez bien loin d'ici, si je ne vous vais trouver. Adieu, ma chère cousine, je vous assure que je vous aime plus que je n'ai jamais fait. Votre nièce vous en dit autant.

Je vous envoie de nouvelles demandes que je fais au roi; puisqu'il ne veut pas que j'aille essayer de mourir pour son service, il me donnera peut-être d'autres emplois.

567. **

De Madame DE SÉVIGNÉ *au Comte* DE BUSSY.

A Paris, ce 19 mai 1677.

Allons, je le veux, recommençons notre commerce, mon cousin. Vous commenciez, dites-vous, à vous raccoutumer à moi. Il y a long-temps que nous n'avons qu'à nous voir un peu pour nous aimer autant que si nous passions notre vie ensemble : aussi bien y a-t-il quelques petits esprits dans notre sang qui feroient une liaison malgré nous, si nous n'y consentions de bonne grace. Nous craignons si fort le chagrin, que nous nous consolons de notre absence par le plaisir de recevoir de nos lettres. Jouissons de cet heureux tempérament, mon cher cousin ; il nous mènera bien loin. Pour moi, je me porte assez bien ; et ce n'est aussi que pour conduire la belle Madelonne que je m'en vais à Vichi. La joie que j'aurai d'être avec elle me fera plus de bien que les eaux. Je vous demande pardon, mon cousin, je ne suis pas si traitable sur son absence que sur la vôtre. Sa Provence me désole, et ma rate se mêle dans toutes nos séparations. Je la conduirai jusqu'à Lyon*, et puis je

* Madame de Sévigné n'exécuta pas ce projet.

reviendrai à Bourbilly, c'est-à-dire à Époisses; car le château de nos pères n'est pas en état de me loger. Si vous faisiez un petit voyage à Forléans dans ce temps-là, qui seroit à-peu-près le 15 ou le 20 juillet, j'aurois beaucoup de consolation. J'aimerois que notre veuve (*madame de Coligny*) y fût; je l'aime fort, elle a bien de l'esprit et du bon sens; elle a une douceur et une modestie qui me charment. Elle ne se presse jamais de faire voir qu'elle a plus d'esprit que les autres; elle sait bien des choses dont elle n'affecte point de se parer; elle a un bon air dans sa personne et dans tout ce qu'elle dit : enfin, je la trouve digne de toute l'estime que nous avons pour elle. Je ne suivrai que trop vos conseils dans la noble confiance que vous trouvez qu'il faut avoir pour son salut : je crains même que vous ne m'appreniez cette prière fervente que vous faites les matins, et qui vous donne sujet de ne plus penser à Dieu tout le reste de la journée : car, il faut dire le vrai, cela est fort commode; mais aussi c'est bien tout ce que nous pourrons faire que d'aller par ce chemin-là jusqu'en paradis, assurément nous n'irons pas plus haut. C'est l'avis de la Provençale.

Au reste, je vous recommande mon panégyrique au bas de mon portrait; vous m'aviez donné un mérite que je n'avois point à votre égard. C'est là qu'il est dangereux de passer le but. Qui passe perd, et les louanges sont des satires, quand elles peuvent être soupçonnées de n'être pas sincères : toutes les choses du monde sont à facettes, mon cousin, laissons donc ce que vous avez dit de moi, pour le pauvre M. Fouquet et pour d'autres encore, quand ils feront des galeries où sera mon portrait ".

Nous attendons le roi, et les beautés sont alertes pour savoir de quel côté il tournera : ce retour-là est assez digne d'être observé. Je vous fais les très humbles baisemains de M. et de Mme de Grignan, de notre bon abbé et de mon fils; ne savez-vous pas qu'il a traité de la sous-lieutenance des gendarmes de M. le dauphin avec La Fare, pour douze mille écus et son enseigne. Cette charge est fort jolie : elle nous revient à quarante mille écus *b*; elle vaut l'intérêt de l'argent. Il se trouve par là à la tête de la compagnie, M. de La Trousse étant lieu-

---

a Madame de Sévigné avoit déjà adressé ce reproche au comte de Bussy dans la lettre 64, tome Ier, page 161. Cela fait penser que Bussy a omis une partie de la lettre 62, en la copiant sur son registre, et que nous ne l'avons pas dans son intégrité, car les trois inscriptions qu'elle contient n'offrent pas le passage dont il est question dans cette lettre et dans celle qui vient d'être indiquée.

b Louvois, craignant que La Fare ne lui disputât le cœur de la maréchale de Rochefort, l'avoit pris en aversion, et lui refusoit tout avancement. Ce motif, dit celui-ci dans ses Mémoires, « joint au méchant état de mes affaires, à ma paresse, et *à l'amour que j'avois pour une femme qui le méritoit*, tout cela me fit prendre le parti de vendre ma charge de sous-lieutenant des gendarmes de monseigneur le dauphin.... » (*Mémoires*, page 218.) Il ajoute qu'il ne la vendit que 90,000 fr. au marquis de Sévigné. On rapporte ce passage de La Fare, parcequ'il le montre très occupé de son amour pour madame de La Sablière. Cette liaison duroit depuis près d'un an. (*Voyez* la lettre 528, tome IV, page 432.) Elle ne tarda pas à éprouver quelque refroidissement. (*voyez* celle du 4 août suivant); et enfin la bassette vint y mettre un terme. (*Voyez* la lettre du 14 juillet 1680.)

tenant-général. M. le dauphin devient tous les jours plus considérable. La paix rendra cette charge encore plus belle que la guerre. Si je vous ai dit tout ceci, comme je m'en doute, il ne vous nuira de rien de l'entendre encore une fois. Adieu, mon sang, je vous embrasse et ma nièce avec beaucoup d'amitié. En vérité, mon cousin, vous demandez au roi d'une manière à devoir être écouté.

De CORBINELLI*. ***

J'ai un grand intérêt, Monsieur, au renouvellement de votre commerce; je vois les lettres de part et d'autre, j'y apprends à penser et à écrire, et je jouis à mon aise de tout ce qu'il y a de délicieux dans l'esprit. J'ai toujours une forte passion d'aller à Bussy; je vous y porterai des réflexions que j'ai faites sur mille choses, et une critique d'un compliment qu'a fait l'académie au cardinal d'Estrées. Je n'y ai pas trouvé une seule phrase du bon usage. Ma vanité m'a porté à cette entreprise; vous jugerez si j'ai trop osé[b].

---

[a] Cette apostille n'est pas sur le manuscrit qui contient la copie des lettres de Bussy et de madame de Sévigné; elle se trouve dans le volume des *Mémoires de Bussy*, qui est entièrement écrit de la main de celui-ci, et qui a été indiqué dans la note de la lettre précédente, (page 77.)

[b] Ce compliment fut adressé, le 24 avril 1677, au cardinal d'Estrées, à son retour de Rome, par Charpentier, alors directeur de l'académie. On y trouve l'emphase justement reprochée à cet écrivain; il est inséré dans le *Recueil des Harangues prononcées par Messieurs de l'académie françoise*, tome 1er, page 517.

Adieu, Monsieur, vous trouverez bon que j'assure ici madame de Coligny de mes très humbles services; je vous avoue qu'elle me plaît fort sur toute sorte de chapitres; je me fierois plus à elle qu'à tout ce que je connois de femmes qui se piquent de quelque chose.

568.

De Madame DE SÉVIGNÉ *à Madame* DE GRIGNAN.

A Paris, mardi 8 juin 1677.

Non, ma fille, je ne vous dis rien, rien du tout! vous ne savez que trop ce que mon cœur est pour vous : mais puis-je vous cacher tout-à-fait l'inquiétude que me donne votre santé? c'est un endroit par où je n'avois pas encore été blessée; cette première épreuve n'est pas mauvaise : je vous plains d'avoir le même mal pour moi; mais plût à Dieu que je n'eusse pas plus de sujet de craindre que vous! Ce qui me console, c'est l'assurance que M. de Grignan m'a donnée de ne point pousser à bout votre courage; il est chargé d'une vie, où tient absolument la mienne : ce n'est pas une raison pour lui faire augmenter ses soins; celle de l'amitié qu'il a pour vous est la plus forte. C'est aussi dans cette confiance, mon très cher Comte, que je vous recommande encore ma fille : observez-la bien, parlez à Montgobert, entendez-vous ensemble pour une affaire si importante.

6.

Je compte fort sur vous, ma chère Montgobert. Ah ma chère enfant, tous les soins de ceux qui sont autour de vous ne vous manqueront pas, mais ils vous seront bien inutiles, si vous ne vous gouvernez vous-même. Vous vous sentez mieux que personne; et si vous trouvez que vous ayez assez de force pour aller à Grignan, et que tout d'un coup vous trouviez que vous n'en avez pas assez pour revenir à Paris; si enfin les médecins de ce pays-là, qui ne voudront pas que l'honneur de vous guérir leur échappe, vous mettent au point d'être plus épuisée que vous ne l'êtes; ah! ne croyez pas que je puisse résister à cette douleur. Mais je veux espérer qu'à notre honte tout ira bien. Je ne me soucierai guère de l'affront que vous ferez à l'air natal, pourvu que vous soyez dans un meilleur état. Je suis chez la bonne Troche, dont l'amitié est charmante; nulle autre ne m'étoit propre; je vous écrirai encore demain un mot; ne m'ôtez point cette unique consolation. J'ai bien envie de savoir de vos nouvelles; pour moi, je suis en parfaite santé, les larmes ne me font point de mal. J'ai dîné, je m'en vais chercher madame de Vins et mademoiselle de Méry. Adieu, mes chers enfants; que cette calèche que j'ai vue partir est bien précisément ce qui m'occupe et le sujet de toutes mes pensées!

Madame DE LA TROCHE.

La voilà cette chère commère qui a la bonté de me faire confidence de sa sensible douleur. Je viens de la faire dîner, elle est un peu calmée; conservez-vous, belle Comtesse, et tout ira bien; ne la trompez point sur votre santé, ou, pour mieux dire, ne vous trompez point vous-même; observez-vous, et ne négligez pas la moindre douleur, ni la moindre chaleur que vous sentirez à cette poitrine : tout est de conséquence, et pour vous et pour cette aimable mère. Adieu, belle Comtesse, je vous assure que je suis bien vive pour sa santé, et que je suis à vous bien tendrement.

569.

A la même.

A Paris, mercredi 9 juin 1677.

Je fus donc hier chez madame de Vins et chez mademoiselle de Méry, comme je vous avois dit; elles n'avoient reçu, ni l'une ni l'autre, les petits billets que je vous fis écrire pour elles : ce dérangement me mit en colère contre le bel abbé*. Je regrettai de ne m'être pas chargée de toutes vos petites dépêches; j'aime la ponctualité. Mais, ma chère enfant, comment vous portez-vous? n'avez-vous point un peu dormi? vous êtes partie présentement, quoiqu'il ne soit que six heures du matin. Madame de Coulanges m'envoie proposer de Chaville, où elle est, de l'aller prendre pour aller dîner

* L'abbé de Grignan, depuis évêque d'Evreux, et ensuite de Carcassonne.

à Versailles avec M. de Louvois, que je ne trouverois de long-temps sans cela. Je vais donc faire cette petite corvée; M. de Barillon vient avec moi. Je me porte très bien; plût à Dieu que votre beau tempérament eût repris sa place chez vous, comme le mien a fait chez moi! votre santé est l'unique soin de ma vie. J'appris encore hier que rien n'est si bon que l'eau de poulet, et que madame du Fresnoi* s'en est très bien trouvée. Mademoiselle de Méry est plus habile par sa propre expérience qu'un médecin, qui se porte bien, par la sienne : elle doit vous écrire et m'envoyer son billet. Adieu, mon ange, je vous rends ce que vous me dites sans cesse; songez que votre santé fait la mienne, et que tout m'est inutile dans le monde, si vous ne vous guérissez.

* La belle madame du Fresnoi, femme du premier commis du marquis de Louvois, et maîtresse de ce ministre (voyez la note de la lettre 195, tome II, page 242), avoit été nommée dame du lit de la reine, en novembre 1673, lorsque les filles d'honneur furent remplacées par des dames. (Voyez tome III, pages 153 et 160.)

570.

A la même.

A Paris, vendredi 11 juin 1677.

Il me semble que pourvu que je n'eusse mal qu'à la poitrine, et vous qu'à la tête, nous ne ferions qu'en rire; mais votre poitrine me tient fort au cœur, et vous êtes en peine de ma tête; hé bien! je lui ferai, pour l'amour de vous, plus d'honneur qu'elle ne mérite; et, par la même raison, mettez bien, je vous supplie, votre petite poitrine dans du coton. Je suis fâchée que vous m'ayez écrit une si grande lettre en arrivant à Melun; c'étoit du repos qu'il vous falloit d'abord. Songez à vous, ma chère enfant, ne vous faites point de *dragons;* songez à me venir achever votre visite, puisque, comme vous dites, la destinée, c'est-à-dire la Providence, a coupé si court, contre toute sorte de raison, celle que vous aviez voulu me faire. Votre santé est plus propre à exécuter ce projet que votre langueur; et comme vous voulez que mon cœur et ma tête soient libres, ne croyez pas que cela puisse être, si votre mal augmente. Quelle journée! quelle amertume! quelle séparation! vous pleurâtes, ma très chère, et c'est une affaire pour vous; ce n'est pas la même chose pour moi, c'est mon tempérament. La circonstance de votre mauvaise santé fait une grande augmentation à ma douleur : il me semble que si je n'avois que l'absence pour quelque temps, je m'en accommoderois fort bien ; mais cette idée de votre maigreur, de cette foiblesse de voix, de ce visage fondu, de cette belle gorge méconnoissable, voilà ce que mon cœur ne peut soutenir. Si vous voulez donc me faire tout le plus grand bien que je puisse desirer, mettez toute votre application à sortir de cet état.

Ah, ma fille! quel triomphe à Versailles! quel orgueil redoublé! quel solide établissement! quelle duchesse de Valentinois[a]! quel ragoût, même par les distractions et par l'absence! quelle reprise de possession! Je fus une heure dans cette chambre; elle étoit au lit, parée, coiffée ; elle se reposoit pour la *medianoche*. Je fis vos compliments ; elle répondit des douceurs, des louanges : sa sœur en haut, se trouvant en elle-même toute *la gloire de Niquée*[b], donna des traits de haut en bas sur la pauvre *Io*[c], et rioit de ce qu'elle avoit l'audace de se plaindre d'elle. Représentez-vous tout ce qu'un orgueil peu généreux peut faire dire dans le

[a] Madame de Sévigné appelle ainsi madame de Montespan, parceque, comme Diane de Poitiers, duchesse de Valentinois, maîtresse de Henri II, elle conservoit, dans un âge qui n'étoit plus celui de la première jeunesse, tous les agréments et l'influence de la beauté.

[b] Cette allusion à l'une des féeries de l'Amadis des Gaules a été indiquée dans une note de la lettre 522, tome IV, page 397.

[c] C'est Marie-Élisabeth de Ludres, chanoinesse de Poussay, qui est désignée ici sous le nom d'Io, fille d'Inachus, que Jupiter changea en vache, afin de la soustraire aux regards jaloux de Junon. Ma-

triomphe, et vous en approcherez. On dit que la petite reprendra son train ordinaire chez MADAME. Elle s'est promenée, dans une solitude parfaite, avec la Moreuil, dans les jardins du maréchal du Plessis; elle a été une fois à la messe. Adieu, ma très chère; je me trouve toute nue, toute seule, de ne plus vous avoir. Il ne faut regarder que la Providence dans cette séparation : on n'y comprendroit rien autrement; mais c'est peut-être par-là que Dieu veut vous redonner votre santé. Je le crois, je l'espère, mon cher Comte, vous nous en avez quasi répondu; donnez-y donc tous vos soins, je vous en conjure.

571.*

A la même.

À Paris, lundi 14 juin 1677.

J'ai reçu votre lettre de Villeneuve-la-Guerre. Enfin, ma fille, il est donc vrai que vous vous portez mieux, et que le repos, le silence et la complaisance que vous avez pour ceux qui vous gouvernent, vous donnent un

---

dame de Ludres avoit d'abord été fille d'honneur de madame HEN-
RIETTE, elle le devint ensuite de la reine, et, lorsque ces places furent supprimées, MONSIEUR la plaça auprès de MADAME. (*Voyez les lettres de madame de Bavière, seconde femme de* MONSIEUR.)

calme que vous n'aviez point ici. Vous pouvez vous représenter si je respire, d'espérer que vous allez vous rétablir; je vous avoue que nul remède au monde n'est si bon pour me soulager le cœur, que de m'ôter de l'esprit l'état où je vous ai vue ces derniers jours. Je ne soutiens point cette pensée; j'en ai même été si frappée que je n'ai pas démêlé la part que votre absence a eue dans ce que j'ai senti. Vous ne sauriez être trop persuadée de la sensible joie que j'ai de vous voir, et de l'ennui que je trouve à passer ma vie sans vous : cependant je ne suis pas encore entrée dans ces réflexions, et je n'ai fait que penser à votre état, transir pour l'avenir, et craindre qu'il ne devienne pis; voilà ce qui m'a possédée; quand je serai en repos là-dessus, je crois que je n'aurai pas le temps de penser à toutes ces autres choses, et que vous songerez à votre retour. Ma chère enfant, il faut que les réflexions que vous ferez entre ci et là, vous ôtent un peu des craintes inutiles que vous avez pour ma santé : je me sens coupable d'une partie de vos *dragons*; quel dommage que vous prodiguiez vos inquiétudes pour une santé toute rétablie, et qui n'a plus à craindre que le mal que vous faites à la vôtre! Je suis assurée que deux ou trois mois vous ont quelquefois défiguré vos *dragons* d'une telle sorte, que vous ne les avez pas reconnus. Songez, ma fille, qu'ils sont toujours comme dans ce temps-là, et que c'est votre seule imagination qui leur donne un prix qui n'est pas. Vous qui avez tant de raison et de courage, faut-il que vous soyez la dupe de ces vains fantômes? Vous croyez que je suis malade, je me porte bien : vous regrettez

Vichy, je n'en ai nul besoin, que par une précaution qui peut fort bien se retarder; ainsi de mille autres choses. Pour moi, je suis un peu coupable, je plaçois Vichy au printemps pour être plus long-temps avec vous; encore est-ce quelque chose : cela n'a pas réussi, la Providence a dérangé tout cela; hé bien, ma fille, c'est peut-être parcequ'elle a réglé votre guérison, contre toute apparence, par cette conduite. Je vous tiens à mon avantage quand je vous écris; vous ne me répondez point, et je pousse mes discours tant que je veux. Ce que dit Montgobert de cette aiguillette nouée est une des plaisantes choses du monde; dénouez-la, ma fille, et ne soyez point si vive sur des riens : quant à moi, si j'ai de l'inquiétude, elle n'est que trop bien fondée; ce n'est point une vision que l'état où je vous ai laissée. M. de Grignan et tous vos amis en ont été effrayés. Je saute aux nues, quand on me vient dire, vous vous faites mourir toutes deux, il faut vous séparer; vraiment voilà un beau remède, et bien propre en effet à finir tous mes maux; mais ce n'est pas comme ils l'entendent : ils lisoient dans ma pensée, et trouvoient que j'étois en peine de vous; et de quoi veulent-ils donc que je sois en peine? Je n'ai jamais vu tant d'injustice qu'on m'en a fait dans ces derniers temps. Ce n'étoit pas vous; au contraire, je vous conjure, ma fille, de ne point croire que vous ayez rien à vous reprocher à mon égard : tout cela rouloit sur ce soin de ma santé dont il faut vous corriger; vous n'avez point caché votre amitié, comme vous le pensez. Que voulez-vous dire? est-il possible que vous puissiez tirer un *dragon* de tant de douceurs, de caresses, de soins, de tendresses, de complaisances? Ne me parlez donc plus sur ce ton : il faudroit que je fusse bien déraisonnable, si je n'étois pleinement satisfaite. Ne me grondez point de trop écrire, cela me fait plaisir; je m'en vais laisser là ma lettre jusqu'à demain.

Mardi 15 juin.

Si mes lettres sont un peu longues, ma très chère, songez que c'est justement parceque je les écris à plusieurs fois. Je viens de recevoir deux des vôtres d'Auxerre; d'Hacqueville étoit ici : il a été ravi de savoir de vos nouvelles. Quels remercîments ne dois-je point à Dieu de l'état où vous êtes? Enfin vous dormez, vous mangez un peu, vous avez du repos : vous n'êtes point accablée, épuisée, dégoûtée comme ces derniers jours : ah, ma fille! quelle sûreté pour ma santé, quand la vôtre prend le chemin de se rétablir! Que voulez-vous dire du mal que vous m'avez fait? c'est uniquement par l'état où je vous ai vue; car pour notre séparation, elle m'auroit été supportable, dans l'espérance de vous revoir plus tôt qu'à l'ordinaire; mais quand il est question de la vie, ah! ma très chère, c'est une sorte de douleur dont je n'avois jamais senti la cruauté, et je vous avoue que j'y aurois succombé. C'est donc à vous à me guérir et à me garantir du plus grand de tous les maux. J'attends vos lettres avec une impatience qui me fait bien sentir que votre santé est mon unique affaire. Je vous suis à toutes vos couchées. Vous serez demain à Châlons, où vous trouverez une de mes lettres; celle-ci va droit à Lyon. Le chevalier se porte mieux, sa fièvre l'a quitté, à ce que m'a dit le bel abbé, qui est si ponctuel à rendre les billets. Voilà des lettres de notre cardinal, Corbinelli est arrivé à Commercy; il ne m'a point encore écrit.

Io (*madame de Ludres*) a été à la messe : on l'a regardée sous cape : mais on est insensible à son état et à sa tristesse*. Elle va reprendre sa pauvre vie ordinaire : ce conseil est tout simple, il n'y a point de peine à l'imaginer. Jamais triomphe n'a été si complet que celui des autres; il est devenu inébranlable, depuis qu'il n'a pu être ébranlé. Je fus une heure dans cette chambre, on n'y respire que la joie et la prospérité : je voudrois bien savoir qui osera s'y fier désormais. Adieu, ma très chère, je suis fort aise que M. de Grignan approuve vos projets pour votre retour. Votre petit frère est en Gargan, en Bagnols, il ne met pas le pied à terre : mais il n'en est pas moins par voie et par chemin. Ah! vraiment,

---

* Voici ce que madame de Montmorency (*Isabelle de Harville-Paloise*) écrivoit au comte de Bussy-Rabutin, le 18 juin 1677 : « Le « roi allant ou revenant de la messe, regarda madame de Ludres, et lui « dit quelque chose en passant; le même jour cette dame étant allée « chez madame de Montespan, celle-ci la pensa étrangler, et lui fit « une vie enragée. Le lendemain, le roi dit à Marsillac qui étoit pré-« sent à la messe la veille, qu'il étoit son espion, de quoi Marsillac fut « fort embarrassé; le lendemain, il pria le roi de trouver bon qu'il « allât faire un petit voyage de quinze jours à Liancourt; on dit qu'il « ne reviendra pas sitôt, et qu'il pourroit bien aller en Poitou, car « Sa Majesté lui accordera son congé fort librement. » *Supplément de Bussy*, IIe partie, page 41. (*Voyez* la note de la lettre du 3 juillet suivant.)

voilà une mère bien gardée! Croyez, une fois pour toutes, ma fille, que ma santé dépend de la vôtre : plût à Dieu que vous fussiez comme moi!

~~~~~~

572.

A la même.

A Paris, mercredi 16 juin 1677.

Cette lettre vous trouvera donc à Grignan; hé, mon Dieu! comment vous portez-vous? M. de Grignan et Montgobert ont-ils tout l'honneur qu'ils espéroient de cette conduite? Je vous ai suivie par-tout, ma chère enfant : votre cœur n'a-t-il point vu le mien pendant toute la route? J'attends encore de vos nouvelles de Châlons et de Lyon. Je viens de recevoir un petit billet de M. des Issards[1] : il vous a vue et regardée; vous lui avez parlé, vous l'avez assuré que vous étiez mieux; je voudrois que vous sussiez comme il me paroît heureux, et ce que je ne donnerois point déja pour avoir cette joie. Il faut penser, ma fille, à vous guérir l'esprit et le corps; et si vous ne voulez point mourir dans votre pays, et au milieu de nous, il faut ne plus voir les choses que comme elles sont, ne les point grossir dans votre imagination,

[1] Homme de qualité d'Avignon.

ne point trouver que je suis malade, quand je me porte bien : si vous ne prenez cette résolution, on vous fera un régime et une nécessité de ne jamais me voir : je ne sais si ce remède seroit bon pour vous ; quant à moi, je vous assure qu'il seroit indubitable pour finir ma vie. Faites sur cela vos réflexions ; quand j'ai été en peine de vous, je n'en avois que trop de sujet ; plût à Dieu que ce n'eût été qu'une vision ! le trouble de tous vos amis et le changement de votre visage, ne confirmoient que trop mes craintes et mes frayeurs. Travaillez donc, ma chère enfant, à tout ce qui peut rendre votre retour aussi agréable, que votre départ a été triste et douloureux. Pour moi, que faut-il que je fasse ? dois-je me bien porter ? je me porte très bien ; dois-je songer à ma santé ? j'y pense pour l'amour de vous ; dois-je enfin ne me point inquiéter sur votre sujet ? c'est de quoi je ne vous réponds pas, quand vous serez dans l'état où je vous ai vue. Je vous parle sincèrement : travaillez là-dessus : et quand on vient me dire présentement, vous voyez comme elle se porte ; et vous-même, vous êtes en repos : vous voilà fort bien toutes deux. Oui, fort bien, voilà un régime admirable ; tellement que pour nous bien porter, il faut que nous soyons à deux cent mille lieues l'une de l'autre ; et l'on me dit cela avec un air tranquille ; voilà justement ce qui m'échauffe le sang, et me fait sauter aux nues. Au nom de Dieu, ma fille, rétablissons notre réputation par un autre voyage, où nous soyons plus raisonnables, c'est-à-dire vous, et où l'on ne nous dise plus : vous vous tuez l'une l'autre. Je suis si rebattue de ces discours, que je n'en puis plus ;

il y a d'autres manières de me tuer qui seroient bien plus sûres ".

Je vous envoie ce que m'écrit Corbinelli de la vie de notre cardinal et de ses dignes occupations *b*. M. de Grignan sera bien aise de voir cette conduite. Vous aurez trouvé de mes lettres à Lyon. J'ai vu le coadjuteur, je ne le trouve changé en rien du tout; nous parlâmes fort de vous : il me conta la folie de vos bains, et comme vous craigniez d'engraisser; la punition de Dieu est visible sur vous; après six enfants, que pouviez-vous craindre? Il ne faut plus rire de madame de Bagnols après une telle vision. J'ai été à Saint-Maur avec madame de Saint-Géran et d'Hacqueville; vous fûtes célébrée : madame de La Fayette vous fait mille amitiés.

Monsieur et Madame sont à une de leurs terres, et iront encore à une autre; tout leur train est avec eux. Le roi ira les voir; mais je crois qu'il aura son train aussi. La dureté *c* ne s'est point démentie : trouvera-

---

a La santé de madame de Grignan s'étoit singulièrement affoiblie, sa poitrine étoit même menacée, et cet état influoit sur son humeur : triste et inquiète, son imagination lui créoit mille fantômes propres à altérer la douceur de ses relations avec sa mère; les soins empressés de celle-ci lui étoient même devenus à charge; c'est à cette cause que doivent être attribués les légers nuages qui parurent troubler leur union dans l'année 1677, et sur-tout dans les deux années suivantes. (*Voyez* les lettres des 18 et 27 septembre 1679, et la *Notice historique.*)

b Le cardinal de Retz écrivoit alors ses Mémoires. On a tiré sur ce point une fausse induction des *Mémoires* de Joly. (*Voyez* la lettre du 12 octobre suivant, et la note qui y est jointe.)

c Ce passage se rapporte encore à madame de Ludres; on voit

t-on encore des dupes sur la surface de la terre? On attend des nouvelles d'une bataille à sept lieues de Commercy : M. de Lorraine voudroit bien la gagner au milieu de son pays, à la vue de ses villes; M. de Créqui voudroit bien ne pas la perdre, par la raison qu'une et une seroient deux. Les armées sont à deux lieues l'une de l'autre; non pas la rivière entre deux, car M. de Lorraine l'a passée; je ne hais pas l'attente de cette nouvelle; le plus proche parent que j'aie dans l'armée du maréchal de Créqui, c'est Boufflers. Adieu, ma très chère; profitez de vos réflexions et des miennes, aimez-moi, et ne me cachez point un si précieux trésor. Ne craignez point que la tendresse que j'ai pour vous me fasse du mal, c'est ma vie.

573.

A la même.

A Paris, vendredi 18 juin 1677.

Je pense aujourd'hui à vous, comme étant arrivée d'hier au soir à Lyon, assez fatiguée, ayant peut-être

---

dans les *Fragments de lettres originales* de MADAME, seconde femme de MONSIEUR, que cette chanoinesse fut aimée du roi pendant deux ans. Madame de Montespan persuada à Louis XIV que par l'effet d'un poison qu'on lui avoit fait prendre dans sa première jeunesse, madame de Ludres étoit couverte de dartres; MADAME dit en effet que cette belle personne n'étoit pas exempte de cette infirmité.

besoin d'une saignée pour vous rafraîchir. Vous avez dû être incommodée par les chemins; j'espère que vous m'aurez mandé de vos nouvelles de Châlons, et que vous m'écrirez aussi de Lyon. Je m'en vais chercher des Grignan; je ne puis vivre sans en avoir pied ou aile. Je passerai chez la marquise d'Uxelles et chez mademoiselle de Méry : enfin il me faut de vos nouvelles. Vous avez reçu des miennes à Châlons et à Lyon. Voici la seconde à Montelimart, et le plaisir de l'éloignement, c'est que vous rirez de me voir encore parler de Lyon et du voyage : cependant j'en suis encore là aujourd'hui; mais, pour me transporter tout-à-coup au temps présent, comment vous portez-vous dans votre château? avez-vous trouvé vos jolis enfants dignes de vous amuser? votre santé est-elle comme je la desire? Ma fille, les jours passent, comme vous dites; et au lieu d'en être aussi fâchée que je le suis quand vous êtes ici, je leur prête la main pour aller plus vite, et je consens de tout mon cœur à leur rapidité, jusqu'à ce que nous soyons ensemble. Je me fie à La Garde pour vous mander les nouvelles, et vous dire le dégoût qu'a eu M.... On l'a trouvé un paresseux, un homme haïssant le métier, ce qui s'appelle le contraire d'un bon officier. Qu'a-t-on fait? on a taxé sa charge, achetée quarante-cinq mille écus, à cent mille francs, et il a été obligé de prendre pour la moitié la charge de Villarceaux. Sa femme a crié aux pieds du roi, qui a dit que ce n'étoit pas aussi pour lui faire plaisir qu'on l'ôtoit du service. On va chez M. de Louvois; il dit que le roi ne veut point être servi de cette sorte; enfin la mortification est complète, et fait voir qu'il n'y a plus aujourd'hui de péché mortel qui soit si sévèrement puni que celui de paresse : il y a des accommodements à tous les autres, à celui-là point de pardon. Je vous quitte pour aller faire un tour de ville.

Me voilà de retour. J'ai entendu le salut avec la bonne marquise d'Uxelles; je voulois voir ensuite mademoiselle de Méry; elle étoit allée avec madame de Moreuil. J'ai été chercher des Grignan, car il m'en falloit. Le coadjuteur venoit de partir pour venir ici; j'ai recouru après lui, et le voilà; il vous écrit. Je vous conjure, ma fille, si vous m'aimez, de ne point loger dans votre appartement à Grignan; le coadjuteur dit que le four est sous votre lit, je connois celui qui est au-dessus; de sorte que si vous ne vous tirez de tous ces fours, vous serez plus échauffée que vous ne l'étiez ici; contentez-moi là-dessus. J'ai appris que le roi fut à Saint-Cloud; il était seul, et la *belle (madame de Ludres)* étoit au lit. On vous mandera si les dames ne furent pas le trouver; je n'en ai rien ouï dire jusqu'à présent. Le bel abbé vous contera comme on a encore soupçonné nos pauvres frères *(de Port-Royal)* de vouloir ravauder quelque chose à Rome*a* sur le relâchement, et comme ils

---

a Il s'agissoit d'une lettre que Nicole avoit écrite au pape Innocent XI, au nom des évêques de Saint-Pons et d'Arras, contre les relâchements de certains casuistes. (*Voyez* les *Mémoires de Niceron*, tome XXIX, page 290.) Le père Bouhours écrivoit à Bussy Rabutin, au mois de juin 1677, que les jansénistes s'étoient avisés d'écrire au pape une lettre latine pour lui représenter que « la corruption « est générale dans le royaume depuis la tête jusqu'aux pieds; ces

7.

ont été repoussés, et l'ordre qu'on a donné à tous les évêques de ne point entrer dans cette pensée : ils l'ont tous promis, et la *probabilité*[a] est une des moindres opinions qui va s'établir.

« derniers mots n'ont pas plu à Sa Majesté. » (*Supplément de Bussy*, IIe partie, pag. 42. *Voyez* aussi la lettre du 31 mai 1680, et la note.)

[a] Opinion erronée que MM. de Port-Royal reprochoient aux jésuites d'avoir adoptée. Elle consiste à soutenir que l'on peut, en sûreté de conscience, préférer l'opinion la moins probable à celle qui l'est davantage, pourvu que l'avis d'un docteur grave en établisse la *probabilité*. Cette doctrine a été vouée au ridicule par Pascal, dans la 5e *Lettre provinciale*; mais ce célèbre écrivain ne faisoit que mettre en œuvre les matériaux que lui fournissoient messieurs de Port-Royal, qui ne se piquoient pas toujours de bonne foi; aussi, en attaquant Vasquès et d'autres jésuites qui étoient tombés dans cette erreur, se garda-t-on bien de leur opposer les docteurs de la compagnie de Jésus qui, dès 1608 et 1609, avoient combattu cette doctrine, particulièrement Comitolo, dans lequel Nicole a puisé les principaux arguments dont il fait usage, dans une dissertation sur la *probabilité* qui est à la suite de sa traduction latine des *Lettres provinciales*. Ces erreurs ont été condamnées en 1700 par l'assemblée du clergé de France. (*Voyez* l'*Histoire de Bossuet* par Mgr le cardinal de Bausset, tome IV, page 26, édition de 1814, et les *Mémoires chronologiques* du P. d'Avrigny, année 1656.)

574.*

A la même.

A Paris, mercredi 23 juin 1677.

J'ai été cinq jours sans avoir de vos lettres; ce temps m'a semblé rude et ennuyeux. Enfin j'ai reçu votre lettre de Chagny et de Châlons. Mon Dieu! ma fille, que vous avez raison de vous plaindre de cette montagne de la Rochepot! je la hais comme la mort! que de cahots! et quelle cruauté, qu'au mois de juin, les chemins de Bourgogne soient impraticables! Vous me dites des merveilles de votre santé: mais pourquoi M. de Grignan ne m'en dit-il pas un mot? après de si cruelles journées, il falloit me rassurer. La Saône vous aura été d'un grand secours avec sa tranquillité. Vous souvenez-vous de cet adieu triste et cruel que nous fîmes dans ces champs? il est encore bien présent à mon imagination; et je ne puis y tourner ma pensée sans me retrouver quasi au même état : ceux qui demeurent ont leurs maux, et tous les endroits où ils ont vu ce qu'ils regrettent, sont marqués bien tristement, quoi qu'on puisse se dire pour se consoler. Je prends de l'espérance tout autant que je puis; votre santé, ma fille, est un des fondements sur lesquels je l'appuie : vous savez les autres. La fatigue et la longueur des voyages me font une peine

incroyable. Ne parlons plus de Vichi, à moins que vous n'ayez besoin d'un *dragon* à point nommé : je ne sais ce que j'aurois fait, si j'avois entrepris ce voyage avec la quantité de petites affaires que j'ai ici ; je n'y pensois point quand vous étiez avec moi ; enfin je n'ai pas encore pu aller à Livry. Madame de La Fayette est revenue de Saint-Maur fort malade ; sa fièvre est augmentée, avec une colique dans les boyaux très sensible : elle a été saignée ; si sa fièvre continue, elle ne sera pas long-temps malade : ses amis sont occupés de ce nouveau mal. M. le Duc fait des merveilles : il me sera aisé de lui faire des plaintes de ces diantres de chemins[a]. Je laisse à mon fils le soin de vous répondre sur le poëme épique et sur les bonnes lectures que vous faites. Je ferai vos compliments à tous ceux que vous nommez ; ce sont des souvenirs précieux. La princesse de Tarente est au désespoir de ne vous avoir plus trouvée ; dites-m'en un mot, et de la bonne Marbeuf qui vous adore, parceque je vous aime ; j'envoie avec plaisir vos petits billets.

Le coadjuteur vous dira comme son compliment extraordinaire au roi a bien réussi, et comme il peut demeurer ici tant qu'il voudra. L'abbé de Grignan chasse les autres, en attendant qu'on le chasse quelque jour. L'abbé de Noailles[1] n'a point voulu de l'évêché de Mende[b] : le père et la mère disent que ce fils est leur

[a] M. le Duc, fils du grand Condé, étoit gouverneur de Bourgogne.
[1] Louis-Antoine de Noailles, depuis évêque de Châlons-sur-Marne, et dans la suite archevêque de Paris et cardinal.
[b] Cet évêché fut donné à François-Placide de Baudry, mort en 1707.

consolation, que cet éloignement les tue; hé bien! on leur en donnera un plus proche. Pour moi, j'aurois pris pour une vocation ce qui me seroit venu sans le demander; ils sont bons et sages.

Nous avons dîné chez M. d'Harouïs, le cardinal d'Estrées, la *Case* de Brancas, mesdames d'Uxelles, de Coulanges et moi. Vous ne fûtes point du tout oubliée: le maître du logis est reconnoissant de votre souvenir. J'ai dit des douceurs à la Gargan. Dites un petit mot à cette bonne d'Escars, qui se met si bien en pièces quand il s'agit de vous servir : je vous tourmente, mais c'est que je n'aime point qu'on se plaigne de ma fille.

Ne me grondez point, ma très chère, sur la longueur de mes lettres, je ne les écris point tout d'une haleine; je les reprends; et, bien loin de me donner de la peine, c'est mon unique plaisir. Voilà où l'absence nous réduit ; écrire et recevoir des lettres, c'est ce qui tient la place de la vue et de la société d'une personne que l'on aime plus que soi-même. Vous m'avez écrit de votre bateau et de Thézé[1] : vous pensez à moi par-tout : du moins, je ne vous fais pas d'injustice sur la reconnoissance et la sensibilité que j'en dois avoir. J'avois bien pensé que vous seriez incommodée pendant votre voyage : le bateau est venu tout à propos. J'approuve vos résolutions de préférer toujours l'eau à la terre : mais n'allez pas pour cela vous embarquer au voyage des *Sevarambes*[2]: vous ne m'en paroissez pas trop éloignée. Je vous re-

---

[1] Château de MM. de Rochebonne, à peu de distance de Lyon.
[2] Peuples imaginaires.

merci de la fable de la *Mouche*, elle est divine : on ne trouve en son chemin que des occasions de penser à elle : *Oh, que je fais de poudre!* eh! mon Dieu, que cela est plaisant! la *Gillette* ne doute point que ce ne soit elle qui fasse le tourbillon. Il y en a d'autres aussi qui ressemblent à cette autre *Mouche* de La Fontaine[1], et qui pensent toujours avoir tout fait; on trouve à tout moment de quoi faire des applications.

Vos instructions du Mont-d'Or sont un peu extrêmes; à moins que d'être paralytique, on ne hasarde pas un bain de cette horrible chaleur : et pour guérir des mains qui ne sont de nulle conséquence, on ne veut point gâter toute une santé, et une machine qui est dans son meilleur état. Je vous enverrai l'avis de M. Vesou; soyez en repos, ma fille, et croyez que, pour l'amour de vous, je ferai tout ce que l'on m'ordonnera. Vous allez donc, cherchant toujours mes lettres, jusqu'à Grignan. Je vous crois ce soir à Valence : si j'ai compté juste, vous aurez eu mes lettres de Lyon. J'ai vu de quelle sorte vous me recommandez à M. de La Garde; il en fait très bien son devoir, parcequ'il sait que vous m'aimez, et que c'est vous faire plaisir : vous m'en faites beaucoup à moi; je ne puis être long-temps sans quelque Grignan, je les cherche, je les veux, j'en ai besoin. La belle *Isis*[a] est au Bouchet : le repos de la solitude

---

[1] *Voyez* la fable du *Coche et de la Mouche*.

[a] Madame de Ludres est tantôt désignée sous le nom d'*Isis*, tantôt sous celui d'*Io*, fille d'Inachus; c'est une allusion à l'opéra d'Isis, qui fut représenté pour la première fois le 5 janvier 1677. Cet opéra ne réussit pas, à cause de madame de Montespan, que toute la cour

lui plaît davantage que la cour, ou Paris. Elle passa une nuit dans les champs, en faisant ce petit voyage, par un carrosse rompu, et tout ce qui arrive quand on est en malheur. Le petit garçon (*M. de Sévigné*) vous répondra sur ma santé; vraiment, il a bien d'autres choses à faire qu'à me mitonner : rien n'est si occupé qu'un homme qui n'est point amoureux; il représente en cinq ou six endroits, quel martyre! Encore une fois ne me grondez point de la longueur de ma lettre, ce n'est pas l'ouvrage d'un soir, et que puis-je faire qui me touche davantage? Madame de La Fayette se porte mieux. Madame de Schomberg vous dit cent mille amitiés.

crut reconnoître dans le rôle de Junon, et l'on ne manqua pas de faire à madame de Ludres l'application de ces vers qu'Argus adresse à Io dans la première scène du troisième acte :

> Vous êtes aimable ;
> Vos yeux devoient moins charmer :
> Vous êtes coupable
> De vous faire trop aimer.
> C'est une offense cruelle
> De paroître belle
> A des yeux jaloux ;
> L'amour de Jupiter a trop paru pour vous.

La terre du Bouchet appartenoit à la maréchale de Clérambault, gouvernante des enfants de MONSIEUR.

575.

A la même.

A Paris, vendredi 25 juin 1677.

Vous êtes à Grignan, ma fille. Le chaud, l'air, la bise, le Rhône : premièrement, tout cela vous a-t-il été favorable? Je vous demande ensuite des nouvelles du petit marquis et de Pauline ; je serai satisfaite sur toutes ces questions avant que vous receviez cette lettre : mais il est impossible de ne pas dire ce que l'on pense dans le moment qu'on écrit, quoiqu'on en connoisse l'inutilité. Je suis fort contente des soins de tous vos Grignan ; je les aime, et leurs amitiés me sont nécessaires par d'autres raisons encore que par leur mérite. M. de La Garde n'a pas balancé à croire que c'est moi, plutôt que madame Gargan, que vous lui recommandez dans cette rue. Je fus hier, avec madame de Coulanges, au Palais-Royal : *Oh, que je fais de poudre!* n'est-ce pas une de vos applications? elle est fort juste et fort plaisante. Nous fûmes très bien reçues : MONSIEUR étoit chagrin, et ne parla qu'à moi, à cause de vous et des eaux. MADAME me fit des merveilles d'abord; mais quand l'abbé de Chavigni[a] fut entré, mon étoile pâlit visiblement : je di-

---

[a] Le ton avec lequel madame de Sévigné parle de cet abbé, montre

rois volontiers sur cet abbé comme les laquais : *Il faut qu'il ait de la corde de pendu.* La duchesse de Valentinois (*Madame de Monaco*) est favorite de MADAME ; elle n'en met pas plus grand pot au feu pour l'esprit ni pour la conversation. Je regardois cette chambre et ces places de faveur, si bien remplies autrefois. Madame la princesse de Tarente étoit auprès de MADAME ; elles avoient eu de grandes conférences : le petit de Grignan profiteroit beaucoup à les entendre[1]. Ma fille, je me porte très bien, et je dirai toujours, plût à Dieu que vous eussiez autant de santé que moi! Je m'en vais ce soir à Livry avec d'Hacqueville ; nous irons dîner à Pomponne : madame de Vins nous y attend avec le reste de la famille. Voilà un couplet de chanson de M. de Coulanges ; je le trouve plaisant : quoique les médecins vous défendent de chanter, je crois que vous leur désobéirez en faveur de cette folle parodie.

Io (*madame de Ludres*) est à la campagne, et n'a pu soutenir ce personnage simple, qui n'étoit pas praticable. Je consulterai, avec le coadjuteur, quel livre on pourroit vous envoyer. Je relis, par hasard, Lucien ; en peut-on lire un autre?

qu'elle le soupçonne de n'être pas étranger à l'intrigue. Ce caractère auroit-il pu s'appliquer à François Le Bouthillier-de-Chavigny, démissionnaire du siège de Rennes presque aussitôt qu'il en reçut les bulles, et promu à l'évêché de Troyes le 17 octobre 1678? Ne s'agissoit-il pas plutôt de l'un de ces aventuriers qui se prétendoient issus de la maison de *Chavigny-le-Roi*, et sur lesquels Saint-Simon donne des détails curieux, tome IX, page 169 de ses *Mémoires*?

[1] Ces princesses ne parloient jamais entre elles qu'en allemand, et le petit marquis de Grignan apprenoit cette langue.

Monsieur DE SÉVIGNÉ.

Pour vous montrer que votre frère le sous-lieutenant [1] est plus joli garçon que vous ne croyez, c'est que j'ôte la plume des mains de maman mignonne, pour vous dire moi-même que je fais fort bien mon devoir. Nous nous gardons mutuellement, nous nous donnons une honnête liberté, point de petits remèdes de femmelettes. Vous vous portez bien, ma chère maman, j'en suis ravi. Vous avez bien dormi cette nuit : comment va la tête ? point de vapeurs ? Dieu soit loué ; allez prendre l'air, allez à Saint-Maur, soupez chez madame de Schomberg, promenez-vous aux Tuileries ; du reste, vous n'avez point d'incommodité, je vous mets la bride sur le cou. Voulez-vous manger des fraises ou prendre du thé ? Les fraises valent mieux. Adieu, maman, j'ai mal au talon : vous me garderez, s'il vous plaît, depuis midi jusqu'à trois heures, et puis, *vogue la galère*. Voilà, ma petite sœur, comme font les gens raisonnables. L'infortunée *Io* est au *Pousset cez Matame te Clérempo*; elle a passé une nuit *tans les sans*[2], comme une autre Ariane : ah! où étoit Bacchus pour la consoler, et pour faire briller sa couronne dans les cieux ? Hélas! il étoit tranquille au

[1] Il venoit d'acheter de M. de La Fare la charge de sous-lieutenant des gendarmes-dauphin, dont il étoit enseigne auparavant. (*Voyez* la lettre 567, page 81 de ce volume.)

[2] On a déjà remarqué que c'étoit la manière de prononcer de madame de Ludres. Madame de Bavière fait la même remarque dans ses *Lettres originales*.

comble de la gloire, et peut-être sur une haute montagne, où, selon l'ordre que Dieu a établi en ce monde, on trouve aussi une allée. Adieu, ma belle petite sœur.

576.

A la même.

A Paris, mercredi 3o juin 1677.

Vous m'apprenez enfin que vous voilà à Grignan. Les soins que vous avez de m'écrire me sont de continuelles marques de votre amitié : je vous assure au moins que vous ne vous trompez pas dans la pensée que j'ai besoin de ce secours ; rien ne m'est en effet si nécessaire. Il est vrai, et j'y pense trop souvent, que votre présence me l'eût été beaucoup davantage : mais vous étiez disposée d'une manière si extraordinaire, que les mêmes pensées qui vous ont déterminée à partir m'ont fait consentir à cette douleur, sans oser faire autre chose que d'étouffer mes sentiments. C'étoit un crime pour moi, que d'être en peine de votre santé ; je vous voyois périr devant mes yeux, et il ne m'étoit pas permis de répandre une larme ; c'étoit vous tuer, c'étoit vous assassiner ; il falloit étouffer : je n'ai jamais vu une sorte de martyre plus cruel, ni plus nouveau. Si, au lieu de cette contrainte, qui ne faisoit qu'augmenter ma peine, vous eussiez été disposée à vous tenir pour languissante, et que votre amitié pour moi se fût tournée en complaisance, et à me témoigner un véritable desir de suivre les avis des médecins, à vous nourrir, à suivre un régime, à m'avouer que le repos et l'air de Livry vous eussent été bons; c'est cela qui m'eût véritablement consolée, et non pas d'écraser tous nos sentiments. Ah, ma fille! nous étions d'une manière sur la fin qu'il falloit faire comme nous avons fait. Dieu nous montroit sa volonté par cette conduite : mais il faut tâcher de voir s'il ne veut pas bien que nous nous corrigions, et qu'au lieu du désespoir auquel vous me condamniez par amitié, il ne seroit point un peu plus naturel et plus commode de donner à nos cœurs la liberté qu'ils veulent avoir, et sans laquelle il n'est pas possible de vivre en repos. Voilà qui est dit une fois pour toutes; je n'en dirai plus rien : mais faisons nos réflexions chacune de notre côté, afin que, quand il plaira à Dieu que nous nous retrouvions ensemble, nous ne retombions pas dans de pareils inconvénients. C'est une marque du besoin que vous aviez de ne plus vous contraindre, que le soulagement que vous avez trouvé dans les fatigues d'un voyage si long. Il faut des remèdes extraordinaires aux personnes qui le sont; les médecins n'eussent jamais imaginé celui-là : Dieu veuille qu'il continue d'être bon, et que l'air de Grignan ne vous soit point contraire! il falloit que je vous écrivisse tout ceci une seule fois pour soulager mon cœur, et pour vous dire qu'à la première occasion, nous ne nous mettions plus dans le cas qu'on vienne nous faire l'abominable compliment de nous dire, avec toute sorte d'agrément, que pour être fort bien, il faut ne nous revoir jamais. J'admire la patience qui peut souffrir la cruauté de cette pensée.

Vous m'avez fait venir les larmes aux yeux en me parlant de votre petit[1]. Hélas, le pauvre enfant! le moyen de le regarder en cet état? Je ne me dédis point de ce que j'en ai toujours pensé: mais je crois que par tendresse on devroit souhaiter qu'il fût déjà où son bonheur l'appelle. Pauline me paroît digne d'être votre jouet; sa ressemblance même ne vous déplaira point, du moins je l'espère. Ce petit nez *carré* est une belle pièce à retrouver chez vous[2]. Je trouve plaisant que les nez de Grignan n'aient voulu permettre que celui-là, et n'aient point voulu entendre parler du vôtre; c'eût été bien plus tôt fait: mais ils ont eu peur des extrémités, et n'ont point craint cette modification. Le petit marquis est fort joli; et pour n'être pas changé en mieux, il ne faut pas que vous en ayez du chagrin. Parlez-moi souvent de ce petit peuple, et de l'amusement que vous y trouvez. Je revins dimanche de Livry. Je n'ai point vu le coadjuteur, ni aucun Grignan, depuis que je suis ici. Je laisse à La Garde à vous mander les nouvelles; il me semble que tout est comme auparavant. Io est dans les prairies en toute liberté, et n'est observée par aucun Argus: Junon tonnante et triomphante[a]. Corbinelli revient[3],

---

[1] Il s'agissoit ici du petit enfant venu à huit mois.

[2] Allusion au nez de madame de Sévigné, qui étoit un peu carré.

[a] Continuation de l'allusion relative à madame de Ludres et à madame de Montespan. (*Voyez* ci-dessus, page 104.)

[3] De Commercy, où il étoit allé voir le cardinal de Retz. (*Voyez* ci-dessus, la lettre du 14 juin, page 93 de ce volume.)

je m'en vais dans deux jours le recevoir à Livry. Le cardinal l'aime autant que nous; le gros abbé m'a montré des lettres plaisantes qu'ils vous écrivent. Enfin, après avoir bien *tourné*, notre ame *est verte*; ç'a été un grand jeu pour son éminence, qu'un esprit neuf comme celui de notre ami. Adieu, ma très chère, continuez de m'aimer; instruisez-moi de vous en peu de mots; car je vous recommande toujours de retrancher vos écritures. Pour moi, je n'ai que votre commerce uniquement, et j'écris une lettre à plusieurs reprises. Je crois que madame de Coulanges n'ira point à Lyon, elle a trop d'affaires ici. *Oh, que je fais de poudre!* D'où vient que vous avez une sœur*, et que ce n'est pas madame de Rochebonne? Je vous souhaiterois pour l'une les mêmes sentiments que pour l'autre; mais il me semble que ce n'est pas tout-à-fait la même chose.

577.

A la même.

A Paris, vendredi matin 2 juillet 1677.

Je m'en vais à Livry à la messe, ma très chère enfant. Corbinelli doit arriver aujourd'hui ou demain; je me fais un plaisir de l'attendre sur le grand chemin de Châ-

* La marquise de Saint-Andiol, sœur de M. de Grignan.

lons, et de le tirer du carrosse au bout de l'avenue, pour l'amener passer un jour avec nous : nous causerons beaucoup; je vous en rendrai compte. Je reviendrai dimanche, car une petite affaire que je crois toujours tenir m'empêche de pouvoir encore m'établir à Livry : vraiment c'est bien ce papillon dont je parlois à mon fils, sur quoi on croit mettre le pied, et qui s'envole toujours. Je ne vois que des oppositions à toutes mes volontés, grandes et petites : il faut regarder plus haut pour ne pas s'impatienter. Je laisse un laquais pour m'apporter vos lettres : ah! ma fille! c'est bien moi qui ne passe les autres jours que pour attraper celui-là; et la moralité que vous m'avez écrite est toujours à propos, quand on voit comme tout échappe.

Io est revenue à Versailles, dès que MONSIEUR y est revenu : cette nouvelle n'y fait aucun bruit. *Quanto* et son ami sont plus long-temps et plus vivement ensemble qu'ils n'ont jamais été : l'empressement des premières années s'y retrouve, et toutes les contraintes sont bannies, afin de mettre une bride sur le cou, qui persuade que jamais on n'a vu d'empire plus établi. J'ai vu des gens qui croient qu'au lieu d'aller au Bouchet quand MONSIEUR est à Paris, et de revenir à la cour quand il y revient, on feroit mieux au contraire d'être à Paris avec MONSIEUR, et de s'en aller à la campagne quand il revient à Versailles*a*.

a Cette conduite auroit indiqué que madame de Ludres cherchoit toutes les occasions de voir le roi; mais madame de Sévigné dit dans la lettre suivante qu'elle étoit mal informée, et que madame de Ludres étoit restée à la campagne.

Madame de Coulanges ne va plus à Lyon; sa sœur y va. Voilà la bonne Marbeuf qui vient me dire adieu; elle vous fait mille et mille amitiés. Mon fils va souvent dans l'île; on lui fait fort bonne mine. Si vous étiez heureuse de votre côté, tout cela se rencontreroit fort juste. Adieu, ma très chère enfant; j'attends avec grande impatience des nouvelles de votre santé et de tout ce qui se passe à Grignan. Le petit me tient au cœur. Croyez nos conseils sur la timidité de l'aîné; si vous le tracassez, vous le déconcerterez au point qu'il n'en reviendra jamais : cela est d'une grande conséquence; il faut donner du courage, et observer de ne point le rabaisser. M. le duc me pria hier de vous faire ses compliments, et de vous dire que c'est par son ordre que vous avez trouvé les chemins si maudits, mais qu'à votre retour vous les trouverez couverts de fleurs. Ma chère enfant, je suis à vous, et je vous aime d'une tendresse qui n'est pas commune; vous y répondez d'une manière à ne me pas guérir; mais si vous aimez ma santé, songez à la vôtre, et observez ce que vous fait l'air de Grignan : si ce n'est pas du mieux, c'est du mal.

578. *

A la même.

À Livry, samedi 3 juillet 1677.

Hélas! ma chère, je suis fâchée de votre pauvre petit enfant [1]! il est impossible que cela ne touche. Ce n'est pas, comme vous savez, que j'aie compté sur sa vie. Je le trouvois, sur la peinture qu'on m'en avoit faite, sans aucune espérance : mais enfin c'est une perte pour vous, en voilà trois. Dieu vous conserve le seul qui vous reste ; il me paroît déjà un fort honnête homme ; j'aimerois mieux son bon sens et sa droite raison que toute la vivacité de ceux qu'on admire à cet âge, et qui sont des sots à vingt ans. Soyez contente du vôtre, ma fille, et menez-le doucement, comme un cheval qui a la bouche délicate, et souvenez-vous de ce que je vous ai dit sur sa timidité ; ce conseil vient de gens plus habiles que moi ; mais l'on sent qu'il est fort bon. Pour Pauline, j'ai une petite chose à vous dire ; c'est que, de la façon dont vous me la représentez, elle pourroit fort bien être aussi belle que vous ; voilà justement comme vous étiez; Dieu vous préserve d'une si parfaite ressemblance, et d'un cœur fait comme le mien! Enfin je vois que vous l'ai-

---

[1] L'enfant né en février 1676, à huit mois.

mez, qu'elle est aimable, et qu'elle vous divertit. Je voudrois bien pouvoir l'embrasser, et reconnoître *ce chien de visage que j'ai vu quelque part.*

Je suis ici depuis hier matin. J'avois dessein d'attendre Corbinelli au passage, et de le prendre au bout de l'avenue, pour causer avec lui jusqu'à demain. Nous avons pris toutes les précautions, nous avons envoyé à Claie, et il se trouve qu'il avoit passé une demi-heure auparavant. Je vais demain le voir à Paris, et je vous manderai des nouvelles de son voyage; car je n'achèverai cette lettre que mercredi. Ah, ma très chère! que je vous souhaiterois des nuits comme on les a ici! quel air doux et gracieux! quelle fraîcheur! quelle tranquillité! quel silence! je voudrois pouvoir vous envoyer de tout cela, et que votre bise fût confondue. Vous me dites que je suis en peine de votre maigreur : je vous l'avoue; c'est qu'elle parle et dit votre mauvaise santé. Votre tempérament, c'est d'être grasse; si ce n'est, comme vous dites, que Dieu vous punisse d'avoir voulu détruire une si belle santé et une machine si bien composée : c'est une si grande rage que de pareils attentats, que Dieu est juste quand il les punit; mais ceux qui en sont affligés, ont ce me semble beaucoup de raison de l'être. Vous voulez me persuader la dureté de votre cœur, pour me rassurer sur la perte de votre petit; je ne sais, mon enfant, où vous prenez cette dureté; je ne la trouve que pour vous : mais pour moi, et pour tout ce que vous devez aimer, vous n'êtes que trop sensible; c'est votre plus grand mal, vous en êtes dévorée et consumée : eh, ma chère! prenez sur nous, et donnez-le au soin de votre personne; comptez-vous pour quelque chose, et nous vous serons obligés de toutes les marques d'amitié que vous nous donnerez par ce côté-là; vous ne sauriez rien faire pour moi qui me touche le cœur plus sensiblement. Je suis étonnée que le petit marquis et sa sœur n'aient point été fâchés du petit frère : cherchons un peu où ils auroient pris ce cœur tranquille; ce n'est pas chez vous assurément.

Mon fils s'en va à la fin du mois; il n'y a pas moyen de s'en dispenser. Le roi a parlé encore, comme étant persuadé que Sévigné a pris le mauvais air des officiers subalternes de cette compagnie[1]. De l'autre côté, M. de La Trousse[2] mande, *venez, venez boiter avec nous* : il faut partir : ainsi il n'y a plus d'eaux. Je ne laisserai pas d'aller à Vichi, nous en parlerons : ce voyage sera de pure précaution : car je me porte fort bien, et je ne fais nulle attention sur mes mains. Madame de Marbeuf les a eues deux ans comme je les ai; et puis elles se sont guéries. Ah! c'est un homme bien amoureux que M. votre frère; j'admire la peine qu'il se donne pour rien, pour rien du tout. Il a été surpris, dans une conversation fort secrète, par un mari; ce mari fit une mine très chagrine, parla très rudement à sa femme; l'alarme étoit au camp, quand je partis hier. Je vous en manderai la suite à Paris. Vous voyez bien que la longueur de cette lettre vient proprement de ce que j'abuse de la permission de causer à Livry, où je suis seule, et sans

---

[1] La compagnie des gendarmes-dauphin.
[2] Il étoit capitaine-lieutenant de cette compagnie.

aucune affaire. Je devrois bien faire un compliment à M. de Grignan sur la mort de ce petit ; mais quand on songe que c'est un ange devant Dieu, le mot de douleur et d'affliction ne se peut prononcer : il faut que des chrétiens se réjouissent, s'ils ont le moindre principe de la religion qu'ils professent.

A Paris, mercredi 7 juillet.

Remarquez au moins, ma très chère, que cette lettre est commencée depuis trois jours, et que si elle paroît infinie, c'est qu'elle est reprise à loisir ; le papier et mon écriture la font paroître aussi d'une taille excessive ; il y a plus dans une feuille des vôtres, que dans six des miennes : ne prenez donc point ceci pour un exemple, et ne vous vengez point sur vous, c'est-à-dire, sur moi. J'ai fort causé avec Corbinelli : il est charmé du cardinal ; il n'a jamais vu une ame de cette couleur : celles des anciens Romains en avoient quelque chose. Vous êtes tendrement aimée de cette ame-là, et je suis assurée plus que jamais qu'il n'a jamais manqué à cette amitié : on voit quelquefois trouble, et cela vient du péché originel. Il faudroit des volumes pour vous rendre le détail de toutes les merveilles qu'il me conte.

Le baron a tout raccommodé par son adresse ; il en sait autant que les maîtres, et plus : car pour imiter l'indifférence, personne dans le monde ne le peut surpasser ; elle est jouée si fort au naturel, et le vraisemblable imite si bien le vrai, qu'il n'y a point de jalousie ni de soupçon qui puisse tenir contre une si bonne conduite.

Vous auriez bien ri, si vous aviez su le détail de cette aventure. Il me semble que vous devinez le nom du mari; à tout hasard, la femme s'en va quasi dans votre voisinage". La pauvre *Isis* n'a point été à Versailles; j'étois mal instruite : elle a toujours été dans sa solitude, et y sera pendant le voyage de Villers-Coterets, ou MONSIEUR et MADAME s'en vont aujourd'hui[b]. Vous ne pouvez assez plaindre, ni assez admirer la triste aventure de cette nymphe : quand une certaine personne (*madame de Montespan*) en parle, elle dit *ce haillon*. L'événement rend tout permis.

J'ai vu l'abbé de La Vergne; nous avons encore parlé de mon ame : il dit qu'à moins de me mettre en chambre, et de ne pas me quitter d'un pas, en me conduisant dans des exercices de piété, sans me lais-

---

" C'est la jeune dame du Gué-Bagnols, sœur de madame de Coulanges, qui avoit épousé son cousin-germain; la suite de ces lettres ne laisse là-dessus aucun doute. (*Voyez* sur-tout la lettre du 26 juillet suivant.)

[b] On joint ici un fragment d'une lettre de madame de Montmorency au comte de Bussy, imprimée dans le *Supplément de Bussy*, seconde partie, page 43 : « Madame de Ludres est toujours à la campagne, chez Clérambault; elle a mandé à MONSIEUR qu'elle ne pouvoit aller à Villers-Coterets : le bruit est qu'elle ira à Fontainebleau, pour moi j'en doute. Madame de Montespan paroît pompeuse et triomphante, et jamais il n'y a eu de plus grands airs. L'affaire de Marsillac est accommodée, apparemment par madame de Montespan; je ne pense pas que cela soit de bon cœur, car je sais par des gens qui prennent intérêt à la fortune de Marsillac, qu'il parle d'aller chez lui pour un mois, en Poitou; c'est à savoir si le terme sera aussi court. »

ser lire, dire, ni entendre la moindre chose, il ne voudroit pas se charger de moi. Il est très aimable et de bonne compagnie; vous pouvez penser si vous fûtes oubliée dans la conversation. J'ai dîné avec M. de La Garde; c'est un homme qu'on aime bien véritablement, quand on le connoît. Il s'en va vous voir, il vous ramène, il vous loge : enfin que ne fera-t-il point? Je ne songe qu'à fixer notre grande maison; jusque-là nous serons en l'air, et vous comprenez bien ce que ce sera pour moi de n'être pas logée avec vous; mais il faudra prendre le temps comme la Providence l'ordonne. Occupez-vous, dans votre loisir, de votre santé; détournez-vous de la triste pensée de la mort de cet enfant; c'est un *dragon*, quand on y pense trop : vous dites si bien qu'il faut faire l'honneur au christianisme de ne pas pleurer le bonheur de ces petits anges. La santé du cardinal n'est pas mauvaise présentement; quelquefois sa goutte fait peur; il semble qu'elle veuille remonter. J'ai une si grande amitié pour cette bonne éminence, que je serois inconsolable que vous voulussiez lui faire le mal de lui refuser la vôtre ; ne croyez pas que ce soit pour lui une chose indifférente. Adieu, ma très chère enfant.

579.

A la même.

À Paris, vendredi 9 juillet 1677.

Vous ne direz pas aujourd'hui que je vous donne un mauvais exemple, et que vous voulez vous tuer de la même épée. Je vous ai écrit de grandes chiennes de lettres, qui sont petites pourtant; j'espère que celle-ci sera une petite qui sera grande. Je sens mon caractère qui se dispose à ne vous point effrayer; de plus, ma chère enfant, je n'ai pas encore reçu vos lettres; je les attends ce soir ou demain, à quoi il faut ajouter la disette de nouvelles. M. de La Garde vous dira ce qu'il suit. Je parle souvent d'un précepteur pour le petit marquis : on me répond que c'est la chose impossible de trouver un sujet qui ait toutes les perfections nécessaires. Je suis plus que jamais épouvantée de ce qui s'appelle dessèchement : la pauvre madame de La Fayette en est tellement menacée qu'elle tourne toutes ses pensées à finir comme ma pauvre tante : elle est considérablement diminuée depuis que vous êtes partie; elle ne s'est point remise de cette colique, elle en est encore aux bouillons; et, après ces grands repas, elle est émue, et sa petite fièvre augmente, comme si elle avoit fait une débauche. Ses médecins disent qu'il est temps de s'inquiéter, et que si elle alloit plus avant dans ce chemin, elle pourroit être du nombre de ceux qui traînent leur misérable vie jusqu'à la dernière goutte d'huile. Cela m'attriste, et pour elle que j'aime fort, et pour ceux qui ont le sang si extrêmement subtil : il me semble qu'il ne faut rien pour embraser toute la machine. Ma fille, quand on aime bien, il n'est pas ridicule de souhaiter qu'un sang, auquel on prend tant d'intérêt, se tranquillise et se rafraîchisse ; vous ne devriez penser, ce me semble, qu'à épaissir le vôtre, et qu'à vous détourner, tant que vous pourriez, de la pensée de ce pauvre petit garçon que vous avez perdu : j'ai peur qu'avec tous vos beaux discours vous ne vous en fassiez un *dragon* : ma très chère, ayez pitié de vous et de moi. J'espère que cette lettre ne vous paroîtra pas trop longue. Ne voudroit-on point nous dire encore, après nous avoir assuré qu'il n'y a rien de mieux que d'être à deux cents lieues l'une de l'autre, qu'il faut aussi ne nous plus écrire? Je le voudrois.

580.

A la même.

À Paris, mercredi 14 juillet 1677.

C'est par l'avis du médecin que vous ne m'aimez quasi plus, ma pauvre enfant : à la manière dont vous dites que vous vous en portez, on juge que ce remède peut se mettre en comparaison avec la poudre du bon homme : il est même un peu violent ; mais aussi on joue à quitte, ou à double. Je ne vous dirai point ce que me feroit la diminution d'une amitié qui m'est si chère ; mais je vous dirai bien la joie que j'ai de savoir que vous dormez et que vous mangez. Si vous vouliez me donner une véritable marque de cette amitié que vous aviez autrefois, ce seroit de vous préparer à prendre du lait de vache ; cela vous rafraîchiroit, et vous donneroit un sang raisonnable, qui n'iroit pas plus vite qu'un autre, et qui vous remettroit dans l'état où je vous ai vue. Quelle joie, ma fille, et quelle obligation ne vous aurois-je point ! Quelle sûreté pour ma santé et pour ma vie, quand vous m'aurez ôté les inquiétudes que j'ai là-dessus ! Je ne veux pas vous en dire davantage, je verrai bien si vous m'aimez. Je suis bien aise que vous soyez contente d'Amonio ; si vous l'aviez eu, sans doute il auroit sauvé votre fils, il falloit le rafraîchir : l'ignorance me paroit grande de l'avoir échauffé ; mais la difficulté étoit de déranger ce qu'avoit réglé la Providence, au sujet de ce pauvre enfant. Cette affliction est du nombre de celles où l'on doit se soumettre, sans murmurer, à ce qu'elle ordonne. Il est vrai que je n'avois point du tout compté sur sa vie. Où avez-vous pris qu'un enfant qui n'a point de dents, et qui ne se soutient pas à dix-huit mois, ait échappé tous les périls ? Je ne suis pas si éclairée que madame du Pui-du-Fou ; mais je ne croyois pas qu'il dût vivre avec de tels accidents : je comprends la perte de ce troisième garçon, et je la sens comme elle est. Pauline me ravit. J'ai parlé tantôt au bel abbé d'un précepteur que connoît M. de La Mousse; ils le verront, et vous en diront leur avis : ils trouvent que le marquis est bien jeune; j'ai dit que son esprit ne l'étoit pas. Nous avons ri aux larmes, le bel abbé et moi, de l'histoire de la petite *Madeleine*; vraiment, c'est bien à vous à dire que vous ne savez point narrer, et que c'est mon affaire. Je vous assure que vous conduisez toute la dévotion de la petite *Madeleine* si plaisamment, que ce conte ne doit rien à celui de cette *Hermitesse* dont j'étois charmée. Je trouve que les hermites font de grands rôles en Provence. Le *bien bon* en a eu son hoquet; et pour le *Frater*, il veut vous dire ce qu'il en pense.

Monsieur DE SÉVIGNÉ.

Je ne vous devrois rien dire, puisque vous ne songez pas à moi. Vous êtes si aise d'être une *grosse crevée*, que vous oubliez tout ce que vous ne voyez pas : vous n'aimez plus ma mère; et moi, pour la venger, je ne vous aime pas plus que vous ne l'aimez. Nous sommes tous fort édifiés de la dévotion de la petite *Madeleine*; vous voyez bien qu'il n'est ferveur que de novice; prenez garde où l'a jetée l'excès de son zèle. J'en souhaite autant à notre petite *Marie*; mais je voudrois bien qu'elle me prît pour son hermite. Je crois que je ressemblerois à un hermite comme deux gouttes d'eau; et s'il me manquoit quelque chose, je trouverois dans le besoin des frocs, où je pourrois quelquefois mettre ma tête, et j'en recevrois du secours assurément. Le lévrier de M. de

Meurles[1], tout éreinté qu'il étoit, en devint bien le premier lévrier de la province; pourquoi ne deviendrois-je pas, avec ce secours secret aussi joli garçon qu'un hermite? Adieu, ma belle petite; j'aime Pauline passionnément: je veux la faire mon héritière, en cas que je meure avant que notre mariage ait réussi. J'ai vu deux fois la jolie infante chez elle: elle est fort jolie, fort gaie; je crois que je la divertis. J'ai le bonheur de faire rire la grand'mère, qui m'a dit, à moi-même, qu'elle me trouvoit joli garçon: nous nous entendons même quelquefois, la petite fille et moi, et là-dessus nous nous regardons de côté: cette affaire est entre les mains de la Providence. *Si Deus est pro nobis, quis contra nos?* ma foi, *nemo** *Domine?* N'a-t-il pas raison, le petit bonhomme?

Madame DE SÉVIGNÉ.

On voit bien que mon fils lit les bons auteurs. Vous nous feriez grand plaisir de nous donner cette petite émerillonnée, cette petite infante qui est à la portière, auprès de sa mère. Si nous ne nous marions à cette heure, jamais nous n'y réussirons; nous n'avons jamais été si bons, et nous pouvons devenir mauvais. Je m'en vais respirer un moment à Livry; madame de La Fayette est si malade que je suis honteuse de la quitter pour mon plaisir; je m'en vais pourtant; mais j'irai et viendrai jusqu'à mon voyage de Vichi.

Voici une reprise: ainsi la longueur de ma lettre ne

---

[1] *Voyez* le chapitre XLII du livre Ier de Rabelais.

doit pas vous faire peur. J'attends les vôtres avec impatience; mes amis de la poste ne font rien qui vaille. Je suis très contente de La Garde; il est aisé de l'aimer; il est estimable par mille raisons, ses soins me persuadent qu'il croit que vous m'aimez, et je suis flattée de l'approbation qu'il donne à votre goût. Il ne songe qu'à s'en aller; je serai ravie que vous l'ayez, et le bel abbé; vous tiendrez avec eux votre conseil de famille: pour moi, je crois que j'irai demain à Livry. Notre petite affaire est à demi finie; au lieu que ce devoit être de l'argent pour vivre, c'est de l'argent pour avoir vécu. La Garde vous mandera l'agrément de la fête de Sceaux. Il y a deux petites de Lislebonne qui sont jolies: leur mère* dit hier à madame de Coulanges qu'elle les lui amèneroit, pour avoir son approbation, avant que d'aller à Versailles. *Oh! que je fais de poudre!* Une mère encore assez jeune pour être aimée, qui auroit après elle une fille bien plus aimable, et qui croiroit que c'est toujours elle qu'on suit: ne trouveriez-vous point qu'on pourroit dire: *Oh! que je fais de poudre!* Il me semble que si j'avois été un peu plus sotte, j'aurois pu représenter cette mère: on est riche, en vérité, quand on sait cette fable.

Nous avons bien envie que vous ayez parlé à l'inten-

---

* Anne, fille de Charles IV, duc de Lorraine, et de la princesse de Cantecroix; elle fut mariée en 1660 à François-Marie de Lorraine, comte de Lislebonne, et mourut en 1720. Ses deux filles étoient *Béatrix Hiéronime*, âgée de 15 ans, qui fut abbesse de Remiremont en 1711, et *Élisabeth*, âgée de 13 ans, qui fut mariée en 1691 au prince d'Épinoy.

dant. Je disois l'autre jour à M. de Pomponne : Si j'avois donné mon fils à exagérer à M. de M...., on le trouveroit un fort bon parti; il est vrai que mon style ne vaut rien pour tromper les gens. Je suis fort appliquée, ma fille, à fixer notre grande maison; madame de Guénégaud le souhaite encore plus : mais quand on songe que c'est une affaire qui dépend de M. de Colbert, on tremble, en sorte que si je trouvois un autre hasard qui nous fût propre, je le prendrois. S'il faut que nous soyons éloignées l'une de l'autre, je vous avoue que je serai très affligée; car enfin ce n'est plus se voir, ni se connoître; c'est voyager et se fatiguer; je supplie la Providence d'avoir pitié de nous. Je suis consolée des *trois pavillons**; et le moyen, sans cela, de loger mesdemoiselles de Grignan[1]? et puisque vous êtes en l'air, je suis fort aise d'y être aussi. Je laisse encore cette lettre jusqu'à ce que j'aie les vôtres. J'ai fait depuis peu une rêverie sur un certain sujet; mais je hais de la dire; car il semble qu'on veuille contrefaire Brancas : à propos, vous savez comme il m'aime; il y a trois mois que je n'ai su de ses nouvelles; cela n'est pas vraisemblable, mais il n'est pas vraisemblable aussi; il est enfermé avec sa fille, qui a la petite-vérole. La princesse (*d'Harcourt*) est à Versailles.

* Elle avoit été sur le point de louer un hôtel, rue des Trois-Pavillons, au Marais.

[1] Louise-Catherine et Françoise-Julie d'Adhémar-de-Monteil, filles de M. de Grignan et d'Angélique-Claire d'Angennes, sa première femme. Louise-Catherine a vécu dans le célibat, en très grande réputation de piété. Françoise-Julie (*mademoiselle d'Alerac*) épousa, en 1689, M. de Vibraye, lieutenant-général des armées du roi.

Je reçois enfin, ma très belle, votre lettre du 7 : vous êtes d'un commerce qui me paroît divin ; mais vous écrivez trop assurément. Je comprends bien qu'étant seule, vous devez écrire en bien des lieux ; mais, mon enfant, prenez sur nous tous ; ne vous abandonnez point à suivre la vivacité de votre esprit et de votre imagination. Vous êtes intarissable, et vos lettres viennent de source ; on le voit, et le plaisir de les lire est inconcevable. Les Espagnols appellent cela *desembueltado*[1] ; ce mot me plaît : mortifions-nous donc, vous de causer, et nous de vous entendre. Corbinelli est content de ce que vous dites de sa métaphysique ; il est revenu encore plus philosophe de Commercy. Il me paroît qu'il a bien diverti le cardinal : nous en parlons sans cesse, et tout ce qu'il en dit augmente l'admiration et l'amitié qu'on a pour cette éminence. Mon fils ne peut se dispenser d'aller à l'armée : il remettra ses eaux à un autre temps. J'irai, avec l'abbé, à Bourbilly ; Guitaud me reconduira, en cousinant, jusqu'à une journée de Nevers. Tous les chemins seront beaux en ce temps-là. J'aurai donc le *bien bon* et mon médecin : ainsi ne soyez point en peine de moi. Je vous remercie d'être frappée, comme je le suis, du beau compliment que l'on nous fait : changeons de manière, j'y consens ; mais ne prenons point l'abominable remède d'une trop longue absence ; ce seroit à la fin celui qui feroit qu'on n'auroit plus de besoin des autres.

[1] En italien *disinvoltura*, qui se prend dans le sens de *vivacité, bonne grâce, air dégagé*.

Il est vrai que je suis en peine d'une maison : ce qui me console, c'est que la Bagnols et M. de La Trousse sont aussi embarrassés que moi. Je n'aime point que vous donniez Pauline à madame votre belle-sœur[1] : ces sortes de couvents m'ont toujours déplu : vous êtes bonne et sage. Si votre fils est bien fort, l'éducation rustaude est bonne; mais s'il est délicat, j'ai ouï dire à Brayer et à Bourdelot qu'en voulant les faire robustes, on les fait morts. N'oubliez point ce que je vous ai dit sur sa timidité. Il fait ici le plus beau temps du monde: la Provence est en France, sans bise et sans excès de chaleur. Adieu, ma fille, jusqu'à vendredi. Je vous embrasse de tout mon cœur; il me semble que cela est bien commun pour ce que je sens, mais que faire?

581.

A la même.

A Livry, vendredi 16 juillet 1677.

J'arrivai hier au soir ici, ma très chère : il y fait parfaitement beau; j'y suis seule, et dans une paix, un silence, un loisir, dont je suis ravie. Ne voulez-vous pas

[1] Marie Adhémar-de-Monteil, religieuse à Aubenas, sœur de M. de Grignan.

bien que je me divertisse à causer un peu avec vous? Songez que je n'ai nul commerce qu'avec vous; quand j'ai écrit en Provence, j'ai tout écrit. Je ne crois pas en effet que vous eussiez la cruauté de nommer un commerce une lettre en huit jours à madame de Lavardin. Les lettres d'affaires ne sont ni fréquentes, ni longues. Mais vous, mon enfant, vous êtes en butte à dix ou douze personnes qui sont à-peu-près ces cœurs dont vous êtes uniquement adorée, et que je vous ai vue compter sur vos doigts. Ils n'ont tous qu'une lettre à écrire, et il en faut douze pour y faire réponse; voyez ce que c'est par semaine, et si vous n'êtes pas tuée, assassinée; chacun en disant: Pour moi, je ne veux point de réponse, seulement trois lignes pour savoir comme elle se porte. Voilà le langage; et de moi la première; enfin nous vous assommons; mais c'est avec toute l'honnêteté et la politesse de l'homme de la comédie, qui donne des coups de bâton avec un visage gracieux, en demandant pardon, et disant, avec une grande révérence: « Monsieur, « vous le voulez donc, j'en suis au désespoir[1]. » Cette application est juste et trop aisée à faire, je n'en dirai pas davantage.

Mercredi au soir, après vous avoir écrit, je fus priée, avec toutes sortes d'amitiés, d'aller souper chez Gourville avec mesdames de Schomberg, de Frontenac, de Coulanges, M. le Duc, MM. de La Rochefoucauld, Barillon, Briole, Coulanges, Sévigné. Le maître du logis nous reçut dans un lieu nouvellement rebâti, le jardin

---

[1] *Voyez* le *Mariage forcé*, comédie de Molière, scène XVI.

de plain-pied de l'hôtel de Condé*, des jets d'eau, des cabinets, des allées en terrasses, six haut-bois dans un coin, six violons dans un autre, des flûtes douces un peu plus près, un soupé enchanté, une basse de viole admirable, une lune qui fut témoin de tout. Si vous ne haïssiez point à vous divertir, vous regretteriez de n'avoir point été avec nous. Il est vrai que le même inconvénient du jour que vous y étiez arriva et arrivera toujours; c'est-à-dire, qu'on assemble une très bonne compagnie pour se taire, et à condition de ne pas dire un mot : Barillon, Sévigné et moi nous en rîmes, et nous pensâmes à vous. Le lendemain, qui étoit jeudi, j'allai au palais, et je fis si bien, le bon abbé le dit ainsi, que j'obtins une petite injustice, après en avoir souffert beaucoup de grandes, par laquelle je toucherai deux cents louis, en attendant sept cents autres que je devrois avoir il y a huit mois, et qu'on dit que j'aurai cet hiver. Après cette misérable petite expédition, je vins le soir ici me reposer, et me voilà résolue d'y demeurer jusqu'au 8 du mois prochain, qu'il faudra m'aller préparer pour aller en Bourgogne et à Vichi. J'irai peut-être dîner quelquefois à Paris : madame de La Fayette se porte mieux. J'irai à Pomponne demain ; le grand d'Hacqueville y est dès hier, je le ramènerai ici. Le *Frater* va chez la belle, et la réjouit fort; elle est gaie naturellement ; les mères lui font aussi une très bonne mine.

* Cet hôtel existoit à la place où l'on a construit le théâtre de l'Odéon et les rues adjacentes, dont l'une conserve le nom de *Condé*.

Corbinelli me viendra voir ici; il a fort approuvé et admiré ce que vous mandez de cette métaphysique, et de l'esprit que vous avez eu de la comprendre. Il est vrai qu'ils se jettent dans de grands embarras, aussi bien que sur la prédestination et sur la liberté. Corbinelli tranche plus hardiment que personne; mais les plus sages se tirent d'affaire par un *altitudo*, ou par imposer silence, comme notre cardinal. Il y a le plus beau galimatias que j'aie encore vu au vingt-sixième article du dernier tome des *Essais de morale*, dans le *Traité de tenter Dieu*. Cela divertit fort; et quand d'ailleurs on est soumise, que les mœurs n'en sont pas dérangées, et que ce n'est que pour confondre les faux raisonnements, il n'y a pas grand mal; car s'ils vouloient se taire, nous ne dirions rien; mais de vouloir à toute force établir leurs maximes, nous traduire saint Augustin, de peur que nous ne l'ignorions, mettre au jour tout ce qu'il y a de plus sévère, et puis conclure, comme le père Bauni[*], de peur de perdre le droit de gronder; il est vrai que cela impatiente; et pour moi, je sens que je fais comme Corbinelli. Je veux mourir, si je n'aime mille fois mieux les jésuites; ils sont au moins tout d'une pièce, uniformes dans la doctrine et dans la morale. Nos frères disent bien, et concluent mal; ils ne sont point sincères; me voilà dans Escobar. Ma fille, vous voyez bien que je me joue et que je me divertis.

J'ai laissé Beaulieu avec le copiste de M. de La Garde;

---

[*] Ce père est un des jésuites que Pascal a tournés en ridicule dans ses *Lettres provinciales*.

il ne quitte point mon original. Je n'ai eu cette complaisance pour M. de La Garde qu'avec des peines extrêmes; vous verrez, vous verrez ce que c'est que ce barbouillage. Je souhaite que les derniers traits soient plus heureux; mais hier c'étoit quelque chose d'horrible. Voilà ce qui s'appelle vouloir avoir une copie de ce beau portrait de madame de Grignan; et je suis barbare quand je le refuse. Oh bien! je ne l'ai pas refusé; mais je suis bien aise de ne jamais rencontrer une telle profanation du visage de ma fille. Ce peintre est un jeune homme de Tournai, à qui M. de La Garde donne trois louis par mois; son dessein a été d'abord de lui faire peindre des paravents; et finalement c'est Mignard qu'il s'agit de copier. Il y a un peu du *veau de Poissy* à la plupart de ces sortes de pensées-là : mais chut; car j'aime très fort celui dont je parle.

Je voudrois, ma fille, que vous eussiez un précepteur pour votre enfant; c'est dommage de laisser son esprit *inculto*. Je ne sais s'il n'est pas encore trop jeune pour le laisser manger de tout; il faut examiner si les enfants sont des charretiers, avant que de les traiter comme des charretiers : on court risque autrement de leur faire de pernicieux estomacs, et cela tire à conséquence. Mon fils est demeuré pour des adieux; il viendra me voir ensuite; il faut qu'il aille à l'armée, les eaux viendront après. On a cassé encore tout net un M. D.... pour des absences; je sais bien la réponse; mais cela fait voir la sévérité. Adieu, ma très chère; consolez-vous du petit; il n'y a de la faute de personne : il est mort des dents, et non pas d'une fluxion sur la poitrine :

quand les enfants n'ont pas la force de les pousser dans le temps, ils n'ont pas celle de soutenir le mouvement qui les veut faire percer toutes à-la-fois : je parle d'or. Vous savez la réponse du lit vert de Sucy*, à M. de Coulanges : Guilleragues l'a faite*; elle est plaisante : madame de Thianges l'a dite au roi, qui la chante; on a dit d'abord que tout étoit perdu; mais point du tout, cela fera peut-être sa fortune. Si ce discours ne vient d'une ame verte, c'est du moins d'une tête verte; c'est tout de même, et la couleur de la quadrille est sans contestation.

*On lisoit ici *Sully* comme dans la lettre 518, t. IV, p. 382. Cette erreur a été déjà rectifiée d'après des renseignements positifs. On lit *Susy* dans les chansons de Coulanges. Son couplet sur le lit vert est plus joli que la réponse de Guilleragues. En voici quelques vers :

> Enfin je vous revois, vieux lit de damas vert :
> Vos rideaux sont d'été, vos pentes sont d'hiver.
> Je vous revois vieux lit si chéri de mes pères,
>   Où jadis toutes mes grand'mères,
> Lorsque Dieu leur donnoit d'heureux accouchements,
> Sur leur fécondité recevoient compliments.
> Hélas! que vous avez une taille écrasée ;
> On ne voit plus en vous ni grace ni façon ;
>   Autant de modes que d'années.

b Avant de partir pour l'ambassade de Constantinople, Guilleragues étoit allé prendre congé de Louis XIV; ce prince lui dit : « J'espère que je serai plus content de vous que de votre prédécesseur. » L'habile courtisan lui répondit : « Sire, je ferai en sorte que vous ne fassiez pas le même souhait à celui qui me succédera. » (*Voyez* les *Récréations littéraires*, par Cizeron-Rival.)

582.

A la même.

A Livry, lundi 19 juillet 1677.

Je fus samedi à Pomponne; j'y trouvai toute la famille, et de plus un frère de M. de Pomponne, qui avoit trois ans de solitude par-dessus M. d'Andilly[*]. Ce qu'il a d'esprit et de mérite, dont on ne fait point de bruit, feroit l'admiration d'une autre famille. Le grand d'Hacqueville y étoit aussi; il ne retourna à Paris qu'avec madame de Vins; je les attends tous demain à dîner. La plaisanterie fut grande de la copie de votre portrait, qu'un de mes laquais représenta extrêmement ridicule. Ils me firent suer à grosses gouttes en me proposant un meilleur copiste : la batterie fut si forte, que je ne sais pas sérieusement si je pourrai me tirer de ce mauvais pas. Voilà justement ce que je craignois : je suis toujours ainsi persécutée dans mes desirs : celui-ci n'est pas des plus sensibles; mais c'en est assez pour voir qu'il ne faut pas que je m'accoutume à vouloir être satisfaite, ni sur les petites, ni sur les grandes choses. Le soir je croyois revenir coucher ici; l'orage fut si épouvantable

[*] Henri Arnauld, sieur de Lusancy; c'étoit le troisième fils de M. d'Andilly; il a toujours vécu dans la solitude.

qu'il eût fallu être insensée pour s'exposer sans nécessité. Nous couchâmes donc à Pomponne, et y dînâmes le lendemain, qui étoit hier. J'y reçus une de vos lettres; et quoiqu'il ne soit que lundi, et que celle-ci ne parte que mercredi, je commence à causer avec vous. Je suis assurée que toute la faculté ne me défendroit pas cet amusement, voyant le plaisir que j'en reçois dans mon oisiveté.

Vous me mandez des choses admirables de votre santé; vous dormez, vous mangez, vous êtes en repos; point de devoirs, point de visites; point de mère qui vous aime; vous avez oublié cet article, et c'est le plus essentiel. Enfin, ma fille, il ne m'étoit pas permis d'être en peine de votre état; tous vos amis en étoient inquiétés, et je devois être tranquille! J'avois tort de craindre que l'air de Provence ne vous fît une maladie considérable; vous ne dormiez ni ne mangiez; et vous voir disparoître devant mes yeux, devoit être une bagatelle qui n'attirât pas seulement mon attention! Ah, mon enfant! quand je vous ai vue en santé, ai-je pensé à m'inquiéter pour l'avenir? Étoit-ce là que je portois mes pensées? Mais je vous voyois, et vous croyois malade d'un mal qui est à redouter pour la jeunesse; et au lieu d'essayer à me consoler par une conduite qui vous redonne votre santé ordinaire, on ne me parle que d'absence : c'est moi qui vous tue, c'est moi qui suis cause de tous vos maux. Quand je songe à tout ce que je cachois de mes craintes, et que le peu qui m'en échappoit faisoit de si terribles effets, je conclus qu'il ne m'est pas permis de vous aimer, et je dis qu'on veut de moi des choses si monstrueuses et si opposées, que n'espérant pas d'y pouvoir parvenir, je n'ai que la ressource de votre bonne santé pour me tirer de cet embarras. Mais, Dieu merci, l'air et le repos de Grignan ont fait ce miracle; j'en ai une joie proportionnée à mon amitié. M. de Grignan a gagné son procès, et doit craindre de me revoir avec vous, autant qu'il aime votre vie : je comprends ses bons tons et vos plaisanteries là-dessus. Il me semble que vous jouez bon jeu, bon argent; vous vous portez bien, vous le dites, vous en riez avec votre mari; comment pourroit-on faire de la fausse monnoie d'un si bon aloi?

Je ne vous dis rien sur tous vos arrangements pour cet hiver : je comprends que M. de Grignan doit profiter du peu de temps qui lui reste : M. de Vendôme le talonne[1] : vous vous conduirez selon vos vues, et vous ne sauriez mal faire. Pour moi, si vous étiez assez robuste pour soutenir l'effort de ma présence, et que mon fils et le bon abbé voulussent aller passer l'hiver en Provence, j'en serois très aise, et ne pourrois pas souhaiter un plus agréable séjour. Vous savez comme je m'y suis bien trouvée; et en effet, quand je suis avec vous, et que vous vous portez bien, qu'ai-je à souhaiter et à regretter dans le reste du monde? Je tâcherai d'y porter le bon abbé, et la Providence décidera. Pour vous montrer comme j'ai rendu fidèlement votre billet à Corbinelli, voici sa réponse.

[1] M. de Vendôme étoit gouverneur de Provence, et il n'arrivoit jamais dans son gouvernement que M. de Grignan ne prît ce temps-là pour se rendre à Grignan ou à la cour.

Monsieur DE CORBINELLI.

Non, Madame, je ne gronderai point madame votre mère, elle n'a point de tort, c'est vous qui l'avez. Où diable avez-vous pris qu'elle veuille que vous soyez aussi rondelette que madame de Castelnau? N'y a-t-il point de degré entre votre maigreur excessive et un *piton** de graisse? Vous voilà dans les extrémités; vous ressemblez à cet homme qu'un saint évêque ne vouloit pas faire prêtre. *Que voulez-vous donc que je fasse, monsieur? voulez-vous que je vole sur les grands chemins?* Est-ce ainsi qu'un prodige doit raisonner? Vous moquez-vous encore de mettre M. de Grignan aux mains avec madame de Sévigné? Vous me faites une représentation fort plaisante de la cascade de vos frayeurs, dont la réverbération vous tuoit tous trois. Ce cercle est funeste; mais c'est vous, Madame, qui le faites; empêchez-le, et tout ira bien. C'est vous qui vous imaginez que madame votre mère est malade : elle ne l'est point, elle se porte très bien : elle n'a pas peur d'être grosse, mais elle craint d'être trop grasse : soyez le contraire, ayez peur d'être grosse, et souhaitez d'être grasse. Je suis mal content de vous, je ne vous trouve point juste : je suis honteux d'être votre maître. Si notre *père* Descartes le savoit, il empêcheroit votre ame d'être verte, et vous seriez bien honteuse qu'elle fût noire, ou de

---

* Morceau de pâte dont on engraisse les chapons et les poulardes. (*Dictionnaire de l'Académie.*)

quelque autre couleur. J'ai vu à Commercy un prodige de mérite et de vertu : cela seul mériteroit que vous prissiez autant de soin de votre conservation, que vous en preniez peu lorsque vous me donnâtes le titre fabuleux de plénipotentiaire*a*. Adieu, madame, je suis, etc.

Madame DE SÉVIGNÉ.

Voilà ce qu'il vous mande; vous voyez bien que je n'y prends ni n'y mets. J'ai fort parlé d'un précepteur à cet habitant de Port-Royal*b*; il n'en connoît point : s'il s'en trouve quelqu'un dans sa cellule, il m'en avertira. Je voudrois bien voir ce petit marquis; mais j'aimerois bien à patronner les grosses joues de Pauline; ah! que je la crois jolie; je vous assure qu'elle vous ressemblera; une tête blonde, frisée naturellement, c'est une agréable chose : aimez, aimez-la, ma fille, vous avez assez aimé votre mère; ce qui reste à faire ne vous donnera que l'ennui; que craignez-vous? Ne vous contraignez point, laissez un peu aller votre cœur de ce côté-là : je suis persuadée que cela vous divertira extrêmement. La Bagnols[1] est partie aujourd'hui. Je mande à mon fils que, s'il n'est point mort de douleur, il vienne

---

a Madame de Grignan avoit sans doute chargé M. de Corbinelli de faire sa paix avec le cardinal de Retz qu'elle avoit vivement affligé, en refusant avec obstination une cassolette d'argent que ce prélat vouloit lui donner. (*Voyez* la lettre 379 et la note, tome III, page 336.)

b M. Arnauld de Lusancy. (*Voyez* page 135, ci-dessus.)

[1] Sœur de madame de Coulanges.

demain dîner avec tous les Pomponne. Il sera plus heureux que M. de Grignan, qui se trouve abandonné, parcequ'il n'avoit à Aix que trois maîtresses, qui toutes lui ont manqué : on n'en peut avoir une trop grande provision ; qui n'en a que trois, n'en a point : j'entends tout ce qu'il dit là-dessus. Mon fils est bien persuadé de cette vérité ; je suis assurée qu'il lui en reste plus de six, et je parierois bien qu'il n'en perdra jamais aucune par la fièvre maligne, tant il les choisit bien depuis quelque temps. Oh ! vous voyez que ma plume veut dire des sottises, aussi bien que la vôtre.

Je suis fort aise que le parlement (*d'Aix*) n'ait point été ingrat envers M. de Grignan ; je me souviens fort bien comme il fut reçu l'année que j'y étois[a]. Pour le premier président, quand on en est content en fermant sa lettre, on change d'avis, avant que la poste soit arrivée à Lyon. Ce qu'il y a de vrai, c'est l'amour et le respect de toute la Province pour M. de Grignan. Ma chère enfant, au moins d'ici, vous voulez bien que je vous embrasse tendrement. Je n'achéverai cette lettre que mercredi.

Mercredi 21 juillet.

Toute la maison de Pomponne vint hier dîner avec nous : mon fils s'y rendit de Paris : tout alla très bien. Madame de Vins et d'Hacqueville sont demeurés ; ils ne s'en iront que ce soir. Nous avons parlé d'*Isis*[b] ; l'ima-

[a] En 1672. (*Voyez* la lettre 283, tome III, page 54.)
[b] Madame de Scudéri écrivoit à Bussy, le 28 janvier 1678, que madame de Ludres avoit demandé à MONSIEUR la permission de se retirer

gination ne se fixe point à se représenter comme elle finira sa désastreuse aventure.

Terminez mes tourments, puissant Maître du monde«.

Si elle pouvoit faire cette prière à Dieu, et qu'il voulût l'exaucer, ce seroit *l'apothéose.* Vous avez très bien deviné; *la Mouche* (*madame de Coulanges*) ne peut pas quitter la cour présentement; quand on y a de certains engagements, on n'est point libre. La Bagnols est partie; la Mousse est allé avec elle : si vous pouviez l'attirer à Grignan pour donner quelques bonnes teintures à ce petit marquis, vous seriez trop heureuse; et qu'il seroit heureux de vous voir!

aux dames de Sainte-Marie du faubourg Saint-Germain (*rue du Bac*). Monsieur alla trouver le roi pour connoître ses volontés, et le roi répondit : « *N'y est-elle pas déjà?* « (*Voyez le Supplément de Bussy*, IIe partie, page 54, la lettre du 2 octobre 1680 et la note.)

« *Voyez* la scène Ire du Ve acte d'*Isis*, et la scène IVe, dans laquelle Isis est mise au rang des immortelles. L'allusion que l'on a indiquée (page 104) est encore très remarquable dans ce passage. Le vers cité est suivi de ceux-ci :

    Sans vous, sans votre amour, hélas!
       Je ne souffrirois pas.
Réduite au désespoir, mourante, vagabonde,
J'ai porté mon supplice en mille affreux climats.....
      Voyez de quels maux ici bas
Votre épouse punit mes malheureux appas....

Et Jupiter répond :

Il ne m'est pas permis de finir votre peine, etc.

583.

A la même.

A Livry, mercredi au soir 21 juillet 1677.

Aimez, aimez Pauline; donnez-vous cet amusement; ne vous martyrisez point à vous ôter cette petite personne; que craignez-vous? Vous ne laisserez pas de la mettre en couvent pour quelques années, quand vous le jugerez nécessaire. Tâtez, tâtez un peu de l'amour maternel : on doit le trouver assez salé, quand c'est un choix du cœur, et que ce choix regarde une créature aimable. Je vois d'ici cette petite; elle vous ressemblera, malgré la marque de l'ouvrier. Il est vrai que ce nez est une étrange affaire; mais il se rajustera, et je vous réponds que Pauline sera belle. Madame de Vins est encore ici; elle cause dans ce cabinet avec d'Hacqueville et mon fils. Ce dernier a encore si mal au talon, qu'il prendra peut-être le parti d'aller à Bourbon, quand j'irai à Vichi. Ne soyez point en peine de ce voyage; et puisque Dieu ne veut pas que je ressente les douceurs infinies de votre amitié, nous devons nous soumettre à sa volonté; cela est amer; mais nous ne sommes pas les plus forts. Je serois trop heureuse, si votre amitié ressembloit à ce qu'elle est; elle m'est encore assez chère, toute dénuée qu'elle est des charmes et des plaisirs de votre présence et de votre société. Mon fils vous répondra, et moi aussi, sur tout ce que vous nous dites du poëme épique. Je crains qu'il ne soit de votre avis, par le mépris que je lui ai vu pour Énée; cependant tous les grands esprits sont dans le goût de ces anciennetés.

Vous aurez bientôt La Garde et le bel abbé. Nous avons fort causé ici de nos desseins pour la petite intendante* : madame de Vins m'assure que tout dépend du père, et que, quand la balle leur viendra, ils feront des merveilles. Nous avons trouvé à propos, pour ne point languir si long-temps, de vous envoyer un mémoire du bien de mon fils, et de ce qu'il peut espérer, afin qu'en confidence vous le montriez à l'intendant, et que nous puissions savoir son sentiment, sans attendre tous les retardements et toutes les instructions qu'il faudroit essayer, si vous ne lui faisiez voir la vérité; mais une telle vérité que, si vous souffrez qu'il en rabatte, comme on fait toujours, et qu'il croie que votre mémoire est exagéré, il n'y a plus rien à faire. Notre style est si simple, et si peu celui des mariages, qu'à moins qu'on ne nous fasse l'honneur de nous croire, nous ne parviendrons jamais à rien : il est vrai qu'on peut s'informer, et que c'est où la franchise et la naïveté trouvent leur compte. Enfin, ma fille, nous vous recommandons cette affaire, et sur-tout un oui ou un non, afin que nous ne perdions pas un grand temps à une

---

* Il paroît que l'on cherchoit à marier le marquis de Sévigné avec la fille de M. Rouillé, l'intendant de Provence.

vision inutile. Comme je vous écrirai encore vendredi, je retourne à ma compagnie.

584.

A la même.

À Livry, vendredi 23 juillet 1677.

Le baron est ici, et ne me laisse pas mettre le pied à terre, tant il me mène rapidement dans les lectures que nous entreprenons : ce n'est cependant qu'après avoir fait honneur à la conversation. Don Quichotte, Lucien, *les petites Lettres*^a; voilà ce qui nous occupe. Je voudrois de tout mon cœur, ma fille, que vous eussiez vu de quel air et de quel ton il s'acquitte de cette dernière lecture; elles ont un prix tout particulier quand elles passent par ses mains; c'est une chose divine, et pour le sérieux, et pour la parfaite raillerie. Elles me sont toujours nouvelles, et je crois que cette sorte d'amusement vous divertiroit bien autant que *l'indéfectibilité* de la matière. Je travaille pendant que l'on lit; et la promenade est si fort à la main, comme vous savez, que l'on est dix fois dans le jardin, et dix fois on en revient. Je crois faire un voyage d'un instant à Paris; nous ramènerons Corbinelli : mais je quitterai ce joli et paisible

---

^a *Les Lettres provinciales.*

désert, et partirai le 16 d'août pour la Bourgogne et pour Vichi. Ne soyez en nulle peine de ma conduite pour les eaux : comme Dieu ne veut pas que j'y sois avec vous, il ne faut penser qu'à se soumettre à ce qu'il ordonne. Je tâche de me consoler, dans la pensée que vous dormez, que vous mangez, que vous êtes en repos, que vous n'êtes plus dévorée de mille *dragons*, que votre joli visage reprend son agréable figure, que votre gorge n'est plus comme celle d'une personne étique : c'est dans ces changements que je veux trouver un adoucissement à notre séparation ; quand l'espérance voudra se mêler à ces pensées, elle sera la très bien venue, et y tiendra sa place admirablement. Je crois M. de Grignan avec vous ; je lui fais mille compliments sur toutes ses prospérités : je sais comme on le reçoit en Provence, et je ne suis jamais étonnée qu'on l'aime beaucoup. Je lui recommande Pauline, et le prie de la défendre contre votre philosophie. Ne vous ôtez point tous deux ce joli amusement : hélas ! a-t-on si souvent des plaisirs à choisir ? Quand il s'en trouve quelqu'un d'innocent et de naturel sous notre main, il me semble qu'il ne faut point se faire la cruauté de s'en priver. Je chante donc encore une fois : *Aimez, aimez Pauline, aimez sa grace extrême*[1].

Nous attendrons jusqu'à la Saint-Remi ce que pourra faire madame de Guénégaud pour sa maison : si elle n'a rien fait alors, nous prendrons notre résolution, et nous

[1] Parodie de ce vers de l'opéra de *Thésée*, acte II, scène Ire :

Aimez, aimez Thésée, aimez sa gloire extrême.

en chercherons une pour Noël; ce ne sera pas sans beaucoup de peine que je perdrai l'espérance d'être sous un même toit avec vous; peut-être que tout cela se démêlera à l'heure que nous y penserons le moins. Je crois que M. de La Garde s'en ira bientôt : je lui dirai adieu à Paris; ce vous sera une augmentation de bonne compagnie. M. de Charost m'a écrit pour me parler de vous; il vous fait mille compliments.

J'aurois tout l'air, ma fille, de penser comme vous sur le poëme épique; le *clinquant* du Tasse* m'a charmée. Je crois pourtant que vous vous accommoderez de Virgile : Corbinelli me l'a fait admirer; il faudroit quelqu'un comme lui pour vous accompagner dans ce voyage. Je m'en vais tâter *du Schisme des Grecs*; on en dit du bien; je conseillerai à La Garde de vous le porter. Je ne sais aucune sorte de nouvelle.

Monsieur DE SÉVIGNÉ.

Ah, pauvre esprit! vous n'aimez point Homère. Les ouvrages les plus parfaits vous paroissent dignes de mépris : les beautés naturelles ne vous touchent point : il vous faut du clinquant, ou *des petits corps*[1]. Si vous voulez avoir quelque repos avec moi, ne lisez point Virgile; je ne vous pardonnerois jamais les injures que vous pour-

* Madame de Sévigné blâmoit l'excès de sévérité avec lequel Boileau avoit jugé l'auteur de la *Jérusalem délivrée*.

[1] On sait que madame de Grignan aimoit la philosophie de Descartes, et qu'elle en faisoit sa principale étude.

nez lui dire. Si vous vouliez cependant vous faire expliquer le sixième livre et le neuvième où est l'aventure de Nisus et d'Euryalus, et le onze et le douze, je suis sûr que vous y trouveriez du plaisir : Turnus vous paroîtroit digne de votre estime et de votre amitié; et en un mot, comme je vous connois, je craindrois fort pour M. de Grignan qu'un pareil personnage ne vînt aborder en Provence : mais moi qui suis bon frère, je vous souhaiterois du meilleur de mon cœur une telle aventure; puisqu'il est écrit que vous devez avoir la tête tournée, il vaudroit mieux que ce fût de cette sorte que par *l'indéfectibilité de la matière*^a, et par *les négations non conversibles*^b. Il est triste de n'être occupée que d'atomes et de raisonnements si subtils que l'on n'y puisse atteindre.

Si vous me parlez de votre retour, en cent ans, je ne vous dirai que ce que je vous ai déjà dit : examinez bien toutes choses, et sur-tout que les devoirs de Provence ne l'emportent point sur les devoirs de ce pays-ci, à

---

^a Suivant Descartes, il n'y a point de vide. L'espace que l'on supposeroit vide ayant les trois qualités essentielles des corps, longueur, largeur et profondeur, seroit lui-même un corps. La découverte de la machine pneumatique a rectifié cette ancienne physique; cette machine ne peut, à la vérité, produire un vide parfait, puisque chaque coup de piston ne fait sortir que le tiers de l'air contenu dans le récipient; mais elle prouve au moins que ce vide pourroit exister, si nous avions des instruments assez exacts pour le produire.

^b Le lecteur qui voudra entendre cette expression peut recourir à la *Logique de Port-Royal*, seconde partie, chapitre XX. Il seroit difficile d'en donner l'intelligence autrement qu'en copiant le passage, et ce seroit sans fruit comme sans intérêt.

moins qu'il n'y ait des raisons si essentielles qu'on ne puisse refuser de s'y rendre. Je profiterai du malheur qui est arrivé à M. de Grignan pour ne pas m'y exposer : de trois maîtresses, il n'en a pas une ; et je ferai si bien que j'en aurai de toutes les espèces, en sorte que toutes ne soient pas sujettes à faire des voyages. Au reste, ce seroit une chose curieuse que je vous dusse mon mariage ; il ne vous manque plus que cela, pour être une sœur bien différente des autres, et il n'y a que cette suite qui puisse répondre à tout ce que vous avez fait jusqu'ici sur mon sujet. Quoi qu'il puisse arriver, je vous assure que cela n'augmentera point ma tendresse ni ma reconnoissance pour vous, ma belle petite sœur.

Madame DE SÉVIGNÉ.

Le bon abbé vous assure de son éternelle amitié. Adieu, ma chère enfant. *La Mouche* est à la cour, c'est une fatigue ; mais que faire ? M. de Schomberg est toujours vers la Meuse, avec son train, c'est-à-dire, *tout seul tête à tête*. Madame de Coulanges disoit l'autre

---

ᵃ La *Mouche* est madame de Coulanges ; c'est une allusion à la fable de la *mouche* que madame de Grignan avoit envoyée à madame sa mère. (*Voyez* la lettre 574, page 104.) Madame de Sévigné avoit déjà fait l'application de cette fable à madame de Coulanges dans la lettre 576, page 112 de ce volume.

¹ Le maréchal de Schomberg étoit demeuré presque seul avec l'état-major de son armée, laquelle se trouvoit réduite à rien par les différents détachements qui en avoient été tirés pour grossir l'armée du maréchal de Créqui.

jour qu'il falloit donner à M. de Coulanges l'intendance de cette armée. Quand je verrai la maréchale (*de Schomberg*), je lui dirai des douceurs pour vous. M. le prince est dans son apothéose de Chantilly; il vaut mieux là que tous vos héros d'Homère. Vous nous les ridiculisez extrêmement : nous trouvons, comme vous dites, qu'il y a de *la feuille qui chante* à tout ce mélange des dieux et des hommes; cependant il faut respecter le père Le Bossu. Madame de La Fayette commence à prendre des bouillons, sans en être malade; c'est ce qui faisoit craindre le dessèchement.

585.

A la même.

À Livry, lundi 26 juillet 1677.

Monsieur de Sévigné apprendra donc de M. de Grignan la nécessité d'avoir plusieurs maîtresses, par les inconvénients qui arrivent de n'en avoir que deux ou trois : mais il faut que M. de Grignan apprenne de M. de Sévigné les douleurs de la séparation, quand il arrive que quelqu'une s'en va par la diligence. On reçoit un billet du jour du départ, qui embarrasse beaucoup, parcequ'il est fort tendre; cela trouble la gaieté et la liberté dont on prétend jouir. On reçoit encore un autre billet de la première couchée, dont on est enragé. Comment diable? cela continuera-t-il de cette force? On me conte cette douleur; on met sa seule espérance au voyage que le mari doit faire, croyant que cette grande régularité en sera interrompue : sans cela, on ne pourroit soutenir un commerce de trois fois la semaine. On tire les réponses et les tendresses à force de rêver; la lettre est *figée*, comme je disois, avant que *la feuille qui chante* soit pleine : la source est entièrement sèche. On pâme de rire avec moi du style, de l'orthographe : voici quelques traits que vous reconnoîtrez.

Je pars enfin; quel voyage! pour qui suis-je dans un état si violent? Je lui répondrois bien, pour un ingrat. J'ai reçu un billet de ma sœur aussi tendre que vous devriez m'en écrire; elle a l'esprit adouci par mon départ. J'ai été tout le jour triste, rêveuse, le cœur pressé, des soupirs, une langueur, une inquiétude dont je ne suis pas la maîtresse.

Il me semble que c'est une chose toute désassortie de porter dans cette diligence, que tous les diables emportent, une langueur amoureuse, un amour languissant. Le moyen d'imaginer qu'un état si propre à faire passer le jour dans un bois sombre, assise au bord d'une fontaine, ou bien au pied d'un hêtre, puisse s'accommoder du mouvement immodéré de cette voiture? Il me paroît que la colère, la fureur, la jalousie, la vengeance, seroient bien plus convenables à cette manière d'aller*.

* *Voyez* la lettre du 18 août suivant.

Mais enfin j'ai la confiance de croire que vous pensez à moi. Hélas! si vous saviez l'état où je suis, vous me trouveriez un grand mérite pour vous, et vous me traiteriez selon mon mérite. Je commence déjà à souhaiter de retourner sur mes pas: je vous défie de croire que ce ne soit pas pour vous. Je ne sentirai guère la joie, ni le repos d'arriver. Ayez au moins quelque attention à la vie que je vais faire. Adieu; si vous m'aimez, vous n'aimez pas une ingrate.

Voilà en l'air ce que j'ai attrapé, et voilà à quel style votre frère est condamné de répondre trois fois la semaine: ma fille, cela est cruel, je vous assure. Voyez quelle gageure ces pauvres gens se sont engagés de soutenir; c'est un martyre, ils me font pitié: le pauvre garçon y succomberoit sans la consolation qu'il trouve en moi. Vous perdez bien, ma chère enfant, de n'être pas à portée de cette confidence. J'écris ceci hors d'œuvre, pour vous divertir, en vous donnant une idée de cet aimable commerce.

586.*

A la même.

A Paris, mercredi 28 juillet 1677.

Je suis à Paris pour ce chien de papillon: je n'ai pas encore mis entièrement le pied dessus, c'est-à-dire, touché cette belle somme que vous savez. Si je ne m'étois agréablement amusée, depuis dimanche, à dire adieu à ces messieurs qui s'en vont à Grignan, je me serois fort bien désespérée. Je devois m'en retourner hier; je ne m'en irai que vendredi : on ne sauroit vous expliquer l'horreur de la chicane. Je soupai hier chez la marquise d'Uxelles, où j'embrassai, pour la sixième fois, La Garde et l'abbé de Grignan, et au lieu de leur dire : « Messieurs, je suis bien fâchée de votre départ, « je leur dis : Messieurs, que vous êtes heureux! que je « suis aise que vous partiez! allez, allez voir ma fille; « vous lui donnerez de la joie, vous la verrez en santé; « elle est belle, elle est tranquille, elle est gaie : plût à « Dieu que je fusse de la partie! » Hélas! il s'en faut bien que la Providence ne fasse cet arrangement. Mais enfin, ma très chère, je suis assurée de votre santé : Montgobert ne me trompe pas; dites-le-moi cependant encore; écrivez-le-moi en vers et en prose; répétez-le-moi pour la trentième fois : que tous les échos me redisent cette charmante nouvelle : si j'avois une musique comme M. de Grignan, ce seroit là mon opéra. Il est vrai que je suis ravie de penser au miracle que Dieu a fait en vous guérissant par ce pénible voyage, et ce terrible air de Grignan qui devoit vous faire mourir : j'en veux un peu à la prudence humaine; je me souviens de quelques tours qu'elle a faits, et qui sont dignes de risée : la voilà bien décriée pour jamais. Comprenez-vous bien la joie que j'aurai, si je vous revois avec cet aimable visage qui me plaît, un embonpoint raisonnable, une gaieté qui vient quasi toujours de la bonne disposition? Quand j'aurai autant de plaisir à vous regarder, que j'ai eu de douleur sensible; quand je vous verrai comme vous devez être, étant jeune, et non pas usée, consumée, dépérie, échauffée, épuisée, desséchée; enfin quand je n'aurai que les chagrins courants de la vie, sans en avoir un qui assomme; si je puis jamais avoir cette consolation, je pourrai me vanter d'avoir senti le bien et le mal en perfection. Cependant votre exemple coupe la gorge, à droite et à gauche : le duc de Sully dit à sa femme : « Vous êtes malade, venez à « Sully: voyez madame de Grignan, le repos de sa maison « l'a rétablie, sans qu'elle ait fait aucun remède. » Mais la duchesse ne goûte point cette ordonnance, et préfère celle de Vesou, qui lui ordonne d'abord deux saignées, deux petites médecines, et vingt jours de bain: j'avoue que je ne comprends guère cette autre extrémité dans le temps où nous sommes, et pour un lieu comme Sully, jusqu'à la Toussaint. Je la vis hier : elle vous fait mille amitiés.

Je suis fâchée que vous m'ayez écrit tant de lignes pour me persuader que vous ne devez point faire de remèdes, puisque vous vous portez bien. Je suis de votre avis : peut-être que le lait vous est contraire; suivez votre expérience : le repos et le temps vous sont favorables : laissez-leur, j'y consens, l'honneur tout entier de votre guérison. Plût à Dieu que ce même raisonnement pût servir pour moi comme pour vous! je n'irois pas à Vichi : mais je ne trouve pas que vous vouliez m'en dispenser; la précaution vous paroît une nécessité; et comme on ne voit pas bien si elle est inutile, ou non, je ne dérangerai rien à mes résolutions : en sorte qu'après avoir passé encore huit jours à Livry, et donné quelques jours à Paris pour attraper le 16, je prends le chemin d'Époisses. C'est nous qui faisons marier les filles à la robe : sans notre malheur, messieurs de la robe ne se marieroient point ; on nous a déjà répondu en deux occasions qu'on ne vouloit point de nous, parceque nous étions dans l'épée : il faudra suivre votre conseil ; et, au lieu de quitter la robe pour l'épée, il faudra quitter l'épée pour la robe. Mon fils est bien embarrassé ; il ne peut s'appuyer sur ce talon : mais la longueur de cette blessure, qui se joint à la parfaite santé de toutes les autres parties de son corps, et à l'usage qu'il en fait, rendent son séjour équivoque à ceux qui ne sont au monde que pour parler. On a toute la raison de son côté, et cependant on est à plaindre. Je trouve la réputation des hommes bien plus délicate et blonde que celle des femmes. Les apologies continuelles ne font pas un grand profit : de sorte que sans pouvoir monter à cheval, on veut que mon fils soit à l'armée. Je crie toujours qu'on fasse voir son talon à M. Félix[a]. M. Félix n'a pas le loisir, et le temps passe.

D...[b] entra hier à la Bastille, pour avoir, chez madame

[a] Charles-François-Félix de Tassy, qui en 1676 succéda à son père, dans la charge de premier chirurgien du roi.
[b] Le dernier éditeur a pensé que ces initiales étoient celles du comte d'Effiat, capitaine des gardes de Monsieur, et du comte de Louvigny, neveu du comte de Gramont. Mais ne seroit-ce pas plutôt Dangeau et Langlée qui seroient indiqués ici. Ce Langlée, homme obscur, mais reçu par-tout où l'on jouoit, et même à la cour, avoit

la comtesse de Soissons, levé la canne sur L...., et l'avoir touché, dit-on, quoique légèrement : le comte de Gramont se mit entre deux; les menaces furent vives. L.... dit à D.... qu'il étoit un lâche, et que dans un autre lieu il n'auroit pas fait tant de bruit. Madame la comtesse alla demander justice au roi contre l'insolence commise dans sa maison. Le roi lui dit qu'elle devroit se l'être faite à elle-même. Le cardinal de Bonzi lui fit des excuses pour D....; elle dit que c'étoit l'affaire du roi; que si elle eût été chez elle, elle l'eût fait jeter par les fenêtres. D.... est à la Bastille : on va faire des compliments; je voudrois bien aller chez la L...., et faire compliment à D.... : si vous ne voulez pas, je n'en ferai point du tout. La dispute étoit sur huit cents louis que doit L.... et qu'il veut que D.... prenne sur Monsieur. Vous me les paierez : — je n'en ferai rien, et le reste. On est si avide de nouvelles, qu'on a pris cette guenille, et qu'on ne parle d'autre chose.

Madame de La Fayette est toujours mal : nous trouvons pourtant qu'elle remonte le Rhône tout douce-

---

déjà eu de vives discussions avec Dangeau pour le paiement de dettes de jeu. (*Voyez* la lettre 211, tome II, page 282.) Langlée l'avoit alors traité comme un homme peu redouté; ici Langlée lui dit *qu'il est un lâche, et que dans un autre lieu il n'auroit pas fait tant de bruit.* Cela semble bien être une réminiscence de la scène que l'on vient de rappeler. Langlée vouloit sans doute que Dangeau demandât les 800 louis à Monsieur sur les sommes que ce prince lui devoit. Le duc d'Orléans perdoit quelquefois des sommes énormes, et l'on a vu dans la note de la lettre 518, tome IV, page 386, que Monsieur dut jusqu'à 100,000 écus à Dangeau et à Langlée. Ce ne sont au reste que des conjectures.

ment, et avec peine; ce n'est pas le chemin de Grignan; votre remède ne sera pas suivi. Je n'ai rien à dire de Pauline que ce que je vous en ai déjà mandé: je l'aime d'ici; elle est jolie comme un ange; divertissez-vous-en; pourquoi craindre de se trop amuser de ses enfants? il y a de certaines philosophies qui sont en pure perte, et dont personne ne nous sait gré. Il est vrai qu'en quittant Grignan, il faut la mettre *en dépôt*, comme vous dites; mais que ce ne soit donc qu'un dépôt, et cela étant, madame votre belle-sœur est meilleure que nos sœurs (*de Sainte-Marie*), car elles ne rendent pas aisément. La pauvre petite qui est à Aix, est-elle bien? j'y pense fort souvent, et à ce petit marquis, dont il me semble que l'esprit se perd, sans précepteur: mais le moyen d'en envoyer un de si loin? il faut que vous le choisissiez vous-même. La Mousse m'a écrit de Lyon; il ira vous voir à Grignan: cela est bon, et conviendra fort à votre enfant: cette pensée m'a fait plaisir.

Il est revenu un gentilhomme de Commercy, depuis Corbinelli, qui m'a fait peur de la santé du cardinal; ce n'est plus une vie, c'est une langueur: j'aime et honore cette éminence d'une manière à me faire un tourment de cette pensée; le temps ne répare point de telles pertes; mais il n'a fait jusqu'ici qu'augmenter la tendresse et la sensibilité que j'ai pour vous; je vous assure qu'il ne travaille que de ce côté-là: mais vous êtes cruelle aussi d'y contribuer comme vous faites: il y a de la méchanceté: vous m'aimez; vous me le témoignez; mon cœur s'ouvre à cette joie, et se confirme de plus en plus dans des sentiments qui lui sont naturels; vous voyez bien l'effet que cela peut faire. Je ne vois ailleurs que des enfants qui haïssent leur mère; C.... me disoit l'autre jour qu'il haïssoit la sienne comme la peste : par ma supputation elle mouroit ce jour-là; je fus hier lui faire mes compliments; il n'y étoit déjà plus. Je lui écrivis un bon billet à mon gré : il est fort barbouillé du plus grand deuil du monde, mais son cœur est à l'aise. Hélas! ma fille, vous êtes dans l'autre extrémité, et je vous aime aussi, et vous dois aimer plus que ma vie.

Isis* est retournée chez MADAME, tout comme elle étoit, belle comme un ange. Pour moi, j'aimerois mieux ce *haillon* loin que près. On ne parle que des plaisirs de Fontainebleau.

587. **

De Madame DE SÉVIGNÉ *au Comte* DE BUSSY.

A Livry, ce 30 juillet 1677.

D'où vient donc que je n'ai point de vos nouvelles, mon cousin? Vous m'écrivîtes un peu après que vous fûtes arrivé à Bussy. Je vous fis réponse, je l'envoyai à ma nièce de Sainte-Marie, et depuis, je n'ai pas ouï par-

---

* Madame de Ludres. Elle étoit restée pendant un mois environ au Bouchet, chez la maréchale de Clérambault. (*Voyez* la lettre 574, page 104 de ce volume.)

ler de vous. Si vous avez reçu ma lettre, vous avez tort; si elle a été perdue, vous ne l'avez pas. Vous me démêlerez, s'il vous plaît, cette grande affaire : cependant, je vous demande de vos nouvelles, et de cette veuve que j'aime. Votre fils est à la guerre, le mien n'y est pas; son talon n'est fermé que depuis quinze jours. La chair en est encore si vive, si rouge et si sensible, qu'il ne peut s'appuyer dessus. Il veut pourtant aller à l'armée, tout tel que je vous le dis. Je ne sais si je vous ai mandé qu'il a la charge de La Fare.[a] Cette place est jolie : il commandera toujours les gendarmes-dauphin, La Trousse, qui en est lieutenant, ayant été fait lieutenant-général; et, quoique cette charge lui revienne à quarante et un mille écus, il se console fort aisément de la longueur du *guidonnage*. Pour moi, je m'en vais à Vichi, je pars le 16 d'août. Je vais par la Bourgogne; je logerai à Époisses, parceque Bourbilly est sens-dessus-dessous. J'en partirai pour reprendre le chemin de Vichi, où il faut que j'arrive le premier de septembre. Voilà mes desseins, mon ami; voyez ce que vous pouvez faire de cette marche pour me voir. Je vous embrasse de tout mon cœur suivant ma bonne coutume. J'en fais autant de l'heureuse veuve. Ma pauvre Madelonne est en Provence dans son château. J'ai ici notre cher Corbinelli qui va prendre ma place.

[a] Elle l'avoit déjà mandé au comte de Bussy, dans la lettre du 10 mai précédent. (*Voyez* ci-dessus, page 81 de ce volume.)

Monsieur de Corbinelli.

Vous n'avez, ce me semble, autre chose à faire qu'à monter en carrosse le lendemain de son arrivée à Epoisses, et de l'y aller voir. J'ai été sur le point d'avoir l'honneur de l'accompagner jusque-là, et après deux jours de séjour à Bussy, m'en aller à Dijon, et de là à Châlons : mais fait-on en ce monde ce qu'on veut? Il y a une fatalité que les sages appellent Providence, qui détourne ou qui renverse les desseins, sans qu'on puisse découvrir pourquoi ni comment. Tite-Live l'appelle *inexsuperabilis vis fati** : *la force insurmontable du destin.* Il dit ailleurs : *non rupit fati necessitatem humanis consiliis. Son habileté ne put jamais surmonter la nécessité du destin.* Et comment ferois-je moi pour en venir à bout ?

Vous mande-t-on bien des nouvelles de la cour et de l'armée? C'est toujours des conquêtes et des victoires, et toujours de la fidélité. Le prince d'Orange ne vise plus qu'à la gloire de n'être point battu ; et pour cet effet, il ramasse de grosses armées, pour dire comme Hannibal dans Horace, parlant des armées romaines :

Quos opimus fallere et effugere est triumphus.

Toute notre gloire sera désormais de nous sauver de leurs mains, ou de nous cacher d'eux. C'est pour madame de

---

* On lit dans le manuscrit de Bussy, *insuperabilis*, dans ses lettres imprimées, *inexplicabilis*, et ce n'est ni l'un ni l'autre. *Inexsuperabilis vis fati*, dit Tite-Live. (lib. VIII, cap. VII)

Sévigné que je traduis mon latin : vous le traduirez mieux que je n'ai fait, à madame de Coligny. Que ne le lui montrez-vous avec la *méthode* du Port-Royal ; il n'y en a que pour quinze jours. Voyez madame de Fontevrauld* et madame de La Sablière, elles entendent Horace comme nous entendons Virgile. Mais revenons à nos moutons. J'en étois, ce me semble, à la conduite des ennemis. Leur triple alliance fait toute notre force. Jusques ici, un grand nombre de confédérés a fait de la peur et du mal aux princes, qui ne leur ont résisté qu'avec leurs propres forces ; mais le roi nous fait bien voir tous les jours, en battant par-tout la *triple alliance*, qu'il n'y a point de règle générale. Ce n'est pas que les confédérés d'aujourd'hui en sachent moins que les confédérés du temps passé, mais c'est que notre maître en sait plus que les autres rois. Si le reste des princes de l'Europe se pouvoit joindre à eux, ils seroient encore plus faciles à être vaincus. C'est que notre maître a plus d'esprit et plus de bon sens qu'eux tous ; plus d'argent, plus de valeur et plus d'expérience. Encore un peu de latin, Monsieur, c'est ma folie aujourd'hui. Voici ce qui me vient sur le grand nombre d'alliés :

Vis consilii expers mole ruit suâ.

* Madame de Caylus lui rend le même témoignage dans ses *Souvenirs*. « On ne pouvoit, dit-elle, rassembler dans la même personne « plus de raison, plus d'esprit et plus de savoir : son savoir fut « même un effet de sa raison. Religieuse sans vocation, elle chercha « un amusement convenable à son état ; mais ni les sciences ni la « lecture ne lui firent rien perdre de ce qu'elle avoit de naturel. »

La force sans prudence se ruine d'elle-même. Et voici ce qui me vient sur le roi :

Vim temperatam Dii quoque provehunt in majus.

Les dieux donnent toujours de nouvelles victoires aux armées bien commandées". Voilà ce que nous disions cet hiver au coin du feu de madame de Sévigné, et nous regrettions ensemble qu'il manquât un digne historien à ce grand roi, dont la gloire ne durera peut-être qu'une vingtaine de siècles faute de cela ; et, qu'est-ce que deux mille ans, au prix de l'éternité que ses actions méritent?

Je sens le plaisir que je vous fais, Monsieur, de copier ici ce que je vous ai ouï dire de si bon cœur, et de vous faire voir, comme tout ce qui vient de vous, principalement sur ce chapitre, me demeure dans l'esprit. Parlons de la fidélité, mais non, ce sera pour une autre fois. Adieu, Monsieur, croyez-moi toujours bien à vous.

A Madame DE COLIGNY.

Et vous aussi, ma très aimable Marquise, dont l'esprit me plaît au dernier point, et la douceur plus que je ne puis jamais dire, et le mérite plus que vous ne sauriez l'imaginer ; c'est tout dire.

" Corbinelli ne traduit pas, il écrit la pensée que la sentence latine lui suggère. Il a employé ce mode dans son *Tite-Live réduit en maximes.* (*Voyez* la lettre du 20 février 1686, et la note.)

588.

De Madame DE SÉVIGNÉ *à Madame* DE GRIGNAN.

A Paris, vendredi 30 juillet 1677.

Quand je vous écris de longues lettres, vous avez peur que cette application ne me fasse malade, et vous croyez que je le suis, quand je vous en écris de courtes. Savez-vous ce que je vais faire? ce que j'ai fait jusqu'à présent. Je commence toujours sans savoir où cela ira; j'ignore si ma lettre sera grande ou si elle sera petite; j'écris tant qu'il plaît à ma plume, c'est elle qui gouverne tout : je crois que cette règle est bonne, je m'en trouve bien, et je la continuerai. Je vous conjure d'être en repos sur ma santé, comme vous voulez que je sois en repos sur la vôtre. Si je me croyois, je ne prendrois non plus des eaux de Vichi, que vous du lait : mais comme vous trouvez que ce remède m'est nécessaire, et que de plus je suis assurée qu'il ne me fera point de mal, comme le lait vous en fait, j'irai certainement à Vichi, et mon jour est si bien marqué, que ce seroit signe d'un grand malheur, si je ne partois pas. J'espère que la Providence ne voudra point se moquer de moi pour cette fois. Je suis si accoutumée à me voir confondue sur la plus grande partie de mes desirs, que je ne parle de l'avenir qu'en tâtonnant. Le style des Pyrrhoniens me plaît assez ; leur incertitude me paroît bien prudente ; elle empêche au moins qu'on ne se moque d'eux. Allez-vous à Vichi ? Peut-être. Prenez-vous la maison de la Place (*Royale*) pour un an ? Je n'en sais rien. Voilà comme il faudroit parler. Je croyois m'en retourner ce matin à Livry, car enfin cette grande affaire est finie, j'ai mis le bout du pied sur le bout de l'aile du papillon : sur neuf mille francs, j'en ai touché deux. Je pouvois donc m'en aller ; mais que fait le diable ? L'abbé Têtu et le petit de Villarceaux font une gageure ; cette gageure compose quatre pistoles, ces quatre pistoles sont destinées pour voir tantôt la comédie des *Visionnaires*[o], que je n'ai jamais vue. Madame de Coulanges me presse d'un si bon ton que me voilà débauchée ; et je remets à demain matin ce que je voulois faire aujourd'hui. Je ne sais si vous comprenez ces foiblesses ; pour moi j'en suis toute pleine ; il faudra pourtant s'en corriger, en approchant de la vieillesse.

D.... est hors de la Bastille. Comme ce n'étoit que pour contenter madame la comtesse (*de Soissons*), et que ce n'étoit ni pour le roi de France, ni pour le roi d'Espagne, elle n'a pas poussé sa colère plus loin que les vingt-quatre heures. Ils seront accommodés devant les maréchaux de France. Cela est dur à D.... ; il faudra qu'il dise qu'il n'a point donné de coups de bâton, et les injures atroces lui demeureront. Tout ce procédé est si désagréable, qu'un homme que vous reconnoîtrez a dit que, quand les joueurs ont tant de patience, ils

---

[o] Comédie de Desmarets. (*Voyez* la lettre suivante, page 168.)

devroient donner leurs épées aux cartes : cela s'appelle *de l'eau dans le vin des Pères*[1].

Madame de Schomberg a enfin vendu sa charge[2] à Montanègre quatre-vingt mille écus; savoir deux cent dix mille francs argent comptant, et trente mille francs sur les états prochains de Languedoc : cela est bon. Mais voici ce qui est bien meilleur; car vous savez que ce ne sont jamais les choses, ce sont les manières : elle remercia le roi ; il lui dit qu'elle se plaignoit toujours d'être malade; mais qu'il la trouvoit fort belle. — Sire, c'est trop, quatre-vingt mille écus, et des douceurs. — Madame, je crois que vous n'augmenterez pas les meubles de votre maison d'aucun coffre fort. — Sire, je ne verrai seulement pas l'argent que Votre Majesté nous donne. Là-dessus M. de Louvois entra sur ce même ton dans la plaisanterie; cela fut poussé un quart d'heure fort agréablement. Il se trouva que madame de Schomberg dit deux ou trois choses fort fines ; le roi lui dit : « Madame, je m'en vais vous dire une chose bien vaine; « c'est que j'aurois juré que vous auriez répondu cela. » Madame de Montespan lui fit encore des merveilles. Voilà comme on traite les gens en ce pays-là; quand on fait du bien, on l'assaisonne d'agrément, et cela est délicieux. Cette maréchale que je vis hier vous fait mille amitiés : elle dit qu'elle n'est plus votre camarade, et

---

[1] M. de La Rochefoucauld disoit que l'abbé Têtu *avoit mis de l'eau dans le vin des Pères*, en parlant de ses *Stances chrétiennes* sur divers passages de l'Écriture et des Pères.

[2] De lieutenant-général au gouvernement de Languedoc.

qu'elle voudroit bien qu'on vous eût fait un aussi joli présent qu'à el¹.

On parle fort des plaisirs infinis de Fontainebleau ; c'est un lieu qui me paroît périlleux ; je crois qu'il ne faut point faire changer de place aux vieilles amours, non plus qu'aux vieilles gens. La routine fait quelquefois la plus forte raison de leur attachement ; quand on les dérange, ce n'est plus cela. Madame de Coulanges est fort priée, pressée, importunée d'y aller : elle y résiste, à cause de la dépense, car il faudroit trois ou quatre habits de couleur. On lui dit : allez-y en habit noir : *Ah, Jésus! en habit noir!* vous croyez bien que la raison de la dépense ne l'en empêchera pas.

Le maréchal de Créqui a été assez mal ; on lui a mandé que s'il étoit pis, il n'auroit qu'à laisser l'armée au maréchal de Schomberg. N'avez-vous pas ouï conter des boiteux, que le feu ou quelque chien faisoit marcher et courir comme des Basques? Ma fille, voilà l'affaire : le nom de M. de Schomberg a été un remède souverain pour guérir le maréchal de Créqui. Il ne se jouera plus à être malade, et nous verrons comme il se démêlera des Allemands.

Le coadjuteur s'est fort bien démêlé de l'affaire de ses bois, il les vendra : il me paroît le favori de M. de Colbert ; sérieusement il est heureux ; son visage est *solaire**. Vous verrez comme il réussira bien dans les prédications qu'il doit faire. Il dîna hier avec moi ; c'est un étrange nom pour moi que celui de Grignan.

* Plaisanterie ; ce mot est pris ici pour *rayonnant*.

A Monsieur DE GRIGNAN.

M. le Comte, c'est ce qui fait que je ne vous hais pas : n'êtes-vous point bien aise de revoir ce petit chien de visage, s'il est vrai qu'il soit aussi rafraîchi qu'on me le mande? Conservez bien cette chère santé; nos cœurs ne sont guère à leur aise, quand elle est comme nous l'avons vue : cette idée me blesse toujours; je n'ai pas l'imagination assez forte pour la voir, ni comme elle est, ni comme elle a été. Vous voulez bien aussi que je vous recommande la favorite (*Pauline*); je suis assurée qu'elle est fort jolie, et qu'elle ressemblera à sa mère : que dites-vous de cette ressemblance? Si ma fille sort de Grignan, j'approuve le dépôt qu'elle veut faire de la sienne à madame votre sœur, à condition qu'on la reprendra, car il est vrai que nos sœurs (*de Sainte-Marie*) ne sont pas si commodes.

A Madame DE GRIGNAN.

Ma chère enfant, voilà ce que ma plume a voulu vous conter. Le mercredi je fais réponse à vos deux lettres ; le vendredi je cause sur ce qui se présente. Le baron se divertit à merveille; j'ai toujours ces inquiétudes que vous savez; et, quoiqu'il ne s'appuie point sur le talon, il est si difficile de le plaindre en le voyant, que c'est de cela qu'il le faut plaindre. Je trouve que c'est une chose fâcheuse d'avoir à se justifier sur certains chapitres.

Madame de Villars m'écrit mille choses de vous : je

vous enverrai ses lettres un de ces jours; elles vous divertiront. Madame d'Heudicourt est entièrement dans la *gloire de Niquée*[a]; elle y oublie qu'elle est prête d'accoucher. La princesse d'Elbeuf[b] est fort aimable, mademoiselle de Thianges[c] fort belle, et très appliquée à faire sa cour. Madame de Montespan étoit l'autre jour toute couverte de diamants; on ne pouvoit soutenir l'éclat d'une si brillante divinité. L'attachement paroît plus fort qu'il n'a jamais été; ils en sont aux regards : il ne s'est jamais vu d'amour reprendre terre comme celui-là. Madame de La Fayette remonte toujours le Rhône tout doucement[d]; et moi, ma fille, je vous aime avec la même inclination que ce fleuve va de Lyon à la mer : cela est un peu poétique, mais cela est vrai.

[a] *Voyez* la note de la lettre 522, tome IV, page 397.

[b] Anne-Charlotte de Rochechouart de Mortemart, fille du maréchal de Vivonne, avoit épousé, le 28 janvier 1677, Henri de Lorraine, prince d'Elbeuf, frère de la princesse de Vaudémont.

[c] *Voyez*, sur mademoiselle de Thianges, les notes des pages 295 et 386 du tome IV.

[d] Madame de Sévigné a déjà employé cette expression dans la lettre précédente pour faire entendre que la santé de madame de La Fayette s'amélioroit très lentement.

589.*

A la même.

A Livry, mardi, en attendant mercredi
4 août 1677.

Je vins ici samedi matin, comme je vous l'avois mandé. La comédie¹ du vendredi nous réjouit beaucoup : nous trouvâmes que c'étoit la représentation de tout le monde ; chacun a ses visions plus ou moins marquées. Une des miennes présentement, c'est de ne me point

¹ Les *Visionnaires* de Desmarets. ' On lit dans le *Segraisiana* que le cardinal de Richelieu avoit donné à Desmarets le plan des *Visionnaires*. *Mélisse*, qui n'aime qu'Alexandre-le-Grand, étoit madame de Sablé, qui, ayant rebuté le cardinal, lui avoit donné lieu de faire courir le bruit qu'elle n'aimoit que ce héros. Madame de Chavigny étoit représentée par la coquette *Hespérie* ; et enfin *Sestiane*, qui n'aime que la comédie, étoit madame de Rambouillet : ces allusions et la critique de quelques ridicules, donnèrent à cette pièce un succès qu'on a peine à comprendre aujourd'hui. C'étoit en 1637 ; notre théâtre ne présentoit encore aucune comédie de *caractère* ; le *Menteur* de Corneille ne fut joué qu'en 1642. Aussi la pièce de Desmarets fut-elle honorée par les contemporains du titre d'*inimitable*. Elle est appréciée depuis long-temps ; on ne la lit plus que pour observer les progrès de notre théâtre. Ce ne sont pas des gens ridicules que Desmarets fait agir, ce sont des fous dignes des Petites-Maisons, et cette exagération bannit l'intérêt avec la vraisemblance.

encore accoutumer à cette jolie abbaye, de l'admirer toujours comme si je ne l'avois jamais vue, et de trouver que vous m'êtes bien obligée de la quitter pour aller à Vichi. Ce sont de ces obligations que je reproche au bon abbé, quand j'ai écrit deux ou trois lettres en Bretagne pour mes affaires : sur le même ton, vous êtes bien ingrate de dire que vous voyez toujours cette écritoire en l'air, et que j'écris trop. Vous ne me parlez point de votre santé, c'est pourtant un petit article que je ne trouve pas à négliger : tant que vous serez maigre, vous ne serez point guérie; et soit par le sang échauffé et subtilisé, soit par la poitrine, vous devez toujours craindre le dessèchement. Je souhaite donc qu'on ait un peu de peine à vous lacer, pourvu que la crainte d'engraisser ne vous jette pas dans la pénitence, comme l'année dernière; car il faut songer à tout : mais cette crainte ne peut pas entrer deux fois dans une tête raisonnable.

Au reste, vous avez des lunettes meilleures que celles de l'abbé; vous voyez assurément tout le manège que je fais quand j'attends vos lettres; je tourne autour du petit pont; je sors de *l'humeur de ma fille*, et je regarde par *l'humeur de ma mère*^a, si *La Beauce*^b ne revient point; et puis je remonte et reviens mettre mon nez au bout de l'allée qui donne sur le petit pont; et à force de faire ce chemin, je vois venir cette chère lettre; je la reçois, et la lis avec tous les sentiments que vous devinez; car

---

^a Noms de deux allées du parc de l'abbaye de Livry.
^b Nom d'un laquais de madame de Sévigné.

vous avez des lunettes pour tout. J'attends ce soir la seconde, et j'y ferai réponse demain. Le bon abbé est étonné que les voyages d'Aix et de Marseille, et le paiement des gardes, vous aient jetés dans une si excessive dépense. Vous disiez, il y a quinze jours, que vous étiez bien, c'est que vous aviez compté sans votre hôte, qui fait toujours ses parties bien hautes, sans qu'on en puisse rien rabattre. Vous dites que votre château est une grande ressource, j'en suis d'accord; mais j'aimerois mieux y demeurer par choix, que d'y être forcée par la nécessité. Vous savez ce que dit l'abbé d'Effiat[a]; il a épousé sa maîtresse; il aimoit Véret quand il n'étoit pas obligé d'y demeurer; il ne peut plus y durer, parce qu'il n'ose en sortir. Enfin, ma fille, je vous conseille de suivre toutes vos bonnes résolutions de règle et d'économie : cela ne rajuste pas une maison, mais cela rend la vie moins sèche et moins ennuyeuse.

Je n'ai point vu mesdemoiselles de Lillebonne; je crois qu'elles ne sont point si jolies que la sœur[b] de votre princesse (*madame de Vaudémont*). Elle est toujours à Chaillot; sa mère[c] est grosse et honteuse, comme si elle l'avoit dérobé. Je vous ai remerciée, ma très belle,

---

[a] Jean Coiffier, dit Ruzé, abbé de Saint-Sernin de Toulouse et de Trois-Fontaines. Il étoit disgracié, et vivoit exilé dans sa maison de Véret, dont parle madame de Sévigné dans la lettre 410, tome III, page 469.

[b] La princesse d'Elbeuf. (*Voyez la note de la lettre précédente.*)

[c] Élisabeth de La Tour, fille du duc de Bouillon, seconde femme du duc d'Elbeuf, accoucha le 20 décembre suivant du prince Emmanuel; elle avoit alors 42 ans.

de tout ce que vous faites d'admirable pour mes anciennes amies. Vous aurez vu combien madame de Lavardin a senti votre honnêteté. Madame de Marbeuf, qui est ici, vous fait mille compliments; elle est enchantée de ce joli petit lieu; elle dit qu'il ne ressemble à rien que l'on ait vu. J'ai aussi mon ami Corbinelli qui va tâcher de raccommoder un peu le poëme épique avec vous.

Mercredi matin.

Je reçois votre lettre du 28 juillet : il me semble que vous étiez gaie; votre gaieté marque de la santé : voilà, ma très chère, comme je tire ma conséquence. Vous me priez d'aller à Grignan, vous me parlez de vos melons, de vos figues, de vos muscats; ah! j'en mangerois bien; mais Dieu ne veut pas que je fasse cette année un si agréable voyage; vous ne ferez pas non plus celui de Vichi. Vous dites, ma chère enfant, que votre amitié n'est pas trop visible en certains endroits; la mienne ne l'est pas trop aussi : il faut nous faire crédit l'une à l'autre : je vois fort bien la vôtre, et j'en suis contente; soyez de même pour moi; ce sont de ces choses que l'on croit, parcequ'elles sont vraies, et de ces vérités qui s'établissent, parcequ'elles sont des vérités.

J'avois ouï parler confusément de cette lettre de M. de Montausier; je trouve, comme vous, son procédé digne de lui; vous savez à quel point il me paroît orné de toutes sortes de vertus. On avoit cherché à le tromper; on avoit corrompu son langage; on s'est enfin redressé, et lui aussi; il l'avoue : c'est une sincérité et une honnêteté de l'ancienne chevalerie. Voilà qui est donc fait, ma fille, vous êtes assurée d'avoir ces jeunes demoiselles¹. Vous êtes une si grande quantité de bonnes têtes, qu'il ne faut pas douter que vous ne preniez le meilleur parti et le plus conforme à vos intérêts; peut-être que les miens s'y rencontreront; j'en profiterai avec bien du plaisir.

Je sens la joie du bel abbé de se voir dans le château de ses pères, qui ne fait que devenir tous les jours plus beau et plus ajusté. M. de La Garde, dont je parle volontiers, parceque je l'aime, est cause encore de ces copies, dont je suis vraiment au désespoir. Je vous assure que sans lui j'eusse continué ma brutalité; j'avois résisté à la faveur², j'ai succombé à l'amitié : si je n'avois que vingt ans, je ne lui découvrirois pas ces foiblesses. Je me suis donc trouvée en presse, tout le monde criant contre moi. « Elle est folle, *disoit-on,* elle est jalouse. « M. de Saint-Géran n'aime-t-il point sa femme? Il a « permis qu'on prît des copies de son portrait. Hé bien, « on en aura un original; il ne me sera pas refusé. « Cela est plaisant qu'elle croie qu'il n'y a qu'elle qui « doive avoir le portrait de sa fille. Je l'aurai plus beau « que le sien. » Je ne me serois guère souciée de toute cette clameur, si M. de La Garde ne s'en étoit point

---

¹ Mesdemoiselles de Grignan étoient nièces de madame la duchesse de Montausier. ¹ Le duc craignoit sans doute que madame de Grignan ne parvînt adroitement à déterminer ces jeunes personnes à entrer dans un cloître, crainte qui n'étoit pas sans fondement. (*Voyez* la lettre du 15 janvier 1687, et la réponse de Bussy.)

² *Voyez* la lettre 407, tome III, page 460.

mêlé : mais voilà la première pinte; il n'y a que celle-là de chère..... c'est donc de l'aversion qu'on a pour les autres. Oh bien! faites donc, que le *diantre* vous emporte; le voilà, faites-en tout ce que vous voudrez. Vous ririez bien, si vous saviez tout le chagrin que cela me donne, et combien j'en ai sué. Vous qui n'aimez pas les portraits, j'ai compris que vous seriez la première à me ridiculiser. Ce qu'il y a de plaisant, c'est que cet original ne me paroît plus entier ni précieux : cela me blesse le cœur : allons, allons, il faut être mortifiée sur toutes choses, voilà qui est fait, n'en parlons plus; cet article est long et assez inutile, mais je n'en ai pas été la maîtresse, non plus que de mon pauvre portrait.

J'attends mon fils, il s'en va à l'armée : il n'étoit pas possible qu'il fît autrement; je voudrois même qu'il ne traînât point, et qu'il eût tout le mérite d'une si honnête résolution. Tout ce que vous dites de lui est admirable ; ce sont des originaux sans copie que les traits que vous donnez; qu'ils sont heureux de n'être point copiés ! Je dis toujours que rien n'est si occupé qu'un homme qui n'est point amoureux : avant qu'il ait vaqué à madame de...., madame de...., madame de...., madame de...., le jour et la nuit sont passés. J'ai vu répondre mon fils, à quelqu'un qui vouloit attaquer la persévérance de la belle Sablière" : « Non, non, elle aime toujours son « cher Philadelphe; il est vrai qu'afin de faire vie qui « dure, ils ne se voient pas du tout si souvent, et qu'au

---

" Pour le marquis de La Fare. (*Voyez* la note de la lettre 567, page 81.)

« lieu de douze heures, par exemple, il n'en passe plus
« chez elle que sept ou huit : mais la tendresse, la pas-
« sion, la distinction et la parfaite fidélité sont toujours
« dans le cœur de la belle; et quiconque dira le con-
« traire, aura menti. »

Mais parlons un peu de ce cœur déserteur que vous ne comptez plus sur vos doigts. Je me doute que c'est celui de Roquesante, et que le père Brocar aura mis son nez mal-à-propos dans cette bonne amitié. Je vous prie de me mander si je pense droit. Il y en a un autre dans le monde, dont la tendresse voudroit assurément se mêler d'aller, comme vous dites, côte à côte de la mienne; en vérité, je n'y vois point de différence : et ce qui vous surprendra, c'est que je ne suis point jalouse; au contraire, j'en ai une joie sensible, et j'en ai mille fois plus d'amitié et d'attachement pour lui.

Je suis persuadée du plaisir que vous auriez à marier votre frère : je connois parfaitement votre cœur, et combien il seroit touché d'une chose si extraordinaire : celle de n'avoir trouvé du repos et de la santé que dès que vous m'avez quittée, ne l'est pas mal aussi; mais la sincérité de l'avouer est digne de vous, et je suis si aise de vous savoir autrement que vous n'étiez ici, que je ne pense pas à vous faire un méchant procès là-dessus. Il me semble que M. de Grignan pourroit vous en faire un sur la liberté que vous prenez de blâmer sa musique, vous qui êtes une ignorante auprès de lui! Mon Dieu, que vous allez passer un joli automne! que vous êtes une bonne compagnie! je suis persuadée, pour mon malheur, que je n'y gâterois rien; jugez de l'effet de cette pensée, quand je serai à vingt-deux lieues de Lyon. Adieu, ma chère enfant; faites bien des amitiés pour moi au comte, au bel abbé, et à La Garde, qui me sait si bien séduire.

590. *

A la même.

A Livry, vendredi 6 août 1677.

Je crois, pour cette fois, que ma lettre sera fort courte : celle de mercredi ne l'étoit pas; madame de Marbeuf fit place ce jour-là à madame de Coulanges, à Brancas et au *fidèle Achate* (*Corbinelli*), qui, dès le soir, se mit à aboyer contre Brancas, sur le jansénisme : car Brancas n'est moliniste que quand j'ai été saignée du pied, et qu'il m'abandonne lâchement à soutenir moi seule notre *père* saint Augustin. On aboyoit donc à merveille : et comme on lui disoit qu'il y avoit peu de charité dans le style *des Petites Lettres*, il tira promptement un livre de sa poche, et fit voir que le zèle des saints Pères étoit encore bien plus amer, et leur style plus injurieux : on lui dit qu'on s'y moquoit des choses saintes; il lut en même temps quelqu'une de ces lettres, et prétendit qu'elles n'attaquoient que les superstitions : nous étions neutres, et nous jugions des coups avec un extrême plaisir*. Ce fut une chose rare de voir les convulsions de la prévention expirante sous la force de la vérité et de la raison : ce divertissement fit place le lendemain à un autre.

Madame de Coulanges, qui est venue me faire ici une fort honnête visite, jusqu'à demain, voulut bien nous faire part des contes avec quoi l'on amuse les dames de Versailles : cela s'appelle les *mitonner*; elle nous *mitonna* donc, et nous parla d'une île verte, où l'on élevoit une princesse plus belle que le jour; c'étoient les fées qui souffloient sur elle à tout moment. Le prince des délices étoit son amant : ils arrivèrent tous deux un jour, dans une boule de cristal, à la cour du roi des délices; ce fut un spectacle admirable : chacun regardoit en l'air, et chantoit, sans doute : *Allons, allons, accourons tous, Cybèle va descendre*[b]. Ce conte dure une bonne heure; je vous en épargne beaucoup, en considération de ce

---

* Ce passage est l'un de ceux qui avoient éprouvé le plus d'altération dans l'édition de 1754; on a dû le rétablir tel qu'il est dans l'édition de 1734. Mais comme il est bon qu'on puisse d'un coup d'œil et sans recherche en faire la comparaison, on met en variante, le texte de 1754 : « Et comme on lui disoit qu'il y avoit peu de « charité dans le style des *Petites Lettres*, il tira promptement le livre « de sa poche, et fit voir que c'est ainsi que, dans tous les siècles, on « avoit combattu les hérésies et les égarements. On lui dit que les « choses saintes y étoient tournées en raillerie : il lut en même temps « la onzième de ces divines Lettres, où il est démontré que ce sont « eux précisément qui se moquent des choses saintes. Enfin cette lecture nous fit un extrême plaisir. »

[b] *Voyez* les derniers vers de la IIIe scène du Ier acte de l'opéra d'Atys.

que j'ai su que cette île verte est dans l'Océan : vous n'êtes point obligée de savoir ce qui s'y passe : si c'eût été dans la Méditerranée, je vous aurois tout dit, comme une découverte que M. de Grignan eût été bien aise d'apprendre. Nous ne savons aucune nouvelle : les pensées du beau monde et de la galanterie ont fait place à celles de Mars. Votre frère, dans la crainte qu'il n'y ait une occasion, veut aller mettre son nez à l'armée : il ira à Bourbon au mois d'octobre, s'il en a besoin. C'est une chose si délicate que la réputation de ces messieurs, qu'ils aiment mieux passer le but que de demeurer en chemin.

Mademoiselle de Méry vous envoie les plus jolis souliers du monde; il y en a une paire qui me paroît si mignonne, que je la crois propre à garder le lit : vous souvient-il que cette folie vous fit rire un soir? Au reste, ma fille, ne me remerciez plus des riens que je fais pour vous : songez à ce qui me fait agir ; on ne remercie point d'être passionnément aimée : votre cœur vous apprendra quelque autre sorte de reconnoissance.

591.*

A la même.

A Paris, mardi au soir 10 août 1677.

Vous ne vous plaindrez pas que je ne vous mande rien aujourd'hui. La nouvelle du siège de Charleroi a fait courir tous les jeunes gens, et même les boiteux. Mon fils s'en va demain en chaise, sans nul équipage : tous ceux qui lui disent qu'il ne devroit pas y aller, trouveroient fort étrange qu'il n'y allât pas. Il est donc fort louable de prendre sur lui, pour faire son devoir. Mais savez-vous qui sont ceux déjà partis? C'est le duc de Lesdiguières, le marquis de Cœuvres, Dangeau, La Fare; oui, La Fare! le prince d'Elbeuf, M. de Marsan, le petit de Villarceaux : enfin, *tutti quanti*. J'oubliois M. de Louvois, qui partit dès samedi. Bien des gens sont persuadés qu'il n'arrivera de toute cette échauffourée que le retardement, c'est-à-dire, la rupture du voyage de Fontainebleau. M. de Vins, tous les mousquetaires et tant d'autres troupes se sont jetés dans

* Le passage des *Mémoires* de La Fare, rapporté dans la note de la lettre 567, page 81 de ce volume, donne l'explication de cette surprise. L'indolent marquis de La Fare n'avoit été retenu ni par sa paresse ni par madame de La Sablière.

Charleroi, qu'on croit qu'avec l'armée de M. de Luxembourg, grossie de beaucoup de régiments sortis des garnisons, et toute prête à secourir, le prince d'Orange n'entreprendra jamais d'en former le siège. Vous souvient-il d'une pareille nouvelle, dont nous écrivions de Lambesc des lamentations, qu'on ne reçut que cinq ou six jours après que le siège fut levé? Peut-être que cette fois ils seront encore plus honnêtes, et se contenteront d'avoir investi la place : vous en saurez la suite. Ce qu'il y a présentement, c'est le départ des guerriers. Je revins hier de Livry, et pour dire adieu à mon fils, et pour me préparer à partir lundi. Mais il faut que je vous mande une mort qui vous surprendra, c'est de la pauvre madame du Plessis-Guénégaud[1] : elle n'a jamais lu votre petite lettre; elle tomba malade la semaine passée, un accès de fièvre, et puis un autre, et puis un autre, et puis le transport au cerveau, l'émétique qu'il falloit donner, point donné, parceque Dieu ne vouloit pas; et cette nuit, qui étoit le septième, elle est morte sans connoissance. Cette nouvelle m'a surprise et touchée ce matin : je me suis souvenue de tant de choses, que j'en ai pleuré de tout mon cœur. Je n'étois son amie que par réverbération[a], comme vous savez : mais nous étions selon son goût, et je crois que bien de ses anciennes amies n'en

---

[1] Isabelle de Choiseul-Praslin, fille de Charles de Choiseul, maréchal de France.

[a] On a déjà vu plusieurs fois que c'étoit la liaison de madame de Sévigné avec le surintendant Fouquet et avec la famille Arnauld qui l'avoit mise en rapport de société avec madame du Plessis-Guénégaud.

sont pas plus touchées que moi. J'ai été chercher toute la famille : on ne les voyoit point ; je voulois donner de l'eau bénite, et méditer sur la vie et la mort de cette femme : on n'a point voulu ; de sorte que je m'en suis allée chez madame de La Fayette, où l'on a fort parlé de cette aventure. Ses derniers malheurs étoient sans nombre : elle avoit un arrêt favorable, et M. de Poncet[a], par cruauté, ne le vouloit pas signer, que certaines choses inutiles ne fussent achevées, elle mouroit à Paris ; cet injuste retardement, à quoi elle ne s'attendoit pas, la saisit à un tel point, qu'elle revint chez elle avec la fièvre, et la voilà : cela veut dire communément que c'est M. Poncet qui l'a assommée, que les médecins ont achevé, en ne lui donnant point d'émétique.

Mais, ma fille, nous autres qui lisons dans la Providence, nous croyons que son heure étoit marquée de toute éternité : tous ces petits évènements se sont enchaînés et entraînés les uns après les autres pour en venir là. Tous ces raisonnements ne consolent pas ceux qui sont vivement touchés ; mais elle sera fort mal pleurée : toutes les douleurs sont équivoques : *On ne pouvoit plus la satisfaire ; sa mauvaise fortune avoit aigri son esprit.* Vous entendez tout ce que je veux dire. Je me suis un peu étendue sur cette mort : mais il me semble que vous m'écoutiez avec attention : j'en fais de même de tout ce que vous m'écrivez ; tout est bon, et

---

[a] Mathias Poncet de La Rivière, conseiller au parlement de Paris, maître des requêtes et président au grand conseil en 1676. Il est mort en 1693, à l'âge de 57 ans.

quand vous croyez vous écarter, vous n'allez pas moins droit ni moins juste.

Vous avez fait une rude campagne dans l'Iliade : vous nous en avez parlé fort plaisamment. On espère que celle du maréchal de Créqui sera plus heureuse : les Allemands sont à Mouzon[1] : il y a bien loin de là où ils étoient il y a deux ans[2]. L'armée de M. de Créqui a changé de nom comme vous dites fort bien[3]. M. de Schomberg a été voir le maréchal de Créqui, disant qu'il sortoit de sa garnison pour venir servir de volontaire auprès de lui; qu'il étoit inutile où il étoit, et qu'il avoit écrit au roi pour lui offrir son service, comme un vieux soldat. Le maréchal de Créqui répondit par des civilités infinies; et le maréchal de Schomberg s'en est retourné n'y ayant rien à faire.

On est ici fort alerte, pendant que vous philosophez dans votre château. Vous appelez dom Robert un éplucheur d'écrevisses! Seigneur Dieu! s'il introduisoit tout ce que vous dites : *Plus de jugement dernier, Dieu auteur du bien et du mal, plus de crimes.* Appelleriez-vous cela éplucher des écrevisses?

Vous avez donc usé du cérémonial de province à la rigueur avec vos dames. Si elles vous eussent parlé de les quitter pour m'écrire, vous m'eussiez renoncée : qu'est-ce qu'une mère? écrit-on à une mère? Vraiment,

---

[1] Ville de Champagne sur la Meuse.

[2] Avant la mort de Turenne et la retraite du prince de Condé.

[3] C'étoit auparavant l'armée de Schomberg. (*Voyez* la lettre du 23 juillet, page 148 de ce volume.)

ma fille, vous me gâtez si fort par l'amitié que vous avez pour moi, que je ne puis plus être contente d'aucune de toutes les amitiés que je vois dans les familles : par quel bonheur me suis-je attiré cette singularité? Je vous demande la continuation d'une chose qui m'est si agréable. Nous avons eu à Livry M. de Simiane et la bonne d'Escars; ils furent fort contents de cette promenade : votre petit Arnoux étoit avec nous; il y étoit déjà venu avec Guintrandi, qui avoit beuglé *l'inconstance*. Arnoux est plus joli, mais il est trop joli, car il chante à Versailles; il espère que M. de Rheims le prendra pour sa musique; il a sept cents francs à la Sainte-Chapelle; il se plaît fort à Paris, il est jeune. Voyez si vous penseriez qu'un petit garçon tel que le voilà se pût borner à Grignan dans l'espérance d'un bénéfice; c'est une raillerie; vous lui donneriez cinq cents écus, qu'il ne le voudroit pas. Otez-vous donc cela de l'esprit, monsieur le Comte, et faites comme moi; quand je vois qu'on languit chez moi, et qu'on espère mieux, qu'on s'y tient misérable, en même temps il me prend une extrême envie de ne plus voir ces gens-là. Est-on bien aise de leur faire violence et de les voir languir? hélas! je languis bien moi-même, ma chère bonne, en votre absence. Je me réjouis de votre santé; si vous vous serviez de vos maximes pour moi comme pour vous, je n'irois pas à Vichi. Votre petit-lait seroit, ce me semble, un assez joli remède. Je finis ce soir, pour achever quand j'aurai reçu votre lettre.

Mercredi matin 11 août.

Je la reçois, ma chère enfant, cette lettre du 4; elle est d'une assez jolie taille. Laissez-nous aimer et admirer vos lettres; votre style est un fleuve qui coule doucement, et qui fait détester tous les autres. Ce n'est pas à vous d'en juger, vous n'en avez pas le plaisir, vous ne le lisez pas; nous les lisons et les relisons, et nous ne sommes pas de très mauvais juges; quand je dis nous, c'est Corbinelli, le baron et moi. Je reprends, ma fille, les derniers mots de votre lettre, ils sont assommants : « Vous ne sauriez plus rien faire de mal, car vous ne « m'avez plus; j'étois le désordre de votre esprit, de « votre santé, de votre maison; je ne vaux rien du tout « pour vous. » Quelles paroles! comment les peut-on penser? et comment les peut-on lire? Vous dites bien pis que tout ce qui m'a tant déplu, et qu'on avoit la cruauté de me dire quand vous partîtes. Il me paroissoit que tous ces gens-là avoient parié à qui se déferoit de moi le plus promptement. Vous continuez sur le même ton : je me moquois d'eux quand je croyois que vous étiez pour moi; à cette heure, je vois bien que vous êtes du complot. Je n'ai rien à vous répondre que ce que vous me disiez l'autre jour : « Quand la vie et les arran- « gements sont tournés d'une certaine façon, qu'elle « passe donc cette vie tant qu'elle voudra; » et même le plus vite qu'elle pourra; voilà ce que vous me réduisez à souhaiter avec votre chienne de Provence. Je ferai réponse vendredi au reste de votre lettre.

592. *

A la même.

A Paris, vendredi 13 août 1677.

Je ne veux plus parler du chagrin que vous m'avez donné, en me disant que vous ne me causiez que des inquiétudes et des douleurs par votre présence : voudroit-on être capable de ne les avoir pas quand on aime aussi véritablement que je vous aime? c'est une belle idée, et bien ressemblante aux sentiments que j'ai pour vous! Je dirois beaucoup de choses sur ce sujet, que je coupe court par mille raisons ; mais pour y penser souvent, c'est de quoi je ne vous demanderai pas congé.

Mon fils partit hier; il est fort loué de cette petite équipée; tel l'en blâme, qui l'auroit accablé, s'il n'étoit point parti : c'est dans ces occasions que le monde est plaisant. Il est plus aisé de se justifier d'être allé à cette échauffourée, que d'être demeuré ici seul et tranquille : pour moi, j'ai fort approuvé son dessein, je l'avoue : vous voyez que je laisse assez bien partir mes enfants.

Il y a long-temps que je suis de votre avis pour préférer les mauvaises compagnies aux bonnes : quelle tristesse de se séparer de ce qui est bon! et quelle joie de voir partir une troupe de Provençaux tels que vous me les nommez! Ne vous souvient-il point de la couvée de Fouesnel, et comme nous tirions agréablement le jour et le moment de leur bienheureuse sortie? Nous nous mettions à couleur dès la veille, et nous trouvions que nous avions le plus beau jeu du monde le lendemain. Soutenons donc, ma fille, que rien n'est si bon dans les châteaux qu'une chienne de compagnie, et rien de si mauvais qu'une bonne. Si l'on veut l'explication de cette énigme, qu'on vienne parler à nous".

Je pars lundi pour aller voir notre ami Guitaud; je souhaite qu'il me mette au rang de ces compagnies que l'on craint : pour moi, je le trouve en tout temps digne d'être évité. Sa femme accouche ici, elle en est au désespoir: elle s'y trouve engagée par un procès. Le bon abbé vient avec moi : je ne suis pas fort gaie, comme vous pouvez penser; mais qu'importe?

On tient le siège de Charleroi tout assuré; s'il y a quelque nouvelle entre ci et minuit, je vous la manderai. M. de Lavardin, et tous ceux qui n'ont point de place à l'armée, sont partis pour y aller; c'est une folie. Pour moi, j'espère toujours que ces grandes montagnes n'enfanteront que des souris; Dieu le veuille.

Le voyage de la Bagnols est assuré; vous serez témoin de ses langueurs, de ses rêveries, qui sont des applications à rêver : elle se redresse comme en sursaut, et madame de Coulanges lui dit: *Ma pauvre sœur, vous ne rêvez point du tout.* Pour son style, il m'est insupportable, et me jette dans des grossièretés, de peur

* *Voyez* la lettre du 28 juin 1671, tome II, page 94.

d'être comme elle. Elle me fait renoncer à la délicatesse, à la finesse, à la politesse, de crainte de donner dans les tours de passe-passe, comme vous dites : cela est triste de devenir une paysanne. *On sent qu'on seroit digne de ne pas vous déplaire, par l'envie qu'on en a;* et cent autres babioles que je sais quelquefois par cœur, et que j'oublie tout d'un coup. Nous appelons cela des *chiens du Bassan;* ils sont enragés à force d'être devenus méchants.

Adieu, ma très chère enfant; ne vous faites aucun *dragon,* si vous ne voulez m'en faire mille; n'est-ce pas déjà trop de m'avoir dit, que *vous ne valez rien pour moi*? quel discours! ah! qu'est-ce qui m'est donc bon? et à quoi puis-je être bonne sans vous? bonjour, M. le Comte.

593.

A la même.

A Paris, dimanche au soir 15 août 1677.

Je n'eusse jamais cru, ma fille, qu'un jour visé de si loin pût être tiré si juste : voilà pourtant ce seizième que nous avons suivi depuis deux mois. Je pars demain à la pointe du jour avec le bon abbé; nous ne

¹ *Voyez* la lettre précédente, plus haut, page 183.

sommes pas bien réjouis; mais on porte des livres; et comme nous n'irons pas si vite que la diligence, nous pourrons rêver aux pauvres personnes que nous aimons. Il y eut hier une fausse nouvelle répandue, que le siége de Charleroi étoit levé : tout le monde le prend pour un augure, tant on a mauvaise opinion de nos ennemis : cette pensée m'est bonne, afin de ne pas emporter avec moi l'inquiétude d'une bataille. Mon fils a déjà écrit deux fois; son pied s'est trouvé mal de l'agitation de la chaise. Vous me proposez une belle-fille, dont la santé pourroit résister à de plus grandes fatigues; elle ressemble tout-à-fait à la belle *Dulcinée* : je crois que nous ne pouvons atteindre qu'à cette sorte de partis; tous les autres nous fuient; je vois dans les astres que nous ne sommes point heureux.

Vous me paroissez accablée de vos *Madames* de Montélimart. Hé, mon Dieu, que ne suis-je là pour écumer votre chambre, et vous donner le temps de respirer. Je vous vois succomber sous le faix; ce sont des nœuds mal assortis que ceux d'une telle société; ah! qu'on vous laisse avec votre aimable famille, la voilà toute rassemblée. Plût à Dieu que le *bien bon* pût être tenté d'y aller voir M. l'archevêque! Faites que ce prélat lui en écrive à Vichi; que sait-on? Pour moi, je ne lui dirai rien, car je connois l'opposition qu'il feroit à mes prières, il faut aller tout à contre-pied de ce qu'on veut lui inspirer, et ce seroit le chemin, s'il y en avoit un.

A Monsieur DE GRIGNAN.

Monsieur le Comte, vous ne sauriez avoir tant d'envie de me voir à Grignan, que j'en aurois de vous y embrasser. Au nom de Dieu, ne m'imputez point la barbarie que nous allons faire; elle me fait mal et me presse le cœur; croyez que je ne souhaite rien avec tant de passion; mais je suis attachée au bon abbé, qui trouve tant de méchantes raisons pour ne pas faire ce voyage, que je n'espère pas de le voir changer.

A Madame DE GRIGNAN.

J'ai dîné avec le coadjuteur; il se plaint de la cruauté de l'abbé qui l'a laissé seul à Paris; le *pauvre homme!* sans amis, sans connoissances, sans maisons, ne sachant où donner de la tête; nous avons mené assez follement cette plainte. J'ai vu madame de Vins, qui vous aime assurément; elle étoit ici ce soir avec l'abbé Arnauld[a]; j'ai résisté à la prière qu'on m'a faite de laisser votre portrait, pour être copié chez eux: cette pensée me blesse d'une telle sorte, que je ne puis la souffrir à Vichi: à mon retour, si j'ai plus de force pour supporter cette tribulation, j'y consentirai. Songez à votre santé, si vous aimez la mienne; elle est si bonne, que, sans vous, je ne penserois pas à faire le voyage de Vichi: il est difficile de porter son imagination dans l'avenir,

[a] L'abbé de Chaumes, frère aîné de M. de Pomponne.

quand on est sans aucune sorte d'incommodité ; mais enfin vous le voulez, et voilà qui est fait. Madame de Coulanges m'a menée ces derniers jours ; elle s'est toute dérangée pour moi ; elle n'a songé qu'à moi. Tout de bon, elle a très bien fait.

594.*

A la même.

A Villeneuve-le-Roi, mercredi 18 août 1677.

Hé bien, ma fille, êtes-vous contente? me voilà en chemin, comme vous voyez. Je partis lundi, et il étoit question ce jour-là d'une nouvelle qui étoit encore dans la nue. J'avois une grande impatience de savoir si on ne s'étoit point battu, car on nous avoit ôté entièrement la levée du siège de Charleroi, qui s'étoit faussement répandue, on ne sait comment. Je priai donc M. de Coulanges de m'envoyer à Melun, où j'allois coucher, ce qu'il apprendroit de madame de Louvois. En effet, je vis arriver un laquais, qui m'apprit que le siége de Charleroi étoit levé tout de bon, et qu'il avoit vu le billet que M. de Louvois écrit à sa femme ; en sorte que je pouvois continuer mon voyage tranquillement : il est vrai que c'est un grand plaisir de n'avoir plus à digérer les inquiétudes de la guerre. Que dites-vous du bon prince d'Orange? Ne diriez-vous point qu'il ne songe

qu'à rendre mes eaux salutaires, et à faire trouver [nos]
lettres ridicules, comme il y a quatre ans, lorsque n[ous]
faisions des raisonnements sur un avenir qui n'é[toit]
point? Il ne nous attrapera pas une troisième fois.

Je reprends donc mon voyage, où je marche sur [vos]
pas: j'eus le cœur un peu embarrassé à Villeneuve-Sa[int-]
Georges, en revoyant ce lieu où nous pleurâmes d[e]
bon cœur" : l'hôtesse me paroît une personne de bo[nne]
conversation; je lui demandai fort comme vous étie[z la]
dernière fois; elle me dit que vous étiez triste, que v[ous]
étiez maigre, et que M. de Grignan tâchoit de v[ous]
donner courage, et de vous faire manger : voilà com[me]
j'ai cru que cela étoit. Elle me dit qu'elle entroit [bien]
dans nos sentiments; qu'elle avoit marié aussi sa f[ille]
loin d'elle, et que le jour de leur séparation, elles
meurirent toutes deux pâmées; je crus qu'elle étoit [du]
le moins à Lyon. Je lui demandai pourquoi elle l'a[voit]
envoyée si loin; elle me dit que c'est qu'elle avoit tr[ouvé]
un bon parti, un honnête homme, *Dieu merci*. J[e la]
priai de me dire le nom de la ville : elle me dit qu[e c'é-]
toit à Paris, qu'il étoit boucher, logeant vis-à-vi[s du]
palais Mazarin, et qu'il avoit l'honneur de servir M[. du]
Maine, madame de Montespan, et le roi fort souv[ent.]
Je vous laisse méditer sur la justesse de la comparai[son,]
et sur la naïveté de la bonne hôtesse. J'entrai dan[s sa]
douleur, comme elle étoit entrée dans la mienne[.]

* Madame de Sévigné avoit été à Villeneuve-Saint-Georges [au-]
devant de sa fille, le 22 décembre 1676. (*Voyez* la lettre 563, [tome IV]
de ce volume.)

j'ai toujours marché depuis par le plus beau temps, le plus beau pays et le plus beau chemin du monde. Vous me disiez qu'il étoit d'hiver quand vous y passâtes; il est devenu d'été, et d'un été le plus tempéré qu'on puisse imaginer. Je demande par-tout de vos nouvelles, et l'on m'en dit par-tout; si je n'en avois point reçu depuis, je serois un peu en peine, car je vous trouve maigre; mais je me flatte que la princesse Olympie aura fait place à la princesse Cléopâtre. Le bon abbé a des soins de moi incroyables; il s'est engagé dans des complaisances, des douceurs, des bontés, des facilités dont il me paroît que vous devez lui tenir compte, ayant envie, dit-il, de vous plaire en me conduisant si bien: je lui ai promis de ne vous rien laisser ignorer là-dessus.

Nous lisons une histoire des Empereurs d'Orient, écrite par une jeune princesse, fille de l'empereur Alexis[a]. Cette histoire est divertissante, mais c'est sans préjudice de Lucien que je continue: je n'en avois jamais vu que trois ou quatre pièces célèbres; les autres sont tout aussi belles. Mais ce que je mets encore au-

[a] La princesse Anne Comnène vivoit au commencement du XIIe siècle; elle cultiva les lettres, et y réussit autant que la décadence du goût le permettoit. Elle a fait le *panégyrique* plutôt que l'*histoire* de son père. Il faut la lire avec une extrême précaution, et se défier autant du blâme que de l'éloge. Le laborieux président Cousin a donné une traduction abrégée de son *Alexiade*, dans sa *Version par extraits des auteurs de l'Histoire bizantine*, publiée en 8 volumes in-4°, depuis 1672 jusqu'à 1674. C'est l'ouvrage que madame de Sévigné lisoit.

dessus, ce sont vos lettres : ce n'est point parceque je vous aime : demandez à ceux qui sont auprès de vous. M. le comte, répondez; M. de La Garde, M. l'abbé, n'est-il pas vrai que personne n'écrit comme elle? Je me divertis donc de deux ou trois que j'ai apportées ; vraiment ce que vous dites d'une certaine femme*a* est digne de l'impression. Au reste, je ne m'en dédis point; j'ai vu passer la diligence; je suis plus persuadée que jamais qu'on ne peut point languir dans une telle voiture; et pour une rêverie de suite, hélas! il vient un cahot qui vous culbute, et l'on ne sait plus où l'on en est. A propos, la B.........*b* s'est signalée en cruauté et barbarie sur la mort de sa mère[1]; c'étoit elle qui devoit pleurer par son seul intérêt; elle est généreuse autant que dénaturée; elle a scandalisé tout le monde; elle causoit et lavoit ses dents pendant que la pauvre femme rendoit l'ame. Je vous entends crier d'ici. Ah, ma fille! que vous êtes bien dans l'autre extrémité! J'ai médité sur cette mort. Madame de Guénégaud avoit fait un grand rôle, la fortune de bien des gens, la joie et le plaisir de bien d'autres; elle avoit eu part à de grandes affaires; elle avoit eu la confiance de deux ministres (*M. de Chavigni, M. Fouquet*), dont elle avoit honoré le bon goût. Elle avoit un grand esprit, de grandes vues, un grand

---

a Cette *certaine femme* étoit la jeune dame de Bagnols, sœur de madame de Coulanges, qui contrefaisoit une vive passion pour le baron de Sévigné. (*Voyez* les lettres 578, 585 et 592.)

b Élisabeth-Angélique du Plessis-Guénégaud, veuve de François, comte de Boufflers.

[1] Madame de Guénégaud. (*Voyez* ci-dessus, la lettre du 10 août.)

art de posséder noblement une grande fortune; elle n'a point su en supporter la perte*a* : sa déroute avoit aigri son esprit; elle étoit irritée de son malheur; cela se répandoit sur tout, et servoit peut-être de prétexte au refroidissement de ses amis. En cela toute contraire au pauvre M. Fouquet, qui étoit ivre de sa faveur, et qui a soutenu héroïquement sa disgrace : cette comparaison m'a toujours frappée. Voilà les réflexions de Villeneuve-le-Roi; vous jugez bien qu'on n'en auroit pas le loisir, à moins que d'être paisiblement dans son carrosse. J'y ajoute que le monde est un peu trop tôt consolé de la perte d'une telle personne, qui avoit bien plus de bonnes qualités que de mauvaises.

À Joigny, mercredi au soir.

Nous sommes venus courant la bague depuis la dînée; le beau pays, et la jolie petite terre! elle n'est pourtant pas plus affermée que vingt mille écus depuis la misère du temps : elle alloit autrefois plus haut. Ma fille, il ne s'en faut qu'une tête qu'elle ne soit à vous*b*;

---

a M. du Plessis-Guénégaud son mari, ancien secrétaire d'état, mort le 16 mars 1676, avoit perdu la plus grande partie de sa fortune, par les décisions de la chambre de justice que Colbert avoit fait établir.

b Le comté de Joigny étoit anciennement dans la maison de Laval; il fut acquis le 15 décembre 1603 par le cardinal Pierre de Gondy, qui, par le contrat de mariage de Philippe-Emmanuel de Gondy son neveu, lui en donna la nue propriété le 11 juin 1604. Le père de la duchesse de Lesdiguières avoit hérité de ce comté, et s'il n'ace seroit un beau coup de dé. On me dit que la poste pour Lyon ne passe ici que par mille détours, ce n'est pas la grande route; on écrit aisément de Paris, et ce n'est pas de même pour Lyon. J'espère demain de vos nouvelles à Auxerre, vous avez bien disposé leur marche. Écrivez à M. *Roujoux*, maître de la poste de Lyon, que vous le priez d'avoir soin de me faire tenir vos paquets à Vichi; je viens de lui écrire, car il n'y a que de Paris que les lettres aillent droit à Montélimart, il faut de par-tout ailleurs les adresser à Lyon. Comment vous portez-vous? dormez-vous toujours? n'engraissez-vous point un peu? M. le Comte, vous ne dites pas un mot de ma fille; votre plume a-t-elle bien voulu oublier cet article? Parlez-moi donc de votre musique; votre femme

voit pas laissé cet enfant, son immense fortune auroit été dévolue au cardinal de Retz. Celui-ci avoit témoigné l'intention d'instituer sa *chère nièce* sa légataire universelle. (*Voyez* la lettre 372, tome III, page 312.) Mais madame de Grignan ne vouloit rien recevoir du cardinal, et l'aversion qu'elle avoit pour lui, étoit même devenue une sorte de haine. « C'est dans cette pensée, écrivoit madame de « Sévigné, que j'ai eu toutes les conversations avec son éminence, « qui ont toujours roulé sur dire que vous avez de l'aversion pour « lui. Il est très sensible à la perte de la place qu'il croit avoir eue « dans votre amitié : il ne sait pourquoi il l'a perdue. Il croit de-« voir être le premier de vos amis, il croit être des derniers...... Je « crois avoir dit et ménagé tout ce que l'amitié que j'ai pour vous, « et l'envie de conserver un ami si bon et si utile, pouvoit m'inspi-« rer, contestant ce qu'il falloit contester, ne lâchant jamais que « vous eussiez de *l'horreur* pour lui, soutenant que vous aviez un « fonds d'estime, d'amitié et de reconnoissance qu'il retrouveroit, « s'il prenoit d'autres manières. » (*Lettre* IV de la collection de M. le marquis Garnier.)

fait la délicate et la connoisseuse; il me semble qu'elle auroit quelque légère disposition à ne la pas admirer. Je vous conseille de ne plus penser à Arnoux; il a bien d'autres vues qu'un canonicat à Grignan. Il est jeune, il gagne beaucoup, il gagnera encore plus; il aspire à être de la musique de la chapelle. Faites comme moi, mon cher Comte : quand je vois qu'on ne me veut point, il me prend aussitôt une envie toute pareille de ne m'en point soucier, et cela se rencontre le plus heureusement du monde. Je soupai l'autre jour chez la marquise d'Uxelles; j'y trouvai Rouville, qui me parla de vous si sérieusement, et avec tant d'estime et de respect, que je crois qu'il va mourir. J'ai bien d'autres souvenirs à vous dire des Saint-Géran, des Vins, etc. Enfin de quoi remplir ce nombre que vous voulez augmenter, à ce qu'on m'a dit, à cause du dénuement où vous vous trouvâtes l'autre jour à Aix.

Je reviens à vous, ma fille; je m'ennuie de n'avoir point de vos nouvelles : si je n'en ai point demain, je serai bien fâchée. J'espère que vous me manderez si j'ai bien deviné ce cœur déserteur, que vous ne voulez plus compter sur vos doigts.

A Auxerre, jeudi à midi.

Nous voilà arrivés par une assez grande chaleur. Nous avons vu le château de Seignelai[b] en passant, nous y

---

[a] *Voyez* la lettre 582, page 140 de ce volume.
[b] Il étoit alors à M. de Colbert, marquis de Seignelai, et, en 1789, il appartenoit au duc de Montmorency; il a été détruit pendant la révolution.

avons donné notre bénédiction, et nous sommes persuadés qu'il prospérera. Mais nous avons eu le malheur de ne point loger où vous avez logé. Nous sommes mal; nous avons suivi une vieille routine. J'ai envoyé à la poste pour savoir s'il n'y avoit point de paquet pour moi; le maître n'y étoit pas; je l'attends : la maîtresse a dit qu'elle avoit logé madame la comtesse de Grignan; qu'elle étoit un peu maigre quand elle a passé; qu'il étoit vendredi; qu'on lui mit le pot au feu; que M. le comte ne mangea que des fraises : me voilà en même temps au désespoir d'être logée ici où je trouve tout mauvais, d'autant plus que nous y passerons le reste du jour pour laisser un peu reposer nos chevaux. Nous pourrons demain gagner Époisses, où M. de Guitaud nous attend avec une très bonne amitié. Je suis fâchée de n'y point trouver sa femme; elle a bien du bon esprit; elle n'est pas de celles dont on est embarrassé : elle est demeurée pour un procès; et ce procès l'a jetée si avant dans son neuf, qu'elle a fait venir sa sage-femme d'ici pour l'accoucher au milieu de Paris : on ne peut pas faire plus d'honneur à l'habitude. Adieu, ma très chère, je n'ai point de vos lettres; il faut attendre jusqu'à Époisses : je fais mille compliments au bon abbé et à M. de La Garde; dites à l'abbé que je me mêle de le prier de bien faire auprès de M. l'archevêque : eh, mon Dieu! peut-on trop prendre sur soi pour un si bon et si digne patriarche? Je suis à vous, ma très chère, et on ne me fera jamais entendre qu'il me soit bon de n'être point avec vous : je ne croyois pas qu'on pût vous persuader cette ridicule opinion : mais vous m'en avez écrit des lignes¹ que je ne puis oublier. Nous serons donc bien à plaindre, vous et moi, quand vos affaires vous obligeront de me revoir.

~~~~~~

595. **

Du Comte DE BUSSY *à Madame* DE SÉVIGNÉ.

A Chaseu, ce 20 août 1677.

Je ne fais que d'arriver du comté de Bourgogne avec la veuve que vous aimez, Madame, et c'est pourquoi je ne fais que de recevoir votre lettre du 30 juillet".

Mon fils m'écrit de Lille que le maréchal d'Humières n'en sortant point, il lui a demandé congé pour aller trouver M. de Luxembourg à Ath, qui marchoit aux ennemis pour faire lever le siège de Charleroi, ou pour les combattre. Dieu le conduise!

Je suis fort aise que M. de Sévigné soit sous-lieutenant des gendarmes-dauphin. La charge est jolie, et très jolie pour un homme de son âge. Vous voyez qu'avec de la patience, il n'y a guère d'affaires au monde dont on ne vienne à bout. Je vous écris fort chagrin de ne pouvoir vous aller trouver à Époisses. Ma fille de Chaseu est assez mal depuis quinze jours, ce qui m'a obligé

---

¹ *Voyez* la lettre du 11 août, plus haut, page 183.
" *Voyez* la lettre 587.

de la ramener en litière; et le cocher de ma fille s'est cassé le bras. Mais si vous vouliez entendre raison, tout cela n'empêcheroit pas que nous ne vous vissions. Le chemin d'Époisses à Vichi par Nevers est beaucoup plus méchant, et aussi long pour le moins que par ce pays-ci. Nous vous donnerons des relais, Toulongeon, Jeannin et moi. Venez, Madame; je suis assuré que le bon abbé sera de mon avis. Vous séjournerez ici un jour; si vous êtes pressée, vous n'y coucherez qu'une nuit, et le lendemain nous irons à Montjeu. De là vous vous embarquerez pour Vichi. Si vous ne connoissiez la situation de Montjeu*, je me serois servi d'un autre mot que d'*embarquer*, de peur que vous ne le prissiez pour un port de mer; mais vous entendez les figures. Mandez-moi le jour que vous vous trouverez à Lucenay; car nous irons au-devant de vous jusque-là. Ma foi, vous ne sauriez mieux faire; et ne vous allez pas mettre dans la tête que ce seroit une légèreté de changer de résolution : le sage change selon les occurrences.

Depuis ma lettre écrite, je viens d'apprendre la levée du siège de Charleroi. Il faut dire la vérité, voici de longues prospérités : mais je remarque que Dieu n'a pas seulement fait le roi le plus grand roi du monde par sa conduite; il l'a encore fait tel par son étoile; et les princes qui sont ses ennemis, les plus indignes princes de la terre.

* Montjeu est situé sur une montagne très élevée. Madame de Sévigné y étoit venue en 1656, et elle y passa, au mois de juillet 1672, en allant à Grignan (*Voyez* la lettre 276, tome III, page 38.)

A Monsieur DE CORBINELLI.

Vous avez raison, Monsieur, de dire qu'on ne fait presque rien de tout ce qu'on veut faire, c'est-à-dire de considérable; le destin a pris cela pour son partage, et nous a laissé les bagatelles. Il n'y a que le roi d'excepté de la règle générale. La Fortune, qui depuis la naissance du monde avoit toujours affecté de traverser le mérite, a pris enfin parti pour Sa Majesté. Jamais prince n'a été si long-temps sage et heureux; il y a seize ans que ses prospérités accompagnent sa vertu. Je voudrois bien savoir ce que lui diroit Voiture, qui étoit, disoit-il à M. le prince, épuisé sur les louanges, pour quatre ou cinq campagnes heureuses. Il faut ou redire les mêmes choses, ou se taire sur les belles actions du roi. Il en fait plus de nouvelles tous les jours qu'il n'y a de tours différents dans notre langue pour les louer dignement. Ce que vous me dites pourtant de lui me paroît nouveau et admirable; mais vous avez beau avoir de l'esprit, avant la fin de 1678, il vous mettra à sec, sur ma parole[a]. Quand je priai le duc de Saint-Aignan, en 1664, de lui dire qu'en attendant que je pusse recommencer à le servir dans la guerre, je suppliois Sa Majesté de trouver bon que j'écrivisse son histoire, il me fit répondre qu'il n'avoit pas encore assez fait pour cela,

[a] Boileau exprime la même pensée dans ces vers de la VIIIe épître :

Souvent ce qu'un seul jour te voit exécuter,
Nous laisse pour lui un an d'actions à conter.

mais qu'il espéroit me donner un jour de la matière. Il m'a bien tenu parole, et je voudrois lui pouvoir tenir aussi bien la mienne, mais j'y ferai toujours de mon mieux...

Adieu; madame de Coligny vous rend mille graces de toute l'estime que vous avez pour elle, et de toute votre amitié; il n'y en a point qu'elle estime davantage.

596.

De Madame DE SÉVIGNÉ *à Madame* DE GRIGNAN.

A Époisses, samedi 21 août 1677.

Nous arrivâmes ici hier au soir à deux heures de nuit: nous pensâmes verser mille fois dans des ravines, que nous eussions fort aisément évitées, si nous eussions eu seulement la lumière d'une petite bougie; mais c'est une belle chose que de ne voir ni ciel ni terre. Enfin nous envoyâmes ici au secours; nous y arrivâmes comme le maître du château (*M. de Guitaud*) alloit se mettre au lit. Vous savez qu'on ne demeure jamais; et ce qui vous surprendra, c'est que je n'avois point de peur; ce fut la bonne tête de l'abbé qui voulut faire ces quatorze lieues d'Auxerre ici, qui ne se font pas ordinairement. J'étois levée dès trois heures; de sorte que je me suis reposée avec un grand plaisir dans cette belle maison, où nous regrettions de n'avoir point la maîtresse du logis. Vous connoissez le maître, et le bon air, et le bon esprit qu'il a pour ceux qu'il aime un peu ; il m'assure que je suis de ce nombre, et je le crois par l'amitié qu'il a pour vous ; il me sait si bon gré de vous avoir mise au monde, qu'il ne sait quelle chère me faire. Nos conversations sont infinies ; il aime à causer ; et quand on me met en train, je ne fais pas trop mal aussi ; de sorte qu'on ne peut pas être mieux ensemble que nous y sommes. Si les oreilles vous tintent, ne croyez pas que ce soit une vapeur, c'est que nous parlons fort de vous. J'espérois trouver ici une de vos lettres ; j'avois déjà été trompée à Auxerre ; huit ou neuf jours sans entendre un mot de vous me paroissent bien longs : j'en suis un peu triste. Je compte recevoir de vos nouvelles avant que de fermer cette lettre ; c'est une chose bien essentielle à mon cœur que de vous aimer et de penser à vous. Nous avons déjà commencé à gronder de nos huit mille francs de réparations, et de ce qu'on a vendu mon blé trois jours avant qu'il soit enchéri : cette petite précipitation me coûte plus de deux mille francs ; mais je ne m'en soucie point du tout ; voilà où la Providence triomphe : quand il n'y a point de ma faute, je me console tout aussitôt. Je vous ai envoyé un gros paquet d'Auxerre ; je l'avois écrit de deux ou trois endroits. Je n'ai trouvé ici que les mêmes nouvelles que je reçus à Melun, c'est-à-dire, la levée du siège de Charleroi. Nos bons ennemis ne songent qu'à ne point troubler ma tranquillité ; aussi je les aime tendrement.

597.

A la même.

A Époisses, mercredi matin 25 août 1677.

C'est encore ici, ma très chère, que j'ai reçu votre lettre du 11; je l'attendois avec impatience : je ne suis pas accoutumée à de tels retardements, c'est le chagrin de mon voyage, de me voir ainsi dérangée. M. de Guitaud me persuade fort qu'il est aise que je sois ici : tous nos gens sont à Bourbilly : le fermier nous y donna hier à tous un fort grand dîner, M. de Guitaud, M. de Trichâteau[a], cela paroissoit beaucoup dans cette horrible maison. Je serai encore ici jusqu'à dimanche, et vous écrirai encore une fois. Il y a dans cette maison une grande liberté; j'y lis; j'y travaille, je me promène; nous causons fort agréablement le maître du logis et moi : je ne sais quel pays nous ne battons point : il me conte mille choses de Provence, de vous, de l'intendant, de Vardes, que je ne savois pas. Il me paroît fort occupé de son salut; il se sert de bons maîtres pour se conduire; il est possédé de l'envie de payer ses dettes, et de n'en point faire de nouvelles : c'est le premier pas

---

[a] Erard du Châtelet, marquis de Trichâteau, gouverneur de Sémur, grand-bailli d'Auxois, mort en 1684.

que l'on fait dans ce chemin, quand on sait sa religion. Il ne laisse pas d'être encore de fort bonne compagnie; mais cela passera; car la charité du prochain commence déja à lui couper des paroles par la moitié. Il vous aime, il vous estime au-dessus de tout; et je m'assure que ce n'est point lui qui a déserté; vous ne voulez donc pas me dire qui c'est[a]? Croyez-vous que je le dirois, si vous m'aviez priée sérieusement de ne le pas faire? Hé bien, ma belle, je ne vous en parlerai plus.

Vous me contez une chose terrible de l'embrasement de cette galère; hélas! ce pauvre Sainte-Mesmes[b], il me semble que je le vois. Mais d'où vient que vous ne trouvez pas aussi extraordinaire ce que nous vous mandons du prince d'Orange? il assiége Charleroi : il voit notre armée; il en est tellement surpris, qu'il décampe au même instant, et s'en va vers Maestricht. Il fut surpris, comme s'il n'avoit pas ouï dire qu'il y eût une armée françoise en Flandre: on assure qu'il nous a fait grand plaisir, car il étoit si bien posté, que nous avions bien de la peine à trouver notre place : voilà la seconde fois qu'il nous tire de cet embarras[1]; vous savez que je l'avois deviné. Tous nos volontaires sont revenus: pensez vous que cette nouvelle ne valût pas son prix dans la gazette de Hollande, si elle osoit nous en parler sincèrement? Je n'ai point de nouvelles de mon fils; je ne crois pas qu'il soit revenu; il aura sans doute continué

---

[a] *Voyez* la lettre 589, plus haut, page 174 de ce volume.
[b] Anne-Alexandre de l'Hospital, marquis de Sainte-Mesmes.
[1] Le premier siége de Charleroi fut levé en décembre 1672.

son chemin, et aura bien fait : il n'étoit pas possible qu'il demeurât à Paris; il faudroit pour cela qu'il eût pris la figure et la conduite d'un homme blessé; et je vous ai dit qu'il ressembloit comme deux gouttes d'eau à un petit homme qui se portoit parfaitement bien. Le public est impitoyable sur la réputation des guerriers.

598. *

A la même.

A Époisses, jeudi 26 août 1677.

Je reçois encore une de vos lettres, ma très belle et très chère, et peut-être que j'en aurai encore une avant que je parte : car ce ne sera que dimanche, et je ne fais aujourd'hui que ballotter, en attendant le départ du courrier. J'aurai fait ici une petite pause de dix jours : c'est une visite honnête. Je me connois en sincérité : je répondrois de celle qui est dans le cœur du maître de cette maison. Quoi qu'il en soit, il s'attrape lui-même, si ce qu'il me dit de son amitié et du plaisir qu'il a de me voir ici, n'est pas véritable. Je sens que je ne l'incommode point : la liberté qui se trouve ici répond de tout ce que je dis; nous devidons beaucoup de chapitres, et de tout pays nous revenons à vous : c'est un penchant si doux, qu'on y tombe sans peine. Je suis en parfaite santé : ne me dites point que vous n'avez pas sur moi un pouvoir despotique, et que le serein vous résiste : il est vrai que c'est mon ancien ami, et que j'ai peine à rompre tout-à-fait avec lui. Mais pour le voyage de Vichi, par exemple, il est entièrement *despotique*, et si ce n'étoit que vous croyez que ces eaux me sont salutaires, et que votre amitié vous fait voir dans l'avenir ce que ma santé présente m'empêche d'y voir, je vous déclare que je n'irois point du tout; mais je fais ce voyage agréablement, dans la pensée de rassurer votre imagination pour jamais; et cette seule raison est meilleure que nulle autre que l'on y puisse mêler.

Vous me représentez fort bien votre coup de tonnerre; j'avois quelquefois entendu parler des effets surprenants du tonnerre : mais je n'y crois pas tant qu'à ce que vous m'en dites. Cette petite fille toute morte, sans qu'il y paroisse, comme si c'étoit avec de la poudre de *sympathie*[a], est une chose bien étonnante. Je comprends bien que vous ayez eu la curiosité de la voir; j'aurois bien été de cette partie; j'aime toutes les choses extraordinaires; celle-là l'est beaucoup; ce n'est point comme on a accoutumé de mourir. Vos tonnerres sont bons à Grignan; ils ont un éclat et une majesté au-dessus de tous les autres. Lucien n'auroit pas osé appeler cette foudre un vain épouvantail de chenevière; c'est un Jupiter tonnant, comme du temps de Sémélé[1] : nous

---

[a] On prétendoit qu'avec cette poudre on guérissoit les plaies les plus dangereuses, sans voir le malade, et sans en faire d'application à sa personne. (*Voyez* la note de la lettre du 28 janvier 1685.)

[1] On sait de quelle manière périt Sémélé, mère de Bacchus.

n'avons rien eu de si considérable dans ces pays-ci. Nous y sentons avec incommodité une de vos prophéties; c'est-à-dire, que les puces sont noires pour la plupart, et en si grande quantité qu'on ne sait où se mettre. J'étois résolue de m'en plaindre à vous : si vous trouvez quelque remède ensuite de l'almanach, vous me ferez un grand plaisir de me l'apprendre.

Vous trouverez que Don Quichotte est fort bon : j'aime en plusieurs occasions le vieux langage; et si on l'avoit ôté de cinq ou six livres que je vous dirois bien, on en auroit ôté toute la grace, et je n'en voudrois plus : mais je ne m'étois point assez affectionnée à celui de Don Quichotte, pour n'avoir pas pris beaucoup de plaisir à la traduction. Si cette lecture vous divertit, je vous exhorte à la continuer, sans préjudice de *la colère d'Achille*[1] où vous êtes engagée. Je suis fort de votre avis pour la préférence *des Fables* sur *le Poëme épique*; la moralité s'en présente bien plus vite et plus agréablement; on ne va point chercher midi à quatorze heures : cela soit dit pourtant sans offenser le Tasse, que je ne puis oublier, sans être une ingrate.

Corbinelli me mande qu'il croit que M. de Vardes viendra à Bourbon, où il lui mènera sa fille, et que je le ramènerai avec cette belle à Paris : cette vision est assez divertissante. Si Vardes passe à Grignan, comme il me le mande, mettez-lui dans la tête de venir à Vichi; il n'y a guère que les eaux de la Seine qu'il dût préférer à celles-là. Mais de choisir les eaux de Bourbon, parce-

---

[1] Madame de Grignan lisoit alors l'*Iliade* d'Homère.

qu'elles sont un peu plus près du but, c'est une folie. Que vous êtes heureuse d'avoir ces nouveaux venus! qu'ils sont bons chacun en leur espèce! que je les aime, et que vous me feriez un grand plaisir de les en assurer! Faites-en bien votre profit, ma fille, ce sont des sources où l'on peut puiser tout ce que l'on veut.

Madame de Coulanges m'a écrit une lettre toute pleine d'amitié et de nouvelles, c'est-à-dire, les nonchalances adorables du prince d'Orange, le mariage de la nièce de madame de Schomberg, et la description plaisante qu'elle fait des vilaines vilenies de cette noce, dont la mariée avoit pensé mourir. Elle dit que le voyage de Fontainebleau est assuré: elle parle de la meilleure santé de madame de La Fayette: tout cela saucé dans mille douceurs, point de tortillages: sa lettre est, en vérité, fort bonne à recevoir. Quoique je n'aie personne sur mon épaule, je ne vous dirai rien de fort secret des pays que vous savez[a]: ce sont de certaines petites choses qui n'ont point de prise, et qui n'ont quasi pas la force d'être transportées: M. de La Garde vous en instruira; en voici une qui réjouira M. l'archevêque.

Le bel abbé se souvient bien de cette lettre que quelques évêques écrivoient au pape contre certains relâchements[b]. Il vous contera que ce fut un crime, et que ce monstre fut étouffé dans sa naissance par MM. les agents qui coururent par-tout. Je ne sais quel esprit follet ou sage l'a fait savoir au pape (*Innocent XI*). Il a écrit

[a] De la cour.
[b] Voyez la lettre 573, page 99 de ce volume.

à Sa Majesté, « qu'il étoit d'autant plus surpris de la « suppression de cette lettre, que les rois n'ont point « accoutumé d'empêcher ces sortes de commerces entre « les enfants et le père commun; qu'il ne croit pas que « cette pensée soit venue d'un prince dont la piété lui « est connue; mais que ceux qui lui ont donné ce conseil, « en ont ignoré les conséquences. » Il a chargé de ce bref les trois cardinaux de Bouillon, d'Estrées, de Bonzy. Si cette nouvelle est comme on nous la mande, elle en vaut bien une autre. N'admirez-vous point que tout est crime à nos pauvres frères? Quand ils n'ont point consulté le pape, ils étoient schismatiques; quand ils lui font des plaintes des *opinions probables*[a], et d'autres denrées de cette force, ils sont révoltés. Disons donc, ma chère enfant, qu'ils sont bien haïs, ou bien aimés de Dieu, à voir de quelle façon ils sont persécutés. Je suis assurée que cette petite histoire réjouira vos prélats.

Je suis fâchée des vapeurs de M. de La Garde. Vous voilà donc tous deux bien offensés contre l'air de Paris: il faut que Dieu ait donné une bénédiction nouvelle à celui de Grignan; car de mon temps on ne l'eût jamais soupçonné de restaurer, de rafraîchir et d'humecter une jeune personne: que Dieu soit loué à jamais de la santé que vous y avez trouvée; sans raisonner ni tirer aucune conséquence, je m'en tiens là, et je puis dire que cet air n'est pas moins bon pour ma vie que pour la vôtre, puisqu'il vous a tirée du pitoyable état où vous étiez quand nous nous séparâmes.

[a] *Voyez* la note de la page 100 de ce volume.

Samedi 28 août.

Je reçois, ma fille, votre lettre du 18 : j'en ai reçu trois ici. Je pars demain. Madame de Chastelux[a] est venue me voir, au lieu de recevoir ma visite à Chastelux. Je serai un jour avec mes parents, et le quatrième à Vichi. Vous avez eu raison d'être surprise de la mort de la pauvre madame du Plessis (*Guénégaud*). J'en fus fort touchée, et plus que bien d'autres ; elle nous aimoit : vous lui plaisiez au dernier point : vous vous entendiez à merveilles ; elle a été enlevée en six jours sans connoissance : enfin cela est pitoyable.

Pour notre cardinal, j'ai pensé souvent comme vous : mais soit que les ennemis ne soient pas en état de faire peur, ou que les amis ne soient pas sujets à prendre l'alarme, il est certain que rien ne se dérange. Vous faites très bien d'en écrire à d'Hacqueville et même au cardinal. Est-il un enfant? ne sauroit-il venir à Saint-Denis, sans le consentement de ses précepteurs? et s'ils l'oublient, faut-il qu'il se laisse égorger? Vous avez très bonne grace à vous inquiéter sur la conservation d'une personne si considérable, et à qui vous devez tant d'amitié. Tous vos discours sur Charleroi sont justes comme l'or : mères, sœurs, amies, maîtresses, toutes sont infiniment redevables au prince d'Orange : rien n'est si

---

[a] Judith Barillon, fille de Jean-Jacques Barillon, président aux enquêtes du parlement de Paris, seconde femme en 1658 de César-Philippe, comte de Châtelux, vicomte d'Avalon.

plaisant que la conduite de tous ces messieurs pendant cette campagne. Enfin la cour est à Fontainebleau. On dit que madame de Coulanges ira passer le temps de ce voyage à Livry : ne lui avez-vous pas fait réponse, ma très chère? je vous prie de n'y pas manquer. M. de Guitaud vouloit vous mander comme il est content de mon séjour, et combien nous avons parlé tendrement de vous; mais je ne sais où il est, et je vais fermer cette lettre, en vous embrassant mille fois de tout mon cœur. Vous ne pouvez assez compter sur ma véritable tendresse.

599.

A la même.

A Saulieu, dimanche au soir 29 août 1677.

Je vous écrivis hier au soir, et je vous écris encore aujourd'hui. Enfin j'ai quitté Époisses; mais je n'ai pas encore quitté le maître de ce beau château. Il est venu me conduire jusqu'ici; rien n'est si aisé que de l'aimer; vous le connoissez; il m'a aussi bien reçue que si j'étois madame de Grignan: je ne puis rien ajouter à cela; j'ai tout dit. N'est-il pas vrai, M. le Comte? répondez.

Monsieur DE GUITAUD.

Enfin nous nous séparons demain, et il ne me restera plus qu'à songer à vous, en quittant madame de Sévigné; car tant que nous avons été ensemble, nous n'avons fait qu'en parler, et je ne doute pas que les oreilles ne vous aient corné : c'est à vous à savoir laquelle; car nous en avons dit de toutes les façons. Je n'ai pu me résoudre à ne pas l'accompagner jusqu'à son premier gîte. Nous nous quittons, ce me semble, à regret : mais nous nous reverrons dans peu; et si vous ne venez, nous vous irons voir de compagnie. Ne songez cependant à rien qui vous chagrine : cherchez tout ce qui vous pourra plaire, et ne vous imaginez pas qu'il n'y ait rien dans la vie qui puisse avoir ce droit-là : le monde est joli, et *on trouve toujours quand on cherche*. Voici un mot qui ne sera pas de votre goût : mais je m'entends bien, et ne parle pas si improprement que vous pourriez le croire.

Madame DE SÉVIGNÉ.

Il est très sage, cet homme-ci; et je lui disois tantôt, le voyant éveillé comme une potée de souris : « Mon « pauvre Comte, il est encore bien matin pour se cou- « cher : vous êtes bien vert encore, mon ami. Il y a bien « du vieil homme, c'est-à-dire, du jeune homme en « vous. » Je m'en vais tout dire. Il ne faisoit l'autre jour qu'une légère collation; car il voudroit bien faire pénitence, et il en a besoin; il m'échappe de l'appeler *M. de*

Grignan; ce nom se trouve naturellement au bout de ma langue. Il s'écria d'un ton qui venoit du fond de l'âme : *Hé! plût à Dieu!* Je le regardai, et lui dis : *J'aimerois autant souper.* Nous nous entendîmes; nous rîmes extrêmement, dis-je vrai? répondez.

Monsieur DE GUITAUD.

Il est vrai, Madame, que les souhaits vont quelquefois bien loin, et qu'il n'est pas toujours fort aisé d'en être le maître. Vous êtes informée de ma pénitence, si vous ne l'êtes de mes péchés : mais, comme je suis aussi peu déterminé sur l'un que sur l'autre de ces deux partis, je vous permets de donner carrière à votre esprit. Je finis par-là, en vous assurant pourtant que votre maman, à l'heure qu'il est, est un peu ivre; mais ce n'est pas de l'eau de Vichi; je doute même, si cela continue, qu'elle veuille y aller : ce seroit de l'argent perdu.

Madame DE SÉVIGNÉ.

C'est lui qui est ivre; pour moi, j'avoue que je le suis un peu. Ils sont si long-temps à table que par contenance on boit, et puis on boit encore, et on se trouve avec une gaieté extraordinaire : voilà donc l'affaire. A propos, nous avons rencontré M. et madame de Valavoire, avec un équipage qui ressembloit à une compagnie de Bohêmes. Nous avons attaqué la première litière; nous y avons trouvé le bon Valavoire : ah! que c'est bien le vieil homme! nous sommes tous descendus;

il m'a baisée, et a pensé m'avaler; car il a, comme vous savez, quelque chose de grand dans le visage. Sa femme m'a parlé de vous et de votre santé d'une manière à me persuader : vous n'êtes point grasse; mais vous avez un beau teint, vous êtes blanche, vous êtes tranquille : tout ce qu'elle m'a dit m'a paru fort naturel, et m'a fort plu. J'ai trouvé les chemins étranges; j'ai pensé que vous aviez essuyé tous ces cahots : mon cocher est admirable, mais il est trop hardi*; M. de Guitaud dit qu'il l'estime de deux choses; l'une, d'être un fort bon cocher, et l'autre, de mépriser mes cris. Adieu, ma fille, en voilà assez pour des gens entre deux vins. Il y a ici un fort bon médecin qui me dit : Madame, pourquoi allez-vous à Vichi? répondez-lui; pour moi, je n'ai jamais pu.

600.

Du Comte DE BUSSY *à M.* DE CORBINELLI.

A Chaseu, ce 1ᵉʳ septembre 1677.

Il n'y a pas long-temps que je vous ai fait réponse, Monsieur, dans une lettre que j'écrivis à madame de

* On verra dans la lettre suivante si madame de Sévigné n'étoit pas fondée à lui faire ce reproche.

Sévigné*, et me revoici avec elle dans une feuille de papier[b], vous écrivant tous deux de ce château, où nous avons passé si doucement un an ensemble. Il étoit agréable alors, il l'est aujourd'hui davantage, et notre amie en est contente. Nous l'aurions été bien plus si vous aviez été de la partie, et Lucien, que nous avons lu, nous auroit encore paru plus divertissant. La veuve, qui vous plaît tant, m'a aidé à faire l'honneur de ma maison. J'oubliois de vous dire que nous allâmes cinq lieues au-devant de la marquise. Elle nous fit mettre dans son carrosse, ne voulant fier sa conduite qu'à un cocher célèbre qu'elle a depuis peu. A la vérité, à un quart de lieue de la dînée, il nous versa dans le plus beau chemin du monde. Le bon abbé de Coulanges étant tombé sur sa nièce, et Toulongeon sur la sienne[c], cela nous donna un peu de relâche. Mais admirez la fermeté de notre amie, et son bon naturel. Dans le moment que nous versâmes, elle parloit de l'histoire de Don Quichotte. Sa chute ne l'étourdit point, et pour nous montrer qu'elle n'avoit pas la tête cassée, elle dit qu'il falloit remettre le chapitre de Don Quichotte à une autre fois, et demanda comment se portoit l'abbé. Il n'eut non plus de mal que les autres. On nous releva, et ma cousine fut trop heureuse de se remettre à la conduite du cocher de ma fille, qu'elle avoit tant méprisé. Vous croyez bien

* *Voyez* la lettre 595, ci-dessus, page 199.
[b] La lettre de madame de Sévigné n'a pas été conservée.
[c] Madame de Coligny. Elle étoit fille de Gabrielle de Toulongeon, première femme de Bussy-Rabutin.

que notre aventure ne tomba pas à terre, comme nous avions fait. Nous badinâmes quelque temps sur ce chapitre; et ce fut là où nous commençâmes à vous trouver à redire.

601.

De Madame DE SÉVIGNÉ *à Madame* DE GRIGNAN.

A la Palisse*, vendredi au soir 3 septembre 1677.

Vous voyez bien, ma très chère, que me voilà à Vichi, c'est-à-dire, j'y dînerai demain 4 de ce mois, comme je vous l'avois promis. Je vous écrivis de Saulieu, avec M. de Guitaud, une lettre assez folle : je vous en ai écrit quatre d'Époisses, où j'ai reçu toutes celles qui me sont revenues de Paris. J'ai été prise et retenue en Bourgogne d'une telle sorte, que si par hasard je ne m'étois souvenue de vous, et que vous vouliez que je prisse les eaux, je crois que je m'y serois oubliée. J'ai été chez Bussy dans un château (*à Chaseu*), qui n'est point Bussy, qui a le meilleur air du monde, et dont la situation est admirable. La Coligny¹ y étoit : vous savez qu'elle est aimable : il y auroit beaucoup à parler; mais je réserve

___
ᵃ La terre de la Palisse étoit entrée dans la maison de La Guiche par Éléonore de Chabannes de La Palisse, femme de Just de Tournon, bisaïeule du comte de Saint-Géran, à qui elle appartenoit alors.
¹ Fille du comte de Bussy, et la même qui épousa M. de La Rivière, le 19 juin 1681.

ces bagatelles pour une autre fois. Il a fallu aller dîner chez M. d'Autun, *le pauvre homme*[a]*!* et puis chez M. de Toulongeon, et le jour que j'en devois partir, il fallut demeurer pour parler de nos affaires avec le président de Berbisi[b] qui venoit m'y trouver. Enfin me voilà sur votre route de Lyon, à vingt lieues de Lyon. Je serois mardi à Grignan, si Dieu le vouloit; hé, mon Dieu! il faut détourner cette pensée, ma chère enfant, elle fait un *dragon*, si l'on ne prend un soin extrême de la gouverner. Parlons de la traverse d'Autun ici, qui est un chemin diabolique. J'ai dit adieu pour jamais par-tout où j'ai passé. Je suis ici dans le château de cette bonne Saint-Géran, qui m'a reçue comme sa fille. Vous y avez passé, ma fille : tout m'est cher à mille lieues à la ronde. Je suis à plaindre quand je n'ai point de vos nouvelles : cela me fait une tristesse qui ne m'est pas bonne. Depuis Époisses, il y a sept jours, cela est long; j'en attends, voilà ce qui me soutient. Je vous prie de dire à M. de Grignan que je le conjure d'écrire à M. de Seignelai, ou à M. de Bonrepos, pour obtenir le congé du chevalier de Sévigné pour cet hiver, afin qu'il vienne solliciter un vaisseau. Il y a bien des places vacantes : le

---

[a] Gabriel de Roquette, évêque d'Autun. L'allusion prise du *Tartufe* est ici d'autant plus piquante, que l'on a dit que ce prélat avoit servi d'original à Molière. (*Voyez* les *Mémoires de Choisy*, liv. VIII.)

[b] Jean de Berbisi, baron de Vantoux, président au parlement de Dijon, mort en 1697. Il paroit qu'il étoit venu à Alonne trouver madame de Sévigné, pour traiter avec elle de sa part dans la succession du président Frémiot. (*Voyez* la lettre de Bussy à madame de Sévigné du 15 septembre 1677.)

pauvre garçon m'a écrit quatre fois, il ne sait que faire : il est à Messine, et me fait pitié; c'est sa vie, c'est son pain, aidez-moi à le secourir : vous savez comme il s'appelle : si cela ne vous touche, c'est mon filleul. On me presse de donner cette lettre, la poste va passer. Adieu donc, ma très chère et très aimable. Il y a huit jours que je ne sais rien; mais quand j'ignore tout, je suis toujours que je vous aime de tout mon cœur.

602.

A la même.

A Vichi, samedi au soir 4 septembre 1677.

J'ai reçu deux de vos lettres en arrivant, ma très chère; j'en avois grand besoin : mon cœur étoit triste, me voilà bien : je les relirai, ce m'est une consolation. Ma fille, passé aujourd'hui, je vous promets de ne plus écrire qu'un mot, c'est-à-dire, *la feuille qui chante et chantera;* mais faites-en donc de même : vous êtes excédée d'écriture, et c'est être malade à votre âge, que d'être maigre au point que vous l'êtes; je hais, il est vrai, de voir si visiblement la côte d'Adam en votre personne. Vous me rendrez donc compte de votre santé, et de la petite dont je suis en peine; la pauvre enfant! Madame de Valavoire m'en dit des merveilles. Ma fille, ne me grondez pas ce soir, je veux un peu parler : j'arrive, je me repose demain; rien ne m'oblige à me taire. M. de Champlâtreux est déjà venu me voir; le bon abbé le trouve d'une bonne société; il lui donnera souvent à dîner. Savez-vous qui m'a déjà envoyé faire un compliment? M. le marquis de Termes[a], qui arriva hier tout malade de goutte et de colique : on dit qu'il a la barbe longue comme un capucin : ah! c'est fort bien fait. Le chevalier de Flamarens[b] est avec lui; M. et madame d'Albon[c] y sont aussi, M. de Jussac : on attend encore bien du monde. J'oublie le meilleur, c'est Vincent qui sort déjà d'ici, et qui prendra des soins de moi extrêmes. Je me porte très bien; je ne sais que souhaiter de mieux, sinon de clouer ce bienheureux état. Je vous écrivis hier de la Palisse; j'y vis un petit garçon que je trouvai joli;

[a] Roger de Pardaillan de Gondrin, marquis de Termes, étoit cousin germain de M. de Montespan et fils de *César-Auguste*, qui avoit été premier gentilhomme de la chambre de Gaston, duc d'Orléans. C'étoit un homme de beaucoup d'esprit; voici ce que rapporte de lui l'auteur du *Boloeana*, page 141 de l'édition de 1742. M. Despréaux disoit du marquis de Termes qu'il étoit toujours à la pensée d'autrui, et que c'étoit là où consistoit le savoir-vivre. Les *Amours des Gaules* et les chansons du temps présentent ce marquis comme très débauché; madame de Sévigné n'en fait pas un portrait plus avantageux, dans la lettre du 15 octobre suivant. (*Voyez* cette lettre et la note qui y est jointe.)

[b] Jean de Grossoles, chevalier de Flamarens. Sa mère étoit Françoise Le Hardi de La Trousse, fille de Sébastien de La Trousse et aïeule du cousin-germain de madame de Sévigné.

[c] Gilbert-Antoine d'Albon, comte de Chazeul, chevalier d'honneur de la duchesse d'Orléans, mort en 1680. Il avoit épousé, le 2 août 1644, Claude Bouthillier, veuve de René d'Averton, comte de Belin

il a sept ans; je suis sûre qu'il ressemble au vôtre: son père, qui est un gentilhomme de M. de Saint-Géran, lui a appris l'exercice du mousquet et de la pique: c'est la plus jolie chose du monde; vous aimeriez ce petit enfant; cela lui dénoue le corps; il est délibéré, adroit, résolu. Son père passe sa vie à la guerre; il est convalescent à la Palice, et se divertit à rendre son fils un vrai petit soldat; j'aimerois mieux cela qu'un maître à danser: si le hasard vous envoyoit un tel homme, prenez le même plaisir sur ma parole. M. l'archevêque a écrit au bon abbé tout ce qui se peut mander d'obligeant et de tendre pour l'engager au voyage de Grignan; mais je ne vois pas que cela l'ébranle, quoiqu'il en soit touché. J'aurois bien à causer sur vos deux lettres que voilà; mais, quoique je ne sois pas encore initiée à la fontaine, je veux vous donner l'exemple. Un homme de la cour disoit l'autre jour à madame de Ludres: « Madame, vous êtes, « ma foi, plus belle que jamais. » — « Tout de bon, *dit-« elle,* j'en suis bien aise, c'est un ridicule de moins. » J'ai trouvé cela plaisant. Madame de Coulanges a des soins de moi admirables, je regarde autour de moi; est-ce que je suis en fortune? Elle me rend le tambourinage qu'elle reçoit de beaucoup d'autres. La Bagnols m'écrit aussi mille douceurs *tortillonnées*[a]. Adieu, ma chère enfant; évitez sur toute chose le cœur de l'hiver pour revenir, et le détour de Rheims[b]. Croyez-moi, il n'y a

---

[a] On a pu prendre une idée de son style dans la lettre du 26 juillet précédent, page 149 de ce volume.
[b] Madame de Grignan avoit le projet, en revenant à Paris, de passer par Rheims pour aller à la Trousse.

point de santé qui puisse résister à ces fatigues; les voyages usent le corps comme les équipages.

603.

A la même.

À Vichi, lundi 6 septembre 1677.

Ma fille, ne vous fâchez point, je vous écris à six heures du soir, loin des eaux, loin de toute vapeur; c'est pour me donner de la joie que je veux causer un moment avec vous; j'ai rompu tout autre commerce. Ne trouvez-vous point que nous sommes trop loin et trop près l'une de l'autre? Cette distance nous fait mal. Je passe les jours avec messieurs de Termes et Flamarens; je suis leur véritable consolation : je ne sais ce qu'ils ont, ils ne se portent point bien. Ils ont amené un homme de l'opéra, qui joue du violon mieux que *Baptiste;* cela nous divertit. Il y a une impertinente petite bossue qui chante sans fin et sans cesse, et qui croit être miraculeuse; cela nous fait rire. Monsieur de Champlâtreux est notre grand Druide, il fait la meilleure chère du monde. Ah, mon Dieu! que n'a-t-il été possible que vous m'ayez gouvernée ici? M. et Mme d'Albon, une sœur de mademoiselle de Lestranges[a], madame de Sour-

---

[a] Mademoiselle de Lestranges avoit deux sœurs, l'une demoiselle, et l'autre mariée à François de Grolée, comte de Peyre.

dis blanche et blonde, mille autres de tous côtés, jamais il ne s'est vu tant de monde, et jamais il n'a fait si beau ; le mois de septembre ne contrefait ni l'été ni l'hiver, il est le plus beau mois de septembre que vous ayez jamais vu. MADAME disoit l'autre jour à madame de Ludres, en badinant avec un compas : « Il faut que je crève « ces deux yeux-là qui font tant de mal. » — « Crevez-« les, Madame, puisqu'ils n'ont pas fait tout celui que « je voulois. » Cela seroit plaisant si c'étoit moi qui vous fisse savoir tous les bons mots de cette belle. Comment vous portez-vous, ma très chère? Ce mal de jambe, qu'est-il devenu? Est-il possible que cela soit bon? C'étoit donc une humeur qui vous tomboit sur la poitrine ; ce n'étoit pas seulement du sang échauffé. Et la pauvre petite est-elle mieux? Si vous m'aimez, ma très chère, si vous m'aimez, tâchez de vous rengraisser. Ah! que vous êtes maigre, puisque M. de Grignan en est inquiété!

Mardi au soir.

J'ai reçu votre lettre du premier septembre. Que souhaitez-vous, ma fille? Quel échange, quel trafic voulez-vous faire? Ah! gardez tout ce que vous avez ; souvenez-vous de ce que vous êtes, quand vous n'êtes point dévorée de tous les *dragons* du monde : vous en aviez de bien noirs et de bien cruels à Paris ; mais quand vous voulez, quel charme et quel agrément ne trouve-t-on point dans votre humeur? Je soupire souvent en parlant de vous et en pensant à vous. Je ne réponds point à votre lettre, de peur uniquement de vous fâcher ; car vous m'ôtez ma joie en m'ôtant le plaisir de vous entretenir; mais il ne faut point vous contredire : vous passez légèrement sur tous les chapitres; je ne fais aussi réponse à rien. Je vous conjure seulement de mander à d'Hacqueville ce que vous avez résolu pour cet hiver, afin que nous prenions l'hôtel de Carnavalet, ou non. Je vous demande encore d'avoir soin de votre santé; la mienne est admirable, les eaux me font très bien. Vincent me gouverne comme M. de Champlâtreux; tout est réglé, tout dîne à midi, tout soupe à sept, tout dort à dix, tout boit à six.

Je voudrois que vous vissiez jusqu'à quel excès la présence de Termes et de Flamarens fait monter la coiffure et l'ajustement de deux ou trois belles de ce pays. Enfin dès six heures du matin tout est en l'air, coiffure *hurlupée*, poudrée, frisée, bonnet *à la bascule*, rouge, mouches, petite coiffe qui pend, éventail, corps de jupe long et serré; c'est pour pâmer de rire; cependant il faut boire, et les eaux leur ressortent par la bouche et par le dos.

604.*

A la même.

A Vichi, lundi 13 septembre 1677.

Quoi, ma très chère et très aimable! vous avez été malade! vous avez été saignée deux fois! Vous avez eu raison de craindre votre esquinancie, vous avez craché du sang; on dit que ce n'étoit que de la gorge; mais est-ce là ce sang si bien rafraîchi? cette sérosité qui est tombée sur vos jambes, où en étions-nous, si elle fût tombée sur votre poitrine? Et je ne sais rien de tout cela; je vis en pleine confiance sur votre parole; vos lettres ne sont ni moins longues, ni moins naturelles; je ne me doute de rien, et vous étiez dans cet état lorsque j'arrivois à Epoisses. Si l'on avoit le scrupule de ne point vouloir rire quand on ne le doit pas, le plus sûr seroit d'être toujours en inquiétude : mais on ouvre aisément son cœur à la joie et à la confiance d'espérer que ceux que l'on aime se portent bien quand ils le disent; et l'on ne joint pas à l'absence toutes sortes de chagrins. Ce n'est point Vardes qui m'a dit votre mal, c'est un gentilhomme qui venoit de Provence, qui le dit à une sœur de mademoiselle de Lestranges, en ajoutant que vous étiez toute guérie. Vardes arriva le même jour, et m'assura que vous étiez entièrement hors d'affaire, à la maigreur près, qu'il a trouvée très grande. Si vous ne suivez les avis de Guisoni sur le rafraîchissement, vous tomberez dans une maigreur et une délicatesse qui ne sera plus une vie. Vardes m'a ôté toute mon inquiétude, en me disant, avec tous les bons tons du monde, que le fond de votre teint est tranquille et blanc, et sans nulle apparence d'altération. Il croit être assez joliment bien avec vous; il en est ravi, et je vous exhorte à respecter son malheur. Il a été reçu ici divinement; il étoit bien tenté d'y demeurer, persuadé que les eaux et la compagnie y sont plus propres pour lui que celles de Bourbon; mais M. de Champlâtreux, par une ridicule politique, lui a fait, comme par force, continuer son chemin. Nous croyons que c'est par jalousie, car jamais il n'y eut un si véritable *chien du jardinier*: sa cour est épineuse; nous en rions fort; le pauvre Chésières me l'avoit dit cent fois; comme je n'ai point encore compris qu'il soit mort, j'ai toujours envie de lui dire que je trouve qu'il a raison.

Vardes a extrêmement plu à Termes, et Termes à Vardes: leurs esprits se sont frappés d'un agrément égal; ç'a été un coup double: cette connoissance qu'ils avoient de se plaire les rendoit plus aimables. J'eusse été fort aise que Vardes fût demeuré ici; Corbinelli y seroit venu. Vous comprenez bien quelle extrême consolation je trouverois à vous y voir: je vois vos sentiments là-dessus; mais cette Providence n'a pas voulu: cela n'est-il pas visible par tout ce qu'elle a dérangé? Elle veut donc que vous veniez cet hiver, et que nous soyons en même maison: je n'ai nul dessein d'en sonner la trompette : mais il a fallu le mander à d'Hacqueville pour nous arrêter le *Carnavalet*. Il me semble que c'est une grande commodité à toutes deux, et bien de la peine épargnée, de ne pas avoir à nous chercher. Il y a des heures du soir et du matin pour ceux qui logent ensemble, qu'on ne remplace point quand on est pêle-mêle avec les visites. Si je me trompe, et que vous ayez pour vous seule une autre maison trouvée, je me conformerai à vos desseins ; j'entrerai dans vos pensées, je me ferai un plaisir de vos volontés, vous me ferez changer d'opinion, je croirai que tout ce que j'avois imaginé n'étoit point bien ; car je veux sur toutes choses que vous soyez contente, et quand vous le serez, je le serai[a]. Adieu, ma chère fille : embrassez-moi, je vous en prie, et me dites comme vous vous portez. Nous sommes ici dans une jolie société : le temps est admirable, le pays délicieux, on y fait la meilleure et la plus grande chère du monde : il y a deux ou trois jésuites qui font les entendus ; que j'aurois de plaisir à les voir étrangler par Corbinelli ! Le Maimbourg[b] est impertinent ; il y a toujours dans ses ouvrages la marque de l'ouvrier : la belle pen-

[a] On lit dans l'édition de 1726, « Quand vous *la* serez, je *la* serai. » Cette faute, que madame de Sévigné faisoit volontairement, ne se retrouve plus dans l'édition de 1734, d'où ce passage est tiré. On l'a fait disparoître de presque toutes les lettres. (*Voyez* la *Notice historique*, page 64.)

[b] Célèbre jésuite, auteur de plusieurs Histoires qui eurent d'abord une certaine vogue, et furent ensuite extrêmement décriées. Il sortit des jésuites par ordre du pape, en 1682, pour avoir écrit contre la cour de Rome en faveur du clergé de France.

sée de faire punir un Turc, parcequ'il n'a pas salué l'image de la Vierge!

~~~~~~

605. *

A la même.

A Vichi, jeudi à quatre heures du soir,
16 septembre 1677.

Demandez au chevalier de Grignan si je n'ai pas bien du soin de lui, si je ne lui donne pas un bon médecin, et si moi-même je n'en suis pas un admirable. Je n'eusse jamais cru voir à Vichi les chiens de visages que j'y vois; comme on est toujours rassemblé, ce qu'il y a de meilleur se met ensemble, et cela compose une fort bonne compagnie. Je traite fort sérieusement la santé du chevalier: je verrai les commencements de ses remèdes, et le laisserai en bon train avant que de partir. Je commence la douche aujourd'hui; je crois qu'elle me sera moins rude que l'année passée; car j'ai devant et après moi Jussac, Termes, Flamarens, chacun sa demi-heure; cela fait une société de *misérables,* qui ne le sont pas trop. Je vous en manderai des nouvelles; ils ont déja commencé, et trouvent que c'est la plus jolie chose du monde. Mon Dieu, ma fille, que vous avez été vivement et dangereusement malade! c'étoit justement le 15 d'août, un dimanche; vous ne pûtes m'écrire, et la confusion de mon départ m'a détournée de l'inquiétude que cela m'auroit donnée dans un autre temps. Cette gorge enflammée fait grand'peur, et la fièvre; ah, ma chère enfant! quand on a le sang de cette furie, c'est bientôt fait. Vous eûtes la fièvre : vous fûtes saignée deux fois en un jour; et puis une cuisse et les jambes enflées; quelle malignité d'humeur! et sans le bonheur qui la détourna de dessus votre poitrine, où en étions-nous? Dieu merci, vous êtes guérie de ce mal; voilà qui est fait, je n'en ai nulle inquiétude : mais j'admire que, pour me tromper, vous ayez toujours pu m'écrire de si grandes lettres. N'y aura-t-il donc personne qui ait le pouvoir d'obtenir de vous quelque espèce de soin et de régime pour votre santé? Ne voulez-vous point tempérer un peu ce sang si enragé? Je ne vois personne qui ne songe à sa vie et à sa santé : tout ce qui se passe ici le marque assez. Il n'y a que vous qui sembliez avoir envie d'expédier promptement votre rôle : cependant, si vous m'aimiez, vous auriez un peu plus de pitié de moi : quand je songe à tout ce que je fais pour vous plaire uniquement, et comme je m'en vais attaquer courageusement, et de bon cœur, une santé parfaite, par la seule envie de mettre votre esprit en repos, sans que je puisse obtenir de vous de suivre les avis de Guisoni, je me perds dans cette pensée. Je n'ai jamais vu de belle, ni de jolie femme, prendre plaisir à se détruire. Tout le monde éprouve qu'on se guérit de toutes sortes de maux par des remèdes, et vous affectez de n'en faire aucun; ils sont pourtant nécessaires, et je m'en suis bien trouvée aux Rochers : enfin vous êtes bien nommée un prodige. Voilà ce que je voulois vous dire pour soulager mon cœur, je ne vous en parlerai plus : ne croyez pas que je veuille recommencer les chagrins passés ; Dieu m'en préserve : mais je n'ai pu résister à l'envie de vous faire remarquer combien ma complaisance est au-dessus de la vôtre. Vous me rapaisez par un autre endroit : c'est, ma très chère, en me disant fort nettement que vous voulez dérober la chambre de quelqu'un, et venir loger chez moi, sans vous soucier si je le trouve bon ou non ; seulement pour m'apprendre à vous avoir persuadée que vous ne pouvez jamais m'incommoder. Venez, venez, ma très chère, voilà un style qui convient mieux à la tendresse que j'ai pour vous, que celui que vous aviez l'autre jour dans une de vos lettres : ne craignez point que votre confiance soit trompée.

Je crois que d'Hacqueville nous a pris *la Carnavalette ;* nous nous y trouverons fort bien ; il faudra tâcher de s'y accommoder, rien n'étant plus honnête, ni à meilleur marché que de loger ensemble. J'espère que ce voyage, qui est l'ouvrage de la politique de toute la famille, sera aussi heureux que l'autre a été triste et désagréable, par le mauvais état de votre santé. Cette Valavoire ne me dit point que vous eussiez été mal, vous l'aviez bien endoctrinée ; et je vous écrivois dans ce temps-là des folies de Saulieu. Enfin, ma fille, n'en parlons plus, vous êtes peut-être un peu plus docile, voyant les impétuosités de ce sang ; et de mon côté je bois l'eau la plus salutaire, et par le plus beau temps, et dans le plus beau lieu, et avec la plus jolie compagnie qu'on puisse souhaiter. Bon Dieu ! que ces eaux seroient admirables pour M. de Grignan! Le *bien bon* en prend pour purger tous ses bons dîners, et se précautionner pour dix ans. Adieu, mon ange, écrivez à madame de Coulanges, je vous en prie. Je vous aime trop, et vous embrasse tendrement.

606.

A la même.

A Vichi, dimanche 19 septembre 1677.

Il me semble, ma chère enfant, que je vous écrivis une sotte lettre la dernière fois. J'étois mal à mon aise : j'écrivois mal, je me plaignois de la douche : il n'en faut pas davantage pour vous donner de l'inquiétude. Je vous assure aujourd'hui que je me porte fort bien; je me suis baignée un peu à *la Sénèque;* j'ai sué fort gracieusement, et peut-être même que je prendrai encore une douche ou deux avant que de partir, pour finir toute contestation. Deux jours de repos me donneront de la force de reste. Il me sembla l'autre jour, dans la chaleur du combat, que je fermois les mains; je coupe du pain, et, en un mot, je me porte très bien : le temps me donnera, pour mes mains, ce que Vichi m'aura refusé; je n'en suis nullement inquiète. Je quitte le chevalier et Vichi vendredi; je le laisse en train et en bonnes mains pour sa santé. Nous allons nous reposer à Langlar*, où le chevalier viendra nous voir : un jour ne lui fera pas grand mal. Je crois que Termes et Flamarens y viendront aussi : cette pause sera jolie. Jussac veut vous écrire combien il vous honore, et à quel point M. de Vendôme est bien disposé pour vous aimer et estimer, et pour croire M. de Grignan en tout ce qu'il lui dira, à moins que M. de Vendôme n'ait changé; ce qu'il ne croit pas[b].

Le *Marseille* est à Paris; nous avons fort parlé de toutes les affaires passées; il me semble que je les ai peintes au naturel. Je souhaite, ma très chère, que vous me disiez vrai sur votre santé; vous me dites tout de votre mieux pour me rassurer; mais quand je songe comme vous me trompez bien quand vous voulez, je prends ma confiance d'ailleurs que de vos paroles. Je crois qu'après avoir été malade, on se porte bien; et j'espère que vous accorderez à notre amitié quelques uns des régimes que vous a ordonnés Guisoni.

D'Hacqueville lanterne tant pour *la Carnavalette*, que je meurs de peur qu'il ne la laisse aller : hé, bon Dieu! faut-il tant de façons pour six mois? Avons-nous mieux? Écrivez-lui, comme moi, qu'il ne se serve point en cette occasion de son profond jugement. Nous parlons sou-

---

[a] Chez l'abbé Bayard.

[b] M. de Jussac avoit été gouverneur de M. de Vendôme, et il le fut depuis du duc du Maine. (*Voyez* les *Mémoires* de La Fare, p. 295, édition de 1755.) Il étoit parent de l'infortuné Saint-Preuil (François de Jussac d'Embleville), gouverneur d'Arras, qui eut la tête tranchée le 9 novembre 1641.

vent de vous, le chevalier et moi; nous craignons plus que vous la vivacité de votre esprit qui vous consume et vous épuise comme Pascal. Ma fille, si vous saviez comme cette pensée serre le cœur à ceux qui vous aiment, vous nous plaindriez. Le *bien bon* prend les eaux pour vider son sac qui est plein; cela s'appelle pour le remplir, et toujours ainsi: nous avons beaucoup de soin l'un de l'autre. Ces eaux-ci sont salutaires; M. de Grignan en seroit lavé, et lessivé, et guéri de tous ses maux; il n'auroit pas mal besoin aussi de vider son sac. Tous les buveurs sont contents de leur santé, et encore plus de la beauté du temps et du pays. Adieu, ma très chère et très aimable, vous ne voulez pas que j'écrive davantage. Ne trouvez-vous pas que c'est une jolie petite chose que de voir le marquis profiter des leçons que lui donne M. de La Garde? Cela me fait souvenir de mon petit garçon de la Palice[1]. Le chevalier vous dira que nous sommes quelquefois en si bonne compagnie, que, n'ayant pas assez de temps, nous remettons à Paris à faire nos remèdes.

[1] *Voyez* la lettre du 4 septembre, page 218 de ce volume.

607.

A la même.

A Vichi, mardi 21 septembre 1677.

Je suis fâchée de n'avoir point reçu aujourd'hui de vos nouvelles; mon cœur est triste, et je me représente toujours que vous êtes malade : on ne peut prendre aucune confiance dans le sang que vous avez, et le mien en est troublé; j'espère que demain je serai hors de cette peine. Corbinelli est demeuré à Paris avec une fièvre tierce et une rêverie qui fait peur. Je crois que d'Hacqueville nous louera l'hôtel de Carnavalet, à moins que madame de Lillebonne ne se ravise et n'en veuille point sortir à cette Saint-Remi : je reconnoîtrois bien notre guignon à cela. Je me porte à merveilles, hors que je n'ai pu souffrir la douche; c'est que je n'en avois nul besoin cette année, et qu'elle prenoit trop sur moi. Je finis demain mes eaux; je me purge jeudi, vendredi à Langlar. Je laisse le chevalier en bon train; il se trouvera très bien de ses eaux; je crois qu'il aura tout achevé dans huit ou dix jours. Adieu, ma très chère enfant; j'embrasse les Grignan, grands et petits. Il faut que le mousquet et la pique du petit marquis soient proportionnés à sa taille.

608.

A la même.

A Vichi, mercredi au soir 22 septembre 1677.

Il me revient une lettre du 15. Je crois qu'elle est allée faire un tour à Paris. Le chevalier en a reçu une du bel abbé de cette même date, qui me fait voir au moins que vous vous portiez bien ce jour-là. Il est vrai que si Vardes m'eût parlé de votre maladie un peu plus au temps présent, nulle considération n'auroit pu me retenir; mais il fit si bien que je ne pus tourner mon inquiétude que sur le passé. Ma très chère, au nom de Dieu, rapportez-moi votre bonne santé et votre joli visage; il est certain que je ne puis m'en passer, ni vous permettre d'être changée à l'âge où vous êtes. N'espérez donc point que je sois traitable sur cette maigreur qui marque visiblement votre mauvaise santé; la mienne est admirable. Je finis demain jeudi toutes mes affaires, je prends ma dernière médecine : je n'ai bu que seize jours : je n'ai pris que deux douches et deux bains chauds : je n'ai pu soutenir la douche; j'en suis fâchée, car j'aime à suer; mais j'en étois trop étouffée et trop étourdie : en un mot, c'est que je n'en ai plus de besoin, et que la boisson m'a suffi et fait des merveilles. Je m'en vais vendredi à Langlar; mes commensaux, Termes, Flamarens, Jussac, m'y suivront; le chevalier viendra m'y voir samedi, et reviendra lundi commencer sa douche. Il ne sera plus que huit jours sans moi; je le laisse en bon train, les eaux lui font beaucoup de bien : il recevra en mon absence mille présents de mes amis : il est fort content de moi. Pour mes mains, elles sont mieux; et cette incommodité est si petite, que le temps est le seul remède que je veuille souffrir. Je suis au désespoir, ma fille, de la tristesse de vos songes : hé, mon Dieu! faut-il que dans l'état où je suis je vous fasse du mal? C'est bien, je vous assure, contre mon intention. Je ne sais si vous avez celle de m'écrire des endroits admirables, vous y réussiriez; mais aussi ils ne tombent pas à terre: vous ne sentez pas l'agrément de ce que vous dites, et c'est tant mieux. Vous avez un peu d'envie de vous moquer de votre petite servante, et du corps de jupe, et du toupet : mais vous m'aimeriez si vous saviez le bon air que j'avois à la fontaine. Je crois que *la Carnavalette* nous sera meilleure que l'autre maison qu'on nous avoit indiquée, mais qui est fort petite, et où pas un de vos gens ne pourroit loger. Nous verrons ce que fera le grand d'Hacqueville; je meurs de peur que madame de Lillebonne ne veuille pas déloger. Je suis toujours fort en peine de Corbinelli; il a été rudement traité de la fièvre tierce, le délire, et tout ce qui peut effrayer : il a pris de l'or potable, nous en attendons l'effet. Parlez-moi toujours de vous et de votre santé : ne faites-vous rien du tout pour vous remettre de vos deux saignées? Quelle maladie, bon Dieu! et quelle frayeur cela ne doit-il point donner à ceux qui vous aiment! Voilà le chevalier auprès de moi, et la compagnie ordinaire, avec un homme qui assurément joue mieux du violon que *Baptiste*. Nous voudrions vous envoyer, et à M. de Grignan, une chaconne*a* et un écho dont il nous charme, et dont vous serez charmée : vous l'entendrez cet hiver.

609.

A la même.

A Langlar, chez M. l'abbé Bayard*b*, vendredi 24 septembre 1677.

J'ai reçu à Vichi, ma très chère, cette lettre du 15, dont j'étois en peine.

Je serois fâchée de n'avoir pas su l'histoire de ce bon curé du Saint-Esprit; il est à Semur, et M. de Trichâteau, dont vous n'aimez pas la gigantesque figure, nous conta à Époisses qu'il lui étoit tombé un ange du ciel dans sa ville de Semur; que c'étoit un saint de paradis; qu'on ne savoit ni son nom, ni le sujet de son voyage; qu'il ne se plaignoit point, qu'il étoit silencieux, et que cette sorte de mérite l'avoit touché au point, qu'il l'avoit

---

a Air de symphonie dont la basse est d'un certain nombre de notes qui se répètent toujours et sur lesquelles on fait différents couplets. (*Dictionnaire de l'Académie.*)

b Il étoit à Paris dans ce moment-là. (*Voyez* la lettre du 4 octobre suivant.)

pris chez lui et le nourrissoit avec une grande joie d'avoir recueilli un tel homme. Nous écoutâmes cela, Guitaud et moi; et comme je suis toujours alerte sur nos pauvres *amis*, je le priai de continuer sa générosité, et qu'assurément c'étoit un ami de la vérité; cela est plaisant, car je ne songeois point du tout à ce bon curé. Je viens d'écrire à Guitaud, pour lui dire le mérite de cet homme, et le prier de bien fixer les bons sentiments de Trichâteau sur ce sujet. Voilà donc ce pauvre curé un peu consolé pendant son exil : si je puis lui rendre à Paris quelques services, je vous assure que je n'y manquerai pas. Votre père spirituel vous a intéressée dans cette affaire par des facilités si utiles et si considérables, qu'il faudroit que je fusse dénaturée pour ne pas vous servir dans cette occasion. Votre narration est admirable, et ne pouvoit manquer de faire son effet : hélas, mon enfant! vous savez comme je suis pour les malheureux, et à quel point je me tiens offensée de certaines injustices.

La fin de votre lettre m'a charmée : venez, venez donc, ma très chère, et sans aucun *dragon* sur le cœur; puisque le bon archevêque a prononcé *ex cathedra* que votre voyage étoit nécessaire pour les intérêts de votre maison.

J'attends des nouvelles de d'Hacqueville sur cet hôtel de Carnavalet; mais il est si plein de difficultés, que si nous l'avons, ce sera par madame de Coulanges qui les aplanit toutes. Vous me demandez permission d'amener votre fils; hélas! ma chère enfant, c'est la chose du monde que j'approuve le plus; il sera très bien avec nous tous : mais savez-vous qui en est transporté de joie? C'est le *bien bon;* il avoit juré de ne point mourir content qu'il n'eût revu ce petit homme. Je suis partie aujourd'hui de Vichi, car encore faut-il un peu parler de nous. Le bon abbé a été ravi de la beauté de cette terrasse, et M. de Termes m'a paru très digne d'être de ce petit voyage, par l'admiration vive et naturelle qu'il a fait paroître en découvrant cette belle vue, qui est en effet une des plus surprenantes choses du monde. Je ne puis jamais m'empêcher de vous souhaiter par-tout, mais particulièrement quand quelque chose me plaît. Le chevalier de Grignan viendra demain, et retournera pour achever ses remèdes; s'il a le bel abbé à ma place, il ne sera pas à plaindre. Je lui procure en ce pays mille petits présents, et des visites, et un bon médecin, dont il se trouvera fort bien. Les eaux m'ont fait des merveilles; pour la douche, je n'ai pu la soutenir; j'ai eu peur de la fièvre; il ne faut pas se jouer à ce remède. Adieu, mon aimable enfant.

610.

A la même.

A Saint-Pierre-le-Moutier, mercredi à midi
29 septembre 1677.

La poste va partir, ma très chère, c'est pourquoi je ne vous dirai qu'un mot. Je vous écrivis de Langlar dans la lettre du chevalier : j'avois reçu la vôtre de La Garde. Je laisse le chevalier entre les mains de mon médecin; il s'en va prendre la douche, et puis il vous ira voir. Nous partîmes le lundi; j'allai coucher chez M. et Mme d'Albon; le mardi j'allai à Moulins, où je retrouvai mes commensaux avec Vardes, qui venoit de Bourbon pour me dire encore adieu. Il a repris le chemin de Grignan et de Languedoc. Je leur fis voir à tous les petites de Valançai*, qui sont fort éveillées, et de là nous allâmes chez madame Fouquet, qui ne l'est point du tout, mais dont la vertu et le malheur sont respectables : j'y ai soupé et couché. Ces messieurs s'amusèrent hier à troquer leurs attelages tout entiers; de sorte que Vardes mène à Grignan les chevaux gris de Termes, et que Termes mène à Fontainebleau les chevaux noirs de Vardes. Je ne sais si M. de Champlâtreux ne trouveroit

---

* Elles étoient au couvent de la Visitation de Moulins. (*Voyez* la lettre 496 et la note, tome IV, page 298.)

point que des chevaux exilés devroient au moins avoir quelque permission : quoi qu'il en soit, ces pauvres chevaux ont pris des routes opposées, ce qu'ils n'auroient point osé faire, s'ils n'avoient changé de maître : ainsi va le monde. Nous revoilà avec nos hommes jusqu'à Briare, où nous les quitterons pour prendre le chemin d'Autri. J'ai dit à Vardes que je le priois de vous faire entendre que je vous étois meilleure présentement à Paris qu'à Grignan. Je ferai bien tout ce qu'il faut pour vous y recevoir agréablement. Vous savez mieux que moi si nous y avons une maison ou non : je n'ai plus de lettres de d'Hacqueville, et je marche en aveugle, sans savoir ma destinée; qu'importe, c'est un plaisir. Toute notre troupe vous fait ses compliments, sur-tout le *bien bon*. Voilà un billet pour Vardes, sur ce qu'il m'a fait faire des plaintes de ne l'avoir pas vu ce matin. Je vous souhaite une parfaite santé : votre sang me fait toujours peur. Quant à moi, je me porte très bien ; j'ai bu par un temps admirable ; je n'ai point pris de douche, au moins peu : voilà le bon homme de Lorme content. Je vous embrasse mille fois, ma très chère et très belle ; je meurs d'envie de recevoir de vos nouvelles.

611.*

A la même.

A Gien, vendredi 1er octobre 1677.

J'ai pris votre lettre, ma très chère, en passant par Briare; mon ami *Roujoux*° est un homme admirable; j'espère que j'en pourrai recevoir encore une avant que de partir d'Autri, où nous allons demain dîner. Nous avons fait cette après-dînée un tour que vous auriez bien aimé : nous devions quitter notre bonne compagnie dès midi, et prendre chacun notre parti, les uns vers Paris, les autres à Autri. Cette bonne compagnie n'ayant pas été préparée assez tôt à cette triste séparation, n'a pas eu la force de la supporter, et a voulu nous suivre à Autri : nous avons représenté les inconvénients, enfin nous avons cédé. Nous avons donc passé la rivière de Loire à Châtillon tous ensemble; le temps étoit admirable, et nous étions ravis de voir qu'il falloit que le bac retournât pour aller prendre l'autre carrosse. Comme nous étions à bord, nous avons discouru du chemin d'Autri; on nous a dit qu'il y avoit deux mortelles lieues, des rochers, des bois, des précipices : nous qui sommes ac-

° C'étoit le maître de la poste de Lyon. (*Voyez* la lettre 594, ci-dessus, page 194 de ce volume.)

coutumés depuis Moulins à courir la bague, nous avons eu peur de cette idée, et toute la bonne compagnie, et nous conjointement, nous avons repassé la rivière, en pâmant de rire de ce petit dérangement; tous nos gens en faisoient autant, et dans cette belle humeur, nous avons repris le chemin de Gien, où nous voilà tous; et après que la nuit nous aura donné conseil, qui sera apparemment de nous séparer courageusement, nous irons, la bonne compagnie de son côté, et nous du nôtre.

Hier au soir à Cône nous allâmes dans un véritable enfer, ce sont des forges de Vulcain : nous y trouvâmes huit ou dix cyclopes forgeant, non pas les armes d'Énée, mais des ancres pour les vaisseaux : jamais vous n'avez vu redoubler des coups si justes, ni d'une si admirable cadence. Nous étions au milieu de quatre fourneaux; de temps en temps ces démons venoient autour de nous, tous fondus de sueur, avec des visages pâles, des yeux farouches, des moustaches brutes, des cheveux longs et noirs; cette vue pouvoit effrayer des gens moins polis que nous. Pour moi, je ne comprenois pas qu'il fût possible de résister à nulle des volontés de ces messieurs-là dans leur enfer. Enfin, nous en sortîmes avec une pluie de pièces de quatre sous dont nous eûmes soin de les rafraîchir pour faciliter notre sortie.

Nous avions vu, la veille, à Nevers, une course la plus hardie qu'on puisse s'imaginer : quatre belles dans un carrosse nous ayant vus passer dans les nôtres, eurent une telle envie de nous revoir, qu'elles voulurent gagner les devants lorsque nous étions sur une chaussée qui n'a jamais été faite que pour un carrosse. Ma fille, leur cocher nous passa témérairement sur la moustache : elles étoient à deux doigts de tomber dans la rivière, nous crions tous miséricorde, elles pâmoient de rire et coururent de cette sorte, et par-dessus nous et devant nous, d'une si surprenante manière, que nous en sommes encore effrayés.

Voilà, ma très chère, nos plus grandes aventures, car de vous dire que tout est plein de vendanges et de vendangeurs, cette nouvelle ne vous étonneroit pas au mois de septembre. Si vous aviez été Noé, comme vous disiez l'autre jour, nous n'aurions pas trouvé tant d'embarras. Je veux vous dire un mot de ma santé; elle est parfaite, les eaux m'ont fait des merveilles, et je trouve que vous vous êtes fait un *dragon* de cette douche : si j'avois pu le prévoir, je me serois bien gardée de vous en parler; je n'eus aucun mal de tête; je me trouvai un peu de chaleur à la gorge; et comme je ne suai pas beaucoup la première fois, je me tins pour dit que je n'avois pas besoin de transpirer comme l'année passée : ainsi, je me suis contentée de boire à longs traits, dont je me porte très bien : il n'y a rien de si bon que ces eaux.

612.*

A la même.

A Autri, lundi 4 octobre 1677.

Je vous écrivis de Gien, et je vous mandai toutes les folies du monde. La nuit nous donna le conseil que j'avois prévu, qui fut de nous séparer avec peine; car la bonne compagnie est de fort bonne compagnie. Nous arrivâmes ici par un grand chemin tout naturel, et ravis d'avoir évité celui de traverse, qui ne vaut rien, sans qu'il nous en eût coûté autre chose que la folie de passer et de repasser la rivière. Nous avons trouvé cette petite comtesse de Sanzei¹ avec son joli visage, mais une tristesse mortelle d'être devenue sourde au point qu'elle l'est: elle a toujours les larmes aux yeux; elle est pis que madame de Rochebonne[a]; cette incommodité n'est pas médiocre dans un âge où l'on aime fort à être de tout.

J'admire, ma chère enfant, que j'aie pu vous écrire tout ceci, ayant sur le cœur la tristesse et la surprise de la mort subite et terrible du pauvre abbé Bayard: je crois rêver en l'écrivant: ce fut la première chose que je trouvai dans une lettre de d'Hacqueville qui m'at-

¹ Sœur de M. de Coulanges.
[a] Sœur de M. de Grignan. (*Voyez* la lettre du 18 septemb. 1679.)

tendoit ici. Il vous l'aura mandée comme à moi : mais je veux vous en parler. Je vous écrivis de Langlar un certain dimanche, dans la lettre du chevalier. Tout étoit en joie et en danse chez cet abbé; les violons, les fifres, les tambours faisoient un bruit de fête de province, le plus agréable du monde, sur cette belle terrasse : sa santé avoit été célébrée; j'avois fait son portrait à ceux de notre troupe qui ne l'avoient jamais vu, et j'avois dit beaucoup de bien de son cœur et de son ame, parcequ'il y en avoit beaucoup à dire. Ma fille, savez-vous ce qui arrivoit pendant tout cela? il mouroit, il expiroit; et le lendemain, quand je lui écrivis en partant une relation de ce qui s'étoit passé chez lui, dont il auroit été ravi, il n'étoit plus au monde, et c'étoit à un mort que j'écrivois. Je vous avoue que je fis un cri du fond de mon cœur, en apprenant cet arrangement de la Providence, et mon esprit en sera long-temps étonné. J'avois une véritable envie de le voir, et de lui conter la bonne vie que nous avions faite à Langlar, et le regret de ne l'avoir pas eu, comme la meilleure chose que nous pussions avoir; et la première ligne que je lis, c'est sa mort; mais quelle mort! il se portoit très bien; il avoit passé la veille chez madame de Coulanges, avec M. de La Rochefoucauld; il avoit parlé de moi, et de la joie qu'il avoit de penser que j'étois chez lui. Le dimanche il prend un bouillon, il le vomit; il eut soif l'après-dînée, il demanda à boire; on le quitte pour un moment, on revient, et on le trouve mort sur sa chaise: quelle surprise! mais quelle promptitude! On est souvent un fort honnête homme, qu'on n'est pas un très bon chrétien; sans confession, sans préparation; enfin c'est un abyme de méditation. Il avoit un abcès dans la poitrine, qui s'est crevé tout d'un coup, et l'a étouffé. Ma très chère, je vous demande pardon, je ne saurois me taire sur une si triste aventure. Je suis assurée que le chevalier en sera surpris par des circonstances que je vous ai dites. J'ai écrit à mon médecin pour me rendre compte de cette santé que je lui avois laissée entre les mains.

Je ne trouve pas bon que vous me remerciez de l'amitié que j'ai pour le chevalier; il marche tout seul, et n'a nul besoin de votre assistance. Vous dites que je donne un mauvais exemple pour vous aller voir; et quelle autre amitié peut faire ce voyage, puisque je ne l'ai pas fait? Une amitié qui va en chaise roulante, une amitié qui n'a point de *bien bon*, une amitié qui n'a point d'affaires à Paris, qui n'a point à déménager; voilà le chevalier; cependant vous ne voulez pas qu'il passe Lyon : je doute qu'il vous obéisse. Pour moi, je m'en vais vous ranger *la Carnavalette;* car enfin nous l'avons, et j'en suis fort aise. Je me porte très bien; je suis fort contente des eaux, elles sont faites pour moi : je n'avois plus besoin de la douche; comme je n'avois plus de sérosités, elle m'eût échauffée : ce fut donc par sagesse et par raisonnement que je la quittai sans aucun mal de tête, ni incommodité qui se puisse nommer. Je suis au désespoir de l'inquiétude que vous en avez eue; le chevalier vous dira si je mens. Au nom de Dieu, ne recommençons point à nous faire dire mille cruautés : portez-vous aussi bien que moi, et je vous promets de n'être point en peine. Quelle joie, ma chère enfant, de vous voir belle et fraîche, et sans *dragons* Ah! mon Dieu, les étranges et dévorantes bêtes! Vou n'êtes pas la seule à qui elles font du mal. La bonne Sanzey vous dit mille amitiés. Nous partons demain matin pour être jeudi 7 à Paris. Mon fils ne m'écri point réglément; il se portoit bien il y a quinze jours il sera ravi que nous ayons une maison, et que vous re veniez : il me paroît aussi tendre pour vous que vou l'êtes pour lui, et tous deux vous ne me haïssez pas trop cela n'est-il pas joli? Adieu, ma très chère, je suis trè humble servante de M. de La Garde; votre voyage n peut manquer d'être heureux avec lui.

613.

A la même.

A Paris, jeudi 7 octobre 1677.

On ne peut pas avoir pris des mesures plus justes qu les vôtres pour me faire recevoir votre lettre en sor tant de carrosse. La voilà, je l'ai lue, et l'ai préférée toutes les embrassades de l'arrivée. M. le coadjuteu M. d'Hacqueville, le gros abbé*, M. de Coulanges, m dame de La Troche, ont très bien fait leur devoir d'

* L'abbé Le Camus de Pontcarré.

mis. Le coadjuteur et le d'Hacqueville m'ont déjà fait entendre l'aigreur de Sa Majesté sur ce pauvre curé¹, et que le roi avoit dit à M. de Paris : « C'est un homme « très dangereux, qui enseignoit une doctrine perni- « cieuse : on m'a déjà parlé pour lui; mais plus il a d'a- « mis, plus je serai ferme à ne le point rétablir. » Voilà ce qu'ils m'ont dit d'abord, qui fait toujours voir une aversion horrible contre nos pauvres frères. Vous m'attendrissez pour la petite^a; je la crois jolie comme un ange, j'en serois folle; je crains, comme vous dites, qu'elle ne perde tous ses bons airs et tous ses bons tons avant que je la voie : ce sera dommage; vos filles (*de Sainte-Marie*) d'Aix vous la gâteront entièrement : du jour qu'elle y sera, il faut dire adieu à tous ses charmes. Ne pourriez-vous point l'amener? Hélas! on n'a que sa pauvre vie en ce monde; pourquoi s'ôter ces petits plaisirs-là? Je sais bien tout ce qu'il y a à répondre là-dessus, mais je n'en veux pas remplir ma lettre : vous auriez du moins de quoi loger cette jolie enfant; car, Dieu merci, nous avons l'hôtel de Carnavalet^b. C'est une affaire admirable, nous y tiendrons tous, et nous aurons

---

¹ *Voyez* la lettre du 24 septembre.

^a Une note de l'édition de 1754 indique Marie-Blanche d'Adhémar, née le 15 novembre 1670; je crois que c'est une erreur, et que c'est de *Pauline* de Grignan qu'il s'agit. La petite Blanche étoit déjà au couvent depuis quelque temps.

^b C'est un bel hôtel situé rue Culture Sainte-Catherine, à l'angle de la rue des Francs-Bourgeois, au Marais. Clagny en a fait le dessin, et Jean Goujon a sculpté les figures qui en décorent la façade. Celle-ci a été gravée et jointe à cette édition.

le bel air; comme on ne peut pas tout avoir, il faut se passer des parquets et des petites cheminées à la mode; mais nous aurons une belle cour, un beau jardin, un beau quartier, et de bonnes petites filles bleues qui sont fort commodes, et nous serons ensemble, et vous m'aimez, ma chère enfant: je voudrois pouvoir retrancher de ce trésor qui m'est si cher, toute l'inquiétude que vous avez pour ma santé; demandez à tous ces hommes comme je suis belle; il ne me falloit point de douches; la nature parle, elle en vouloit l'année passée, elle en avoit besoin; elle n'en vouloit plus celle-ci, j'ai obéi à sa voix. Pour les eaux, ma chère enfant, si vous êtes cause de mon voyage, j'ai bien des remerciements à vous faire, puisque je m'en porte parfaitement bien. Vous me dites mille douceurs sur l'envie que vous avez de faire un voyage avec moi, et de causer, et de lire; ah! plût à Dieu que vous pussiez, par quelque hasard, me donner ces sortes de marques de votre amitié! Il y a une personne qui me disoit l'autre jour, qu'avec toute la tendre amitié que vous avez pour moi, vous n'en faites point le profit que vous auriez pu en faire; que vous ne connoissez pas ce que je vaux, même à votre égard : mais c'est une folie que je vous dis là, et je ne voudrois être aimable que pour être autant dans votre goût que je suis dans votre cœur : c'est une belle chose que de faire cette sorte de séparation; cependant elle ne seroit peut-être pas impossible. Sérieusement, ma fille, pour finir cette causerie, je suis plus touchée de vos sentiments pour moi, que de ceux de tout le reste du monde; je suis assurée que vous le croyez.

J'ai envoyé chez Corbinelli, il se porte bien, et viendra me voir demain. Pour le pauvre abbé Bayard, je ne m'en puis remettre; j'en ai parlé tout le soir : je vous manderai comme en est madame de La Fayette; elle est à Saint-Maur. Madame de Coulanges est à Livry; j'y veux aller pendant qu'on fera notre *remue-ménage*. Madame de Guitaud avoit fait un fils qui mourut le lendemain; il fut question de lui en montrer un autre, et de lui faire croire qu'on l'envoyoit à Époisses. Enfin c'est une étrange affaire; son mari est venu pour voir comme on pourra lui faire avaler cette affliction. La maréchale d'Albret[a] est morte, le courrier vient d'arriver. Voilà Coulanges qui vient causer avec vous.

Monsieur de Coulanges.

Nous la tenons enfin cette incomparable mère-beauté, plus incomparable et plus mère-beauté que jamais : car croyez-vous qu'elle soit arrivée fatiguée? croyez-vous qu'elle ait gardé le lit? Rien de tout cela; elle me fit l'honneur de débarquer chez moi, plus belle, plus fraîche, plus rayonnante qu'on ne peut dire; et depuis ce jour-là, elle a été dans une agitation continuelle, dont elle se porte très bien, quant au corps s'entend; et pour son esprit, il est, ma foi, avec vous; et s'il vient faire un tour dans son beau corps, c'est pour parler encore

---

[a] Madeleine de Guénégaud, fille du secrétaire d'état. Elle ne survécut que d'un an à son mari, mort le 13 septembre 1676. (*Voyez* la lettre 536, tome IV, page 463.)

de cette rare comtesse qui est en Provence : que n'en avons-nous point dit jusqu'à présent? et que n'en dirons-nous point encore? Quel gros livre ne feroit-on pas de ses perfections, et combien grosse en seroit la table des chapitres!

Au reste, madame la Comtesse, croyez-vous être faite seulement pour des Provençaux? Vous devez être l'ornement de la cour; il le faut pour les affaires que vous y avez; il le faut, afin que je vous remercie moi-même en personne des portraits que vous m'avez envoyés; et il le faut aussi pour nous rendre madame votre mère tout entière. En vérité, ma belle Comtesse, tous vos amis et vos serviteurs opinent à votre retour : préparez-vous donc pour ce grand voyage, dormez bien, mangez bien; nous vous pardonnerons de n'être pas emmaigrie de notre absence; songez donc très sérieusement à votre santé, et croyez que personne ne peut être plus à vous, ni plus dans vos intérêts que j'y suis.

614.

A la même.

A Paris, mardi 12 octobre 1677.

Hé, oui, ma fille, *quand octobre prend sa fin, la Toussaint est au matin* : je l'avois déjà pensé plus de quatre fois, et je m'en allois vous apprendre cette noutelle, si vous ne m'aviez prévenue. Voilà donc ce mois entamé et fini : j'en suis d'accord. Vous connoissez bien une dame qui n'aime point à changer un louis d'or, parcequ'elle trouve le même inconvénient pour la monnoie : cette dame a plus de sacs de mille francs que nous n'avons de louis : suivons son exemple d'économie. Ma fille, je m'en vais un peu m'entretenir avec vous, quoique cette lettre ne parte pas aujourd'hui.

Nous déménageons, ma chère enfant, et parceque mes gens feront mieux que moi, je les laisse tous ici, et me dérobe à cet embarras. M. de Marseille m'est venu chercher dès le lendemain de mon arrivée. Mesdames de Pomponne et de Vins vinrent hier ici, toutes pleines d'amitié pour vous et pour moi. Madame de Vins me répondit des bonnes intentions de l'évêque pour la paix; il a, comme vous dites, un autre chaperon dans la fantaisie, que celui d'Aix; et ce qui le prouve, c'est qu'il ne veut pas aller à l'assemblée. Je vous ai mandé le peu d'espérance qu'il y a pour votre curé du Saint-Esprit. M. de Guitaud, qui est ici, a recommandé puissamment ce pauvre exilé, et l'a pris hautement sous sa protection. Il est fort empêché à tromper sa femme, qui croit son fils en santé à Époisses[1] : il craint les éclats qu'elle fera, en apprenant la mort de cet enfant, c'est une affaire : ces sœurs-là ont d'étranges têtes, quoique la Guitaud soit pleine de mille bonnes choses, il y a toujours la marque de l'ouvrier. J'ai été voir madame de La Fayette à Saint-Maur; je suis fort satisfaite de

[1] *Voyez* la lettre précédente, page 249.

son affliction sur la perte de ce bon Bayard; elle ne peut s'en taire, ni s'y accoutumer. Elle ne prend plus que du lait; sa santé est d'une délicatesse étrange : voilà ce que je crains pour vous, ma chère enfant; car vous ne sauriez point vous bien conserver comme elle. Mon Dieu, que je serai ravie de voir de mes deux yeux cette santé que tout le monde me promet, et sur quoi vous m'avez si bien trompée, quand vous avez voulu! Il faut avouer qu'il y a bien de la friponnerie dans le monde; toujours de grandes lettres; je ne comprends pas comment vous pouviez faire. Vous vous fâchiez quand vous receviez trois des miennes à-la-fois : hé, ma belle, sont-elles écrites de même? Ne voyez-vous point bien que c'est quelquefois l'ouvrage de plusieurs jours?

Je ne suis point du tout contente de ce que j'ai appris de la santé du cardinal (*de Retz*); je suis assurée que s'il demeure à Commercy, il ne la fera pas longue : il se casse la tête d'application[a], cela me touche sensi-

[a] Le cardinal de Retz travailloit alors à la composition de ses *Mémoires*. On lit dans ceux de Joly que le cardinal, vers l'année 1664, avoit conçu le projet de les écrire en latin, à l'imitation du président de Thou. Joly assure qu'il en écrivit seulement quelques pages, et qu'à cette époque il étoit beaucoup plus occupé d'une Histoire généalogique de sa maison. Grouvelle dit que le cardinal, plein de défiance pour Joly, feignoit de se livrer à ces recherches héraldiques, tandis que ses Mémoires étoient le travail auquel il se consacroit entièrement : cette opinion paroit fort douteuse. Joly ne va pas au-delà de l'année 1665, et c'est dix ans après que madame de Sévigné engageoit le cardinal de Retz à écrire l'histoire de sa vie; elle n'auroit certainement pas ignoré l'existence du manuscrit, si l'ouvrage eût été terminé. Il est d'ailleurs très vraisemblable que l'immense travail sur

blement. Je comprends votre tristesse de la mort de ce jeune chanoine : je ne me le remets point. Je vois, comme vous, la Providence marquée dans l'opiniâtreté de ne lui pas donner ce qui le pouvoit guérir : il n'avoit garde de prendre l'émétique, qui l'auroit sauvé; il faut que les écritures soient accomplies. Nous croyons toujours qu'il dépend de nous de faire ceci ou cela, et jamais on ne peut être convaincu, par exemple, de l'impossibilité de donner cet émétique, parceque ne faisant point ce qu'on ne fait pas, on croit cependant qu'on l'auroit pu faire : ainsi la dispute durera jusqu'à la vallée où nous verrons tout.

J'approuve fort tous vos dîners aux fontaines différentes; les changements de corbillons sont admirables. M. de Grignan est-il de cet avis? a-t-il besoin de cette conduite pour manger son pain-bénit? Il n'y a point de mémoire d'homme d'un temps si beau et si persévérant; on a oublié la pluie : quelques vieillards disent qu'ils en ont vu autrefois, mais on ne les croit pas. Ma fille, ne faites jamais de scrupule de me parler des évangiles du jour, dont on a la tête pleine; hé, bon Dieu! pourquoi n'en pas parler? quelle difficulté, et à quoi serviroit cette contrainte avec ses amis? Je nie que ce soit un défaut; mais si c'en est un, je consens de l'avoir toute ma vie.

M. de Saint-Hérem a été adoré à Fontainebleau, tant il a bien fait les honneurs : mais sa femme s'étoit mise

la maison de Gondi, que Corbinelli publia en 1705, n'étoit pas l'ouvrage de ce philosophe. C'étoient sans doute les matériaux rassemblés par le cardinal que Corbinelli, ami de la duchesse de Lesdiguières, se chargea seulement de mettre en ordre.

dans la fantaisie de se parer, et d'être de tout; elle avoit des diamants et des perles; elle envoya emprunter un jour toute la parure de madame de Soubise, ne doutant point qu'avec cela elle ne fût comme elle; ce fut une grande risée. N'y a-t-il dans le monde ni amis, ni miroirs? La belle Ludres est toujours au *Poucet*" avec sa divine beauté. On murmure de quelque rhume extraordinaire de *Quanto*, comme l'année passée.

A Livry, mardi au soir.

Je suis venue coucher ici sur le dos de madame de Coulanges. L'abbé Têtu y est, et le bon Corbinelli. Il fait un temps divin. Le *bien bon* est demeuré à Paris avec tous mes gens pour déménager : il est enrhumé; tout cela ensemble l'a déterminé. Je m'en retournerai jeudi avec madame de Coulanges; je coucherai peut-être chez elle ce jour-là, en attendant que je sois rangée. Adieu, ma très belle; l'espérance de vous voir, de vous attendre, de vous bien recevoir, me vaut mille fois mieux que toutes les eaux de Vichy, quoique j'en sois parfaitement contente. La nouvelle de *Quanto* est fausse, et la belle Ludres est à Versailles avec MONSIEUR et MADAME. Tout ce qui est ici vous fait mille amitiés.

" Au Bourbet, chez la maréchale de Clérambault. On se rappelle que madame de Ludres grasseyoit; elle prononçoit *Poucet*.

615. **

Du Comte de Bussy à Madame de Sévigné.

A Chaseu, ce 15 septembre 1677.

Je vous ai bien trouvé à redire depuis quinze jours, ma chère cousine. Je vois bien qu'il ne vous faut jamais voir, ou qu'il ne vous faut jamais quitter; mais au moins voudrois-je que nous fussions voisins à la campagne; je vous y aimerois encore mieux qu'à Paris: on y est trop dissipé. Pour des nouvelles de ce pays-là je ne vous en manderai point; car assurément vous les savez: mais je vous y ferai faire quelques réflexions, si vous le trouvez bon; comme, par exemple, sur la mort de la vieille Puisieux*. Nous en voilà délivrés; ne trou-

---

* Charlotte d'Estampes-Valençai. Elle avoit épousé en janvier 1615 Pierre Brûlart, marquis de Sillery, vicomte de Puisieux, secrétaire d'état. Elle mourut le 8 septembre 1677, âgée de 80 ans. Il falloit que le comte de Bussy eût bien à se plaindre de madame de Puisieux, pour qu'il se permît d'en parler d'une manière aussi inconvenante. Madame de Sévigné, si l'on en juge par sa réponse, ne l'aimoit pas davantage. Elle fut cependant regrettée de madame de Scuderi, qui écrivoit au comte de Bussy le 10 septembre 1677: « Je « suis triste, Monsieur, je viens de l'enterrement de madame de Pui- « sieux. On n'a jamais vu une personne mourir si vivante, avec tant « de feu et tant de présence d'esprit. Il n'y avoit pas quinze personnes « à l'enterrement de cette femme si connue et si recherchée. » (*Lettres de Bussy*, tome IV, page 338.)

vez-vous pas, Madame, qu'elle contraignoit un peu trop ses amis; il falloit marcher si droit avec elle.

Vous me devez un compliment sur la mort du grand prieur de Champagne, ce n'est pas que je m'en soucie: mais il étoit cousin-germain de mon père, et je le voyois quelquefois; si vous vouliez, pour n'en pas faire à deux fois, fourrer aussi dans le même compliment la condoléance de la mort de la vieille Bouligneux, qui étoit ma tante, je crois que vous ne feriez pas mal, si ce n'est que vous voulussiez attendre la mort de la vieille Toulongeon*" pour les mettre tous ensemble. Je laisse cela à votre discrétion. Mais à propos de celle-ci, elle a passé céans le jour que vous partîtes de Toulongeon, et elle me fit de grandes plaintes de l'empressement que vous aviez eu à traiter avec le président de Berbisy de votre part de la succession du président Frémiot. J'eus beau lui dire que dix mille écus, que vous auriez présentement, valoient au moins vingt mille quand la présidente Frémiot*b* viendroit à mourir, elle ne se rendit point à mes raisons, et quand je vis cela, je la laissai à la merci de ses douleurs. Au reste, Madame, je vous supplie de dire de ma part à votre cocher que celui de M. Jeannin l'a bien effacé en ce

---

a C'étoit la vieille tante que madame de Sévigné n'aimoit guère. (*Voyez* la lettre 274, tome III, page 34.)

b Madame Frémiot, veuve de Claude Frémiot, président au parlement de Dijon, jouissoit de l'usufruit des biens de son mari, dont une partie avoit été léguée à madame de Sévigné. (*Voyez* la lettre 74, tome I*er*, page 177.) La présidente Frémiot se remaria en 1678 au président Baillet. (*Voyez* les lettres des 23 juin et 9 août 1678.)

pays-ci". Il versa un tour et demi son maître le lendemain de votre départ, et démit l'épaule à l'aînée de ses sœurs; cela les obligea de revenir tous à Montjeu, où ils sont encore. Madame de La Boulaye*b* passa ici il y a huit jours pour s'en aller chez elle faire balayer sa maison, afin d'y recevoir dignement le *Gobin Villars*, qui vient, dit-on, l'épouser. Plût à Dieu que vous et moi fussions aussi aises qu'elle le jour qu'elle étalera son dais et son cadenas*c* à Autun.

Chandenier*d* est à Paris en pleine liberté; il donne sa

---

a Voyez la lettre 600, page 214 de ce volume.

b Madeleine Fouquet, fille de Christophe, comte de Chalan, procureur général au parlement de Bretagne, veuve de François de Rochefort, marquis de La Boulaye. Ce mariage n'eut pas lieu; on ne sait ce que peut être ce *Gobin-Villars*.

c Coffret d'or ou de vermeil, où l'on met le couteau, la cuiller, la fourchette, etc., qu'on sert à la table du roi et des princes. (*Dictionnaire de l'Académie.*)

d François de Rochechouart, marquis de Chandenier, reçut du roi Louis XIII, en 1642, la charge de premier capitaine des gardes-du-corps. Disgracié au mois d'août 1648, pour avoir refusé d'obéir à l'ordre exprès de la reine-mère, de prendre le bâton du commandement au préjudice du duc de Tresmes, sa charge fut donnée au comte de Noailles, qui étoit auparavant capitaine des gardes du cardinal Mazarin. Chandenier refusa sa démission, et fut rappelé quelque temps après; mais elle lui fut demandée une seconde fois au mois de janvier 1651. Le cardinal Mazarin consigna chez un notaire le prix de la charge, et le comte de Noailles en remplit les fonctions. Chandenier étoit pauvre; il persista néanmoins dans son refus, on le conduisit comme un criminel au château de Loches, son revenu fut saisi, et il fut réduit à la nourriture grossière des prisons. Chandenier subit son sort courageusement, et vécut du pain du roi et de ce que les

démission pure et simple, et se remet à la discrétion
du roi pour la récompense de sa charge. S'il avoit fait
cela il y a seulement dix ans, il auroit fait le profit que
vous voulez faire avec madame Frémiot; il auroit gagné
l'intérêt de cent mille écus au moins, qui se seroit monté à
cinquante mille; il se seroit épargné les chagrins d'une
longue prison après un long exil, et il ne se seroit pas
distingué, comme il l'a fait, par une longue folie; mais
enfin le voilà hors d'affaire : nous ne savons pas encore
ce que le roi aura fait pour lui. Adieu, ma chère cousine, je vous assure que je vous aime bien. Il m'a pris
un redoublement d'amitié pour vous, que je sens bien
qui se tournera en *continue*.

habitants de Loches lui envoyoient. Il ne proféroit aucune plainte, et
ne demandoit ni son bien ni sa liberté. Au bout de deux ans, l'autorité, vaincue par sa fermeté, changea sa prison en un exil où il
fut oublié pendant un grand nombre d'années. Cet exil ayant fini par
être révoqué, Chandenier revint à Paris, et passa le reste de sa vie
dans la retraite à Sainte-Geneviève. Il étoit devenu pieux; on lui fit
scrupule de ne pas payer ses créanciers, tandis qu'il pouvoit toucher
de M. de Noailles une somme considérable, en donnant sa démission.
Cette considération fut seule capable de l'y déterminer. (*Voyez* les
Mémoires de madame de Motteville, et sur-tout ceux du duc de Saint-
Simon, tome XII, page 8.)

616. **

De Madame DE SÉVIGNÉ *au Comte* DE BUSSY.

A Paris, ce 13 octobre 1677.

Il y a quatre jours que je suis revenue de Vichi. J'y portai un souvenir bien tendre de votre amitié, de votre bonne et agréable réception, de la beauté de Chaseu, de votre conversation, du mérite de ma nièce de Coligny, que j'aime et qui me plaît*. Parmi tant de bonnes choses, j'avois un petit regret de ne vous avoir pas demandé à voir quelque chose de vos *Mémoires,* pour lesquels j'ai un goût extraordinaire. Je ne comprends pas comment je ne m'en avisai point. Je suis fort aise que, de votre côté, vous m'ayez trouvé un peu à dire. Vous vous étiez donc réchauffé pour moi en me voyant. Cela fait bien de l'honneur aux gens quand l'amitié redouble par la présence. Pour moi, je crois que nous nous aimons encore plus que nous ne pensons. Cette Puisieux étoit bien épineuse, Dieu veuille avoir son ame. Il falloit, comme vous dites, charrier bien droit avec elle. Quand elle fut prête à mourir l'année passée, je disois, en voyant sa triste convalescence et sa décrépitude :

* Madame de Sévigné avoit passé quelques moments à Chaseu. (*Voyez* la lettre 601, plus haut, page 215 de ce volume.)

Mon Dieu! elle mourra deux fois bien près l'une [de] l'autre. Ne disois-je pas vrai? Un jour Patrix[a] étant [re]venu d'une extrême maladie à quatre-vingts ans, et s[es] amis s'en réjouissant avec lui, et le conjurant de se [sau]ver: « Hélas! messieurs, leur dit-il, ce n'est pas la pei[ne] « de se r'habiller. » Mon Dieu, mon cousin, que cette r[é]ponse m'a paru plaisante! Je crains de vous avoir dé[jà] fait ce conte. Mais à propos de mort, vous voulez qu[e] je vous fasse un compliment sur celle du grand-prie[ur] de Champagne, je le veux bien ; et quand j'y ajoutero[is] encore la tante et la belle-mère[b], je suis assurée qu[e] quelque petite que fût ma consolation, elle auroit tou[te] la force nécessaire. Vous souvient-il que vous me dît[es] une fois sur une mort de père ou de mère : Que vo[us] aviez attendu long-temps ma lettre ; mais qu'ayant [vu]

[a] Pierre Patrix, poëte médiocre, étoit attaché à Gaston, duc d'O[r]léans, et resta après sa mort auprès de Marguerite de Lorraine, veuve. Ses poésies sont oubliées, à l'exception de cette pièce d'u[ne] originalité remarquable:

> Je rêvois cette nuit que, de mal consumé,
> Côte à côte d'un gueux l'on m'avoit inhumé.
> Me sentant fort choqué d'un pareil voisinage,
> En mort de qualité, je lui tins ce langage :
> — Retire-toi, coquin, va pourrir loin d'ici ;
> Il ne t'appartient pas de m'approcher ainsi.
> — Coquin! (me reprit-il, d'une arrogance extrême)
> Va chercher tes coquins ailleurs ; coquin toi-même!
> Ici tous sont égaux, je ne te dois plus rien ;
> Je suis sur mon fumier, comme toi sur le tien.

[b] Madame de Bouligneux et madame de Toulongeon. (*Voye[z la]* lettre précédente.) Bussy avoit épousé en premières noces Gabri[elle] de Toulongeon.

qu'elle tardoit trop à venir, vous vous étiez consolé tout seul du mieux que vous aviez pu? Mon cocher le fut extrêmement de l'histoire lamentable de la *versade* de M. Jeannin. Celle-là fut encore plus belle à raconter que la nôtre. Je l'appris en chemin, et j'en écrivis à M. Jeannin; car quand il y a fracture, cela mérite un compliment. J'ai bien ri avec Corbinelli de la manière dont nos deux oncles nous écrasoient, ma nièce et moi. Corbinelli dit que si c'eût été vous qui eussiez été sur votre beau-frère, vous n'auriez pas perdu cette occasion de procurer innocemment une succession à votre fille. Il a pensé mourir, notre pauvre Corbinelli! Il prit de l'or potable qui le sauva par une sueur qui le laissa sans fièvre. Ne diroit-on pas que pour vivre il n'est rien tel que d'être riche; cependant nous ne savons que trop qu'il ne l'est pas : il n'est rien que d'être riche : un gueux en seroit mort. Je crois que ma tante de Toulongeon aimeroit mieux mourir que de vivre à ce prix-là. La plaisante chose que l'avarice! Voyez à quoi lui servira la succession de M. Frémiot après qu'elle sera morte; et avec quelle exactitude elle n'y veut rien perdre, par l'horreur de perdre seulement, car elle le perd d'une autre manière; mais c'est sous l'apparence de n'être pas dupe, et de ne point trop relâcher; et plût à Dieu que j'eusse traité, comme elle le dit, de ma part de cette succession, je souffrirois courageusement ses reproches; mais elle n'a que faire de craindre; on ne m'a pas prise au mot, ni même écouté ma proposition. Madame de La Boulaye a bien mieux fait valoir celle de M. de Villars; on ne dit rien ici de cette noce.

Enfin Chandenier s'est rendu, mais par la raison que les plus courtes folies sont les meilleures, les plus longues sont les pires; il en est un bel exemple.

On parle d'une espèce de victoire du maréchal de Créqui. Il a battu les Allemands*a*. Avez-vous jamais ouï parler d'une étoile si brillante que celle du roi? Vous savez bien qu'il a donné deux mille écus de pension à Racine et à Despréaux, en leur commandant de travailler à son histoire, dont il aura soin de donner des Mémoires. Je voudrois bien voir un échantillon de cet ouvrage. Adieu, mon cher cousin; j'embrasse cette *heureuse tourterelle consolée*b, et je vous conjure de m'aimer toujours. La *belle Madelonne* viendra dans un mois.

a Le prince Charles de Lorraine étoit entré en Alsace à la tête d'une armée de 6,000 hommes, et il se regardoit comme si assuré de recouvrer la Lorraine, qu'il avoit fait broder cette devise sur ses drapeaux : *Aut nunc, aut nunquam.* Le prince de Saxe-Eisenac marchoit aussi à la tête d'une armée par Schelestat. Le maréchal de Créqui n'avoit que 30,000 hommes; mais il prit des mesures si savantes, qu'il rompit tous les plans de l'ennemi, et, le 24 septembre 1677, il força le prince de Saxe à capituler auprès de Strasbourg. (*Voyez* les *Mémoires chronologiques* du père d'Avrigny, et l'*Abrégé* du président Hénault.)

b Madame de Coligny.

617.

Du Comte de Bussy à Madame de Sévigné.

A Bussy, ce 16 octobre 1677.

Votre lettre m'a donné la joie que j'ai accoutumé d'avoir quand j'en reçois de vous, Madame. Je dis même avant que de l'avoir ouverte. Vous jugez bien que mon plaisir n'a pas diminué en la lisant. Votre nièce en a eu autant que moi; mais, à propos d'elle, elle a la fièvre quarte depuis trois semaines. Ne croyez pas par-là que sa bonne fortune l'ait quittée; au contraire, dans le temps que cette maladie est presque générale, et fort violente, madame de Coligny l'a la plus légère du monde. Je n'irai pas cet hiver à Paris, mais l'année qui vient. J'espère vous porter ce que vous avez envie de voir. Vous avez ce plaisir-là devant vous, si plaisir y a. Vous disiez fort bien, Madame, quand la vieille Puisieux faillit à mourir l'année passée, qu'elle mourroit deux fois bien près l'une de l'autre : et moi, j'ajoute qu'elle nous auroit fort obligés de n'en pas faire à deux fois; comme disoit Patrix, cela ne valoit pas la peine de se r'habiller. Il est vrai que ce conte-là est plaisant. Je suis fort aise que notre ami Corbinelli se soit tiré d'une méchante affaire, et que ce soit à l'or à qui il en ait l'obligation. Si cela les pouvoit raccommoder ensemble, j'en serois encore plus aise. Je crois qu'il ne tiendra pas à notre ami que cela ne soit; car il n'est point ingrat. Mais quand vous dites sur l'or potable qui l'a guéri : *Qu'il n'y a rien tel que d'être riche, et qu'un gueux en seroit mort*, le siècle présent qui le connoît entendra la contre-vérité : mais pour la postérité, qui prend tout au pied de la lettre, elle le croira un partisan. Il est vrai que madame de Toulongeon est incompréhensible par son avidité pour le bien; il est vrai aussi que j'ai remarqué que Dieu n'attend pas à l'en punir en l'autre monde; elle en souffre souvent dès celui-ci, et c'est sur son sujet que je trouve que l'extrême avarice est l'extrême prodigalité. L'avantage qu'a eu le maréchal de Créquy près de Saverne est peu de chose en effet; cependant c'est beaucoup pour la réputation. Je ne pense pas que Despréaux et Racine soient capables de bien faire l'histoire du roi; mais ce sera sa justice et sa clémence qui le rendront recommandable à la postérité; sans cela on découvriroit toujours que les louanges qu'on lui auroit données ne seroient que des flatteries.

La *tourterelle consolée* vous embrasse de tout son cœur; nous vous aimons à qui mieux mieux, et nous nous réjouissons pour l'amour de vous et de la *belle Madelonne* de son prochain retour à Paris.

618.

De Madame DE SÉVIGNÉ *à Madame* DE GRIGNAN.

A Paris, vendredi 15 octobre 1677.

Nous avons été deux jours à Livry, madame de Coulanges tout établie faisant les honneurs, et moi la compagnie. Nous avions l'abbé Têtu et Corbinelli : mademoiselle de Méri, qui revenoit de La Trousse, y arriva, croyant y passer quelques jours avec madame de Coulanges; mais madame de Coulanges a fini sa campagne, et nous revînmes hier toutes à Paris. Mademoiselle de Méri, tout droit chez madame de Moreuil, car sa maison est culbutée; et madame de Coulanges, l'abbé Têtu et moi, faisant des visites dans la province, comme madame de La Fayette à Saint-Maur, et madame de Schomberg à Rambouillet. Je croyois coucher chez madame de Coulanges, mais ce n'est qu'aujourd'hui. Je revins ici voir le bon abbé, qui a été saigné, et qui est encore fort embarrassé de son rhume : j'ai sur le cœur de l'avoir quitté un moment. Nous sommes en l'air, tous mes gens occupés à déménager : j'ai campé dans ma chambre, je suis présentement dans celle du *bien bon*, sans autre chose qu'une table pour vous écrire, c'est assez : je crois que nous serons tous fort contents de *la Carnavalette*.

Nous trouvons trop plaisant de n'avoir pas vu Termes, depuis neuf jours que nous sommes arrivés; il est aisé de comprendre qu'il est rentré au collége, et que son *régent* ne lui donne pas un moment de relâche. Je n'en suis pas fâchée, comme vous pouvez penser, et je n'en ferai point de reproches; mais demandez au chevalier si, après l'attachement qu'il lui a vu, pour causer avec moi à Vichi, ce n'est pas une chose singulière que cette extrémité. Ce seroit une grande indiscrétion, si la dame méritoit quelque ménagement, car c'est quelque chose de parlant qu'un procédé si peu naturel; mais elle est telle, qu'il n'est pas possible de lui faire tort. Il me sembloit qu'il étoit ravi à Vichi d'être en vacances, comme vous dites, et d'être avec une honnête femme, assuré qu'on ne lui demanderoit rien. Ce repos le charmoit: c'est quelquefois un plaisir de passer d'une extrémité à l'autre. Il étoit touché de la causerie perpétuelle et infinie de Vichi; en voilà la suite, dont je ne suis nullement fâchée; mais je vous conte cela comme je fais mille autres choses. Quand la débauche et le dévergondement sont poussés à un certain point de scandale, je suis persuadée que cet excès fait plus de tort aux hommes qu'aux femmes : il est sûr du moins que leur fortune en souffre considérablement. Mais laissons Termes sous la férule *a* : il y auroit encore bien des choses à

---

a La maîtresse de Termes que madame de Sévigné désigne, sans la nommer, étoit Marie Girard, veuve de Jacques de Castelnau, maréchal de France. Ils habitoient ordinairement ensemble à Fontenai en Brie; l'on avoit grand soin de lever le pont-levis quand Termes y étoit, ce qui faisoit dire qu'il y travailloit à faire de la fausse monnoie. Cette femme avoit si bien renoncé à toute bienséance que,

dire d'une autre *vieille férule*, qui ne fait que trop paroître sa furie.

Pour vous, ma fille, vous êtes dans de véritables vacances; vous faites un usage admirable du beau temps; dîner dans votre château est une chose extraordinaire : vous m'écrivez de Rochecourbière*, la jolie date! la jolie grotte! que vous êtes aimable de vous y souvenir de moi et de m'y regretter! Laissons faire à la Providence; nous nous y reverrons, ma belle; mais auparavant, je vais vous attendre en *Carnavalet*, où il me semble que je m'en vais vous rendre mille petites services, pas plus gros que rien : me voilà trop heureuse, puisque vous me mandiez l'autre jour que c'étoit dans les petites choses que l'on témoignoit son amitié; il est vrai, ma fille, qu'on ne sauroit trop les estimer : l'amour-propre a trop de part à ce qu'on fait dans les grandes occasions : *l'intérêt de la tendresse est noyé dans celui de l'orgueil :*

quoique veuve, elle ne se donnoit pas la peine de cacher ses grossesses. *Voyez* la *France galante*, tome Ier, page 273, ouvrage très distinct des *Amours des Gaules*, mais qui a été joint à ce dernier dans l'édition qui en a été donnée en 5 vol. in-12, en 1754. Le marquis de Termes avoit succédé à Jeannin, ainsi qu'on le voit par cette chanson :

> Maréchale, pour Jeannin
> Votre amour est peu ferme ;
> L'on dit qu'il tire à sa fin,
> Et qu'il est pour le certain
> A Termes, à Termes, à Termes.

* Rochecourbière étoit une grotte située près du château de Grignan, où l'on alloit faire des parties de plaisir. (*Voyez* aussi la lettre du 16 mai 1676, et celle du 17 mai 1680.)

voilà une pensée que je ne veux pas vous ôter présentement; j'y trouve mon compte.

Je suis pour la perte de Bayard tout comme vous l'avez pensé. Madame de La Fayette ne s'en console point: je lui ai fait vos compliments; elle étoit au lait; il s'est aigri, elle l'a quitté: de sorte que cette unique espérance, pour le rétablissement de sa misérable santé, nous est ôtée. Celle de M. du Maine apparemment n'est pas bonne *; il est à Versailles, où personne du monde ne l'a vu: on dit qu'il est plus boiteux qu'il n'étoit; enfin il y a quelque chose. Madame de Montespan alla l'autre jour coucher à Maintenon, croyant d'abord n'aller qu'à la moitié du chemin au-devant de madame de Maintenon. Le roi monta en carrosse à minuit pour aller au-devant de madame de Montespan; il reçut un courrier qui lui apprit qu'elle étoit à Maintenon: elle revint le lendemain; on a pris tout cela pour une bouderie, comme il en arrive souvent. On nomme la comtesse de Gramont [b] pour une des mouches qui passent devant les

---

[a] Les deux voyages d'Utrecht et de Barége n'avoient pas eu tout le succès qu'on en attendoit.

[b] Élisabeth Hamilton, dame du palais de la reine. Elle étoit très agréable, si l'on en croit son frère, qui en fait un portrait piquant dans le VIIe chapitre de ses *Mémoires*; mais il falloit qu'il y eût dans ses manières quelque chose d'étranger à quoi les François ont peine à s'accoutumer. « La comtesse de Gramont, dit madame de Caylus, « avoit pour elle le goût et l'habitude du roi, car madame de Main-« tenon la trouvoit plus agréable qu'aimable. Il faut avouer aussi « qu'elle étoit souvent Angloise insupportable, quelquefois flatteuse, « dénigrante, hautaine et rampante, etc. » (*Souvenirs*.) (*Voyez* aussi la note de la lettre du 24 novembre 1679.)

yeux. Mademoiselle de Thianges¹ sera épousée par M. de Lavardin pour le duc de Sforce, dans un mois ou six semaines. C'est une étrange chose de sortir du lieu où elle est, pour aller dans une des plus petites cours d'Italie. Vous me dites, et pourquoi M. de Lavardin l'épouse-t-il? C'est qu'il est parent de ce duc, et qu'il a été choisi pour le représenter. La Bagnols me mande qu'elle n'ira point à Grignan, que vous serez contrainte de vous passer de madame de Rochebonne et du chevalier.

Vous allez donc au clair de la lune? tant mieux, ma fille, c'est signe que vous vous portez bien, puisqu'on vous le permet: peut-on juger plus avantageusement de ceux qui vous aiment, et qui prennent soin de votre santé? La mienne est parfaite: si elle n'étoit comme elle est, elle ne seroit pas bien. J'espère que nous ferons encore quelque séjour à Livry; mais il faut que le *bien bon* soit guéri. J'embrasse M. de Grignan et M. de La Garde: je les conjure, si vous voulez venir, de ne point attendre les horribles chemins. Il me paroît que le vent devient *automnal,* comme dit l'almanach. Où laissez-vous votre fils? Je n'ai pas bien compris ce que vous faites de ce vicaire du Saint-Esprit: vient-il à Grignan? Vous savez les rigueurs qu'on a pour le curé. Et Pauline? je voudrois bien la *patronner.* Je suis en peine,

¹ Louise-Adélaïde de Damas, fille de Claude-Éléonor, marquis de Thianges, et de Gabrielle de Rochechouart-Mortemar. Ce mariage eut lieu, suivant le père Anselme et Moréri, le 30 octobre 1678, mais c'est une erreur; il se fit dans le mois de novembre 1677. (*Voyez* la lettre 620.)

comme vous, de son parrain » : cette pensée me tient au cœur et à l'esprit. Vous ignorez la grandeur de cette perte : il faut espérer que Dieu nous le conservera; il se tue; il s'épuise; il se casse la tête; il a toujours une petite fièvre. Je ne trouve pas que les autres en soient aussi en peine que moi : enfin, hormis le quart-d'heure qu'il donne du pain à ses truites, il passe le reste avec dom Robert, dans les distillations et les distinctions de métaphysique, qui le font mourir. On dira : pourquoi se tue-t-il? et que diantre veut-on qu'il fasse? Il a beau donner un temps considérable à l'église, il lui en reste encore trop. Adieu, ma chère enfant, adieu tous mes chers Grignan; je vous aime, et vous honore tous; aimez-moi un peu. On m'ôte mon écritoire, mon papier, ma table, mon siège. Oh! déménage donc tant que tu voudras, me voilà debout.

La jeune MADEMOISELLE[1] a la fièvre quarte, elle en est très fâchée : cela trouble les plaisirs de cet hiver. Elle fut l'autre jour aux Carmélites de la rue du Bouloi : elle leur demande un remède pour la fièvre quarte; elle n'avoit ni gouvernante, ni sous-gouvernante, on lui donna un breuvage qui la fit beaucoup vomir : cela fit grand bruit. La princesse ne voulut point dire qui lui avoit donné ce remède : enfin on le sut. Le roi se tourne gravement vers MONSIEUR : « Ah, ce sont les Car« mélites! je savois bien qu'elles étoient des friponnes,

* Elle avoit été tenue sur les fonts de baptême par le cardinal de Retz et la princesse d'Harcourt.
[1] Marie-Louise d'Orléans, depuis reine d'Espagne en 1679.

« des intrigantes, des ravaudeuses, des brodeuses, des
« bouquetières : mais je ne croyois pas qu'elles fussent
« des empoisonneuses. » La terre trembla à ce discours :
tous les dévots furent en campagne. La reine s'en émut
peu : enfin on a tout *rapsodé:* mais ce qui est dit est dit ;
ce qui est pensé est pensé, et ce qui est cru est cru.
Ceci est d'original.

Le *bien bon* vous embrasse : je ne le trouve point bien
du tout : si nous avions été à Grignan, c'eût été une belle
affaire. Mon écriture est méchante; mais ma plume est
enragée; elle criaille, et ne fait que des filets : la voilà
jetée et déménagée.

619.

A la même.

A Paris, mercredi 20 octobre 1677.

Le chevalier radote et ne sait ce qu'il veut dire. Je
n'ai point mangé de fruits à Vichi, parcequ'il n'y en
avoit point ; j'ai dîné sainement, et pour souper; quand
les sottes gens veulent qu'on soupe sur son dîner, à six
heures, je me moque d'eux; je soupe à huit : mais quoi?
une caille, ou une aile de perdrix uniquement. Je me
promène, il est vrai; mais il faut que l'on défende le
beau temps, si l'on veut que je ne prenne pas l'air. Je
n'ai point pris le serein, ce sont des médisances; et

enfin M. Ferrand étoit dans tous mes sentiments, souvent à mes promenades, et ne m'a jamais dédite de rien. Que voulez-vous donc conter, M. le chevalier? Mais vous, avec votre sagesse, votre bras vous fait-il toujours boiter? Ce seroit une chose cruelle d'être obligé de porter un bâton tout l'hiver. Et vous, madame la comtesse, pensez-vous que je n'aie point à vous gronder? Vardes me mande que vous ne vous nourrissez pas assez; que vous mangez en récompense les plus mauvaises choses du monde, et qu'avec cette conduite il ne faut pas que vous espériez retrouver votre santé: voilà ses propres mots; il ajoute que M. de La Garde s'en tourmente assez, mais que tout le reste n'ose nous contredire. Belle Rochebonne, grondez-la, j'aimerois mieux qu'elle coquetât avec M. de Vardes, comme vous me le mandez, que de profaner une santé qui fait notre vie à tous; car vous voulez bien, madame, que je parle en commun sur ce chapitre. Que vous êtes bien tous ensemble! que vous êtes heureux de trouver dans votre famille ce que l'on cherche inutilement ailleurs, c'est-à-dire, la meilleure compagnie du monde, et toute l'amitié et la sûreté imaginable! Je le pense et je le dis souvent, il n'y en a point une pareille. Je vous embrasse de tout mon cœur, et vous demande la grace de m'aimer toujours; je donne à ma fille le soin de vous dire comme je suis pour vous, et comme je vous trouve digne de toute la tendresse qu'elle a pour vous.

Il faut un peu que je vous parle, ma fille, de notre hôtel de Carnavalet. J'y serai dans un jour ou deux: mais comme nous sommes très bien chez M. et madame de Coulanges, et que nous voyons clairement qu'ils en sont fort aises, nous nous rangeons, nous nous établissons, nous meublons votre chambre; et ces jours de loisir nous ôtent tout l'embarras et tout le désordre du délogement. Nous irons coucher paisiblement, comme on va dans une maison où l'on demeure depuis trois mois. N'apportez point de tapisserie, nous trouverons ici ce qu'il vous faut : je me divertis extrêmement à vous donner le plaisir de n'avoir aucun chagrin, au moins en arrivant*. Notre bon abbé m'a fait peur; son rhume étoit grand; une petite fièvre : je me figurois que si tout cela eût augmenté, c'eût été une fièvre continue, avec une fluxion sur la poitrine; mais, Dieu merci, il est considérablement mieux, et je n'ai plus aucune inquiétude.

Je reçois mille amitiés de madame de Vins. Je reçois des visites en l'air des Rochefoucauld, des Tarente ; c'est quelquefois dans la cour de Carnavalet, sur le timon de mon carrosse. Je suis dans le chaos, vous trouverez le démêlement du monde et des éléments : vous recevrez ma lettre d'Autri : je serois plus fâchée que vous, si je passois un ordinaire sans vous entretenir. J'admire comme je vous écris avec vivacité, et comme je hais d'écrire à tout le reste du monde. Je trouve, en écrivant ceci, que rien n'est moins tendre que ce que je dis; comment j'aime à vous écrire! c'est donc signe

*Madame de Sévigné prévoit que les chagrins que madame de Grignan s'étoit forgés l'année précédente vont renaître. Et en effet, ces tourments de pure imagination ne firent que s'accroître, comme on le verra par la suite de ces lettres.

que j'aime votre absence : voilà qui est épouvantable. Ajustez tout cela, et faites si bien que vous soyez persuadée que je vous aime de tout mon cœur. Vous avez donc pensé à moi avec Vardes ; je vous en remercie : j'espère comme lui que nous nous retrouverons encore à Grignan. Si j'étois le maître du logis, je vous gronderois fort d'avoir parlé avec mépris de ma musique ; je suis assurée qu'elle est fort bonne, puisqu'elle vous amuse long-temps. Arnoux vient souvent ici : il est captivé par sa parole ; mais il est tellement à la mode, et si près d'entrer dans la musique du roi, que ce seroit une charité de lui rendre sa liberté. Quel plaisir aura M. de Grignan de voir un homme qui mourra d'ennui, et qui croira qu'on lui fait perdre sa fortune? Si M. de Grignan veut l'en consoler, il n'en sera pas quitte pour peu.

On dit que M. du Maine se porte mieux qu'on ne pensoit : il n'y a plus de chagrin présentement, mais tout est si peu stable, qu'avant que vous ayez cette lettre, il y aura eu et des nuages et des rayons de soleil. Madame de Coulanges est à Versailles ; je lui donnerai votre lettre à son retour, et je vous manderai ce qu'elle m'aura dit. J'embrasse tous vos chers Grignan : j'ai grondé le chevalier ; pour nous raccommoder, il faut que je l'embrasse deux fois. Je vous souhaite de l'eau dans la rivière ; voici le temps que vous devez en avoir besoin. La bonne compagnie (*M. de Termes*) avec qui je repassai la Loire si plaisamment n'a pu sortir de classe pour venir ici ; il faut que je sois bien recommandée au prône, comme disoit Vardes. J'ai fait vos compliments à madame de La Fayette; je fus hier à Saint-Maur, où il faisoit divinement beau. J'ai reçu une lettre de notre cardinal; j'étois dans une véritable inquiétude de sa santé; il me mande qu'elle est bien meilleure; j'en remercie la Providence. Corbinelli vous remerciera lui-même de vos bontés; il n'est point bien encore, l'or potable l'a desséché; il a trop pris sur lui, je crois qu'on le mettra au lait. Bonsoir, ma très belle et très aimable, et très parfaitement aimée.

620. *

A la même.

A Paris, vendredi 22 octobre 1677.

Je n'ai point de réponse à vous faire, ce n'est point aujourd'hui mon jour. Je vous écris de la chambre de madame de Coulanges, chez qui je suis encore : elle revint hier de Versailles : toutes choses y sont comme à l'ordinaire. Madame de Ludres*a*, belle et infortunée, lui fit une mine glacée, dont elle ne fit nullement sa cour chez madame de Montespan, quoique des ram-

a Le roi lui offrit des sommes considérables qu'elle refusa noblement. On voit dans les fragments de *Lettres originales* de MADAME, que madame de Ludres finit par se retirer dans un couvent de Nancy, où elle vécut jusque dans un âge très avancé.

pantes eussent voulu qu'elle eût fait voir par-là qu'elle avoit généreusement attiré cette indignation : elle ne fait point de ces petites misères-là. M. de La Trousse[1] demeure sur la frontière, et prend soin des places conquises ; cet emploi est un morceau de favori ; c'est par où a passé le maréchal de Rochefort : La Trousse marche sur ses pas. M. de Louvois demanda pardon à madame de Coulanges de lui ôter pendant l'hiver cette douce société : au milieu de toute la France, elle soutint fort bien cette attaque ; elle eut le bonheur de ne point rougir, et répondit précisément ce qu'il falloit. Le maréchal de Gramont est arrivé ; il a été reçu du roi comme à l'ordinaire : il est lui-même tout comme il étoit. D'Hacqueville est allé au-devant, et l'a amené à la Cour : enfin rien n'est changé. M. et madame de Molac sont allés en Bretagne, de peur de renouer la seule affaire qui leur étoit bonne. Mademoiselle de Thianges est ravie d'aller en Italie : elle sera mariée dans un mois : vous serez ici dans ce temps-là. On a voulu croire que M. de Louvigny étoit amoureux de madame la grande duchesse[a], et que Janneton *la folle,* qui ne l'est point,

---

[1] Philippe-Auguste Le Hardi, marquis de La Trousse, étoit cousin-germain de madame de Coulanges, à laquelle on disoit dans le monde qu'il étoit fort attaché.

[a] Madame de Montmorency explique ce passage dans une lettre qu'elle écrit au comte de Bussy le 10 décembre suivant. « Je ne sais « si on vous a mandé la cruelle pièce qu'on a faite à madame la « grande duchesse, en lui imposant qu'il étoit sorti de sa poche une « lettre qu'elle avoit reçue de Louvigny. On soupçonna madame de « Montespan d'avoir fait ce paquet, par la crainte qu'elle a eue que

donnoit les lettres. Le roi a dit que la grande duchesse seroit un peu plus souvent à Montmartre. La reine a sauvé *la folle* d'être chassée : peut-être que tout cela n'est point vrai; mais le bruit n'en est bon ni pour l'un ni pour l'autre. Madame de Coëtquen est grosse; voudriez-vous en rire? riez-en. Madame T..... a trouvé grâce devant madame de Montespan, qui la vit à Bourbon l'année passée, et lui a fait donner une abbaye de vingt mille livres de rente pour une de ses sœurs : cette femme est si peu digne, par quelque côté que ce soit, des faveurs qu'elle reçoit, que c'est un murmure. Je suis en train de dire des nouvelles. Il y a un petit air de Copenhague dans cette lettre, qui vous fera souvenir agréablement de ma bonne marquise de Lavardin[1].

« le roi ne se plût trop avec cette dame. » Et dans une lettre du 8 janvier suivant, elle ajoute : « Madame la grande duchesse n'a au-
« cune galanterie; ce sont les amis de madame de Montespan qui
« l'ont chargée de cette iniquité, pour dégoûter le roi, qui ne trai-
« toit pas mal cette princesse, et sur cela j'admire le monde qui trou-
« voit avant ceci madame la grande duchesse une personne achevée;
« et aujourd'hui qu'elle n'est pas amie de madame de Montespan,
« on la trouve toute pleine de défauts. » (*Supplément de Bussy*, seconde partie, pages 51 et 52.)

[1] Marguerite-Renée de Rostaing, mère de Henri-Charles de Beau-
manoir, marquis de Lavardin. Elle aimoit beaucoup les nouvelles.

621.*

De Madame DE SÉVIGNÉ *à Madame* DE GRIGNAN.

A Paris, mercredi 27 octobre 1677.

Ma fille, je ne vous ferai plus de question : comment! en trois mots, les chevaux sont maigres, ma dent branle, le précepteur a les écrouelles; cela est épouvantable; on feroit fort bien trois *dragons* de ces trois réponses, sur-tout de la seconde. Je ne vous demande pas, après cela, si votre montre va bien; vous me diriez qu'elle est rompue. Pauline répond bien mieux que vous; il n'y a rien de plus plaisant que la finesse qu'entend cette petite friponne, à dire qu'*elle sera friponne quelque jour.* Ah, que j'ai de regret de ne point voir cette jolie enfant! Il me semble que vous m'en consolerez bientôt, si vous suivez mes projets; vous partez d'aujourd'hui en huit jours, et vous ne recevrez plus que cette lettre à Grignan. M. de Coulanges est parti ce matin par la diligence pour aller à Lyon; vous l'y trouverez; il vous dira comme nous sommes logés fort honnêtement. Il n'y avoit pas à balancer à prendre le haut pour nous deux; le bas pour M. de Grignan et ses filles : tout sera fort bien.

Je recommande à tous vos Grignan, qui ont tant de soin de votre santé, de vous empêcher de tomber dans le Rhône, par la cruelle hardiesse qui vous fait trouver

beau de vous exposer aux endroits les plus périlleux :
je les prie d'être des poltrons, et de descendre avec
vous : vous ne voulez pas; eh bien! Dieu vous bénisse,
je n'aurai point de repos que vous ne soyez à Lyon. Je
trouve, au reste, que je serai bien heureuse de vous
donner ma poule bouillie : la place que vous me demandez à ma table vous est bien parfaitement assurée;
le régime que vos Grignan vous font observer est fait
exprès pour mon ordinaire : je m'entends avec Guisoni
pour le retranchement de tous les ragoûts. Venez donc,
ma très aimable, on ne vous défend pas d'être reçue
avec un cœur plein d'une véritable tendresse; c'est de
ce côté que je vous ferai de grands festins.

Je suis fort aise de vous voir disposée comme vous
êtes pour M. de Marseille : eh, mon Dieu, que cela
est bien! et qu'il y a de noirceur et d'apparence d'aigreur à conserver long-temps ces sortes de haines! elles
doivent passer avec les affaires qui les causoient : et,
en effet, pourquoi se charger le cœur d'une colère nui-
sible en ce monde et en l'autre? Vous en serez encore
plus aimée de madame de Vins et de M. de Pomponne;
cela les tirera d'un grand embarras. Tout ce qui fâche
M. de Grignan, c'est que votre médecin ait eu sur vous
plus de pouvoir que votre confesseur. Le chevalier est
bien plaisant de vouloir empêcher la bise de souffler :
elle est dans son château avant lui, et l'en chassera plutôt qu'elle n'en sera chassée. M. le chancelier (*d'Aligre*)
est mort de pure vieillesse. J'ai mille bagatelles à vous
conter; mais ce sera quand je vous verrai : mon Dieu,
quelle joie! je souhaite que l'or potable fasse du bien à

la belle Rochebonne. Madame de Sanzei prendroit tous les remèdes les plus difficiles pour être guérie¹. La fièvre reprend à tout moment à notre pauvre cardinal; vous devriez joindre vos instances aux nôtres pour lui faire quitter un air si maudit; il ne peut pas aller loin avec une fièvre continuelle; j'en ai le cœur bien triste.

C'est M. Le Tellier qui est chancelier; je trouve cela fort bien : il est beau de mourir dans la dignité².

Cette lettre du 27 octobre est la dernière que madame de Sévigné ait écrite à sa fille pendant l'année 1677, à cause de l'arrivée de madame de Grignan à Paris. Elle y fit un séjour d'un an et dix mois, et retourna en Provence en septembre 1679.

~~~~~~

622. **

De Madame DE SÉVIGNÉ au Comte DE BUSSY.

A Livry, ce 3 novembre 1677.

Je suis venue ici achever les beaux jours, et dire adieu aux feuilles; elles sont encore toutes aux arbres, elles n'ont fait que changer de couleur : au lieu d'être vertes

---

¹ D'une surdité qui lui étoit survenue.* Il paroît que madame de Rochebonne employoit ce remède pour la surdité. (*Voyez* la lettre 612, page 243 de ce volume.) On faisoit de ce charlatanisme une panacée universelle.

² M. Le Tellier étoit alors âgé de soixante-quatorze ans; il mourut le 28 octobre 1685.

elles sont aurore, et de tant de sortes d'aurore, que cela compose un brocart d'or riche et magnifique, que nous voulons trouver plus beau que du vert, quand ce ne seroit que pour changer. Je suis logée à l'hôtel de Carnavalet. C'est une belle et grande maison; je souhaite d'y être long-temps, car le déménagement m'a beaucoup fatiguée. J'y attends la belle comtesse, qui sera fort aise de savoir que vous l'aimez toujours. J'ai reçu ici votre lettre de Bussy[a]. Vous me parlez fort bien, en vérité, de Racine et de Despréaux. Le roi leur dit, il y a quatre jours : Je suis fâché que vous ne soyez venus à cette dernière campagne, vous auriez vu la guerre, et votre voyage n'eût pas été long. Racine lui répondit : Sire, nous sommes deux bourgeois qui n'avons que des habits de ville, nous en commandâmes de campagne; mais les places que vous attaquiez furent plus tôt prises que nos habits ne furent faits. Cela fut reçu agréablement. Ah! que je connois un homme de qualité à qui j'aurois bien plutôt fait écrire mon histoire qu'à ces bourgeois-là, si j'étois son maître. C'est cela qui seroit digne de la postérité!

Vous savez que le roi a fait M. Le Tellier chancelier, et que cela a plu à tout le monde. Il ne manque rien à ce ministre pour être digne de cette place. L'autre jour Berryer lui vint faire compliment à la tête des secrétaires du roi[b]; M. le chancelier lui répondit :

[a] *Voyez* la lettre 617, page 263 de ce volume.
[b] Il étoit procureur-syndic perpétuel de leur compagnie. (*Voyez* sur lui la note de la lettre 545, ci-dessus, page 16 de ce volume.)

— M. Berryer, je vous remercie et votre compagnie ; mais, M. Berryer, point de finesses, point de friponneries ; adieu, M. Berryer. Cette réponse donne de grandes espérances de l'exacte justice ; cela fait plaisir aux gens de bien. Voilà une famille bien heureuse ; ma nièce de Coligny en devroit être. Cependant, voici un peu de fièvre quarte qui fait voir qu'elle est encore des nôtres. Ce que vous dites de la vieille Puisieux, qu'elle n'en devoit pas faire à deux fois, quand elle fut si malade, un peu avant la maladie dont elle est morte, me donne le *paroli*[*]. Je ne suis pas encore bien consolée de cet après-dîner que nous passâmes sur le bord de cette jolie rivière, sans y lire vos *Mémoires*. J'aurai de la peine à m'en passer jusqu'à l'année qui vient. Si je meurs entre-ci et ce temps-là, je mettrai ce déplaisir au rang des pénitences que je devrois faire. Nous parlons souvent, le bon abbé et moi, de votre bonne chère, de l'admirable situation de Chaseu, et enfin, de votre bonne compagnie ; et nous disons qu'il est fâcheux d'en être séparés quasi pour jamais.

[*] Cette expression étoit en usage au jeu de la *Bassette*. (*Voyez* une chanson de Coulanges sur ce jeu, dans son recueil, page 155.)

623. **

Du Comte DE BUSSY *à Madame* DE SÉVIGNÉ.

A Bussy, ce 6 novembre 1677.

Je vous trouve de très bon goût, Madame, de préférer tous les différents aurores de l'automne au vert du printemps; mais je remarque un peu d'amour-propre dans ce jugement : c'est adroitement dire que vous avez plus de mérite que la jeunesse : et ma foi, vous avez raison; car la jeunesse n'a que du vert; et nous autres gens d'arrière-saison, nous sommes de cent mille couleurs, les unes plus belles que les autres. Je connois l'hôtel de Carnavalet : c'est où logeoit M. de Lillebonne; je voudrois bien, pour l'honneur de l'amour, qu'il fût allé loger au faubourg Saint-Germain, par la même raison que j'allai autrefois du Marais au quartier Saint-Honoré [1].

La réponse de Racine au roi est bonne pour un courtisan, mais elle ne vaut rien pour un historien, et je craindrois bien pour la gloire de notre maître, qu'il ne nous donnât souvent dans son histoire de ces sortes d'exagérations qui ne plaisent jamais qu'aux intéressés,

[a] Madame de Montglas, maîtresse de Bussy, habitoit à la porte Saint-Honoré. (*Voyez* une lettre de madame de Scuderi à Bussy-Rabutin, du 26 juin 1672, dans le *Supplément de Bussy*, Ire partie, page 174.)

et qu'il ne fût toujours poëte en prose. Je pense connoître l'homme de qualité, Madame, à qui, si vous étiez roi, vous commettriez le soin de votre histoire. Celui que je veux dire loueroit Sa Majesté sans dégoûter le lecteur par ses louanges.

Je ne sais pas si M. Le Tellier fera bien sa charge de chancelier de France, mais je sais bien qu'il n'a jamais rien fait pour personne, et qu'à mon égard c'est un ingrat. Pour l'approbation générale que vous dites qu'il a, je ne l'en estime pas davantage; on paroît à bon marché dans une charge après le chancelier d'Aligre; au reste, Madame, vous avez raison de vous récrier sur la bonne fortune de cette famille, elle est au dernier degré. Vous dites plaisamment que votre nièce de Coligny est si heureuse qu'elle en devroit être. Il est vrai aussi que son bonheur vient plutôt de sa modération que de ses grandes richesses, et les Louvois ne sont pas de même. Vous avez raison de dire que la fièvre quarte de madame de Coligny fait un peu voir qu'elle est encore des nôtres. Elle l'a jugé ainsi, et cela l'a mortifiée. C'est Alexandre qui connoît par sa blessure qu'il n'est pas fils de Jupiter comme il l'avoit cru. Vous verrez ce que vous souhaitez tant de voir; mais n'allez pas aussi vous figurer un si grand plaisir; car j'aurois trop de peine à remplir votre attente. Adieu, ma chère cousine, l'heureuse veuve et moi vous aimons et vous estimons fort ; le bon abbé a place aussi dans nos cœurs.

624. **

De Madame DE SÉVIGNÉ *au Comte* DE BUSSY.

À Paris, ce 8 décembre 1677.

La belle *Madelonne* est ici; mais, comme il n'y a pas un plaisir pur en ce monde, la joie que j'ai de la voir est fort troublée par le chagrin de sa mauvaise santé. Imaginez-vous, mon pauvre cousin, que cette jolie petite personne, que vous avez trouvée si souvent à votre gré, est devenue d'une maigreur et d'une délicatesse qui la rend une autre personne; et sa santé est tellement altérée, que je ne puis y penser sans en avoir une véritable inquiétude. Voilà ce que le bon Dieu me gardoit, en me redonnant ma fille. Je ferois des réflexions d'ici à demain. Il vaut mieux vous demander des nouvelles de notre heureuse veuve : comment elle se trouve de sa fièvre quarte, et si l'hiver, joint avec ce triste mal, ne fait pas un grand trouble à la tranquillité de sa vie. Il n'y en a guère qui soit exempte de quelque nuage. Je vous la recommande, et vous à elle. Il ne faut que le bonheur d'une si douce société pour adoucir toutes les peines. Croiriez-vous bien que je ne sais point de nouvelles? La prise de Fribourg [a] a comblé de joie et de

---

[a] Fribourg fut pris le 14 novembre, après cinq jours de tranchée ouverte; le gouverneur *Shutz* pouvoit encore tenir dans le château;

gloire le maréchal de Créqui, et a contraint le gazetier de Hollande d'avouer bonnement qu'il n'y a pas le mot à dire sur la campagne du roi : que trois grandes villes prises, une bataille gagnée, et Fribourg pris, pour dire adieu aux Allemands, est une suite de bonheur si extraordinaire qu'il n'y a qu'à l'admirer. Je trouve ce style fort plaisant. Adieu, mon cher cousin; aimons-nous toujours bien, nous ne saurions mieux faire. J'en dis autant à ma nièce.

⁕⁕⁕

625. ⁕⁕

Du Comte DE BUSSY *à Madame* DE SÉVIGNÉ.

A Bussy, ce 13 décembre 1677.

Ce que vous me mandez de la santé de la belle *Madelonne* me touche extrêmement, Madame, pour son intérêt et pour le vôtre, car je vous aime fort toutes deux. Je vous disois, quand vous me mandâtes le dessein que vous aviez de donner votre fille à M. de Grignan, que vous ne pouviez mieux faire, et que je ne trouvois rien à re-

mais le maréchal de Créqui ne voulut le recevoir à composition qu'en lui remettant la citadelle avec la ville, « ce qu'il fit, dit le comte de « Limoges, avec la plus grande bonté du monde; car on ne peut pas « y être moins forcé qu'il y étoit. » (*Lettre* du comte de Limoges à Bussy, dans les *Lettres* de celui-ci, tome IV, page 360.)

dire en lui, sinon qu'il usoit trop de femmes*; en effet n'est-ce pas une honte et un honnête assassinat de faire six enfants[b] en neuf ans, à une pauvre enfant elle-même? Dieu me garde d'être prophète!... mais quand il ne lui feroit d'autre mal que de l'avoir mise dans l'état où elle est, c'en seroit assez pour diminuer l'amitié que j'avois pour lui. Cependant, Madame, il faut avoir un grand soin de cette *infante*, il la faut sur-tout réjouir. Voilà ce que je fais à votre nièce, et ce remède a si bien réussi que sa fièvre quarte est sur ses fins. Vous avez raison de la nommer *heureuse*, plût à Dieu que la belle *Madelonne* le fût autant, vous le seriez plus que vous ne l'êtes. Mais aussi de votre côté, Madame, aidez-nous un peu à vous consoler, en attendant que vous ayez de véritables sujets d'être contente. Pour cela regardez la maison du premier président de Lamoignon[c]. Il n'y a pas quinze jours que vous eussiez voulu changer le repos de votre esprit contre celui de sa femme. Aujourd'hui elle voudroit bien que son mari ne fût que dans une extrême maigreur. Il n'y a guère de gens si malheureux, qui ne

---

[a] *Voyez* la lettre du 8 décembre 1668, tome Ier, page 156.
[b] *Voyez* la lettre 572, page 96 de ce volume.
[c] Guillaume de Lamoignon, premier président du parlement de Paris, mourut le 10 décembre 1677, suivant la plupart des biographes, et le 9, si l'on en croit l'*Éloge historique du parlement.* (1753, in-12.) C'est un des plus illustres magistrats dont la France s'honore. Il eut la plus grande part aux ordonnances de 1667 et de 1670; et il avoit préparé de plus grands travaux, qui ont paru sous le titre d'*Arrêtés de Lamoignon*. La culture des lettres lui servoit de délassement, et son hôtel étoit le point de réunion de tous les grands hommes de son temps. Il payoit plus de sa personne, sur-le-champ, que les autres avec toute leur préparation.

le soient moins par la comparaison de quelqu'un plus misérable qu'eux. Dieu et la raison sont de grands médecins; mais cela est plaisant, que je m'embarque à vous dire pour une simple maigreur tout ce qu'on diroit pour les plus grands malheurs. C'est vous qui m'avez surpris en vous lamentant pour cela, comme si c'étoit un mal incurable. Cependant je suis assuré que le plaisir de vous voir et d'être à Paris engraisseront, avant qu'il soit deux mois, la belle *Madelonne;* un peu de célibat lui seroit fort salutaire; je ne sais pourtant si elle n'aimeroit pas mieux le mal que le remède; mais n'est-ce pas assez parler d'elle pour une fois.

Il faut que je vous entretienne de mes prospérités, Madame; ce discours ne sera pas long. Le roi vient de donner une compagnie de cavalerie toute faite, dans le régiment de Cibours, au marquis de Bussy. Vous savez qu'on ne donne guère de compagnies à des jeunes gens à moins qu'ils ne les achètent; vous savez de plus que le roi, qui ne voit pas d'ordinaire les enfants des exilés (comme par exemple les comtes de Limoges* et les

---

* Charles-François de Rochechouart, marquis de Bellenave (par sa mère), dit *le comte de Limoges*, marquis de Chandenier, que madame de Coligny avoit été sur le point d'épouser. « Il n'y a jamais « rien eu de si malheureux que la vie et la mort de ce pauvre comte », écrivoit madame de Montmorency, le 15 avril 1678, en apprenant au comte de Bussy que le comte de Limoges venoit d'avoir l'épaule fracassée d'un coup de mousquet, au siége d'Ypres. Il resta sur la place jusqu'à onze heures du matin, manquant de tout. Le roi lui envoya 100 louis, et il mourut en arrivant à Lille. (*Voyez* les lettres de Bussy, tome VI, page 21.)

Jarzé*a*), est bien éloigné de leur donner des compagnies de cavalerie ; tout cela étant, je prétends avoir été agréablement distingué en cette rencontre, et je viens d'en faire un remerciement au roi.

Mes ennemis pourront peut-être empêcher encore quelque temps qu'on me rende justice, mais tôt ou tard on me la fera. Cependant ils ne peuvent empêcher que je ne reçoive des graces, et c'est ce dont je remercie le roi pour lui faire trouver cette action si belle, qu'il lui prenne envie de la recommencer. Je vous envoie copie de cette lettre.

La gazette de Hollande est plaisante de parler de bonne foi comme elle fait. Madame de Coligny dit que si la prise de Fribourg a été pour dire adieu aux Allemands, la prise de Saint-Guilain*b* est pour prendre congé des Espagnols. Il faut dire le vrai, le roi est admirable dans ses conquêtes, et il ne faut pas que ses généraux s'en estiment davantage ; il les conduit par ses ordres quand il est à l'armée et quand il n'y est pas ; et les mesures justes qu'il prend, jointes à sa bonne fortune, les font réussir en toutes leurs entreprises*c*. Si

---

a Les enfants du comte de Jarzé, qui avoit aussi été disgracié pendant la minorité de Louis XIV. (*Voyez* la note de la lettre 267, t. III, page 15.)

b Ville du Hainaut. Elle fut prise le 11 décembre par le maréchal d'Humières, après onze jours de siège.

c Le malheur du comte de Bussy lui donne de l'aigreur et le rend souvent injuste ; mais tout ce qu'il dit ici est d'accord avec les Mémoires du temps. Le marquis de Louvois étoit parvenu à soumettre tous les généraux, quels qu'ils fussent, à son autorité. Ils ne devoient rien faire sans les ordres du roi, et l'on voit dans Saint-

MM. de Créqui et d'Humières ne pensent point ce que je dis, ils s'en font accroire; car tout ce qu'il y a de gens en France qui les connoissent, comme je fais, sont dans les mêmes sentiments que moi. Une chose encore qui leur fait bien de l'honneur, c'est l'ignorance des généraux ennemis; ceux-ci sont des aveugles, et les nôtres ne sont que borgnes.

---

625 bis. ***

De Madame DE GRIGNAN à M. DE GRIGNAN[a].

A Paris, ce 22 décembre 1677.

Vous savez donc enfin que je vous ai écrit de Paris. J'étois un peu fâchée que vous eussiez lieu de croire

Simon, tome Ier, page 86, qu'un général ne pouvoit, sans en avoir obtenu la permission, profiter d'une occasion qui étoit presque toujours échappée quand la réponse arrivoit.

[a] Cette lettre reste seule de toutes celles qu'a possédées M. le marquis de Castellane-Esparron, gendre de madame de Simiane. Dépositaire de presque tous les originaux des lettres que madame de Sévigné avoit adressées à sa fille et à son gendre, il craignit qu'un jour on ne publiât des lettres et des passages que les égards dus à quelques familles commandoient de laisser dans l'oubli; mais avant de détruire les manuscrits, il en retira cette lettre, et la donna, en 1784, à M. le marquis de Castellane-Saint-Maurice, son cousin, qui nous l'a communiquée. Il crut, en prenant au hasard la première qui tomba sous sa main, en conserver une de madame de Sévigné,

que la tête m'avoit tourné en y arrivant, et que j'avois perdu toute sorte de mémoire; mais je vois que vous n'avez pas reçu une de mes lettres de Roannes, car il y en avoit une pour servir d'instruction à *Enfossy* qu'il n'a pas eue. Tout ce que vous me mandez du projet de votre voyage me fait un grand plaisir; et pourvu que vous veniez, toutes les circonstances me seront agréables, et vous pouvez amener qui bon vous semblera. Plût à Dieu vous savoir en chemin présentement; il fait un temps de printemps, vous n'auriez pas la moindre incommodité. Il faut espérer que l'hiver continuera de cette perfection : nous sommes à Noël et il n'a encore

---

et, jusqu'à présent, elle a été regardée comme étant de cette dame. L'éditeur en a examiné la copie avec tout le soin que demandoit le rétablissement de la date (l'original porte seulement le 22), et il a bientôt reconnu que cette lettre n'étoit pas l'ouvrage de madame de Sévigné. Celle-ci étoit en effet de retour à Paris dès le 7 octobre précédent; elle n'étoit passée à Roanne, ni en allant à Vichi, ni en revenant; tandis que madame de Grignan, arrivée à Paris au commencement de décembre 1677 (lettre 624, page 285 de ce volume), s'étoit embarquée à Roanne, suivant le conseil que sa mère lui donnoit l'année précédente. (Lettre 512, tome IV, page 359.) Le caractère de l'écriture pouvoit seul résoudre cette difficulté : M. de Castellane a envoyé le calque des premières lignes du manuscrit, et le rapprochement en ayant été fait avec des lettres originales de madame de Grignan, tous les doutes se sont évanouis, et il est demeuré constant que la lettre étoit de la main de cette dernière. Il paroît que les lettres détruites par M. de Castellane-Esparron avoient, pour la plupart, été publiées. Il se conforma sans doute aux intentions que madame de Simiane lui avoit manifestées. M. de Treneuil, dans une note de la sixième édition des *Tombeaux de Saint-Denis* (Paris, 1814, page 45), avoit déjà fait connoître la perte de ces manuscrits.

gelé que deux jours. Je compte votre assemblée finie et vous à Aix. Je croyois vous y envoyer des lettres de Marquisat, mais la malédiction est dessus; il faut les recommencer, les faire resceller, enfin c'est une affaire d'un mois, et comme vous serez ici en ce temps-là, et qu'à votre retour en Provence elles seroient encore surannées, tout est demeuré là; je n'ai pas voulu qu'on demandât rien; ainsi la vente d'Entrecasteaux est retardée. Nos affaires embarrassées le sont par la négligence de l'abbé de Grignan; sa paresse est jolie dans le commerce, comme vous voyez; je vous assure qu'elle est pernicieuse, et qu'elle représente parfaitement l'indifférence pour les intérêts de ses amis. Langlade me dit hier que vous lui avez écrit pour l'affaire de M. de Luynes, et qu'il croit qu'il est plus aisé de l'accommoder entre M. l'archevêque (*d'Arles*) et M. de Concas, qu'ici où personne n'est instruit. Mon très cher Comte, venez-y donc vite, je vous y souhaite, je vous y attends de tout mon cœur. Envoyez-nous les lettres pour vos filles, afin que tout soit prêt et que vous les trouviez ici; le coadjuteur y demeure et les ira tirer de captivité.

« . . . . Voilà ce qui s'est dit de meilleur depuis qu'on nous rompt la tête de cette sotte affaire; celle d'Angleterre est plus importante, et l'on en parle pourtant moins [b]. Vous savez autant que nous, sachant que le parlement sera assemblé le 15 de janvier; on en infère

---

[a] Plusieurs lignes sont ici raturées.
[b] Charles II venoit de donner la princesse MARIE, sa nièce, en mariage au prince d'Orange, l'ennemi le plus redoutable qu'ait eu

la paix, croyant que l'Angleterre nous y obligera, et moi je crois à la guerre, vous verrez si je suis bonne politique. Le roi disoit l'autre jour par un beau soleil, je voudrois seulement que ce temps durât un mois : de temps en temps on parle de partir tout-à-l'heure, et les équipages sont tout prêts.

Voici les mariages : Mademoiselle de Janvry, mariée à M. Saint-Germain-Beaupré[a]; mademoiselle Rouillé avec M. de Bullion[b]; mademoiselle Hocquart se marie avec le frère de madame de Maintenon[c]; et mademoiselle de Saint-Aignan[d], devinez avec qui : avec M. de Roquencourt qui sera duc et pair de France si M. de Saint-Aignan, son beau-frère, n'a point d'enfants, comme les apparences le font croire. Le mariage s'est fait de cette manière : les pères, au coin du feu, contant les perfections de leurs enfants, M. de Saint-Aignan dit : « Nous devrions

Louis XIV, malgré les promesses réitérées faites par lui et le duc d'York, de ne jamais penser à cette union. (*Voyez* la note de la lettre du 14 janvier suivant.)

[a] Le marquis de Saint-Germain-Beaupré étoit gouverneur du Limousin depuis 1674. Ses ancêtres avoient été capitaines-généraux de cette province sous Charles VI. (*Journal manuscrit* de Dangeau, suite de l'année 1684.)

[b] Charles-Denis de Bullion épousa, le 21 décembre 1677, Marie-Anne Rouillé, fille du comte de Meslai, conseiller d'état.

[c] Ce mariage n'eut pas lieu. Le comte d'Aubigné épousa, le 23 février suivant, Geneviève Piètre, fille de Siméon Piètre, procureur du roi et de la ville de Paris. (*Voyez* la lettre que madame de Maintenon écrivit à son frère le 28 février 1678.)

[d] Marie-Antoinette de Beauvilliers-Saint-Aignan, épousa, le 11 janvier 1678, Louis Sanguin, marquis de Livri, qui succéda à son père dans la charge de premier maître-d'hôtel du roi.

« unir deux personnes si dignes l'une de l'autre. — Je le
« veux, dit Sanguin, touchez là. » Le *chevalier errant*[a]
donne sa parole, en parle au roi, et l'on choisit les
étoffes de la noce. Ce mariage ne se peut rompre, car
il n'y a point d'articles, et l'on ne donne pas un sou à la
fille. C'est cet *agrément* qui empêche M. de Saint-Aignan
de voir le désagrément de cette alliance, et que sa fille
suivra la vieille carcasse de la Sanguin.

Je vis l'autre jour une grande lettre de M. de Marseille à madame de Vins, qui parle de la manière honnête dont vous l'avez reçu, et comme il y a apparence que vous vivrez ensemble en union[b]. Il assure fort aussi qu'il va s'appliquer uniquement aux affaires de son diocèse; s'il tient parole, vous aurez peu de chose à démêler; je m'imagine que vous n'aurez pas l'ambition de présenter ni de faire les curés. Je vous ai renvoyé votre courrier aussitôt que j'ai pu. Les réponses sont allées par la poste, vous devez les avoir; on les a sollicitées; jamais Parère n'a pu les donner plus tôt. Pour les gazettes, j'ai ordonné à *Rousseau* de vous les envoyer tous les ordinaires, ainsi je n'ai point pris d'autre soin; je comprends la nécessité de ces sortes d'amusements en province, non pas pour vous, mais pour vos courtisans.

Je ne suis point surprise de l'agrément de vos projets

---

[a] On appeloit le duc de Saint-Aignan le *chevalier errant* ou le *paladin*, à cause de son caractère noble et chevaleresque. (*Voyez* les lettres 356 et 357, tom. III, pages 259 et 261.)

[b] Madame de Grignan étoit depuis quelque temps disposée à se rapprocher de M. de Forbin-Janson, évêque de Marseille. (*Voyez* la lettre 621, plus haut, page 279 de ce volume.)

pour passer votre hiver en bonne compagnie. Je sais que vous avez le meilleur goût du monde, et que vous verrez d'aussi jolies femmes que je verrai de jolis hommes; nous aurons les soirs de jolies relations à faire de nos journées. Hier je passai la mienne chez madame de La Fayette, et je soupai chez la Schomberg; pour chapeau nous eûmes l'abbé Têtu; n'êtes-vous.....

(*La fin de la lettre manque.*)

626. **

De Madame DE SÉVIGNÉ *au Comte* DE BUSSY.

A Paris, ce 2 janvier 1678.

Ah! la bonne fièvre quarte, mon cousin, qui laisse le cœur gai, et qui n'empêche pas d'écrire une aussi plaisante lettre que celle que cette heureuse veuve vous a écrite à Forléans; mais aussi la jolie réponse que vous y avez faite! que ce *fagotage* de toutes sortes d'airs me paroît une agréable mode! Je vous remercie de vos amusements[a], vous savez combien je suis digne de ces sortes de choses-là, et combien mon cœur en est réjoui. Il a grand besoin de ces moments de plaisir, car je vous avoue que la mauvaise santé de cette pauvre *Provençale*

[a] Madame de Coligny avoit écrit de Bussy à son père qui étoit alors à Forléans, une lettre en vieux langage; le comte lui avoit fait une réponse en chansons, sur plusieurs airs, et il avoit envoyé à madame de Sévigné une copie des deux lettres. (*Manuscrit de Bussy.*)

me comble de tristesse; sa poitrine est d'une délicatesse qui me fait trembler, et le froid l'avoit tellement pénétrée, qu'elle en perdit hier la voix plus de trois heures; elle avoit une peine à respirer qui me faisoit mourir: avec cela elle est opiniâtre, et refuse le seul remède qui la pourroit guérir, qui est le lait de vache. Je crois que la nécessité l'y contraindra à la fin; cependant il est bien triste de la voir en l'état où elle est.

J'ai eu une grande joie de la compagnie que le roi a donnée au marquis de Bussy, et j'ai trouvé comme vous que c'étoit une distinction et un bon augure pour l'avenir. Vos lettres sont bonnes de toutes façons, parceque vous les faites fort bien, et qu'elles vous obtiennent une partie des choses que vous demandez. Je vous souhaite l'autre [a]; et en un mot, mon cher cousin, tout ce que vous desirez. Pour moi, je crois comme vous que pour les malheureux, il n'y a qu'à vivre.

J'ai une vision, c'est que dans la fantaisie où le roi se trouve de faire écrire ses faits et gestes, ce seroit une pensée admirable à lui donner par notre ami Saint-Aignan, que la perfection que vous pourriez donner à un tel ouvrage, et alors on pourroit dire de votre esprit :

Et comme il fait les maux, il fait les médecines [b].

[a] M. de Bussy, tout en remerciant le roi de la compagnie qu'il avoit donnée à son fils aîné, le supplioit de se souvenir du cadet qui avoit embrassé l'état ecclésiastique, et a depuis été évêque de Luçon. (*Voyez* les lettres de Bussy-Rabutin, tome I*er*, page 238.)

[b] Allusion aux *Alleluia* des *Amours des Gaules*. (*Voyez* la note de la page 136 du tome I*er*.)

Il y a un mois que nous avons cela dans la tête. Adieu, mon cousin. Le père Rapin a été désolé de la mort du premier président de Lamoignon; quelle mort[a]!

---

627. **

Du Comte DE BUSSY *à Madame* DE SÉVIGNÉ.

À Bussy, ce 5 janvier 1678.

Une égratignure avec du chagrin fait plus de mal que la fièvre quarte avec un esprit content d'ailleurs. Je vous parle ainsi, ma chère cousine, parceque je crois que tous les maux de la belle *Madelonne* viennent de sa tête; tant qu'elle a été la plus *jolie fille de France*[b], elle a été la plus saine; elle est encore jeune, et cela me fait assurer qu'il n'y a que son esprit qui rende ses maux incurables. Son opiniâtreté en est un bon témoignage; si elle vouloit guérir, elle ne résisteroit pas aux conseils des habiles gens en ces matières. Qu'elle se retourne de bon cœur à Dieu, en lui demandant la patience. Qu'elle aime à vivre et à vivre gaiement, je ne lui conseille rien que je n'aie pratiqué depuis douze ans. Personne n'est

---

[a] M. de Lamoignon étoit mort le 10 décembre précédent; il n'avoit été malade que quatre jours. (*Voyez* la lettre suivante.)

[b] *Voyez* le portrait de madame de Sévigné, tiré de la généalogie de la maison de Rabutin, page xviij des pièces préliminaires, et les lettres 54, 57 et 58, tome Ier, page 141, 148 et 150.

plus sensible que moi, personne ne hait plus l'injustice et n'en a souffert de plus grandes; tant que j'ai fait le mutin contre la persécution, j'ai souffert comme un damné, et j'ai tellement agrandi mes maux par l'impatience, que j'eusse crevé dans la Bastille, si un mois avant que d'en sortir, je ne m'étois soumis à tout ce qu'il plairoit à Dieu de faire de moi. Cette résignation me donna de la gaieté, et me sauva de l'opération à quoi les chirurgiens m'avoient alors condamné. Depuis ce temps-là, Madame, vous ne doutez pas que, m'étant bien trouvé de la patience et de la gaieté, j'aie souvent usé de ce remède; et il m'a mis en état qu'ayant perdu mes services de plus de trente années, le retour de la fortune m'est quasi indifférent, et que même je n'ai bien goûté la vie que depuis ma disgrace. Voilà ma recette que j'envoie à la belle Provençale, ma chère cousine. Je ne pense pas que la différence qu'il y a en nos tempéraments empêche mon remède de lui servir, il me paroît qu'il peut être utile à tout le monde.

Il est certain que pour les malheureux il n'y a qu'à vivre; comme on ne perd au jeu que faute d'argent, on ne demeure en disgrace que faute de vie. Je crois vous avoir déja dit cela, Madame; mais je vous supplie de trouver bon que je le répète aujourd'hui. Vous serez bien heureuse si je ne vous le redis pas encore dix fois. Pour ce qui est de votre vision sur l'histoire du roi, je la trouve de bon sens, et je m'estime davantage d'avoir pensé là-dessus comme vous il y a plus de treize ans, et renouvelé il y a six mois; je vous en rendrai compte avant qu'il soit peu.

Le père Rapin est extraordinairement affligé de la mort du premier président, mais guère plus que moi [a].

[a] Bussy avoit écrit, le 22 décembre, au père Rapin sur cette mort, et celui-ci lui répondit le 26 une lettre touchante qui contient un bel éloge du premier président de Lamoignon. Elle n'a été publiée qu'en partie dans les *Lettres de Bussy*, tome IV, page 364, et se trouve tout entière dans le manuscrit des *Mémoires* qui a été indiqué, sous le n° 2, page 42 de la *notice bibliographique*. On a cru qu'elle ne seroit pas déplacée ici : « Il est vrai, Monsieur, que c'est « un coup de tonnerre que cette mort, pour les amis et pour la fa- « mille du grand homme que nous pleurons; mais c'est un coup de « grace pour lui; il y avoit deux ans qu'il se préparoit à mourir; il « fit son testament l'année passée à Basville; il ne lisoit de livres de « dévotion que ceux qui lui parloient de la mort; il écrivit à mes- « dames ses filles de Sainte-Marie, cinq semaines avant de mourir, « une lettre qui est une vraie prophétie de sa mort. A l'ouverture qu'il « fit au parlement, trois semaines avant que de mourir, ce fut un dis- « cours sur ce qu'on ne pensoit pas à la mort, quoique, depuis deux « ans, il se portât bien mieux qu'il ne faisoit auparavant. Les méde- « cins disent que la cause de sa mort fut une pierre qu'on lui trouva « dans l'uretère, qui empêchoit l'urine de passer, et fit le transport « au cerveau, car il ne se sentit presque pas mourir. Mais ce n'est « pas cela, Monsieur, c'est que Dieu est en colère contre nous; nous « n'étions pas dignes de posséder plus long-temps un si grand homme; « car il n'y eut jamais une plus belle ame jointe à un plus bel esprit; « mais enfin, Monsieur, son plus grand éloge, c'est que le peuple l'a « pleuré, et chacun s'est plaint de sa mort comme de la perte d'un « ami, ou de celle d'un bienfaiteur. Pour vous, Monsieur, vous y avez « perdu un ami tendre et sincère; il vous connoissoit pour homme « droit et d'un esprit extraordinaire, et il vous aimoit parfaitement; « il s'en est ouvert plusieurs fois à moi. Je pense à faire quelque « chose qui puisse le faire connoître à ceux qui ne l'ont pas vu, et à « la postérité. Au nom de Dieu, Monsieur, aidez-moi de vos lumiè- « res, vous l'avez connu et vous l'avez compris. Cette honnêteté, cette

Je savois qu'il m'aimoit; et qu'il m'estimoit autant qu'homme du monde; et vous savez comment j'ai le cœur fait pour ceux de la tendresse desquels je suis bien persuadé. Adieu, ma chère cousine; je ne vous dis pas que je vous aime, cela s'en va sans dire. Faisons désormais sur cela comme les gens qui parient, et qui veulent s'épargner la peine de remettre au jeu. Aimons-nous sans nous le dire jusqu'au dédit.

---

628. *

De Madame DE SÉVIGNÉ *au Comte* DE BUSSY.

A Paris, ce 14 janvier 1678.

Nous eûmes l'autre jour une grande conversation, M. de Pomponne et moi sur votre sujet. Je veux épargner à votre modestie le détail de tout ce qui fut dit de votre esprit et de votre mérite, et je vous prie seulement de m'envoyer quelque endroit de vos *Mémoires* touchant la guerre, comme par exemple votre campagne de Mardick.

« grandeur d'ame, cette sagesse, cette modestie, cet homme qui ne
« faisoit point de fautes parmi les écueils de la cour et du palais,
« vous connoissiez tout cela; ayez la bonté d'y faire quelques ré-
« flexions, et de me mander vos pensées; vous devez cela à l'amitié
« que vous avez pour lui, et à celle que vous avez pour moi, etc. »

De Monsieur DE CORBINELLI.**

N'y manquez pas, Monsieur, à telle fin que de raison; j'ai compris par le présent que le roi a fait à monsieur votre fils, que Sa Majesté vous estime infiniment, et qu'elle cherche des occasions de se raccommoder avec vous. Je vous conseille de lui pardonner votre disgrace quand il vous en témoignera un sincère repentir par de nouveaux bienfaits. Sérieusement je ne doute nullement qu'il ne le fasse à la première rencontre. Je ne vous dirai rien de la joie que j'en ai. C'est à vous à en parler de ma part. On dit que nous avons la guerre avec l'Angleterre*. Adieu, Monsieur, je vous souhaite cette année aussi heureuse que vous la méritez, et à madame votre très chère et très aimable fille de Coligny.

* L'alliance que Charles II avoit contractée avec la France, contre la Hollande, étoit plus conforme aux intérêts particuliers de ce roi qu'à ceux de ses peuples; aussi se vit-il obligé de faire la paix dès 1673. Le parlement anglois demandoit à grands cris que la guerre fût déclarée à la France. Dans ce danger, Louis XIV, trouvant un roi qui se mettoit lui-même à l'encan, l'acheta, et pendant plusieurs années, le parlement fut successivement prorogé. Telle étoit la position des deux royaumes, au mois de novembre 1677, lorsque le roi d'Angleterre donna sa nièce au prince d'Orange. De ce moment, Louis XIV refusa les subsides, et tout se disposoit à la guerre, lorsque de nouveaux dons vinrent lever les obstacles. Le traité de Nimègue termina ces intrigues. (*Voyez* les *Mémoires* de *Dalrymple*, et particulièrement les *Pièces justificatives. Voyez* aussi la note de la lettre du 25 février 1685.)

629.

Du Comte de Bussy à Madame de Sévigné[a].

A Bussy, ce 20 janvier 1678.

Vous souhaitez de voir plus à loisir quelque chose de ce que je vous montrai en 1676 à Livry, Madame; j'y consens, et je vous rends grâces de l'honneur que vous me faites, de témoigner par-là que cela vous a divertie. Ce ne sont pas à mon avis les seuls événements que vous avez envie de voir; vous savez assez ma campagne de Mardick[b]; c'est assurément la manière dont je l'ai écrite qui vous donne de la curiosité, et, comme je viens de vous le dire, cela m'est fort honorable. Si vous eussiez mis à mon choix de vous envoyer quelque chose de mes *Mémoires*, je vous aurois plutôt envoyé ma guerre de 1651 et de 1652 que celle de 1646. Dans celle-ci je ne suis qu'officier particulier, et je suis officier-général dans l'autre. Mais enfin il faut vous satisfaire, et je vous

---

[a] On verra dans la lettre suivante que cette lettre étoit destinée à être montrée à M. de Pomponne, et même au roi.

[b] Le siège de Mardick eut lieu en 1646. Cette partie des Mémoires de Bussy a subi de grands retranchements, parcequ'elle offroit peu d'intérêt. On trouve plus de détails dans le *Discours du comte de Bussy-Rabutin à ses enfants*, Paris 1694, page 211.

assure, ma chère cousine, que ce sera toujours un de mes plus grands plaisirs.

---

630. ***

A la même.

A Bussy, ce 20 janvier 1678.

Cela est très obligeant pour moi, Madame, de songer à moi quand vous êtes avec un ministre ; vous avez tous deux raison de m'aimer, car je vous aime extrêmement tous deux. Pour votre estime, c'est une grace que vous me faites ; mais pour sortir promptement de l'embarras des compliments, je vous dirai que j'ai mis l'autre lettre que je vous viens d'écrire à la tête d'un fragment des *Mémoires* que vous m'avez demandés, afin que le ministre la voie, et le roi même, si le cas y échoit, et que cela leur donne envie de voir ma guerre de 1651 et celle de 1652, c'est-à-dire, ce que je fis en ce temps-là, et les lettres que le cardinal Mazarin m'écrivit alors.

A Monsieur DE CORBINELLI.*

Je fais ce que vous me conseillez, Monsieur, cela ne sauroit nuire ; je ne plains pas mes peines. J'ai fait depuis dix ans et je ferai encore bien des pas inutiles, mais j'en ai fait quelqu'un qui a servi, et j'en ferai encore bien d'autres. Je crois comme vous que le roi se veut raccommoder avec moi, et je ne suis pas trop éloigné d'y entendre; car, après tout, je considère qu'il ne se faut pas tenir à quatre, quand les gens reviennent de bonne grace. Si l'on continue d'avoir une bonne conduite avec moi, j'oublierai le passé; mais, pour revenir au sérieux, je vous dirai que je suis persuadé de votre amitié pour moi plus que de chose du monde, et sur cela dites-vous aussi le reste.

Madame de Coligny dit qu'elle a toujours aimé votre cœur et votre esprit, dans le temps même que vous ne la connoissiez pas tant que vous faites, et que vous jugiez des sentiments qu'elle a pour vous, aujourd'hui que vous lui marquez tant d'amitié et tant d'estime.

---

631. **

De Madame DE SÉVIGNÉ *au Comte* DE BUSSY.

A Paris, ce 8 février 1678.

Nous avons lu avec beaucoup de plaisir votre campagne de Mardick, mon cousin. Je ne puis présentement en faire l'usage que je voudrois, parceque, comme vous savez, la cour n'est plus ici. Mais en général soyez persuadé que je ne perds aucune occasion de faire mon devoir. Notre ami Corbinelli vous écrit pour vous dire son avis de votre style, qui est admirable pour des mémoires particuliers, mais qui ne peut donner aucune connoissance de celui que vous auriez pour l'histoire. On ne peut être plus occupé que nous le sommes tous deux de vous.

On est à présent dans la plus belle incertitude qu'il est possible de voir. On croit la trêve et la guerre quatre fois en un même jour. On ne parle que de politique, et et les raisonnements de travers sont inépuisables.

M. de Grignan, qui vient d'arriver de Provence, s'y en retourne sur ses pas, et tous ceux qui ont des places dans les provinces sont dans le même chagrin. La santé de ma fille n'est pas en meilleur état qu'elle étoit. Je vous fais les baise-mains de toute ma famille, du bon abbé, de mon fils, enfin de *tutti quanti;* et j'embrasse tendrement l'aimable veuve, et son très cher père, qui fait une partie des occupations de mon cœur et de mon esprit.

---

632. **

Du Comte DE BUSSY *à Madame* DE SÉVIGNÉ.

A Bussy, ce 13 février 1678.

Je voudrois bien plaire à tout le monde, Madame, je veux dire à tous les honnêtes gens; mais au moins je préférerois votre approbation à toutes les autres, si je n'en pouvois avoir qu'une. Vous êtes trop bonne de songer à moi autant que vous faites; quand la cour sera revenue vous ferez ce que vous jugerez à propos de ce que je vous ai envoyé.

Je suis d'accord qu'il doit y avoir quelque différence entre le style des mémoires et celui de l'histoire; mais elle ne me paroît pas si grande qu'on doive croire qu'un faiseur de bons mémoires ne fasse aussi bien une histoire. Dans tous les deux ouvrages, le style, à mon avis, doit être net et pressé. Si j'y songeois davantage, je vous dirois bien encore d'autres choses qui doivent être communes à ces deux ouvrages; mais je traite ceci plus amplement dans la lettre que j'écris à notre ami.

Comment ne seroit-on pas dans l'incertitude de la trêve ou de la guerre, puisque ceux qui traitent à Nimègue de la paix ne savent pas précisément eux-mêmes ce qui en arrivera. J'approuve assez que l'on veuille juger des événements; car cela sert à la conversation, et forme l'esprit; mais je ne comprends pas que l'on s'en fasse une affaire, et que l'on croie qu'il y a bien de l'honneur d'avoir deviné ce qui doit arriver, puisque le hasard peut souvent faire réussir en ces matières. Pour moi, je dis mon sentiment des affaires à venir; mais je ne m'en hausse ni ne m'en baisse quand j'ai bien ou mal jugé. Le roi a raison d'envoyer dans ses places ou dans ses provinces ceux qui y doivent commander de sa part; ils sont payés pour y être. Je prévois que la belle *Provençale* ne sera pas encore long-temps sans rétablir sa santé; l'absence de son cher époux lui donnera plus de repos d'un côté qu'elle ne le troublera de l'autre; je ne sais si je me fais bien entendre. Je suis, ma foi, son serviteur, de l'oncle, du frère, enfin de *tutti quanti*.

Artémise (*madame de Coligny*) vous aime et vous admire, et moi je vais encore plus loin si cela se peut.

Mais j'oubliois de vous mander une petite affaire qui s'est passée en ce pays-ci depuis quinze jours, et pour laquelle j'aurois un peu sujet de me plaindre de vous, si je pouvois jamais m'en plaindre.

Un homme de qualité de votre connoissance, ami de Guitaud et le mien, s'étant mis dans la tête de nous faire voir et de nous mettre en commerce, lui en parla il y a quelque temps, et comme Guitaud faisoit difficulté de faire les premiers pas, l'ami commun lui représenta ma naissance, la supériorité que j'avois eue sur lui pendant quelques années, et mes grands emplois ensuite. Il lui répondit qu'il en convenoit, mais que tout cela n'étoit pas si fort que le fief dominant qu'il avoit sur moi; et, comme l'autre lui rit au nez là-dessus, Guitaud lui montra une lettre que vous lui aviez écrite de Bourbilly[b], par laquelle vous le traitiez de *monseigneur*, et vous lui mandiez que pour ne pas encourir le crime de félonie, vous ne manqueriez pas de lui aller rendre au plus tôt vos devoirs. Je sais bien, ajouta-t-il, que madame de Sévigné badinoit, mais en badinant elle disoit la vérité, et comme je vis qu'elle

[b] Cette lettre ne se trouve pas parmi celles adressées à M. et à madame de Guitaud qui ont paru en 1814; mais dans plusieurs madame de Sévigné badine de son *servage* avec M. de Guitaud et l'appelle *Monseigneur*. La terre de Bourbilly relevoit d'Époisses. (*Voyez* le volume de *Klostermann* pages 8 et 13.)

en usoit honnêtement avec moi, je l'allai voir le premier. L'entremetteur jugea qu'il n'y avoit rien à faire avec un homme qui parloit ainsi, et finit sur cela cette conversation. Voyez, Madame, le tort que vous m'avez fait en riant, vous m'avez ôté le plaisir et l'honneur du commerce d'un chevalier des deux ordres du roi».

633.

De Monsieur DE CORBINELLI *au Comte* DE BUSSY.

A Paris, ce 8 février 1678.

Nous avons lu, Monsieur, avec un plaisir sensible, votre campagne de Mardick. Je ne me lasse point d'admirer la noble facilité qui est répandue dans tout ce que vous faites; mais ce qui me touche plus particulière-

« Bussy-Rabutin portoit loin la manie d'une origine ancienne. S'il n'osoit pas mettre sa maison au-dessus de toutes celles de France, il prétendoit au moins qu'il n'en existoit pas qui lui fût supérieure. *Je le cède à Montmorency pour les honneurs, et non pour l'ancienneté*, écrit-il à sa cousine, dans la lettre 62, tome 1er, page 157. Ce préjugé est ici fortifié par le souvenir importun de la faveur dont M. de Guitaud avoit joui auprès du prince de Condé. Il n'est pas extraordinaire que Bussy conserve un certain ressentiment de ce que le prince, malgré les services qu'il lui avoit rendus pendant sa prison, lui avoit intimé l'ordre de se défaire de la charge de capitaine-lieutenant de ses chevau-légers, et d'en faire la cession à M. de Guitaud. (*Voyez les Mémoires de Bussy.*)

ment, c'est l'éloignement que vous avez de toutes sortes d'affectations et d'inutilités dans votre style, sur quoi, quand vous me tueriez, je ne m'empêcherois pas de citer le maître en ce genre, le divin Horace, dont vous savez puiser les préceptes dans l'expérience et dans la nature plus qu'en lui-même, quoiqu'il ne les ait pris que dans ces deux sources*:

Est brevitate opus, ut currat sententia, nec se
Impediat verbis lassas onerantibus aures.

Je n'ai vu encore personne qui fasse mieux voir que vous tout d'un coup sa pensée, et qui la fasse voir uniquement. J'ai traduit le mot de *sententia* par celui de *pensée* en notre langue; car vous savez mieux que moi qu'il le signifie plus souvent que l'autre; et je prétends qu'Horace n'a point voulu recommander la brièveté pour ce que nous appelons *sentence* seulement. Il est donc vrai que votre style a non seulement cette bonne qualité que veut notre maître qu'on ait, mais encore celle de proportionner vos expressions à leur sujet; en quoi j'ai vu peu de gens être habiles; et c'est, à mon gré et à mon goût, une des plus charmantes choses qui se trouvent dans votre style. Vos paroles, comme dit Pétrone, sont de la couleur de vos pensées, et ne sont pas plus vives ni plus fortes. Encore un mot de latin, car nous autres savants en voulons dire *in ogni modo*, quand l'occasion s'en pré-

* Le divin Horace dont vous savez les préceptes sans les avoir appris de lui. (*Variante tirée du manuscrit des Mémoires de Bussy.*)

sente; en quoi nous prétendons différer des pédants qui en disent sans choix et à tous propos. *Ne sententiœ,* dit Pétrone, *emineant extra corpus orationis expressœ, sed intexto vestibus colore niteant.* De quelle opinion êtes-vous, Monsieur, sur le style historique? Muscardi et Vossius veulent qu'il soit aussi pompeux et aussi magnifique que celui des poésies héroïques. Strada n'est pas de leur avis. Les deux premiers donnent pour exemple le style de Tite-Live, de Tacite et de Salluste. J'ai si peur d'être tenté de citer encore du latin, que je quitte cette question pour revenir à votre campagne de Mardick. Je n'approuve pas le récit fort en détail du combat que vous fîtes contre cet officier d'infanterie" ; je voudrois me contenter de la lettre que vous écrivez à Lenet, où vous en parlez encore, et c'est un sujet qui convient mieux à une lettre qu'à un récit historique; je dis *récit,* car ce n'est pas un fragment d'histoire, c'est-à-dire, la narration d'une ou plusieurs choses d'histoire générale qui ne parussent pas être faites précisément

---

" Le comte de Bussy, et le chevalier d'Isigny, enseigne des gendarmes du duc d'Enguien, se prirent de querelle avec un officier d'infanterie, pour un verre d'eau. Il en résulta deux duels à très peu de jours de distance, et le chevalier d'Isigny fut tué dans le second. Bussy parle de cet événement dans une lettre en vers et en prose adressée à madame de Sévigné, le 21 octobre 1646, qui n'a pas été comprise dans cette édition, parcequ'elle présente peu d'intérêt. Elle est imprimée dans le *Discours de Bussy à ses enfants,* p. 223. Ce duel est raconté d'une manière très détaillée dans le manuscrit des Mémoires de Bussy; on en lit un récit abrégé dans l'ouvrage qui vient d'être cité, page 212, mais l'éditeur des Mémoires l'a entièrement supprimé.

pour nous; il me semble que j'en ai vu quantité dans vos écrits; voyez si vous nous en voulez envoyer quelques uns. Mes compliments, s'il vous plaît, à votre divine fille, que j'honore parfaitement.

634. **

Du Comte DE BUSSY *à M.* DE CORBINELLI.

A Bussy, ce 12 février 1678.

Je ne sais encore, Monsieur, ce que nous devons répondre aux panégyriques qu'on fait à nous-mêmes de nous; car, outre que de dire, *Vous vous moquez,* seroit trop commun, c'est qu'effectivement je crois que vous parlez tout de bon, et je n'aimerois pas à vous contredire, sur-tout en cette rencontre. Ainsi je me contenterai de vous dire, comme à madame de Sévigné, que je suis ravi de vous plaire. Après cela, je vais répondre à l'endroit où vous me demandez mon sentiment sur le style historique. Je veux qu'il soit court et net, car sans cela il ennuie, quelque grands et quelque beaux que soient les événements. J'ai lu Tacite, il me paroît serré, mais il est obscur; et, comme dit un de mes amis, il entend toujours finesse à tout. Je n'ai lu ni Tite-Live ni Salluste; si leur style est par-tout pompeux et magnifique, je maintiens qu'il doit ennuyer. Pour répondre à ce que vous avez remarqué du récit du combat particulier que je fis contre cet officier d'infanterie, je vous dirai que s'il n'y avoit autre chose en cette affaire que l'avantage que j'eus sur celui contre qui je me battis, j'en aurois fort raccourci la narration; mais ce combat en ayant attiré un autre qui fut considérable, par la mort d'un homme de qualité, il m'a paru nécessaire d'entrer dans un détail qui fait d'ordinaire plaisir au lecteur. Je sais bien que tout récit de soi-même est ennuyeux; cependant des mémoires doivent être plus étendus qu'une gazette; tout ce qu'il faut faire aux occasions où il est nécessaire de conter, c'est de conter en peu de mots; car cela instruit sans fatiguer. Ma lettre à Lenet* est bonne pour mon ami que j'éclaircirai davantage quand je le reverrai, s'il le souhaite; mais elle n'instruiroit

---

* Pierre Lenet avoit été l'ami de Bussy; mais ils s'étoient brouillés, et l'on en verra le motif dans ce passage *inédit* des *Mémoires* de Bussy, tiré de ses manuscrits.

« Lorsque je fus arrêté, Lenet, ayant appris que j'étois brouillé
« avec le duc de La Rochefoucauld, s'offrit à lui contre moi; ce n'est
« pas qu'il ne fût mon ami bien long-temps avant qu'il ne connût l'au-
« tre; mais ayant ouï nommer La Rochefoucauld parmi les gouverneurs
« qu'on donnoit dans le monde au dauphin, il crut qu'en lui sacrifiant
« son honneur, ce prétendu gouverneur se souviendroit de lui dans son
« royaume. Cependant, comme cela eût achevé de le décrier dans le
« public, si l'on eût su la raison pour laquelle il ne me voyoit pas,
« il me fit dire que le prince de Condé lui avoit défendu de me voir,
« ce qui étoit faux, puisque les domestiques mêmes de ce prince, qui
« étoient de mes amis, me rendoient visite sans se brouiller avec leur
« maître; et je ne doute pas qu'il ne fit valoir à ce prince l'abandon-
« nement qu'il faisoit de son ami. Quand il vit que le roi avoit satis-
« fait aux desirs des honnêtes gens de la cour, par le choix que S. M.
« fit du duc de Montausier pour gouverneur du dauphin, il eût

pas assez le public, qui aime les détails aussi curieux que celui de la cause d'un combat aussi tragique que fut celui-là, pourvu qu'on ne s'amuse pas à des descriptions inutiles, et que le récit soit court et net. Comme mes Mémoires ne sont faits que pour apprendre mes guerres, ma cour, ma disgrace, enfin ma vie, je n'ai parlé qu'en passant des affaires générales", de sorte que je ne saurois vous envoyer que de petits fragments de ces choses-là. Il est vrai qu'il me souvient d'avoir écrit un commencement de l'histoire du roi pendant que j'étois à la Bastille; ce sont les neuf années de la régence et les neuf autres années de la majorité, pendant lesquelles le cardinal Mazarin continuoit de gouverner; et comme ces dix-huit années sont proprement une partie de la vie de la reine-mère et de celle du cardinal, je ne traite cela qu'en raccourci, et comme un passage à la vie du roi. Cependant on peut juger par cet échantillon de ce dont je serois capable pour un plus grand ouvrage. Je vous l'enverrai. Adieu; ma *divine* fille aime fort votre *humanité,* je vous en assure de sa part.

« bien voulu être à recommencer; mais il n'y avoit plus de remède ; « et pour moi, je fus ravi d'un si bon choix, non seulement par l'in- « térêt de la gloire du roi, mais encore parceque Lenet avoit fait une « lâcheté en pure perte. »
Bussy, apprenant la nomination du duc de Montausier, disoit modestement dans la lettre 60, tome Ier, page 153, « Il n'y a que moi « en France que j'aimasse mieux en cette place que lui. »
" Ce passage vient à l'appui de l'observation qui a été faite, p. 43 de la *notice bibliographique.*

635. **

Du même à Madame DE SÉVIGNÉ.

A Bussy, le 23 février 1678.

Étant sur le point de partir d'ici pour aller passer l'été avec votre nièce à Chaseu, je veux vous dire deux mots. Je me trouve si bien de votre commerce que je ferai toutes les avances imaginables pour l'entretenir. Vos lettres me réjouissent fort, et font un grand honneur où je les place[a]. Mandez-moi des nouvelles de la paix ou de la guerre. On doit savoir maintenant sur cela quelque chose de certain : il n'est pas possible que les obscurités durent plus long-temps.

On me mande que madame de Montespan a eu deux accès de fièvre tierce, mais qu'elle en est guérie ; de la taille dont elle est, elle n'est pas trop propre aux voyages. Mandez-moi où est le roi; avez-vous jamais lu ou entendu dire quelque chose de pareil à ce qu'il fait, Madame ; l'amour seul de la gloire, sans autre nécessité, lui fait quitter les plaisirs au milieu de l'hiver[b]. Savez-

---

[a] C'est-à-dire à ses Mémoires dans lesquels il les inséroit. (*Voyez* la lettre du 28 décembre 1680.)

[b] Le roi partit de Saint-Germain le 7 février 1678, et se rendit à Metz avec la reine et toute la cour, tandis que ses armées investissoient Charlemont, Namur et Luxembourg. Les alliés incertains ne

vous bien ce qui me fait faire cette réflexion, c'est la vie de Charles VII que je lis à cette heure. Ce prince, que les historiens appellent *le victorieux*, demeuroit avec la belle Agnès à Meun-sur-Yèvre[a] ou à Bourges, tandis que les Anglois lui prenoient son royaume. A propos de cela, Madame, il faut que je vous fasse un petit conte de Charles VII, qui fera grand honneur un roi par comparaison. Le célèbre La Hire[b] ayant été envoyé par le comte de Dunois[c] au roi Charles VII, qui étoit alors à Bourges, pour lui apprendre quelque méchant succès, qui étoit arrivé, et pour savoir quel ordre Sa Majesté vouloit mettre en cette rencontre, trouva le roi au bal, lequel après avoir su de lui le sujet de son voyage, lui dit qu'on y songeroit, et en même temps lui demanda, avec un visage plein de joie, ce qu'il lui sembloit de cette fête, et s'il ne trouvoit pas qu'il passât bien son temps? La Hire enragé de voir l'insensibilité et la bassesse de cœur de ce prince, ne lui répondit rien, et le roi le pressant encore de lui dire son sentiment, La Hire lui répondit, avec un souris amer, qu'il étoit vrai qu'il se divertissoit fort bien, et qu'on ne pouvoit pas perdre un royau-

savoient laquelle de ces places étoit menacée, lorsque le roi se porta sur Gand, et s'en empara en quatre jours de siège.

[a] Petite ville du Berri, entre Bourges et Vierzon, sur la rivière d'Yèvre.

[b] Étienne des Vignoles, dit *La Hire*, mort en 1447.

[c] Jean d'Orléans, comte de Dunois, dit le *bâtard d'Orléans*. Il étoit fils naturel du duc d'Orléans, frère de Charles VI; c'est de lui que descendoit la maison de Longueville, éteinte en la personne du duc de Longueville, tué au passage du Rhin, qui ne laissa qu'un enfant naturel. (*Voyez* la lettre 266, tome III, page 10.)

me plus gaiement qu'il faisoit ". N'aimez-vous pas bien La Hire, Madame, et ne méprisez-vous pas bien Charles VII? Mais admirez la flatterie de l'histoire, c'est pourtant ce prince que des flatteurs ont appellé *le victorieux* en mille endroits; que dira Pélisson [b], comment nommerai-je donc Louis *quatorzième*, moi? le voulez-vous savoir, Madame?

Les délices et la terreur du genre humain.

Et voulez-vous savoir encore ce qui fera voir à la postérité cet éloge incontestable, c'est le détail que j'écris des belles actions de mon maître.

[a] Villaret croit que ce fait se passa en 1428, pendant le siège d'Orléans. Bussy n'est ici qu'un courtisan, il sacrifie le caractère de Charles VII, pour élever d'autant plus son héros. Le président Hénault juge aussi Charles avec sévérité; d'autres n'ont pas craint de le comparer à Henri IV : il y a des deux côtés de l'exagération. Charles, très jeune alors, et naturellement indolent, se laissoit conduire par les avis de La Trémouille, son favori, qui lui représentoit que le salut de l'état exigeoit qu'il tînt sa personne éloignée des dangers. Mais il sortit bientôt de cet assoupissement, Agnès Sorel le rappela à lui-même, et, s'il ne fut pas grand capitaine, il se montra du moins brave guerrier. D'autres qualités l'ont mis au rang des grands rois. Il établit une sévère discipline parmi les gens de guerre qu'on redoutoit avant lui presque autant que des ennemis; il gouverna avec sagesse et économie, il fit de bonnes lois, résista avec énergie aux prétentions exagérées de la cour de Rome, et il emporta au tombeau les regrets de ses peuples, la meilleure récompense des bons rois. Denis Godefroi a placé à la tête de son Histoire (1661, in-folio) un portrait de ce prince, écrit par un contemporain, qui le fait mieux connoître que tous les autres historiens.

[b] Pélisson avoit d'abord été chargé seul d'écrire l'histoire du roi. Madame de Montespan fit ensuite confier ce travail à Boileau et à

636.**

De Madame DE SÉVIGNÉ *au Comte* DE BUSSY.

A Paris, ce 18 mars 1678.

Que dites-vous de la prise de Gand? Il y avoit long-temps, mon cousin, qu'on n'y avoit vu un roi de France[a]. En vérité le nôtre est admirable, il mériteroit bien d'avoir d'autres historiens que deux poëtes[b]; vous savez aussi bien que moi ce qu'on dit en disant *deux poëtes;* il n'en auroit nul besoin. Il ne faudroit ni fable, ni fiction pour

Racine; mais Pélisson reçut en secret l'ordre de continuer; il est même certain que le roi lui faisoit copier les Mémoires que lui-même avoit préparés, ou lui fournissoit des notes pour en composer. (*Voyez* l'avertissement qui est à la tête des *OEuvres de Louis XIV.*)

[a] Gand fut pris le 9 mars, et le château capitula le 13. On ne peut s'empêcher, en lisant cette lettre, de faire un rapprochement dont l'âme est déchirée. Louis XIV, entrant dans cette ville au milieu des pompes du triomphe, auroit-il jamais pensé qu'en 1815 son petit-fils, trahi par une poignée de sujets ingrats, se verroit obligé d'y chercher un asile!

[b] Racine et Boileau. Dans cette lettre, comme dans beaucoup d'autres, le texte diffère de celui qui a été connu jusqu'à présent, parceque le manuscrit de Bussy a été suivi scrupuleusement, sans avoir égard aux corrections qui sont de la main de la marquise de Coligny. (*Voyez au surplus la notice bibliographique, page* 41.)

le mettre au-dessus des autres; il ne faudroit qu'un style droit, pur et net, d'un homme de qualité et de guerre, comme j'en connois*. J'ai toujours cela dans la tête, et je reprendrai le fil de la conversation avec le ministre, comme le doit une bonne Françoise*.

Ces deux poëtes-historiens suivent donc la cour, plus ébaubis que vous ne le sauriez penser, à pied, à cheval, dans la boue jusqu'aux oreilles; couchant poétiquement aux rayons de la belle maîtresse d'Endymion. Il faut cependant qu'ils aient de bons yeux pour remarquer exactement, et connoître la valeur des actions du prince qu'ils veulent peindre. Ils font leur cour par l'étonnement qu'ils témoignent de ces légions si nombreuses, et des fatigues qui ne sont que trop vraies; il me semble qu'ils ont assez de l'air des deux *Jean Doucet*. Ils disoient l'autre jour au roi qu'ils n'étoient plus si étonnés de la valeur extraordinaire des soldats, qu'ils avoient raison de souhaiter d'être tués pour finir une vie si épouvantable. Cela fait rire et ils font leur cour. Ils disoient aussi qu'encore que le roi craigne les senteurs, ce *Gand d'Espagne* ne lui fera point de mal à la tête. J'y ajoute qu'un prince moins sage et moins grand que Sa Majesté en pourroit bien être entêté, sans avoir de vapeurs. Voilà bien des pauvretés, mon cher cousin; je ne sais comment Racine et Despréaux m'ont conduite sans y

---

a Le regret qu'avoit madame de Sévigné de ce que son cousin Bussy-Rabutin n'étoit pas historiographe du roi, a vraisemblablement contribué à la prévention qu'elle a quelquefois montrée contre Racine. (*Voyez* la *Notice historique*, page 107.)

b Voyez la lettre 628, page 300 de ce volume.

penser; c'est ma plume qui a mis tout cela sans mon consentement.

On est présentement à Ypres*, et j'en suis en peine; car cette place est farcie de gens de guerre, quoiqu'il en soit sorti deux mille hommes pour aller à Bruges parcequ'on ne sait jamais où le roi tombera. Toutes les villes tremblent quand il est en campagne. Je crois que de tout ceci nous aurons la paix ou la Flandre.

Mais parlons de madame de Seignelay qui mourut avant-hier matin grosse d'un garçon. La fortune a fait là un coup bien hardi, d'oser fâcher M. Colbert. Lui et toute sa famille sont inconsolables. Voilà un beau sujet de méditation. Cette grande héritière tant souhaitée, et prise enfin avec tant de circonstances, est morte à dix-huit ans[b]. *La princesse de Clèves* n'a guère vécu plus long-temps; elle ne sera pas sitôt oubliée. C'est un petit livre que Barbin nous a donné depuis deux jours, qui me paroît une des plus charmantes choses que j'aie jamais lues. Je crois que ma nièce la chanoinesse[c] vous

---

[a] Ypres capitula le 25 mars. Cette ville demeura au roi par le traité de Nimègue dont Louis XIV dicta les conditions; on la perdit par le traité d'Utrecht. Elle fait aujourd'hui partie du royaume des Pays-Bas.

[b] Marie-Marguerite d'Alègre, fille unique du marquis d'Alègre, morte le 16 mars 1678. Le marquis de Seignelay l'avoit épousée le 8 février 1675. (*Voyez* la note de la lettre 152, tome II, page 80.) Elle lui avoit apporté en dot le marquisat d'Alègre, et elle ne laissa qu'une fille nommée Marie-Jeanne Colbert, marquise d'Alègre, qui mourut en bas âge en 1680; le marquisat fut recueilli par Emmanuel d'Alègre, frère cadet du père de madame de Seignelay.

[c] Marie-Thérèse de Rabutin, chanoinesse de Remiremont, qui épousa, en 1682, le marquis de Montataire

l'enverra bientôt. Je vous en demanderai votre avis, quand vous l'aurez lu avec l'aimable veuve. Il me semble qu'il est encore de bonne heure pour être allé à Chaseu. Vos prés et votre jolie rivière[a] n'y sont-ils point encore glacés? Vous avez assurément pris pour votre été cinq ou six jours du soleil de mars, qui vous feront bien voir, comme à nous, qu'ils n'étoient que des trompeurs.

Je ne sais comment vous pouvez aimer mes lettres; elles sont d'une négligence que je sens, sans y pouvoir remédier. Mais cela vient de plus loin, et c'est moi que vous aimez. Vous faites très bien, et je vous conjure de continuer, sans craindre d'aimer une ingrate. Je vous en dis autant, ma chère nièce. Rendez-moi compte de vos amusements, et de vos lectures. C'est ce qui console de tout l'ennui de la solitude. Mais peut-on vous plaindre tous deux? non, en vérité : vous êtes en fort bonne compagnie quand vous êtes ensemble. J'aime bien La Hire, et son discours à son maître. Il est à la mode, et d'un bon tour. Il me semble, mon cousin, que vous auriez dit la même chose à Charles VII ; car pour le roi d'aujourd'hui, vous êtes bien éloigné d'avoir sujet de lui parler de la sorte. Pour les louanges de ce prince-là, je ne suis pas en peine qu'on les confonde un jour avec celles du roi, vous y mettrez bon ordre puisque vous vous en mêlez.

Je vous envoie un petit couplet de chanson sur l'air *de la bergère Célimène*. On me le donna hier; vous le trouverez beau et juste pour le roi.

[a] La rivière d'Arroux arrose les prairies de Chaseu.

Nous verrons toute la terre
Assujettie à ses lois;
Pour l'amour ou pour la guerre,
Dès qu'il daigne faire un choix,
Un Dieu lui prête son tonnerre,
Un autre Dieu son carquois.

Ma fille se porte un peu mieux; elle vous fait, et à vous, ma chère nièce, mille amitiés.

---

637. ******

Du Comte DE BUSSY *à Madame* DE SÉVIGNÉ.

A Chaseu, ce 22 mars 1678.

Vous me demandez ce que je dis de la prise de Gand, Madame; je ne sais plus qu'en dire. Je suis épuisé sur les louanges; mais je croirai faire un assez bel éloge du roi, d'écrire ses actions d'un style simple et noble, à-peu-près comme celui que vous connoissez. Il est vrai que je vous supplierai de m'écrire souvent sur ce sujet, pour honorer mes Mémoires de certains tours, qui sont dignes des panégyriques des grands rois. Je voudrois dire au roi bien plus justement ce que Voiture disoit à monsieur le prince : que s'il lui plaisoit de lever une fois un siège, nous autres admirateurs pourrions reprendre haleine et nous sauver par la diversité des événements; mais je pense que Sa Majesté aimera mieux nous mettre à sec que de ne pas prendre encore Ypres, comme il a pris Gand.

Vous avez raison de trouver mauvais que des poëtes *a* soient les historiens du roi, car outre que ces gens-là décréditent les vérités quand il leur en échappe, c'est que les actions de Sa Majesté sont déjà un peu incroyables, par leur grandeur; d'ailleurs des gens qui n'ont jamais fait que des vers ne se peuvent défaire de certaines expressions enflées qui ne conviennent point à la simplicité que demande l'histoire. Je crois que pour rendre l'histoire du roi vraisemblable, il faudroit entrer dans de grands détails; car qui ne diroit que les événements, ne seroit pas croyable. Les flatteurs plaisent au commencement, mais ils dégoûtent quand ils flattent toujours, et qu'ils ne mêlent pas leurs louanges de quelques sincérités moins favorables. Je serai fort trompé si les deux poëtes ne tombent pas à la fin comme Nogent *b* et l'Angeli *c*.

a Ce passage montre jusqu'où peut aller l'aveuglement de l'amour-propre. Bussy se croyoit seul capable d'écrire l'histoire du roi, et il ne trouve pas d'expressions assez fortes pour rabaisser les hommes célèbres qu'on lui préféroit. Il a composé une *Histoire abrégée de Louis-le-Grand* (Paris, 1699, 1 vol. in-12.); ce n'est qu'une gazette écrite sur le ton du panégyrique.

b Nicolas Bautru, comte de Nogent, étoit en possession de divertir la reine Anne d'Autriche par ses bons mots et ses bouffonneries. La famille des Nogent, comme celle des Mortemart, avoit un genre d'esprit qui lui étoit propre. On voit dans madame de Caylus, que mademoiselle de Rambures, qui étoit Nogent par sa mère, avoit conservé la tradition de cet esprit.

c L'Angeli étoit le fou de Louis XIV; il lui avoit été donné par le

De tous ceux qui se mêlent de raisonner sur l'avenir, il n'y en a point dont le pronostic me paroisse si vraisemblable que le vôtre, quand vous dites que de tout ceci nous aurons la paix ou la Flandre; je n'en doute point, non plus que de la douleur de M. Colbert, de ce que la branche des aînés Colbert est sur le point de manquer; mais ce qui est une grande affliction à un homme heureux comme lui, est une grande consolation à un exilé comme moi; nous serions au désespoir nous autres malheureux, si Dieu ne nous régaloit de temps en temps de la mort de quelques ministres ou de celle de quelqu'un de leurs enfants.

La chanoinesse de Rabutin ne m'a rien mandé *de la princesse de Clèves*; mais cet hiver un de mes amis m'écrivit que M. de La Rochefoucauld et madame de La Fayette nous alloient donner quelque chose de fort joli; et je vois bien à présent que c'étoit *la princesse de Clèves* dont il vouloit parler. Je mande qu'on me l'envoie, et je vous en dirai mon avis, quand je l'aurai lue, avec autant de désintéressement que si je n'en connoissois pas les pères.

prince de Condé, ce qui fit dire au comte de Gramont que de tous les fous qui avoient suivi M. le Prince, il n'y avoit que l'Angeli qui eût fait fortune. C'est le dernier fou, en titre d'office, qu'il y ait eu à la cour; Voltaire rapporte un mot de lui qui n'est pas sans esprit. Il disoit qu'il n'alloit pas au sermon, parcequ'il n'aimoit pas le *brailler* et qu'il n'entendoit pas le *raisonner*. Malgré ses bons mots il seroit oublié, si Boileau n'avoit dit dans la première satire:

> Un poëte à la cour fut jadis à la mode,
> Mais des fous d'aujourd'hui, c'est le plus incommode;
> Et l'esprit le plus beau, l'auteur le plus poli,
> Ne parviendra jamais au sort de l'Angeli.

Quand je vous ai mandé de Bussy que j'allois passer l'été à Chasen, je n'entendois pas commencer l'été dès le mois de mars; et en effet je m'en vais pour deux mois à Autun, où je trouverai ce qu'il y a de plus honnêtes gens de qualité dans le voisinage, qui y ont passé l'hiver; notre ami Jeannin nous y manque fort, vous devriez bien nous le renvoyer. Je ne pense pas que la maréchale*a* le trouvât fort à redire.

J'aime vos lettres, ma chère cousine, parcequ'elles sont naturelles et d'un bon tour, et non pas parceque je vous aime; je les aimerois quand ce seroit madame de La Baume*b* qui les auroit écrites. Je suis bien aise que la réponse de La Hire vous ait plu, elle sera de tous les temps; vous avez raison de dire qu'on ne parlera jamais au roi comme La Hire fit à Charles VII: il a bien plus l'air de gagner des royaumes que d'en perdre. Vous me faites bien de l'honneur de croire que j'eusse dit la même chose en pareille rencontre, et que je ne laisserai pas la postérité embarrassée entre les louanges que mérite le roi, et celles que les flatteurs ont données à la plupart des autres princes. Le couplet que vous m'a-

---

a La maréchale de Clérambault. (*Note marginale* de la main de madame de Coligny.) Jeannin avoit rompu la liaison qu'il avoit entretenue avec la maréchale de Castelnau. (*Voyez* la note de la lettre 618, page 266 de ce volume.)

b Au lieu de ce nom, on lit au manuscrit des Mémoires de Bussy cette variante: *Ma plus cruelle ennemie*. Au reste madame de La Baume écrivoit avec agrément, si l'on en juge par un petit ouvrage qu'on a conservé, et dont un fragment a été placé dans une note de la lettre du 1er septembre 1680.

vez envoyé pour le roi me touche extrêmement par sa *justesse* et par sa *justice;* du temps que j'en faisois, je l'aurois fait ainsi. Adieu, ne me laissez pas long-temps sans réponse. Je suis ravi de la meilleure santé de la *belle Madelonne;* et quand elle devroit me haïr, je ne saurois m'empêcher d'être bien aise de l'absence de son mari, puisqu'elle lui donne du repos qui la rétablit; je l'aime toujours après vous plus que personne du monde.

Je ne vous déciderai pas, Madame, si le peu d'ennui que votre nièce et moi avons l'un avec l'autre, vient de notre mérite ou de notre amitié; je crois qu'il y entre un peu de l'un et de l'autre. Tenez, la voilà que je vous la livre.

De Madame DE COLIGNY.

Le récit de mes amusements ne vous réjouira pas par la diversité, ma chère tante, je travaille et je lis; mais les jours d'ordinaire où nous recevons de vos lettres, ce sont mes beaux jours : je vous assure, ma chère tante, que c'est ma plus agréable lecture, avec les réponses de mon père, et toute l'antiquité la plus délicate ne me réjouit pas tant que vous deux; ce qui est encore vrai, c'est que des siècles passés et présents, je n'admire, je n'honore, et je n'aime personne autant que vous.

638. ***

De Madame DE SÉVIGNÉ *à M.* DE GRIGNAN.

Vendredi 27 mai (1678.)*

Je veux vous rendre compte d'une conférence de deux heures que nous avons eue avec M. Fagon *b*, très célèbre médecin; c'est M. de La Garde qui l'a amené; nous ne l'avions jamais vu, il a bien de l'esprit et de la science : il parle avec une connoissance et une capacité qui surprend, et n'est point dans la routine des autres médecins qui accablent de remèdes; il n'ordonne rien que de bons aliments; il trouve la maigreur de ma fille et la foiblesse fort grande; il voudroit bien qu'elle prît du lait comme le remède le plus salutaire, mais l'aversion qu'elle y a, fait qu'il n'ose seulement le proposer; elle prend le demi-bain et des bouillons rafraîchissants,

---

a Cette lettre, demeurée inconnue jusqu'à présent, porte pour date sur l'original, le *vendredi* 27 *mai.* L'état de madame de Grignan, que madame de Sévigné peint avec une si profonde douleur, montre que cette lettre ne pouvoit être placée qu'en 1678 ou 1679, et le 27 mai n'étoit un vendredi que dans la première de ces deux années. (*Voyez* la *notice bibliographique*, page 28.)
b Gui-Crescent Fagon, neveu de Gui de La Brosse, fondateur du jardin des Plantes. Sa réputation étoit déja très grande à cette époque. Il fut nommé en 1680 premier médecin de madame la dauphine, et, en 1693, il devint premier médecin du roi.

il ne la veut contraindre sur rien ; mais quand elle lui a dit que sa maigreur n'étoit rien, et qu'après avoir été grasse on devient maigre, il lui a dit qu'elle se trompoit, que sa maigreur venoit de la sécheresse de ses poumons, qui commençoient à se flétrir, et qu'elle ne demeureroit point comme elle est; qu'il falloit ou qu'elle se remît en santé, ou que sa maigreur viendroit jusqu'à l'excès : qu'il n'y avoit point de milieu ; que ses langueurs, ses lassitudes, ses pertes de voix, marquoient que son mal étoit au poumon; qu'il lui conseilloit la tranquillité, le repos, les régimes doux, et sur-tout de ne point écrire; qu'il espéroit qu'elle pourroit se remettre; mais que si elle ne se rétablissoit pas, elle iroit toujours de pis en pis. M. de La Garde a été témoin de tout ce discours : envoyez-lui ma lettre si vous voulez. J'ai demandé à M. Fagon si l'air subtil lui étoit contraire, il a dit qu'il l'étoit beaucoup; je lui ai dit l'envie que j'avois eue de la retenir ici pendant les chaleurs, et qu'elle ne partît que cet automne pour passer l'hiver à Aix, dont l'air est bon; que vous ne souhaitiez au monde que sa santé, et que ce n'étoit qu'elle que nous avions à combattre, pour l'empêcher de partir tout-à-l'heure. Nous en sommes demeurés là; M. de La Garde a été témoin de tout. J'ai cru que je devois vous faire part de tout ce qui s'est passé, en vous protestant que l'envie de la voir plus long-temps, quoique ce soit le plus grand plaisir de ma vie, ne m'oblige point à vous reparler encore sur ce sujet. Mais je croirois que vous auriez sujet de vous plaindre de moi, si je vous laissois dans la pensée que son mal ne fût pas plus considérable qu'il l'a été; il l'est d'autant plus, qu'il y a un an qu'il dure, et cette longueur est tout ce qu'il y a à craindre; vous me direz que je la retienne, je vous répondrai que je n'y ai aucun pouvoir, qu'il n'y a que vous ou M. de La Garde, qui puissiez fixer ses incertitudes. A moins que sa tranquillité ne vienne par-là, il n'en faut point espérer, et n'en ayant point, il vaut mieux qu'elle hasarde sa vie. Elle a pour vous et pour ses devoirs un attachement très raisonnable et très juste : à moins qu'elle ne retrouve, par la pensée de vous plaire, la douceur qu'elle trouveroit d'être auprès de vous, son séjour ici lui feroit plus de mal que de bien; ainsi, Monsieur, c'est vous seul qui êtes le maître d'une santé et d'une vie qui est à vous, prenez donc vos mesures, chargez-vous de l'événement du voyage, ou donnez-lui un repos qui l'empêche d'être dévorée, et qui la fasse profiter des trois mois qu'elle sera ici. Je vous embrasse de tout mon cœur.

P. S. Je ne m'étonne pas si vous ignorez l'état où elle est ; sa fantaisie, c'est de dire toujours qu'elle se porte fort bien. Plût à Dieu que cela fût vrai, et qu'elle fût avec vous! je ne veux pour témoin du contraire que M. l'abbé de Grignan, M. de La Garde, et tous ceux qui la voient et qui y prennent quelque intérêt.

639. **

Du Comte DE BUSSY *à Madame* DE SÉVIGNÉ.

A Bussy, ce 20 juin 1678.

Je ne saurois plus *durer* sans vous écrire, Madame, c'est-à-dire sans m'attirer de vos lettres, et quoique je n'aie pu vous obliger par la dernière des miennes à me faire réponse, j'espère à la fin vous toucher le cœur, sachant qu'avec la persévérance on vient à bout de toutes choses. Sérieusement, Madame, j'ai bien de la peine à me passer de votre commerce; plus je deviens délicat, et plus vous me devenez nécessaire; d'ailleurs je vous aime et tout ce que vous aimez. Mandez-moi de vos nouvelles et de celle de la *belle Madelonne*, comment elle se porte, et si elle s'en retourne en Provence, si vous n'êtes pas bien aise de la paix; où est notre ami Corbinelli, et si c'est lui qui fait le mariage de mademoiselle de Vardes.

On m'a mandé la mort de madame de Monaco, et que le maréchal de Gramont lui a dit, en lui disant adieu, qu'il falloit plier bagage, que le comte de Guiche[a] étoit allé marquer les logis, et qu'il les suivroit bientôt;

---

[a] Le comte de Guiche étoit mort le 29 novembre 1673. (*Voyez* la lettre 326, tome III, page 161.)

ne trouvez-vous pas, Madame, que les plaisanteries en pareilles rencontres sont bien à contre-temps? Pour moi je ne les saurois souffrir, et quand je les passerois à ces gens qui disent en mourant : *tirez le rideau, la farce est jouée*, et autres semblables forfanteries, toujours trouverois-je sot et cruel à une personne qui se porte bien, de plaisanter avec une personne mourante, et tout-à-fait barbare à un père qui parleroit ainsi à sa fille.

Je ne sais s'il ne vous est point revenu que Mme Fouquet[a] a été à Autun rendre visite à l'évêque. Celui-ci, en galant homme, la traita comme si elle eût été encore surintendante des finances. Il alla au-devant d'elle avec six carrosses et deux cents chevaux de la ville.

Et j'y étois, j'en sais bien mieux le conte[1].

La dame fut fort aise de me voir, et me dit que monsieur d'Autun faisoit trop d'honneur à une malheureuse comme elle. Je lui répondis qu'il partageoit cet honneur avec elle, et qu'il n'étoit pas si généreux qu'elle pensoit. Je ne sais si elle m'entendit, et si elle n'a pas plus d'esprit qu'elle n'en avoit dans sa prospérité, mais je lui trouvai autant de fraîcheur avec dix huit ans de plus.

[a] Marie-Madeleine de Castille Ville-Mareuil, femme du surintendant Fouquet.
[1] Vers de cette épigramme de Marot :

Amour trouva celle qui m'est amère,
Et j'y estois, j'en seay bien mieux le compte, etc.

(Page 357 de l'édition de 1700).

Sa belle-sœur Fouquet d'Aumont* étoit avec elle, plus folle et plus impertinente que jamais; quand nous fûmes arrivés à l'évêché, elle se mit en plein cercle à me louer sur mon bel esprit; cela dura jusqu'à ce qu'on se mit à table, qu'elle recommença de plus belle, quoique chacun embarrassé pour elle et pour moi, voulût changer de discours; elle n'en voulut rien faire, et de la même force dit que je parlois comme un livre, et que j'écrivois comme un ange. Je voulus pour faire diversion dire que la soupe étoit admirable : ce fut le *quoiqu'on die* de Trissotin*b*. — Ah, ma cousine! dit-elle à madame de La Boulaye*c*, écoutez comme il dit cela : — Véritablement l'éclat de rire prit si fort à la compagnie, que cette folle n'osa plus parler. Ne croyez-vous pas, Madame, qu'un siècle de disgraces ne raccommoderoit pas une tête comme celle-là?

Je vous supplie de me mander ce que c'est que le retour du cardinal de Retz dans le monde; cet homme, que nous croyions ne revoir qu'au jour du jugement, est, dit-on, dans l'hôtel de Lesdiguières avec tout ce qu'il y a d'honnêtes gens en France. Expliquez-moi cela, Madame, car il me semble que ce retour n'est autre chose que ce que disoient ceux qui se moquoient de sa retraite. Je ne saurois vous dire combien la *Vedova fe-*

---

b Anne d'Aumont, femme de Gilles Fouquet, premier écuyer de la grande écurie du roi, frère du surintendant.

b Voyez les *Femmes savantes* de Molière, acte III, scène III.

* C'étoit une Fouquet. (*Voyez* la note de la lettre 615, page 257 de ce volume.)

lice (*madame de Coligny*) et moi nous vous aimons: cela passe, non pas l'imagination, mais l'expression.

~~~~~~

640. **

De Madame DE SÉVIGNÉ *au Comte* DE BUSSY.

A Paris, ce 20 juin 1678.

Quelle folie à moi de ne vous point écrire, puisque je fais le principal, qui est de me souvenir tous les jours de vous ! Quand on n'a point de bonne raison, il n'en faut dire aucune. Voilà donc la paix faite* mon cher cousin. Le roi a trouvé plus beau de la donner cette année à l'Espagne et à la Hollande, que de prendre le reste de la Flandre ; il la garde pour une autre fois. Je voudrois bien que, pour achever de gagner tous les cœurs, il fît revenir les exilés. Etes-vous à Chaseu, mon cher cousin, dans cet aimable lieu ? J'en ai le paysage dans la tête et je l'y conserverai soigneusement ; mais encore plus l'aimable père et l'aimable fille, qui ont leur place dans mon cœur. Voilà bien des *aimables* ; mais ce sont des négligences dont je ne puis me corriger. J'espère que

---

* La paix de Nimègue. Il y eut trois traités séparés, dont le premier eut lieu avec l'Espagne et la Hollande, et ne fut signé que le 10 août ; ce qui fait que, dans la lettre du 27 juillet suivant, madame de Sévigné craignoit encore la guerre.

si mes lettres méritoient d'être lues deux fois, il se trouveroit quelque charitable personne qui les corrigeroit. Notre ami Corbinelli est allé trouver M. de Vardes, pour l'obliger de profiter de la permission que le roi a donnée à M. de Rohan[a] d'épouser sa fille. Ce mariage est agréable pour de Vardes, et d'autant plus qu'on ne parle point de sa charge, qui sera vendue à quelque autre, selon la volonté du roi.

Madame de Monaco[b] est partie de ce monde avec une contrition fort équivoque, et fort confondue avec la douleur d'une cruelle maladie. Elle a été défigurée avant que de mourir. Son dessèchement a été jusqu'à outrager la nature humaine par le dérangement de tous les traits de son visage. La pitié qu'elle faisoit n'a jamais pu obliger personne de faire son éloge.

Je crois que ma tante de Toulongeon vous aura bien dit du mal de moi, de l'envie que j'ai toujours de m'accommoder avec madame Frémiot[c] malgré son mariage. Je vous prie de prendre mon parti en considération du souvenir très récent que vous devez avoir du plaisir qu'il y a de payer ses dettes. Adieu, mon cousin. Que dites-vous de *la princesse de Clèves ?* Je n'ai plus trouvé

---

[a] Louis de Rohan-Chabot, duc de Rohan, prince de Léon, épousa, le 28 juillet 1678, Marie-Élisabeth du Bec, fille unique du marquis de Vardes.

[b] Catherine-Charlotte de Gramont, princesse de Monaco, mourut le 4 juin 1678, à l'âge de 39 ans.

[c] La veuve du président Frémiot s'étoit remariée, à ce qu'il paroît, au président Baillet. (*Voyez* la lettre 615, plus haut, page 256 de ce volume.)

l'occasion de reprendre ma conversation sur votre sujet avec M. de Pompone; c'est mon affaire, c'est à moi à prendre mon temps. J'embrasse ma jolie veuve, je l'aime et je la prie, et vous aussi, de m'aimer toujours.

641. **

Du Comte de Bussy *à Madame* de Sévigné.

A Bussy, ce 23 juin 1678.

Voici un coup fourré, Madame; je vous écris après avoir long-temps attendu une réponse de vous, et vous me la faites le même jour que je vous écris; quoique je l'attendisse avec une fort grande impatience, je ne vous ai pas traitée si rudement que vous vous traitez vous-même. Vous appelez folie de songer à moi sans m'écrire, et moi, je ne crois pas seulement que ce soit une petite faute. Il ne faut qu'un moment pour penser, et il faut du temps pour écrire.

Le roi a eu raison de donner la paix. Il devenoit insupportable à tout le monde; personne ne pouvoit plus *durer* avec lui. Il mettoit ses ennemis au désespoir par de continuelles défaites, et ses amis et ses serviteurs, en les épuisant de louanges. Ce n'est pas que je prévoie que la paix me donne plus de repos sur son chapitre. Il me fournira assurément d'autres matières d'éloges qui me mettront enfin à sec sur les actions de paix comme sur celles de guerre. Vous souhaiteriez, dites-vous, que, pour achever de gagner tous les cœurs, il fît revenir les exilés. Je sais bien, Madame, que j'ai seul toute la part à ce souhait, et je vous en rends mille graces; mais je vous dirai que ce ne seroit pas mon retour que je demanderois au roi, que je voudrois seulement qu'il fit du bien à ma famille, et qu'il me sût quelque gré de ce que j'achéverois ma vie en travaillant chez moi à sa gloire, comme j'y ai travaillé trente années à la guerre.

Je suis à Bussy depuis un mois, et j'y serai jusqu'aux premiers jours d'août; après quoi, je retournerai à Chaseu qui vous plaît tant. Je suis pourtant assuré que Bussy vous l'effaceroit un peu, si vous le voyiez aujourd'hui. Il y a des beautés uniques, et vous y trouveriez *l'aimable* fille et *l'aimable*" père, qui ne vous le gâteroient pas. A propos d'*aimable,* Madame, ne vous plaignez pas de ces répétitions à quoi vous dites que vous êtes sujette; je ne vous les corrigerai pas. Je veux toujours de la justesse dans les pensées, mais quelquefois de la négligence dans les expressions, et sur-tout dans les lettres qu'écrivent les dames.

Je demeure d'accord que M. de Vardes doit être content du mariage de sa fille avec M. de Rohan : mais ce n'est pas aussi une chose si extraordinaire en sa faveur. M. de Rohan, à mon avis, y trouve plus d'avantages que lui; une des plus riches héritières de France, de la maison du Bec-Crespin, épouse un homme de la maison de

---

" Expression que madame de Sévigné avoit employée. (*Voyez* la lettre précédente.)

Chabot*; il y a deux cents ans que les Chabot ne marchoient pas de pair avec le maréchal du Bec*. Pour la charge de capitaine des cent-suisses, j'aimerois mieux, si j'étois à la place de M. de Vardes, que mon gendre l'eût qu'un autre, dès que cela ne seroit pas une condition qui rendroit ma fortune meilleure. Mandez-moi s'il a eu ordre de se défaire de sa charge, ou s'il l'a demandé. On m'écrit que la maladie dont madame de Monaco est morte lui a fait faire pénitence, et qu'elle sera de ces gens de l'évangile qui sont payés pour la dernière heure comme ceux qui sont venus le matin; cependant vous me mandez que personne n'a fait son éloge; je ne l'en plains pas davantage. Le bien ou le mal que l'on dit de nous après notre mort nous est bien indifférent.

Il est vrai que la bonne femme Toulongeon con-

---

a Le duc de Rohan n'étoit *Rohan* que par sa mère. Le mariage de celle-ci avec Henri Chabot avoit été regardé comme une sorte de mésalliance. Madame de Motteville le dit positivement t. I*er*, p. 313 de ses Mémoires, et madame de Sévigné l'indique dans la lettre 92. (*Voyez* tome I*er*, page 213.) Ce n'est pas que la maison *Chabot* ne fût ancienne, et que l'amiral Philippe Chabot ne lui eût donné de l'illustration sous François I*er*; mais Henri Chabot ne descendoit pas de l'amiral, et il avoit peu de biens et point d'établissements.

b Le maréchal du Bec vivoit dans des temps plus reculés que Bussy ne l'indique. Guillaume, seigneur du Bec-Crespin, étoit maréchal de France en 1283; il avoit suivi saint Louis en Afrique en 1269; et il faut remarquer qu'on ne mettoit alors aucune différence entre le titre de connétable et celui de maréchal de France. (*Voyez* les *Recherches des connétables, maréchaux, etc.*, par Mathas, page 5, Paris, 1623; et le P. Anselme, tome VI, page 631.)

damne fort l'impatience que vous avez de vouloir traiter avec madame Frémiot, avant de voir si dans la première année de son mariage elle ne deviendra pas grosse; et pour moi, quelque souvenir que j'aie du plaisir qu'il y a de payer ses dettes, je n'ai pas été contre ce sentiment. Les premières couches d'une femme qui approche cinquante ans sont toujours dangereuses. Je voudrois laisser passer la première année; un an de plus n'est pas grand'chose pour payer l'intérêt de vingt mille francs. Quel regret n'auriez-vous pas si madame Frémiot venoit à mourir dans un an, et que vous eussiez donné pour vingt mille francs une succession de vingt mille écus. Croyez-moi, Madame, attendez encore ce temps-là. Pour moi, si j'avois de l'argent, je vous donnerois dix mille écus de votre dette; car si je n'en jouissois pas, mes enfants l'auroient un jour, mais au moins j'attendrois un an, quand je n'aurois pas d'enfants.

---

642. **

De Madame DE SÉVIGNÉ *au Comte* DE BUSSY.

A Paris, ce 27 juin 1678.

Il est vrai, mon cousin, que je vous écrivois dans le temps que vous me faisiez de très justes reproches de ne vous écrire pas. Vous avez vu comme je m'en faisois à moi-même. Vous me flattez beaucoup en me disant que plus vous devenez délicat, et plus je vous suis nécessaire. Le moyen de n'être pas sensible à cette louange, si bien apprêtée? Si vous en présentiez de pareilles à M. le prince, je crois qu'il y retrouveroit le goût qu'il avoit autrefois uniquement pour celles de Voiture. Je vous ai mandé de mes nouvelles, et de celles de ma fille : elle a été assez mal; une saignée l'a remise. Elle prend du petit lait pour la conduire à celui de vache naturel; il n'y a que ce remède pour les maux de poitrine; c'est ce qui l'a empêchée d'aller en Provence, afin de joindre la douceur de l'air à celle du régime, à Livry où nous passerons l'été; outre que M. de Grignan viendra aussi cet hiver comme les autres. Plût à Dieu que la paix fût assez généralement établie dans tous les cœurs pour faire revenir à la cour tous ceux que je desire! Vous seriez assurément le premier, et l'unique, s'il n'y en avoit qu'un, quoique vous ne soyez pas le plus malheureux : vous avez une société chez vous et un voisinage qui vous mettent à couvert de l'excès de l'ennui. Vous demanderez au roi ce qu'il vous plaira; mais vous ne m'empêcherez pas de souhaiter qu'il vous rappelât à la cour, en vous donnant tous les agréments qu'il faut à un homme de vos services.

Vous m'étonnez de la réception que M. d'Autun a faite à madame Fouquet; j'aurois peine à le croire si vous n'en aviez été témoin. Une malheureuse n'a pas accoutumé d'être si honorée. Je suis persuadée qu'il y a de la sainteté révérée dans l'excès de cette procession, ce fut assurément en qualité de relique et de châsse qu'il y eut tant de monde en campagne.

Pour sa belle-sœur, c'est la plus folle femme que je connoisse, je vous ferois le *paroli*[a] si je voulois vous conter tout ce que je sais d'elle, mais je crois que vous êtes assez instruit.

Madame de Monaco, en mourant, n'avoit aucun trait ni aucun reste qui pût faire souvenir d'elle : c'étoit une tête de mort gâtée par une peau noire et sèche : c'étoit enfin une humiliation si grande pour elle, que, si Dieu a voulu qu'elle en ait fait son profit, il ne lui faut point d'autre pénitence. Elle a eu beaucoup de fermeté. Le père Bourdaloue dit qu'il y avoit beaucoup de christianisme. Je m'en rapporte.

Pour le maréchal de Gramont, il est vrai qu'il lui a dit adieu quand il est allé en Béarn[b] ; je n'ai point su qu'il ait dit les méchantes plaisanteries qu'on vous a mandées ; elles lui ressemblent pourtant assez : s'il les a dites, je les condamne, et je les trouve hors de propos, comme vous les trouvez.

Pour le cardinal de Retz, vous savez qu'il a voulu se démettre de son chapeau de cardinal. Le pape ne l'a pas voulu, et non seulement s'est trouvé offensé qu'on veuille se défaire de cette dignité, quand on veut aller en paradis ; mais il lui a défendu de faire aucun séjour à Saint-Mihel, à trois lieues de Commercy, qui est le lieu qu'il avoit choisi pour demeure, disant qu'il n'est pas permis aux cardinaux de faire aucune résidence

---

[a] Expression empruntée du jeu de la Bassette. (*Voyez* les Chansons de Coulanges.)

[b] Il étoit gouverneur et lieutenant-général de Navarre et gouverneur de Béarn. (*Voyez* l'*État de la France* de 1665, t. II, p. 203.)

dans d'autres abbayes que dans les leurs. C'est la mode de Rome; et l'on ne se fait point hermite *al dispetto del Papa*. Ainsi Commercy étant le lieu du monde le plus passant, il est venu demeurer à Saint-Denis, où il passe sa vie très conformément à la retraite qu'il s'est imposée. Il a été quelque temps à l'hôtel de Lesdiguières; mais cette maison étoit devenue la sienne*a*. Ce n'étoient plus les amis du duc qui y dînoient, c'étoient ceux du cardinal. Il a vu très peu de monde, et il est, il y a plus de deux mois, à Saint-Denis. Il a un procès qu'il fera juger, parceque, selon qu'il se tournera, ses dettes seront achevées d'être payées, ou non. Vous savez qu'il s'est acquitté de onze cent mille écus. Il n'a reçu cet exemple de personne, et personne ne le suivra. Enfin il faut se fier à lui de soutenir sa gageure. Il est bien plus régulier qu'en Lorraine, et il est toujours très digne d'être honoré. Ceux qui veulent s'en dispenser l'auroient aussi bien fait, quand il seroit demeuré à Commercy, qu'étant revenu à Saint-Denis.

Notre ami Corbinelli est allé trouver M. de Vardes pour lui persuader le mariage de sa fille avec M. de Rohan. Le roi a permis à M. de Rohan d'y penser. Rien n'est plus avantageux pour l'un et pour l'autre, sur-tout ayant été refusés de la faveur, la fille par le jeune Thianges*b*, et le garçon par une petite d'Aumont*c*, nièce de M. de Lou-

---

a Par le mariage de mademoiselle de Gondy, sa nièce, avec le duc de Sault, depuis duc de Lesdiguières.

b Claude-Philibert de Damas, marquis de Thianges.

c Madeleine Élisabeth Fare d'Aumont, fille du duc d'Aumont et

rois. Ils font bien d'unir leurs malheurs ensemble, ils en feront du bonheur. Je crois que Vardes se résoudra enfin de vendre sa charge à qui il plaira au roi, et je suis persuadée qu'étant dépouillé, et hors d'état de faire aucune condition pour lui, il ne sera pas plus loin de retourner qu'il est présentement. C'est à un changement du cœur du roi que tient son retour, et point du tout à sa charge ni à sa fille. On parle de Tilladet*a* pour cette charge; ce cinquième capitaine des gardes ne seroit pas de la force des autres. Adieu, mon cousin; je suis fort aise que vous m'aimiez, l'aimable veuve et vous. Si vous voyiez comment mon cœur est fait pour vous deux, vous ne me trouveriez pas ingrate. Vous allez avoir une nouvelle voisine, je souhaite qu'elle vous soit aussi bonne qu'à M. Jeannin*b*. Je l'ai vu, il est fort content. Je vous embrasse, Monsieur et Madame, je n'oublierai jamais votre paysage de Chaseu, et la manière dont vous m'y avez reçue. Ma fille vous fait mille compliments à l'un et à l'autre. Mon fils est encore à l'armée, car ce n'est plus *à la guerre*, Dieu merci!

de Madeleine Fare Le Tellier. Elle avoit épousé le marquis de Beringhen l'année précédente.

a Le marquis de Tilladet (Jean-Baptiste de Cassagnet) succéda à M. de Vardes dans la charge de capitaine-lieutenant des Cent-Suisses. Il étoit cousin-germain de Louvois.

b Nicolas Jeannin de Castille, marquis de Montjeu, étoit sur le point de marier son fils (*Gaspard*), conseiller au parlement de Metz, à Louise-Diane Dauvet-des-Marets. Il naquit une fille de ce mariage, qui épousa le prince d'Harcourt en 1705, et fut mère des duchesses de Bouillon et de Richelieu.

643. **

Du Comte de Bussy *à Madame* de Sévigné.

A Bussy, ce 29 juin 1678.

Si je savois aussi bien apprêter des louanges, Madame, je vous en donnerois souvent, parceque vous en méritez, et pour m'attirer les vôtres; j'en donnerois aussi quelquefois au roi, parcequ'il en est digne, et pour m'en attirer des graces; après cela je ne présumerois pas de toucher le cœur des *adorateurs** de Voiture.

Je vous rends mille graces, ma chère cousine, des souhaits que vous faites pour mon retour, et pour mon retour agréable; autrement j'aimerois mieux être ici; je vous assure que je ne m'y ennuie point du tout, et que si vous demeuriez d'ordinaire en Bourgogne, je ne voudrois jamais en sortir.

Je suis bien aise que vous m'ayez éclairci de la conduite du cardinal de Retz, qui de loin me paroissoit changée; car j'aimois à l'estimer, et cela me fait croire qu'il soutiendra jusqu'au bout la beauté de sa retraite.

Je trouve comme vous que madame de Rohan et M. de Vardes font bien de marier leurs enfants, et que Vardes ne sera pas plus loin de revenir à la cour, ayant

---

* Le prince de Condé et M. le Duc.

vendu sa charge, qu'auparavant; mais je crois aussi qu'il n'en sera pas plus près. Il est vrai que Tilladet est bien au-dessous des quatre capitaines des gardes-du-corps; mais après l'avoir fait égal en charge, on le fera égal en honneurs*; fions-nous-en à son patron.

Je suis bien aise du mariage du fils de Jeannin; une belle-fille rendra encore sa maison plus agréable, qui l'étoit déjà beaucoup. Adieu, ma chère cousine, aimons-nous bien toujours tous quatre, nous ne saurions mieux faire, nous n'en aimerons jamais de plus dignes d'être aimés; vous jugez bien que dans les quatre sont compris nos plus chers enfants*.

Mais j'oubliois de vous dire que j'ai enfin lu *la princesse de Clèves* avec un esprit d'équité, et point du tout prévenu du bien et du mal qu'on en a écrit. J'ai trouvé la première partie admirable : la seconde ne m'a pas paru de même. Dans le premier volume, hors quelques mots trop souvent répétés, qui sont pourtant en petit nombre, tout est agréable, tout est naturel, rien ne languit. Dans le second, l'aveu de madame de Clèves à son mari est extravagant, et ne se peut dire que dans une histoire véritable; mais quand on en fait une à plaisir, il est ridicule de donner à son héroïne un sentiment si extraordinaire. L'auteur, en le faisant, a plus songé à ne pas ressembler aux autres romans, qu'à sui-

* Le marquis de Tilladet étoit maître de la garderobe du roi; il devint lieutenant-général en août 1688, chevalier des ordres du roi, et lieutenant-général au gouvernement d'Artois.

* Bussy désigne par-là madame de Coligny et madame de Grignan.

vre le bon sens. Une femme dit rarement à son mari qu'on est amoureux d'elle; mais jamais qu'elle ait de l'amour pour un autre que pour lui; et d'autant moins qu'en se jetant à ses genoux, comme fait la princesse, elle peut faire croire à son mari qu'elle n'a gardé aucunes bornes dans l'outrage qu'elle lui a fait*. D'ailleurs il n'est pas vraisemblable qu'une passion d'amour soit long-temps, dans un cœur, de même force que la vertu. Depuis qu'à la cour en quinze jours, trois semaines ou un mois, une femme attaquée n'a pas pris le parti de la rigueur, elle ne songe plus qu'à disputer le terrain pour se faire valoir. Et si, contre toute apparence et contre l'usage, ce combat de l'amour et de la vertu duroit dans son cœur jusqu'à la mort de son mari, alors elle seroit ravie de les pouvoir accorder ensemble, en épousant un homme de sa qualité, le mieux fait, et le plus joli cavalier de son temps. La première aventure

---

* Segrais contredit ce jugement de Bussy. Voici ce qu'on lit dans le *Segraisiana*. «M. de Bussy trouve mauvais, dans ses lettres, que « la princesse de Clèves déclare à son mari le penchant qu'elle a pour «M. de Nemours, prétendant que cela n'est pas possible; mais ce « qu'il en dit ne mérite pas de réponse, parcequ'il n'entendoit pas « la beauté de ces sortes d'ouvrages. Madame de *Sévigny*, qui lui « envoya cet ouvrage, en étoit charmée. Le père Bouhours, qui » « écrit contre la *princesse de Clèves*, pourroit bien avoir part à cette « lettre, afin d'appuyer son sentiment de celui de Bussy. » Segrais savoit que le père Bouhours s'étoit occupé de l'édition des Lettres de Bussy, mais il a tort de soupçonner ce jésuite d'avoir altéré le texte de ce passage, et même de l'avoir supposé. Cette lettre se lit, comme toutes les autres, au manuscrit de Bussy, et elle y est écrite entièrement de sa main.

des jardins de Coulommiers n'est pas vraisemblable, et sent le roman. C'est une grande justesse, que la première fois que la princesse fait à son mari l'aveu de sa passion pour un autre, M. de Nemours soit, à point nommé, derrière une palissade, d'où il l'entend; je ne vois pas même de nécessité qu'il sût cela, et, en tout cas, il falloit le lui faire savoir par d'autres voies

Cela sent encore bien le roman, de faire parler les gens tout seuls; car outre que ce n'est pas l'usage de se parler à soi-même, c'est qu'on ne pourroit savoir ce qu'une personne se seroit dit, à moins qu'elle n'eût écrit son histoire, encore diroit-elle seulement ce qu'elle auroit pensé. La lettre écrite au vidame de Chartres[a] est encore du style des lettres de roman, obscure, trop longue, et point du tout naturelle. Cependant, dans ce second tome, tout y est aussi bien conté, et les expressions en sont aussi belles que dans le premier.

[a] OEuvres de madame de La Fayette, édition in-8°, 1804, t. II, p. 116.

644. **

De Madame DE SÉVIGNÉ *au Comte* DE BUSSY.

A Paris, ce 27 juillet 1678.

Votre critique de *la princesse de Clèves* est admirable, mon cousin. J'y ai trouvé ce que j'en ai pensé, et j'y aurois même ajouté deux ou trois petites bagatelles qui vous ont assurément échappé. Je reconnois la justesse de votre esprit, et je vois bien que la solitude ne vous ôte rien de toutes les lumières naturelles ou acquises dont vous aviez fait une si bonne provision. Vous êtes en bonne compagnie quand vous êtes avec vous; et quand notre jolie veuve s'en mêle, cela ne gâte rien. J'ai été fort aise de savoir votre avis, et encore plus de ce qu'il se rencontre justement comme le mien : l'amour-propre est content de ces heureuses rencontres.

Mais, mon pauvre cousin, je suis au désespoir de la guerre; il me semble qu'elle va recommencer : la paix se brouille et s'embarrasse; nous l'avons crue trop vite faite; c'est que nous avons un si grand besoin de varier la phrase pour louer le roi, que notre impatience nous a fait prévenir le temps. La Feuillade dit que madame du Ludres s'étoit portée trop tôt héritière, quand elle parloit comme ayant débusqué madame de Montespan; nous avons fait de même pour la paix, nous nous sommes portés trop tôt pour héritiers.

Ma fille est toujours aimable et languissante. J'embrasse la veuve, embrassons-nous tous quatre.

---

645. ***

Du Comte DE BUSSY *à Madame* DE SÉVIGNÉ.

Ce 23 juillet 1678.

Cette lettre sera courte, ma chère cousine; car c'est un remerciement; vous avez donné à un des enfants* de mon bailli de Forléans votre chapelle de Bourbilly. Ce bailli l'est aussi de la terre d'Époisses. Si vous n'avez regardé que moi dans ce bienfait, je vous en rends mille graces, et je sens cela avec ce cœur que vous connoissez, qui sait encore bien mieux aimer que haïr. Si Guitaud a part en tout ou en partie à votre présent, je lui laisse tout le soin de la reconnoissance. Le vassal, ce me semble, auroit trop de vanité, s'il vouloit être de moitié de quelque chose avec son seigneur. Raillerie à part, ma chère cousine, en quelque vue que vous l'ayez fait, je vous remercie du remerciement que vous m'avez attiré.

J'attends votre sentiment sur le jugement que j'ai fait

* L'abbé Poussy. (*Voyez* la lettre suivante.)

de *la princesse de Clèves*; si nous nous mêlions, vous et moi, de composer ou de corriger une petite histoire, je suis assuré que nous ferions penser et dire aux principaux personnages des choses plus naturelles que n'en pensent et disent ceux de *la princesse de Clèves*.

Adieu, Madame, je vous aime toujours et de tout mon cœur; la Coligny fait la même chose. A propos d'elle, il vient d'arriver un grand accident à son grand-oncle et à sa petite-tante*; ils ont versé de Montelon à Autun, et les chevaux ont traîné le carrosse tout versé plus de 500 pas. Ils sont tous deux blessés en vingt endroits; cependant ils n'en auront, Dieu merci, que le mal.

646. **

De Madame DE SÉVIGNÉ *au Comte* DE BUSSY.

A Paris, ce 9 août 1678.

Ni le seigneur, ni le vassal, n'ont à se disputer sur le grand bénéfice que j'ai donné au sieur Poussy; je ne savois point que vous y prissiez intérêt, et je me suis trouvée trop heureuse qu'un honnête homme ait voulu une si petite chose qui dépendoit de moi. J'étois sur le

---

* Deux enfants de madame de Toulongeon, grand'mère de madame de Coligny.

point de le remercier de l'avoir acceptée", lorsque j'ai vu qu'il ne tenoit qu'à moi d'en recevoir un remerciement de vous. Mais je ne veux point vous tromper, mon cher cousin, ni vous faire valoir ce qui n'en vaut pas la peine, et ce que je n'ai point fait pour l'amour de vous.

Je suis encore d'accord de ce que vous dites de *la princesse de Clèves*; votre critique et la mienne étoient jetées dans le même moule.

Tout le monde s'est remis à croire la paix. Le roi de Suède prie le roi de vouloir bien la faire sans s'attacher davantage à ses intérêts. Les Hollandois se sont déchargés de cette négociation; et cela fait croire que toutes les louanges en vers et en prose qu'on a données au roi sur cette paix se trouveront à leur place. Mais que dites-vous de M. d'Albret qui alloit voir amoureusement et nocturnement madame de Lameth à la campagne? On l'a pris pour un voleur, on l'a tué sur la place. Voilà une étrange aventure*b*.

Adieu, mon cousin; adieu, ma jolie veuve; si ma tante m'avoit donné les dix mille écus dont vous me

---

a Cet aumônier trouva le bénéfice bon, mais il se mit peu en peine de remplir les obligations qu'il lui imposoit. La chapelle de Bourbilly n'étoit pas desservie, et madame de Sévigné fut obligée, quinze ans après, de recourir à l'évêque d'Autun pour obliger l'abbé Poussy de donner sa démission. (*Voyez* la lettre écrite à madame de Guitaud, page 148 du volume publié par Klostermann; elle n'est pas datée, mais elle est certainement du vendredi 17 juillet 1693.)

b Charles Amanien d'Albret, dit le marquis d'Albret, Bussy-Lameth, instruit de ses liaisons avec sa femme, obligea celle-ci de lui indiquer un rendez-vous dans le château de Pinon en Picardie, où il fut tué le 5 ou le 6 août 1678. Le marquis avoit pris pour s'y

parliez l'autre jour, je n'aurois pas traité avec la présidente Baillet; mais je tiens mon affaire bonne, à moins que pour me faire dépit, elle eût la malice de mourir demain; en ce cas-là, je l'avoue, je suis attrapée.

~~~~~~

647. **

Du Comte de Bussy à Madame de Sévigné.

A Paris, ce 12 août 1678.

Vous ne sauriez être plus aise que moi, Madame, de trouver que nous pensons les mêmes choses, je m'en tiens fort honoré; j'ai vu la critique imprimée de *la princesse de Clèves*, elle est exacte et plaisante en beaucoup d'endroits; mais elle a un air d'acharnement qui sent l'envieux ou l'ennemi, et qui ne fait point de quartier; pour la nôtre, c'est une critique de gens de qualité qui donnent la vie après avoir désarmé.

Il ne faut s'affliger des bruits de guerre, ni se réjouir des bruits de paix; un peu de patience et nous saurons à quoi nous en tenir; je me fais cette leçon à moi-même aussi bien qu'à vous. Vous dites plaisamment que nous

rendre un congé du maréchal de Schomberg. M. de Louvois manda au maréchal que le roi avoit été surpris que, sans ses ordres, il eût accordé un congé à un officier général. Le marquis d'Albret étoit neveu du chevalier d'Albret qui tua en duel le marquis de Sévigné, le 4 février 1651. (*Voyez la notice historique*, tome Iᵉʳ, page 57.)

nous sommes trop tôt portés pour héritiers sur les louanges précipitées que nous avons données sur la paix; mais, comme on ne les a point datées, elles seront aussi bonnes au mois d'octobre qu'au mois de juillet.

Cela est donc heureux à vous, Madame, que, ne pensant obliger qu'un honnête bourgeois de Semur, en lui donnant un bénéfice, vous m'ayez aussi fait plaisir; car le bourgeois est mon bailli de Forléans.

Quoique je me sois quelquefois en ma vie exposé à de pareilles aventures qu'à celle du marquis d'Albret[a], j'ai toujours trouvé qu'on étoit bien sot, et moi tout le premier, de hasarder de mourir ainsi; cependant il faut que jeunesse se passe; ces périls-là augmentent le plaisir: les uns s'en sauvent, les autres y demeurent; passe encore si l'on étoit assuré d'être aimé, mais mourir pour une *Guenipe!*

La bonne femme Toulongeon a pris trois mois pour se résoudre à prendre votre marché; elle est assez indifférente pour traiter; mais son fils veut dégager Montelon, comme vous voulez dégager Bourbilly, et je trouve qu'il a raison.

La petite veuve et moi parlons très souvent de vous, vous entendez bien que cela veut dire que nous vous admirons; mais vous avez beau être admirable, nous ne

---

[a] Le père du marquis d'Albret s'étant marié en 1644, celui-ci devoit avoir 33 ou 34 ans. Il ne laissa point de postérité de Marie d'Albret, sa cousine-germaine, fille du maréchal d'Albret, mort en 1676, et en lui s'éteignit cette illustre maison qui avoit donné deux rois à la Navarre, et une reine qui fut la mère de notre Henri IV.

vous aimerions pas de tout notre cœur, comme nous faisons, si nous n'étions pas persuadés que vous nous aimez de même.

---

648. **

De Madame DE SÉVIGNÉ *au Comte* DE BUSSY.

A Livry, ce 23 août 1678.

Où est votre fils, mon cousin? pour le mien, il ne mourra jamais, puisqu'il n'a pas été tué dix ou douze fois auprès de Mons. La paix étant faite et signée le 9 août, M. le prince d'Orange a voulu se donner le divertissement de ce tournoi. Vous savez qu'il n'y a pas eu moins de sang répandu qu'à Senef[a]. Le lendemain du combat, il envoya faire ses excuses à M. de Luxembourg, et lui manda que s'il lui avoit fait savoir que la paix étoit signée, il se seroit bien gardé de le combattre. Cela ne vous paroît-il pas ressembler à l'homme qui se

---

[a] Le prince d'Orange, qui auroit désiré la continuation de la guerre, feignit d'ignorer le traité qui avoit été signé le 10 août; on a dit pour l'excuser que le pensionnaire Fagel ne lui en avoit écrit la conclusion que le 13. Quoi qu'il en soit, il attaqua le 14 août le maréchal de Luxembourg à Saint-Denis près Mons; mais il fut repoussé après un combat opiniâtre, avec beaucoup de perte de part et d'autre. (*Voyez les Mémoires chronologiques du père d'Avrigny.*)

bat en duel à la comédie, et qui demande pardon à tous les coups qu'il donne dans le corps de son ennemi.

Les principaux officiers des deux partis prirent donc dans une conférence un air de paix, et convinrent de faire entrer du secours dans Mons. Mon fils étoit à cette entrevue romanesque. Le marquis de Grana demanda à M. de Luxembourg, qui étoit un escadron qui avoit soutenu deux heures durant le feu de neuf de ses canons, qui tiroient sans cesse pour se rendre maîtres de la batterie que mon fils soutenoit? M. de Luxembourg lui dit que c'étoient les gendarmes-dauphin, et que M. de Sévigné, qu'il lui montra là présent, étoit à leur tête. Vous comprenez tout ce qui lui fut dit d'agréable, et combien, en pareille rencontre, on se trouve payé de sa patience. Il est vrai qu'elle fut grande; il eut quarante de ses gendarmes tués derrière lui. Je ne comprends pas comment on peut revenir de ces occasions si chaudes et si longues, où l'on n'a qu'une immutabilité qui nous fait voir la mort mille fois plus horrible que quand on est dans l'action, et qu'on s'occupe à battre et à se défendre.

Voilà l'aventure de mon pauvre fils; et c'est ainsi que l'on en usa le propre jour que la paix commença. C'est comme cela qu'on pourroit dire de lui plus justement qu'on ne disoit de Dangeau : *Si la paix dure dix ans, il sera maréchal de France*".

Mais changeons de propos; je crois que vous ne savez

" Allusion à un sonnet satirique qui fut fait contre Dangeau; il est dans la manière de Saint-Pavin, et paroit être de ce poëte; on le trouve dans un *Recueil de pièces curieuses* imprimé à La Haye, 1696,

pourquoi vous ne vous donnez point les uns aux autres le plaisir d'une bonne compagnie, dans la province, entre vous et M. de Guitaud. Sa femme a bien de l'esprit; ma nièce se trouveroit fort bien de cette société; vous n'avez nul chagrin les uns contre les autres. Quand vous allez à votre terre de Forléans*, il est tout naturel d'aller à Epoisses, et puis vous verrez comment vous vous accommoderez ensemble. Je sais que s'il vous rencontre il vous embarrassera par ses honnêtetés, et par la manière dont il vous témoignera l'envie d'être de vos

tome V, page 704; mais Dangeau n'y est pas nommé. Le voici avec quelques différences empruntées d'un ancien manuscrit, dans lequel cette pièce porte le nom de Dangeau.

Être dans les plaisirs du roi,
Du jeu, du bal et de la chasse,
Faire exercice en bel arroi,
Monter quelquefois sur Parnasse;

Donner tout à l'ambition,
Cajoler la blonde et la brune,
N'avoir point de religion
Quand il s'agit de sa fortune;

Devenir chef d'un régiment,   (du régiment du roi.)
Acheter un gouvernement,   (celui de Touraine.)
Se voir cordon bleu d'espérance;   (il fut promu en 1688.)

Dangeau, par des hasards si grands,
Si la paix dure encor dix ans,
Tu seras maréchal de France.

*Forléans est à une lieue d'Époisses, entre Semur et Avalon. Le château n'est plus aujourd'hui qu'une ferme, qui se compose d'une vieille tour ruinée et d'un corps de logis peu étendu. Dès le temps de Bussy-Rabutin, il devoit être peu habitable. Il paroît résulter de la lettre 632, pag. 367 de ce vol., que Forléans relevoit d'Époisses.

serviteurs et de vos amis. Eh, mon Dieu! a-t-on trop bonne compagnie dans les provinces, qu'il faille s'ôter ceux qui nous parleroient notre langue, et qui nous entendroient fort bien. Il me semble que vous et madame de Coligny devriez aimer ceux qui sauroient ce que vous valez. La fantaisie m'a pris de vous mander ceci : quelquefois il ne faut rien pour rompre une glace; j'ai entrepris de vous faire amis, d'autant plus tôt qu'il me semble qu'une telle négociation est de ma force, où je suis bien foible; c'est à vous deux à me dire ce que vous pensez là-dessus. Je voudrois que sans rebattre les *lanterneries* du passé, cela se fît de galant homme, avec cette grace que vous avez quand il vous plaît. Si mes desseins en cela réussissoient, je suis assurée que vous me remercieriez tous deux.

649. **

Du Comte de Bussy *à Madame* de Sévigné.

A Chaseu, ce 2 septembre 1678.

Le régiment de Cibours, où est mon fils à présent, est aux environs de Maëstricht, Madame, avec le régiment de Tavanes et celui de Courtebonne, où le maréchal de Schomberg les a laissés. Vous m'avez fait un très grand plaisir de me mander les hasards et la gloire de M. de Sévigné; je comprends bien l'un et l'autre, et je vous en félicite de tout mon cœur; si la paix duroit, elle lui feroit plus de tort qu'à beaucoup d'autres, car il s'avanceroit fort vite, s'il lui arrivoit quelque autre heureuse aventure comme celle-ci; mais ne trouvez-vous pas que le canon le cherche? C'est la seule bataille qu'on ait jamais donnée en temps de paix; ma fille de Coligny dit que c'est le *goupillon* de cette guerre.

Au reste, Madame, je ne sais qui vous a dit que nous ne nous divertissions pas bien quand nous sommes à Bussy; nous voyons très souvent le marquis de Trichâteau*, vous savez qu'il est de la maison du Châtelet; mais je ne sais si vous savez que c'est un des plus honnêtes hommes de France, avec qui on peut parler de la cour et de la guerre. Je suis là sur le passage de Paris à Lyon, et cela m'attire mille visites; j'ai encore le voisinage de Sainte-Reine qui me donne la connoissance de beaucoup d'honnêtes gens, et ce ne sont pas des gens incommodés par leurs maladies, car ils ne viennent là que pour trop de santé*.

Quand je suis à Chaseu, j'ai le voisinage de l'évêque d'Autun, de Tavannes, de Jeannin, d'Epinac, de Toulongeon et de sa femme, de l'abbé Bonneau, sans compter encore beaucoup d'autres honnêtes gens que vous ne connoissez pas.

Je viens présentement de Dijon avec votre nièce, pour un procès que j'y ai gagné; nous y avons vu douze

* Erard du Châtelet, marquis de Trichâteau, gouverneur de Semur et grand bailli d'Auxois, mort en 1684.

b Les eaux de Sainte-Reine ont de la célébrité.

comédies. C'étoit à qui nous régaleroit, à la ville, par des grands repas et par des concerts, et à la campagne par des promenades. Deux jours avant que d'en partir, nous allâmes avec le premier président et sa femme à Lux, où M. et Mme du Houssay nous reçurent, Dieu sait comment! Nous y fîmes la partie de nous trouver le 29 d'août chez Tavanes à Sully, et nous en revînmes le trente et unième. Outre le premier président et sa femme, M. et Mme du Houssay, il y avoit encore l'évêque de Langres, madame de Chamilly, le commandeur Brûlart, M. d'Epinac, M. et Mme de Toulongeon, et l'abbé Bonneau; et comme Tavanes ne pouvoit pas coucher tant de gens, M. d'Epinac nous emmenoit les soirs, M. et Mme de Toulongeon, l'abbé Bonneau, ma fille et moi, coucher à Epinac qui n'est qu'à une demi-lieue de Sully.

Il arriva là une chose qu'on n'a peut-être jamais vue dans la maison d'un gentilhomme : nous entrâmes dans la cour de Sully, qui est la plus belle cour de château de France, sept carrosses à six chevaux chacun à la suite les uns des autres, cependant nous venions de quatre endroits différents; cela fait voir combien nous sommes justes à nos rendez-vous; je vis dans l'église de Sully le caveau des Rabutins d'un côté, et celui des Tavanes de l'autre, et nos armes écartelées avec celles de Bourgogne dans tous les vitraux; car vous savez que ce fut Jeanne de Montagu[a], princesse de la maison de

[a] Jeanne de Montagu étoit fille naturelle de Claude de Montagu, qui descendoit en ligne directe d'Alexandre de Bourgogne, troisième fils de Hugues III, duc de Bourgogne, mort en 1192. Elle fut légitimée par lettres du roi Louis XI, du mois de septembre 1461. Elle

Bourgogne, qui apporta cette terre en mariage à Hugues de Rabutin, et que son petit-fils Christophle, notre bisaïeul la vendit à Jean de Saulx, seigneur d'Orrain, père de Gaspard de Saulx, maréchal de Tavanes; mais pour revenir à nos divertissements, nous ne nous séparâmes point que nous n'eussions fait une autre partie, qui est de nous trouver à La Borde, chez le premier président*, au commencement d'octobre prochain, après notre retour d'Auvergne, où nous allons ma fille et moi. Si les plus honnêtes gens de la cour étoient assez aises de me voir pendant que j'y étois, vous jugez bien que l'on me compte avec plaisir en province, et vous savez mieux que personne combien ces petites régences-là sont agréables.

Pour revenir maintenant à ce que vous me mandez de M. et de Mᵐᵉ de Guitaud, je vous dirai que je crois qu'ils ne gâteroient rien, s'ils se trouvoient parmi nous, ce que même on seroit bien aise de les voir, s'ils vi-

---

avoit épousé, quelque temps auparavant, Hugues de Rabutin, auquel Claude de Montagu fit donation, par deux actes des 10 octobre 1467 et 20 novembre 1469, des terres de Bourbilly et de Sully. Bussy-Rabutin, qui nous donne ces détails dans l'*Histoire généalogique* de sa maison, pense que Hugues étoit l'un des quatre écuyers qui accompagnoient Aimé de Rabutin, en 1449, à la joute de *Nostre-Dame de Plours*, fait d'armes célèbre dans l'histoire du duché de Bourgogne, et dont Olivier de La Marche nous a laissé une description curieuse dans ses *Mémoires*, liv. Iᵉʳ, chap. XXI, pag. 316, édition de 1616. Bussy ajoute que la tradition fait Hugues de Rabutin chambellan du roi Charles VII.

* Nicolas Brûlart, marquis de La Borde, premier président au parlement de Dijon, mort le 29 août 1692.

voient bien avec tout ce que je viens de vous nommer de gens : pour moi, qui suis aussi honnête qu'un autre, je les recevrois le mieux que je pourrois quand ils me viendroient voir à Bussy ou à Chaseu; mais comme il faut un commencement à toutes choses, j'ai trouvé fort ridicule que M. de Guitaud, jadis mon *cornette**, ait cru qu'il n'y avoit pas eu toujours jusqu'à présent pour le moins autant de différence, entre lui et moi, qu'il y en avoit il y a trente ans. Vous dites que quand je vais à Forléans, il est tout naturel que j'aille à Epoisses, et je vous réponds que quand M. de Guitaud est à Epoisses et qu'il me sait à Forléans, il est bien plus naturel et bien plus raisonnable à lui d'y venir.

Vous dites que quand il me trouvera en quelque lieu il me fera mille honnêtetés, et je vous réponds que je lui en ferai deux mille; mais comme vous dites qu'il commencera là, je vous dis qu'il faut aussi qu'il commence ailleurs. Pour moi je n'ai aucun chagrin contre lui; mais une marque qu'il en a contre moi, c'est qu'il ne me vient pas voir, lui me devant tous les premiers pas; quand il les aura faits, je ne suis pas un homme à me laisser vaincre en honnêtetés, non plus qu'en rudesses.

Voilà ce que je pense sur cette affaire, ma chère cousine, et je m'étonne que vous ne l'ayez pas pensé aussitôt que moi, sachant tout ce que vous savez, et connoissant M. de Guitaud et moi comme vous faites. Après tout, Madame, je serai ravi que, nous voulant faire amis, vous ne perdiez pas vos peines.

* Dans les chevau-légers de M. le prince, dont Bussy étoit capitaine-lieutenant. (*Voyez* la note de la lettre du 13 février précédent.)

650.

De Monsieur de Corbinelli *au Comte* de Bussy.

A Livry, ce 18 septembre 1678.

J'ai lu vos réflexions sur *la princesse de Clèves*, Monsieur. Je les ai trouvées excellentes, et pleines de bon sens [a]. Je les ai d'autant plus aimées, qu'elles ont rencontré le goût de tous les vrais honnêtes gens de ce pays-ci.

Que dites-vous de la critique qu'en a faite le père Bouhours : pour moi je l'ai trouvée fort bonne presque partout, je dis presque, parcequ'il n'y a rien de parfait au monde. Permettez-moi de vous demander encore si le style de *la princesse de Clèves* vous sembleroit bon pour l'histoire. Je suis revenu de Languedoc, où j'ai été conclure le mariage de M. de Rohan avec mademoiselle de Vardes. Le premier voyage que je ferai en Languedoc, je passerai par la Bourgogne, par la seule envie de vous rendre une visite à Chaseu, car c'est là, ce me semble, où vous demeurez la plus grande partie de l'année ; j'y serai au moins quinze jours. Monsieur, que de choses nous dirons ! le roi n'y sera pas oublié ; vous savez combien j'aime à parler de sa gloire, quelque sujet qu'il

[a] *Voyez* la lettre 643, page 343 de ce volume.

m'ait donné de n'en dire mot"; mais c'est que vous
m'avez appris à me faire justice. Ah! que nous ferions
bien des fragments, si on nous confioit cet *opéra!*

De Madame DE GRIGNAN.

Je voudrois bien être dans *le chorus*. Il me semble
que je mêlerois volontiers ma voix à la vôtre. Mais après
avoir loué le monarque, ne dirons-nous rien de ses capitaines? Vous en avez vu gagner des batailles pendant
la guerre; mais M. de Luxembourg fait plus, il en gagne
pendant la paix*b*. Vous savez toutes les histoires; mais
vous n'y avez jamais vu de pareils événements. Plût à
Dieu que vous prissiez le soin de les écrire! Votre style
y seroit bien convenable. J'ai vu des gens fort contents
de quelques uns de vos ouvrages. Si je retourne jamais
à Bussy, je vous demanderai pour marque de votre amitié de me les montrer. Savez-vous bien, Monsieur, qui
est cette personne qui se promet votre amitié? Vous
comprenez bien qu'elle en doit avoir pour vous; autrement elle seroit fort injuste : mais je ne *la*[c] suis point,
car je vous estime et je vous aime fort. J'embrasse de

---

[a] L'attachement que Corbinelli portoit au marquis de Vardes n'a-
voit pas été la seule cause de son éloignement de la cour. Il avoit
aussi gémi sous une disgrace personnelle, que l'on doit attribuer principalement à ses liaisons avec mademoiselle de Montalais, fille d'honneur et confidente de madame Henriette d'Angleterre. (*Voyez* la
note de la lettre du 26 mai 1683.)

[b] *Voyez* la lettre 648, et la note, page 352 de ce volume.

[c] Cette faute, que madame de Sévigné et madame de Grignan faisoient sciemment, se lit dans le manuscrit du comte de Bussy; elle a
dû être conservée. (*Voyez* la *notice historique*, page 64.)

tout mon cœur madame de Coligny; c'est une aimable et une estimable personne.

De Madame DE SÉVIGNÉ.

Est-il besoin de vous dire que c'est la belle Madelonne qui a pris notre plume pour vous dire ces mots? Nous sommes encore ici avec notre cher ami. En vérité nous y pensons fort souvent à vous; et quand on vous connoît, et qu'on vous aime comme nous faisons, on ne peut jamais oublier votre sorte d'esprit. Je vous recommande l'un à l'autre, monsieur le Comte et madame de Coligny. Parlez souvent ensemble, afin de ne point oublier votre langue, c'est ce qui vous a si bien préservés jusqu'ici de la *moisissure* qui arrive quasi toujours en province : tant que vous serez ensemble, vous en serez fort exempts.

Vous ai-je écrit depuis le combat de M. de Luxembourg? il me semble que non; quoi qu'il en soit, je ne vous dirai que ce que vous apprendra ce petit couplet:

    Luxembourg, dînant en paix
      Avec sa phalange,
    Trouva, dit-on, fort mauvais,
      Et le cas étrange,
    De voir à son entremets
      Le prince d'Orange.

Au reste, M. de Lameth a gagné son procès. Il a permission de prouver qu'il est cocu[*] : mais sa femme pré-

[*] Les chansonniers du temps, lui disputant la qualité de *mari*, le lavoient de cette injure. (*Voyez* la lettre 646, page 349 de ce vol.)

tend se justifier, et faire voir clair comme le jour qu'il est impuissant; et quand on lui dit qu'elle a eu un enfant, elle assure que ce n'étoit point de lui. M. de Montespan parut à l'audience pour soutenir M. d'Albret. On y attendoit encore M. de Courcelles°, mais il n'y vint pas, parcequ'il mourut ce jour-là d'une maladie dont sa femme se porte encore bien.

A Madame DE COLIGNY.

Voilà une veuve fort précieuse, ma pauvre nièce, êtes-vous d'avis que nous la recevions dans notre illustre corps?

Je vous embrasse tous deux, mes chers amis; j'ai trouvé la critique du père Bouhours fort plaisante. Je rends la plume à notre ami Corbinelli.

° Le marquis de Courcelles mourut au commencement de septembre 1678. Aussitôt que la marquise en fut instruite, elle revint à Paris, croyant n'avoir plus rien à redouter; mais elle y fut arrêtée par ordre du premier président, et conduite à la Conciergerie. Le procès recommença pour purger la contumace, et par arrêt du 5 janvier 1680, elle fut condamnée, comme *adultère*, à 60,000 livres de dommages et intérêts et déclarée déchue de tous ses avantages matrimoniaux. M. Chardon de La Rochette, dans la notice qu'il a placée à la tête des Lettres de Madame de Courcelles, dit que l'on ignore les circonstances de sa vie, qui suivirent sa sortie de prison. Dangeau fait connoître l'époque de sa mort; voici ce qu'on lit dans son *journal manuscrit*, à la date du 25 décembre 1685 : « J'appris la « mort de la fameuse madame de Courcelles; elle avoit épousé en « secondes noces un capitaine de dragons nommé Le Tilleuf, à qui « elle avoit fait une donation de 50,000 écus. »

De Monsieur DE CORBINELLI.

Je vous supplie, Monsieur, de trouver bon que j'assure ici votre divine fille de mon estime et de mes très humbles respects.

---

651. **.

Du Comte DE BUSSY à Monsieur DE CORBINELLI.

Ce 27 septembre 1678.

J'étois assez content de mes réflexions sur *la princesse de Clèves* quand je les fis, mais comme je me défiois toujours un peu de l'amour-propre*, madame de Sévigné premièrement, M. le premier président de Dijon (*M. Brulart*), et puis vous, Monsieur, m'avez rassuré. Je ne vous nomme pas beaucoup d'autres approbateurs parcequ'il la plupart ne me louent que sur ma réputation; pour vous trois, vous ne le faites qu'avec connoissance de cause. Je ne sais pas si la critique imprimée est du père Bouhours, mais je l'ai trouvée admirable comme vous faites; je crois que si nous la lisions ensemble nous

---

* Personne ne se connoît; qui eût pu croire que le comte de Bussy se tînt en garde contre l'amour-propre?

y condamnerions les mêmes choses. Si vous venez ici, comme je vous en conjure, je vous ferai voir quelque chose du roi qui ne vous déplaira pas.

Je n'ai pas lu *la princesse de Clèves* avec le dessein de juger si son style étoit propre pour l'histoire; ce qui m'en souvient, c'est qu'elle conte bien; mandez-moi ce que vous pensez sur la demande que vous me faites*. J'ai appris la bonne affaire que vous avez faite pour M. de Rohan et pour mademoiselle de Vardes; je trouve qu'en quelque pays que vous puissiez aller, vous ne sauriez mieux faire que de passer par la Bourgogne. Je passerai l'hiver ici ou à Autun, en fort bonne compagnie. Je pars après-demain avec ma fille pour l'Auvergne. Je suis d'accord avec vous que si nous étions chargés de faire l'histoire du roi, nous ne gâterions pas la matière.

A Madame DE GRIGNAN.

Vous seriez reçue dans le *chorus*, Madame; la princesse Comnène*b* n'en savoit pas plus que vous. Ce n'est pas que si j'étois à la place du roi, vous fussiez jamais mon historienne, je vous donnerois de plus nobles emplois; et si vous n'écriviez pas ma vie, au moins la rendriez-vous plus heureuse. Il est vrai que M. de Luxembourg a fait une action bien extraordinaire; mais ce qu'a fait le prince d'Orange est une espèce d'assassinat qui

---

a Corbinelli demandoit à Bussy si le style de la princesse de Clèves lui paroissoit bon pour l'histoire; le comte semble craindre que cette question de Corbinelli ne cache un trait dirigé contre sa vanité.

b Voyez la note de la lettre du 18 août 1677, pag. 191 de ce volume.

mériteroit qu'on en informât, si le peu de justice qu'il y a dans le monde pouvoit faire espérer qu'il fût châtié.

Vous me mandez que vous avez vu des gens fort contents de quelques uns de mes ouvrages; plût à Dieu qu'ils l'eussent été de tous! En quelque lieu que nous nous trouvions jamais vous et moi, je vous montrerai tout ce que je croirai qui vous pourra plaire, car personne n'en a plus d'envie que moi, et vous jugez par ce que je vous ai dit que je ferois si j'étois roi, que je ne ferois pas moins, si je pouvois, comme simple gentilhomme. Madame de Coligny vous rend mille graces de l'honneur de votre souvenir, et de vos louanges; elle vous aime et vous estime autant que vous le méritez, c'est-à-dire infiniment.

A Madame DE SÉVIGNÉ.

Vous n'aviez que faire de me nommer la belle *Madelonne* pour me la faire connoître, Madame; je l'ai reconnue à ses traits délicats, et je ne suis pas même si mon cœur ne m'en a pas dit quelque chose. Ce qui me l'avoit un peu déguisée, c'est la noirceur de son encre^a. Mais je vois bien qu'elle commence à écrire des choses qu'elle veut bien qu'on lise, et qui ne passeront jamais.

Si vous vous entretenez de moi tous trois, nous vous rendons bien le change. Madame de Coligny et moi, nous faisons plus, nous en entretenons les gens dignes

---

^a Madame de Grignan avoit écrit au comte de Bussy le 5 septembre 1674, avec de l'encre si blanche, que celui-ci avoit à peine pu distinguer les caractères de l'écriture. (*Voyez* la lettre 351, tome III, page 246.)

de vous comprendre; et c'est à vous plus qu'à personne à qui nous sommes redevables de *notre incorruptibilité.* Voilà un grand mot, mais il dit bien ce que je veux dire. Vous m'avez écrit le combat de M. de Luxembourg, et les glorieuses souffrances de M. de Sévigné, et je m'en suis réjoui avec vous. La gloire m'empêchera de vous rien répondre sur l'article de M. de Lameth; il est si plaisant que je ferois pitié si j'y voulois ajouter quelque chose.

De Madame DE COLIGNY.

Il appartient bien à madame de Courcelles d'être veuve! non, non, ma tante, elle n'y songe pas seulement, vous lui faites trop d'honneur. Pour moi j'aimerois autant ne l'être pas que d'être d'un corps où elle seroit*.

Du Comte DE BUSSY.

Mandez-moi s'il est bien vrai que ce soit le P. Bouhours qui ait fait la critique de la princesse de Clèves, car je l'en aimerois davantage.

Que dites-vous de l'aventure du chevalier de Vendôme? mais peut-être ne la savez-vous pas : à tout hasard je m'en vais vous la dire comme on me l'a mandée. Le chevalier de Vendôme ayant mis l'épée à la main dernièrement dans sa chambre, à Fontainebleau, pour

---

* Madame de Coligny justifie bien ici le mot de madame de Sévigné, lettre 514, tome IV, page 367 : « *Cette affligée, qui ne l'est pas du tout......, elle dit qu'elle avoit toujours souhaité d'être veuve.* » Cependant elle ne paroît pas avoir eu à se plaindre de son mari, qui laissa une fortune considérable à son fils.

tuer une chauve-souris, se blessa au point de se réduire à être chevalier[a] s'il ne l'avoit pas été. Je ne sais, Madame, si je me fais bien entendre; mais enfin il est en tel état que le grand seigneur ne lui feroit rien faire davantage, si l'ayant pris, il le vouloit mettre dans le sérail. Il n'a pas fait là un beau coup d'épée.

Adieu, notre chère cousine et tante, personne ne vous aime plus que nous faisons.

---

652. **

De Madame de Sévigné *au Comte* de Bussy.

A Paris, ce 12 octobre 1678.

J'ai reçu deux de vos lettres, mon cousin. Dans l'une vous me contez votre vie, et de quelle manière vous vous divertissez[b]. Je trouve que vous avez une très bonne compagnie, et que vous faites un très bon usage de tout ce qui peut contribuer à vous faire une société douce et agréable; j'y souhaitois M. et Mme de Guitaud; mais vous me dites une suite de raisons auxquelles je me rends. Personne de vous deux n'ayant encore fait les premiers

---

[a] Philippe de Vendôme, reçu en minorité chevalier de Malte, en 1666, prince de Vendôme, et depuis grand-prieur de France, si connu par les poésies de La Fare et de Chaulieu.

[b] *Voyez* la lettre 649.

pas, ce n'est point assurément à vous à rompre cette glace : ainsi je trouve à propos de me taire sur ce chapitre; mais je ne ferai pas de même sur toute l'amitié que vous me promettez, vous et madame de Coligny, et si nous étions dans un règne moins juste que celui-ci, on pourroit bien vous changer un exil que vous rendez trop agréable, comme on fit à un Romain : on apprit qu'il passoit la plus douce vie du monde dans une île où il étoit exilé; on le rappela à Rome, et on le condamna à y vivre avec sa femme. Je suis charmée que vous me promettiez de m'aimer, ma nièce de Coligny et vous. Je suis ravie de vous plaire, et d'être estimée de vous deux. Nous nous mîmes l'autre jour à parler d'elle, ma fille, M. de Corbinelli et moi; en vérité, elle fut célébrée dignement; et l'un des plus beaux endroits que nous trouvassions en elle fut la tendresse et l'attachement qu'elle a pour vous, et le plaisir qu'elle prend à adoucir votre exil; cela vient d'un fonds héroïque. Mademoiselle de Scuderi dit que la vraie mesure du mérite se doit prendre sur l'étendue de la capacité qu'on a d'aimer. Jugez par-là du prix de votre fille. Il faut louer aussi ceux qui sont dignes d'être aimés. Ceci vous regarde, mon cousin.

Au reste, je vous réponds de votre *incorruptibilité* tant que vous serez ensemble.

L'armée de M. de Luxembourg n'est point encore séparée; les goujats* parlent même du siége de Trèves

---

* Les valets d'armée; ce mot est pris ici pour les nouvellistes du plus bas étage.

ou de Juliers. Je serai au désespoir, s'il faut que je reprenne encore les pensées de la guerre. Je voudrois fort que mon fils et mon bien ne fussent plus exposés à leurs *glorieuses souffrances*. Il est triste de s'avancer dans le pays de la misère; c'est ce qui est indubitable dans votre métier : vous sauriez bien m'en dire des nouvelles.

Vous savez, je crois, que madame de Meckelbourg, s'en allant en Allemagne, a passé par l'armée de son frère[a]. Elle y a été trois jours comme Armide[b] au milieu de tous ces honneurs militaires qui ne se rendent pas à petit bruit. Je ne puis comprendre comment elle put songer à moi en cet état. Elle fit plus, elle m'écrivit une lettre fort honnête qui me surprit extrêmement; car je n'ai aucun commerce avec elle. Elle pourroit faire dix campagnes et dix voyages en Allemagne sans penser à moi, que je ne serois pas en droit de m'en plaindre. Je lui mandai que j'avois bien lu des princesses dans les armées, se faisant adorer et admirer de tous les princes, qui étoient autant d'amants : mais que je n'en avois jamais vu une qui, dans ce triomphe, s'avisât d'écrire à une ancienne amie qui n'avoit point la qualité de confidente de la princesse. On veut entendre finesse à son voyage : ce n'est pas, dit-on, pour voir son mari qu'elle n'aime point; ce n'est pas qu'elle haïsse Paris; c'est donc pour marier Mgr le Dauphin. Il y a des

[a] Le maréchal de Luxembourg.
[b] Voyez le chant IV de la *Jérusalem délivrée*.

gens si mystérieux, qu'on ne peut jamais croire que leurs démarches ne le soient pas".

M. de Brandebourg et les Danois ont si bien chassé les Suédois de l'Allemagne, que cet électeur n'a plus rien à faire qu'à venir joindre nos ennemis. On craint que cela ne retarde la paix des Allemands.

La cour est à Saint-Cloud; le roi veut aller samedi à Versailles : mais il semble que Dieu ne le veuille pas, par l'impossibilité de faire que les bâtiments soient en état de le recevoir, et par la mortalité prodigieuse des ouvriers, dont on emporte toutes les nuits, comme de l'Hôtel-Dieu, des chariots pleins de morts : on cache cette triste marche pour ne pas effrayer les ateliers, et ne pas décrier l'air de ce *favori sans mérite*. Vous savez ce bon mot sur Versailles.

Je n'ai vu personne qui ne soit persuadé que c'est le père Bouhours qui a fait la critique de *la princesse de Clèves*; il s'en défend peut-être comme jésuite, mais ce n'est pas une pièce à désavouer comme bel esprit[b].

[a] Les bruits qui circuloient sur ce voyage n'étoient pas sans quelque fondement. On voit par une lettre sans date de la princesse de Meckelbourg à M. de Pomponne, que la maison de Brunswick proposoit au roi la princesse d'Osnabruck pour Mgr le dauphin. La négociatrice termine par une insinuation qui étoit de nature à être bien accueillie de Louis XIV : « Si le cœur en dit d'être roi des Romains, il y a des gens qui m'ont assuré en savoir les moyens. » (*Manuscrits de Pomponne.*)

[b] *Les lettres à la marquise de......sur le sujet de la princesse de Clèves*, furent d'abord attribuées au P. Bouhours, qui s'en défendit, et donna à entendre qu'elles étoient de M. de Valincourt, son disciple et son ami. Cette opinion a prévalu, et est encore généralement suivie. (*Voyez les Mémoires du P. Nicéron*, tom. II, pag. 289,

24.

Les jésuites sont plus puissants que jamais; ils ont fait défendre aux pères de l'Oratoire d'enseigner la philosophie de Descartes, et par conséquent au sang de circuler*. Ils ont encore remis sur pied les cinq propositions; il a fallu promettre et désavouer ce qu'ils ont voulu; les lettres de cachet dont on est menacé sont de puissants arguments pour persuader leur doctrine. Dieu jugera toutes ces questions à la vallée de Josaphat; en attendant vivons avec les vivants.

Nous sommes revenus de Livry plus tôt que nous ne voulions, à cause d'une fièvre qui prit sottement à l'une de mesdemoiselles de Grignan. Nous nous raccoutumons à la bonne ville insensiblement. Nous pleurions quasi quand nous quittâmes notre forêt. Le bon Corbinelli est enrhumé et garde la chambre. La santé de ma fille, qui nous donnoit quelque espérance de se réta-

---

et tom. X, Ire partie, pag. 97.) Qu'il nous soit cependant permis d'élever de nouveaux doutes : le P. Bouhours, dans le cercle intime de ses amis, ne se cachoit pas de l'avoir composée; madame de Sévigné étoit persuadée qu'il en étoit l'auteur; elle le voyoit souvent, et étoit très à portée de s'en éclaircir. Bussy d'ailleurs paroit décider cette question dans la lettre qu'il écrit au P. Bouhours, le 10 octobre 1678 : « La critique (de *la Princesse de Clèves*) m'a charmé, et « je vous avoue que j'y ai trouvé tant de bon sens, tant de justesse, « et un si grand air de vous, que je n'ai pu douter que vous ne l'eus-« siez faite...... Mais enfin je dirai dans le monde, pour vous plaire, « que vous m'avez persuadé que vous n'en êtes point l'auteur. » (*Lettres de Bussy*, tome VI, page 45.)

* Allusion à un passage de l'arrêt burlesque pour le maintien de la doctrine d'Aristote : « Fait défenses au sang d'être plus vagabond, « errer ni circuler dans le corps, sous peine d'être entièrement livré « et abandonné à la faculté de médecine. » (*Œuvres de Boileau.*)

blir, est redevenue maladie, c'est-à-dire, une extrême délicatesse : cela ne l'empêche pas de vous aimer, et de vous honorer, Monsieur et Madame; je vous assure que Corbinelli diroit de lui la même chose s'il étoit ici. Adieu, mes chers parents et amis, je pense très souvent à vous avec une tendresse extrême.

653. **

Du Comte DE BUSSY *à Madame* DE SÉVIGNÉ.

A Chaseu, ce 14 octobre 1678.

Je suis très aise, Madame, que vous approuviez mon *quant à moi* sur le sujet de M. de Guitaud, et en effet, quand avec le cordon bleu il auroit encore l'ordre de la toison, et celui de la jarretière, il n'y auroit pas de comparaison de lui à moi. Ce n'est pas qu'il n'ait du mérite, je le connois, mais je n'en suis pas aveuglé comme lui.

Vous avez fait un grand plaisir à madame de Coligny et à moi de la louer sur celui qu'elle trouve à me tenir compagnie dans mon exil; car encore que sans vanité je sois assez divertissant, il est fort extraordinaire qu'une jeune veuve qui ne manque ni d'agréments, ni de bien, ni d'esprit, s'exile elle-même de Paris et de la cour, où elle auroit des plaisirs et des applaudissements pour ne pas quitter son père exilé. Je dis comme mademoiselle de Scuderi, Madame, cela vient d'un fonds héroïque.

Les Suédois ne sont pas au point où vous les pensez, et leurs ennemis ne sont pas en état de venir joindre l'armée de l'empereur; j'en ai de bonnes nouvelles, Madame; ainsi cela n'empêche pas la paix des Allemands, et je la tiens pour faite cet hiver après la trêve que nous allons avoir avec eux, mais quand nous n'aurons pas, vous et moi, la dépense de la guerre sur les bras pour nos enfants, nous aurons d'autres peines pendant la paix; car enfin il en faut avoir, et sur cela, Madame, écoutez notre ami Comines sur le chapitre des traverses de la vie humaine. « Aucune créature n'est exempte de pas« sion, tous mangent leur pain en peine et douleur : « Notre Seigneur le promit dès qu'il fit l'homme, et « loyaument l'a tenu à toutes gens. » Il n'y a personne qui ne sache cela aussi bien que M. d'Argenton "; mais vous m'avouerez qu'on ne le sauroit dire plus plaisamment que lui.

J'ai su le voyage de madame de Meckelbourg en Allemagne, mais point son passage par l'armée que commande M. son frère. Je crois qu'elle s'est avisée de vous écrire sur le bien que M. de Luxembourg lui a dit de M. de Sévigné; voilà la cause la plus naturelle de sa surprenante civilité; je ne sais pas si vous en soupçonnez d'autre; la réponse que vous lui avez faite est fort jolie, et je parierois pour elle contre la lettre de la princesse.

" Philippe de Comines, seigneur d'*Argenton*, en Poitou. Il avoit acquis cette terre le 27 janvier 1473, du sieur de Montsoreau, père de sa femme.

Je crois qu'effectivement elle est chargée de quelque commission en Allemagne de la part du roi.

Je n'avois pas su qu'on eût appelé Versailles *un favori sans mérite,* il n'y a rien de plus juste ni de mieux dit. Les rois peuvent à force d'argent donner à la terre une autre forme que celle qu'elle avoit reçue de la nature; mais la qualité de l'eau et celle de l'air ne sont pas en leur pouvoir. Ce seroit un étrange malheur, si après la dépense de cent millions[a] à Versailles, il devenoit inhabitable.

Il faut qu'il y ait quelque chose contre la foi dans la philosophie de Descartes, puisque les jésuites la con-

[a] C'est une opinion généralement accréditée, que les dépenses faites par Louis XIV à Versailles se sont élevées à des sommes si énormes, que le roi en fut lui-même effrayé, et brûla les mémoires des ouvriers. Mirabeau les fait monter à *douze cent millions;* un autre écrivain les évalue à plus de quatre milliards. M. Guillaumot, ancien architecte des bâtiments du roi, a publié un mémoire en 1801, dans lequel il rend compte des recherches auxquelles il s'est livré pour connoître au vrai ce qu'ont coûté les divers bâtiments faits par Louis XIV. Il a compulsé toutes les archives du *département des bâtiments,* et ce travail lui a démontré que les sommes consacrées aux dépenses du château et des jardins de Versailles, à la construction des églises de Notre-Dame et des Récollets de la même ville, de Trianon, de Clagny et de Saint-Cyr, du château, des jardins et de la machine de Marly, de l'aquéduc de Maintenon, des châteaux de Noisy et de Moulineux, et aux travaux de la rivière d'Eure, ne se sont élevées, pendant tout le règne de Louis XIV, qu'à *cent quatre-vingt-sept millions soixante-dix-huit mille cinq cent trente-sept livres treize sous deux deniers.* Voyez la *Vie de Fénélon,* par M. le cardinal de Bausset, tome IV, page 468; et le *Journal manuscrit* de Dangeau, à la date du 2 janvier 1686, où pour les années 1685 et 1686 il se trouve presque d'accord avec le relevé fait par M. Guillaumot.

damnent, et cela me fait voir que la belle *Madelonne* (*madame de Grignan*) sent un peu le fagot. Je n'aurois jamais cru que si elle avoit à être damnée, c'eût été pour la religion; je la tenois plus proche à d'autres; mais enfin en quelque lieu qu'elle aille dans cent ans d'ici, je serai bien fâché si je ne suis pas avec elle. Madame de Coligny aimeroit fort aussi sa compagnie; mais elle voudroit bien, si cela se pouvoit, la lui tenir en paradis. Adieu, Madame; nous vous aimons et nous vous embrassons tous deux, Dieu sait combien! Nous disons aussi mille douceurs à notre ami Corbinelli, fût-il quatre fois plus enrhumé qu'il n'est.

654. **

De Madame DE SÉVIGNÉ *au Comte* DE BUSSY.

A Paris, ce 24 novembre 1678.

Je veux écrire dans mes Heures ce que dit M. de Comines sur les traverses de la vie humaine. Il y a plaisir de voir que dès ce temps-là il étoit question de tribulation et de misère. Son style donne une grace particulière à la solidité de son raisonnement. Pour moi, je veux être plus persuadée que jamais de l'impossibilité d'être heureux en ce monde, puisque Dieu tient *loyaument* ce qu'il a promis.

On m'a appris une chanson qui m'a fait rire : c'est sur

une querelle dont vous avez sans doute entendu parler, entre le comte d'Auvergne" et Tallart; c'est sur un vieux air *des Rochellois.*

> Le jeune comte de Tallart,
> Pour ne rien donner au hasard,
> Manque au rendez-vous qu'on lui donne;
> Cette prudence me surprend,
> Car jamais sa maman mignonne *b*
> Ne s'avisa d'en faire autant.

Si vous connoissez celui qui a fait ce couplet, vous m'obligerez de me le nommer. En récompense si je vois le père Bouhours, je le prierai de me dire s'il ne sait point qui a fait la critique de *la Princesse de Clèves.*

Voici un autre couplet sur le même air du premier,

a Frédéric-Maurice de La Tour, comte d'Auvergne, frère du duc et du cardinal de Bouillon, lieutenant-général des armées du roi, colonel-général de la cavalerie légère de France, et gouverneur du haut et bas Limousin, mort le 23 novembre 1707, âgé de 66 ans.

b La marquise de La Baume, mère du comte de Tallart, depuis maréchal de France. Bussy lui devoit sa disgrace. (*Voyez* la note de la lettre 54, tome Ier, page 136.) C'est pour ce motif que madame de Sévigné attribuoit ce couplet à son cousin. Le caractère de madame de La Baume fait ombre au tableau du beau siècle de Louis XIV. Dans ses rapports avec Bussy-Rabutin, elle est galante, et irritée de se voir négligée; mais si on parcourt les *Mémoires* de la marquise de Courcelles, on verra madame de La Baume, sa belle-sœur, exercer toute l'influence que lui donnoit sa parenté pour engager cette jeune marquise à ne pas rebuter les soins utiles de M. de Louvois. Madame de Courcelles ne s'est pas montrée depuis ennemie de la galanterie, mais l'indignation lui tint alors lieu des vertus qui lui manquoient.

qu'on dit que la duchesse de La Ferté[a] a fait contre son mari :

> Que La Ferté ne m'aime pas,
> Qu'il soit traître comme Judas,
> Qu'il s'enivre comme Silène,
> Qu'il soit cocu, battu, content,
> Qu'il soit fils d'un gros capitaine,
> Tout cela m'est indifférent.

Je vous prie, mon cousin, de ne me jamais citer en chantant cela, car je les entends chanter dans les rues, et je vous les envoie pour vous divertir; je ne veux point d'affaire avec ces dames-là[b]. Le couplet de madame La Baume auroit été digne d'être du nombre de ceux qu'on faisoit autrefois sur les airs de *Baptiste* (*Lulli*).

Je vous fais toujours des amitiés de la part de madame de Grignan.

Madame DE GRIGNAN.

Et ne pourrois-je pas les faire moi-même, sans en donner la peine à une autre? Assurément, Monsieur, je ne résiste jamais à la tentation de vous mettre un mot dans les lettres de ma mère. Si vous demandez quelle interprétation je donne au mot de *tentation*, c'est en vé-

---

[a] Marie-Gabrielle-Angélique de La Mothe-Houdancourt, duchesse de La Ferté, sœur de la duchesse d'Aumont et de la duchesse de Ventadour. Elle s'étoit séparée de son mari par suite de ses galanteries. (*Voyez les Amours des Gaules.*)

[b] *Voyez* dans les lettres 53 et 57, au 1er volume, pag. 131 et 147, les griefs de madame de Sévigné contre madame de La Baume.

rité par rapport à vous, que je crains d'ennuyer; car pour moi, je ne puis me faire que du bien, en vous faisant souvenir souvent de moi, et m'attirant mille douceurs que vous me dites d'une manière toute nouvelle. Peut-être même que vos maîtresses n'ont jamais goûté le plaisir de vous entendre souhaiter d'aller en enfer avec elles; et ce souhait est mille fois plus obligeant que d'y aller simplement avec elles, sans songer où l'on va. Si madame de Coligny avoit bien voulu aussi passer son éternité avec moi sans restriction, je trouve que partout nous aurions été une fort bonne compagnie; mais la prudence l'a retenue. Je vois bien qu'elle me croit fort engagée dans la secte de M. Descartes, à qui vous donnez l'honneur de ma perte. Je ne veux pourtant pas encore l'abjurer : il arrive des révolutions dans toutes les opinions comme dans les modes; et j'espère que les siennes triompheront un jour, et couronneront ma persévérance. Au reste, Monsieur, vous faites fort mal de passer vos hivers en Bourgogne, quand je passe les miens ici; il faudroit se mieux entendre, pour se donner du plaisir, si plaisir il y a pour vous; car il est fort possible que, vous ayant madame de Coligny, et madame de Coligny vous, vous ne souhaitiez rien davantage. Je vous trouve tous deux en bonne compagnie, et je vous salue tous deux très humblement.

Madame DE SÉVIGNÉ.

C'eût été grand dommage de l'empêcher de vous entretenir elle-même. Notre cher Corbinelli vous assure de ses anciennes tendresses; et je vous assure, mon cher cousin et ma chère nièce, que je vous aime et que je vous estime beaucoup. Mandez-moi où vous passerez votre hiver.

---

655. **

Du Comte DE BUSSY *à Madame* DE SÉVIGNÉ.

A Chaseu, ce 27 novembre 1678.

J'étois en peine de la santé de la belle Madelonne (*madame de Grignan*), Madame, ne trouvant point de meilleure raison pour vous avoir empêché de me faire réponse, quand j'ai reçu votre lettre; vous pouvez juger combien elle m'a réjoui. Je suis fort aise, Madame, qu'il vous ait paru comme à moi que M. de Comines a un tour plaisant aussi bien que du bon sens, et sur cela vous trouvez de la consolation, dites-vous, de voir que les honnêtes gens de son temps souffroient comme ceux du nôtre; mais vous en aurez bien davantage, quand vous saurez que Comines ne parloit de la nécessité des misères humaines, que sur le sujet des grands princes de son siècle, et commençoit par son bon maître Louis XI, auprès duquel il trouvoit les particuliers fort heureux".

"Il sembleroit, d'après ce passage, que Bussy auroit emprunté le fragment de *Comines* qu'il cite dans la lettre du 14 octobre du

Vous m'avez fait un très grand plaisir, Madame, de m'envoyer le couplet de Tallart; il est digne de l'approbation du bon ouvrier. Vous souhaitez que je vous apprenne celui qui l'a fait, si je le connois; oui, Madame, je vous l'apprendrai; mais gardez-moi le secret, je vous en conjure. C'est notre ami Coulanges, seul capable de faire un madrigal" aussi fin que celui-là depuis que je n'en fais plus.

Le couplet de madame de La Ferté a fort mal pris son temps pour se faire estimer de venir avec celui de Tallart; le premier est bon pour nous, et l'autre pour le Pont-Neuf. Ne craignez pas que je vous fasse d'affaires sur cela; je ne cite jamais personne sur les *pasquins*.

A Madame DE GRIGNAN.

De quelque part que viennent vos amitiés, Madame, elles sont toujours bien venues: cependant j'aime encore mieux celles que vous me faites vous-même; mais je ne vous demandois point ce que vous vouliez dire

chap. XIII du liv. VI des *Mémoires*, intitulé: *Discours sur la misère de la vie des hommes*, où se trouvent de sages réflexions sur les malheurs de Louis XI et des princes ses contemporains. Le texte cité ne s'y trouve cependant pas, non plus que dans le reste des Mémoires qui ont été parcourus soigneusement. Il paroit que le comte de Bussy a cité ce passage sans recourir au texte de l'ancien historien.

" Ce couplet tient plus de l'épigramme que du madrigal; mais, pour excuser l'expression de Bussy, on rappellera ce mot de madame de Sévigné : « Les madrigaux ne sont-ils pas les maris des épigrammes ? « Ce sont de si jolis ménages quand ils sont bons. » (Lettre du 18 août 1680.)

par le mot de *tentation*; il eût été plus obligeant à vous de me le laisser entendre comme il m'auroit plu : vous ne l'avez que trop purifié par celui de *mère* qui l'accompagne. Au reste, Madame, il y a du plaisir à faire quelque chose pour vous; vous avez bien remarqué le souhait que j'ai fait de vous accompagner en enfer, et puisque je puis vous en reparler sans me faire trop de fête, je vous dirai qu'il est vrai que je ne me suis jamais fait valoir par-là auprès de mes maîtresses, et quand même je faisois ce voyage avec elles, j'étois payé pour cela; mais pour vous, Madame, vous savez trop que mes offres ne sont que des offres, c'est-à-dire des avances.

Madame de Coligny est comme mille gens à qui les chaudières bouillantes font peur, et qui pourtant se fourvoient en voulant aller en paradis; nous la laisserons dire, et nous la mènerons toujours.

Cela est plaisant, Madame, que vous vous preniez à moi de ce que je suis en Bourgogne quand vous êtes à Paris; et bien je vous ferai de semblables reproches de Paris quand vous serez en Provence. Mais sur cela, Madame, faisons quitte à quitte; car vous savez aussi bien que moi que n'est pas à Paris qui veut.......

A Madame DE SÉVIGNÉ.

Quand la belle *Madelonne* me voudra dire deux mots dans vos lettres, Madame, laissez-la faire; vous ne vous effacez point l'une l'autre. Mon Dieu, que j'aime notre ami Corbinelli; mais il faut qu'il se souvienne de la parole qu'il nous a donnée, de passer ici quand il ira en Languedoc. Madame de Coligny s'y attend comme moi; pour vous, Madame, nous nous disons sur votre sujet tout ce que la tendresse fait dire quand elle est maîtresse du cœur. Nous allons passer l'hiver à Autun, avec M. l'évêque (*M. de Roquette*), Épinac, Toulongeon, sa femme, Jeannin, sa belle-fille, madame de Ragny, sa fille, l'abbé de Hautefeuille et l'abbé Bonneau; le comte ne vaut pas l'honneur d'être nommé.

656. **

De Madame DE SÉVIGNÉ *au Comte* DE BUSSY.

A Paris, ce 18 décembre 1678.

O gens heureux! ô demi-dieux! si vous êtes au-dessus de la rage de la bassette, si vous vous possédez vous-mêmes, si vous prenez le temps comme Dieu l'envoie, si vous regardez votre exil comme une pièce attachée à l'ordre de la Providence, si vous ne retournez point sur le passé pour vous repentir de ce que vous fîtes il y a trente ans, si vous êtes au-dessus de l'ambition et de l'avarice; enfin, ô gens heureux! ô demi-dieux! si vous êtes toujours comme je vous ai vus, et si vous passez paisiblement votre hiver à Autun avec la bonne compagnie que vous me marquez! Notre ami Corbinelli vous écrit dans ma lettre. M. le cardinal de Retz, le plus généreux et le plus noble prélat du monde, a voulu lui donner une marque de son amitié et de son estime. Il le reconnoît pour son allié*; mais bien plus pour un homme aimable et fort malheureux. Il a trouvé du plaisir à le tirer d'un état où M. de Vardes l'a laissé, après tant de souffrances pour lui, et tant de services importants*; et enfin il lui porta avant-hier deux cents pistoles pour une année de la pension qu'il lui veut donner. Il y a long-temps que je n'ai eu une joie si sensible. La sienne est beaucoup moindre; il n'y a que sa reconnoissance qui soit infinie; sa philosophie n'en est pas ébranlée, et comme je sais que vous l'aimez, je suis assurée que vous serez aussi aise que moi.

Pour revenir à la bassette, c'est une chose qui ne se peut représenter. On y perd fort bien cent mille pistoles en un soir. Pour moi, je trouve que passé ce qui se peut jouer d'argent comptant, le reste est dans les idées, et se joue au racquit, comme font les petits enfants*. Le roi paroît fâché de ces excès. MONSIEUR a mis toutes ses

*Antoine de Gondi, père d'Antoine deuxième du nom qui vint s'établir en France et fut la tige des ducs de Retz, avoit épousé, en 1463, Madeleine de Corbinelli, issue d'une maison ancienne de Florence. (*Voyez* l'*Histoire généalogique de la maison de Gondi*, par Corbinelli.)

b Voyez la note de la lettre du 26 mai 1683.

c Le marquis de Trichâteau écrivoit à Bussy au commencement de l'année 1679 : « La nuit du lundi au mardi, madame de Montes« pan perdit 400,000 pistoles contre la banque, qu'elle regagna à la « fin : Bonin, qui tenoit la banque, voulut se retirer; mais la dame « lui déclara qu'elle vouloit s'acquitter d'autres cent mille pistoles « qu'elle devoit de vieux, ce qu'elle fit avant de se coucher. » (*Supplément de Bussy*, II° partie, page 76.)

pierreries en gage*. Vous aurez appris que la paix d'Espagne est ratifiée; je crois que celle d'Allemagne suivra bientôt.

La pauvre belle comtesse est si pénétrée de ce grand froid, qu'elle m'a priée de vous faire ses excuses, et de vous assurer de ses véritables et sincères amitiés, et à madame de Coligny. Sa poitrine, son encre, sa plume, ses pensées, tout est gelé. Elle vous assure que son cœur ne l'est pas; je vous en dis autant du mien, mes chers enfants. Quand je veux penser à quelque chose qui me plaise, je songe à vous deux. Je vis l'autre jour ma nièce de Sainte-Marie; au travers de cette sainteté, on voit bien qu'elle est votre fille.

Mais, hélas! que dites-vous de l'affliction de M. de Navailles qui perd son fils d'une légère maladie, après l'avoir vu exposé mille fois aux dangers de la guerre*? La prudence humaine qui faisoit amasser tant de trésors, et faire de si grands projets pour l'établissement de ce garçon, me fait bien rire quand elle est confondue à ce point-là. Je vous demande beaucoup d'amitié pour M. Jeannin de ma part.

a Voyez la note de la lettre 518, tome IV, page 386.
b Philippe de Montault-Bénac, marquis de Navailles, brigadier des armées du roi, mourut le 2 décembre 1678, à l'âge de 22 ans, au retour de la prise de Puycerda. Il n'avoit que des sœurs; et la maison de Navailles s'éteignit en la personne de son père.

Monsieur de CORBINELLI.

J'ai vu un mot de vous, Monsieur, qui m'a fait un grand plaisir. Si j'écoutois mon enthousiasme, je vous écrirois une grosse lettre de remerciements; c'est-à-dire que par l'emportement de ma reconnoissance, je tomberois dans l'ingratitude; car c'est ainsi qu'on doit appeler une grosse lettre de moi. Mon Dieu! que je conçois bien le plaisir qu'il y auroit d'être en tiers avec vous et madame de Coligny, et d'y parler à cœur ouvert auprès d'un grand feu à Chaseu! J'irai un jour, et je me promets à moi-même cette satisfaction : car vous savez que c'est toujours soi qu'on cherche à satisfaire sur toutes choses, et qu'il n'y a véritablement qu'une passion, qui est l'amour-propre. Je me propose d'examiner avec vous deux bien des choses, et de vous inspirer un sentiment de mépris pour l'approbation du public sur bien des gens qui ne la méritent pas. J'aime à examiner même les choses qui me plaisent, afin de voir si je ne me suis point trompé. Je vous demande que nous fassions ensemble la même démarche. Nous parlerons de la cour, de la guerre, de la politique, des vertus, des passions et des vices, en honnêtes gens.

Au reste, je me suis avisé de faire des remarques sur cent maximes de M. de La Rochefoucauld. J'en suis à examiner celle-ci :

La bonne grâce est au corps ce que le bon sens est à l'esprit[a].

---

[a] C'est la maxime 67 du duc de La Rochefoucauld.

Je demande à votre tribunal si elle est facile à entendre, et quel rapport ou proportion il y a entre bonne grace et bon sens?

Je trouve qu'on se sert de mots dans la conversation, qui, étant examinés, sont ordinairement équivoques, et qui, à force de les *sasser*, ne signifient point, dans la plupart des expressions, ce qu'il semble à tout le monde qu'ils doivent signifier. Par exemple, je demande à madame de Coligny qu'elle me définisse la bonne grace, et qu'elle me marque bien la différence avec le bon air; qu'elle me dise celle de bon sens et de jugement, celle de raison et de bon sens, celle de bon esprit et de bon sens, celle de génie et de talent, celle de l'humeur, du caprice et de la bizarrerie; de l'ingénuité et de la naïveté; de l'honnêteté, de la politesse et de la civilité; du plaisant, de l'agréable et du badin. Ne vous amusez pas à me dire que ce sont la plupart des synonymes; c'est le langage ou des paresseux ou des ignorants. Je suis après à définir tout, bien ou mal, il n'importe. Faites la même chose, je vous en prie. Que dites-vous de la vente de notre charge? c'est le roi qui l'achète; il n'en veut donner que six cent mille francs; on dit cependant que Tilladet l'aura, et que le chevalier Colbert[a] aura celle de Tilladet. O gens heureux! ô demi-dieux!

---

[a] Antoine-Martin Colbert, bailli et grand-croix de Malte; il n'eut pas la charge de maître de la garde-robe qu'avoit le marquis de Tilladet. Elle fut donnée en 1679 à Louis de Caillebot de La Salle. (*Voyez* l'*État de l'Europe* de Sainte-Marthe, tome I*er*, page 416.) Ceux qui seroient curieux de savoir pour quelles raisons le chevalier

657. **

Du Comte DE BUSSY *à Madame* DE SÉVIGNÉ.

A A..dun, ce 31 décembre 1678.

S'il ne faut que faire ce que vous nous mandez, Madame, nous sommes *gens heureux et demi-dieux;* si vous saviez le redoublement d'estime et d'amitié que j'ai pour M. le cardinal de Retz, depuis les graces que j'ai appris qu'il a faites à notre ami, vous comprendriez combien je l'aime, et je suis si content de cette Éminence que je lui souhaiterois dix ans de moins que son pensionnaire, ce seroit le compte de tous les deux. Je suis fâché aussi bien que le roi des excès de la bassette; car j'aime mon maître tout maltraité que j'en suis, et j'ai peur que le public n'excuse pas, autant que je fais, la complaisance qui lui fait souffrir un si gros jeu. Je ne doute pas de la paix d'Allemagne cet hiver. Nous croyons bien madame de Coligny et moi que madame de Grignan nous aime en toute saison, quoiqu'elle ne

de La Salle fut préféré au chevalier Colbert, qui auroit dû jouir d'un grand crédit, trouveront le mot de cette énigme dans *La France galante,* tome II, page 120, ou dans les *Amours des Gaules,* édition de 1754, tome V, page 24.)

nous l'écrive pas quand il fait grand froid, et vous jugez bien de ce que cela fait sur les cœurs des gens qui ne sont pas ingrats, et qui connoissent combien elle est aimable. Pour vous, ma chère cousine, nous vous aimons par les mêmes raisons, et encore parceque vos lettres nous plaisent infiniment. Il est vrai que quand on regarde le malheur du pauvre M. de Navailles, on trouve que les projets des hommes les plus sages sont bien peu de chose, quand il plaît à Dieu de les confondre; et quand il lui plaît aussi, les conduites folles ont d'heureux succès : cependant il est toujours bon d'être sage; car, outre qu'on n'a rien à se reprocher quand on n'a pas réussi, c'est que d'ordinaire Dieu se met du côté des prudents. Vous me mandez qu'au travers de la sainteté de ma fille de Sainte-Marie, vous voyez bien qu'elle est ma fille; et moi je vous réponds qu'au travers de mon air du monde, M. d'Autun pourroit dire qu'il voit bien par mon attachement que je suis père d'une fille qui a de la vertu. Mais à propos de lui, Madame, vous ne l'auriez pas oublié dans votre lettre, si vous aviez su qu'il étoit ici. Comme je ne croyois pas qu'il y seroit quand je vous mandai les gens avec qui je passerois l'hiver, je ne vous en écrivis rien; cependant vous le connoissez, et vous savez le plaisir qu'il y a d'être avec lui; je lui montrai votre lettre qu'il trouva belle et jolie; et sur cela que ne dit-il pas de vous? M. Jeannin et moi soupâmes chez lui, et il nous porta votre santé; il me pria de vous le mander, et que personne ne vous estimoit plus qu'il faisoit. M. Jeannin me dit la même chose, et y ajouta le mot *aimoit;* car vous savez que sur le chapitre des dames il n'est pas tout-à-fait si régulier que les évêques.

A Monsieur DE CORBINELLI.

Votre lettre m'a touché comme tout ce qui vient de vous, Monsieur : c'est la conversation d'un honnête homme et d'un homme d'esprit; mais j'en voudrois de plus fréquentes que celle des lettres. Si vous étiez ici, nous y passerions la vie plus doucement qu'à Paris, et nous y raisonnerions plus tranquillement qu'on ne fait en ce pays-là. Nous ne sommes pas de votre opinion, ma fille de Coligny et moi, sur la critique que vous faites de la maxime qui dit, que *la bonne grace est au corps ce que le bon sens est à l'esprit.* Nous croyons que M. de La Rochefoucauld veut dire que le corps sans la bonne grace est aussi désagréable que l'esprit sans le bon sens; et nous trouvons cela vrai. Nous croyons encore qu'il y a de la différence entre la bonne grace et le bon air; que la bonne grace est naturelle, et le bon air acquis; que la bonne grace est jolie, et le bon air beau; que la bonne grace attire l'amitié, et le bon air l'estime.

M. d'Autun, à qui j'ai fait voir votre lettre et nos décisions, a trouvé celle-ci juste, et n'approuvoit pas seulement que nous dissions que le bon air attiroit le respect. Ma fille a trouvé qu'il falloit mettre l'estime, et nous y avons souscrit. Pour moi, j'avois jugé le bon sens et le jugement la même chose. Madame de Coligny vouloit que le bon sens regardât les pensées et les expressions, et le jugement la conduite. M. d'Autun a été pour elle, et cela m'a fait revenir.

Nous croyons tous que le bon sens, la raison et le bon esprit sont la même chose. Nous croyons que *génie* est général, et *talent* particulier. Nous croyons que la bizarrerie est continuelle, et le caprice par intervalles. Nous croyons que c'est une bonne qualité que d'être naïf, ou du moins indifférent, et que c'est un défaut d'être ingénu. Nous croyons qu'il faut plus d'esprit pour être poli que pour être honnête; que l'honnêteté a plus de fonds et plus d'étendue que la civilité, qui n'en a que l'apparence.

Nous voulions croire, madame de Coligny et moi, que le plaisant et le badin signifioient la même chose; mais M. d'Autun nous a fait revenir, en nous disant que le plaisant divertissoit quelquefois sur des matières sérieuses, aussi bien que sur des enjouées, et que le badin ne faisoit jamais rire que sur des niaiseries. Il est convenu avec nous que l'un et l'autre caractère pouvoit quelquefois ennuyer, mais que l'agréable plaisoit toujours. Il est vrai que la différence de tout cela est si petite qu'on ne veut pas prendre la peine de la trouver, ou qu'on ne le peut. Pour la vente de la charge de M. de Vardes, je dis que s'il regarde les élévations de beaucoup de gens qui étoient, en 1664 [a], bien au-dessous de lui, il doit être au désespoir; mais que s'il me regarde, moi, il doit être bien consolé de voir que le roi lui donne deux cent mille écus d'une charge qui ne

[a] Époque de la disgrace du marquis de Vardes.

lui a coûté que trois cent mille livres; qu'il est chevalier des ordres de Sa Majesté, et qu'il a encore le gouvernement d'Aigues-Mortes, et qu'après que j'ai servi fort long-temps dans de grands emplois, j'ai cent mille écus de moins que je n'avois quand j'entrai dans le service. Voilà un moyen, Monsieur, que je lui donne d'être heureux, et pour moi, tout malheureux que je suis, j'adoucis mes maux par les réflexions que je fais sur la fortune de beaucoup de gens qui sont encore plus misérables.

Adieu, Monsieur; ma fille et moi vous aimons toujours à qui mieux mieux.

658. **

De Madame DE SÉVIGNÉ *au Comte* DE BUSSY.

A Paris, ce 27 février 1679.

Vous avez passé votre hiver à Autun en très bonne compagnie, mon cousin; si j'ai oublié dans ma première lettre de faire mention du prélat, je vous supplie que je répare ce défaut dans celle-ci, et qu'il soit persuadé par vous que je l'honore parfaitement, et que le croyant au premier rang de tout ce qu'il y a de bonnes compagnies en ce pays-ci, je le prie de juger ce que j'en puis penser dans la province, et combien je vous trouve heureux d'avoir passé quelques mois avec lui. Nous avons eu ici des glaces et des neiges insupportables; les rues étoient de grands chemins rompus d'ornières. Nous commençons depuis quelques jours à revoir le pavé, qui nous fait le même plaisir que le rameau d'olive qui fit connoître que la terre étoit découverte. Je crois pourtant que vous ne devez pas vous presser d'aller revoir votre charmant paysage de Chaseu, il est encore de trop bonne heure; c'est le mois d'avril qui commence à ouvrir le printemps.

Ma fille est toujours languissante; sa mauvaise santé fait le plus grand chagrin de ma vie. Nous sommes occupés présentement à juger des beaux sermons. Le père Bourdaloue tonne à Saint-Jacques-de-la-Boucherie. Il falloit qu'il prêchât dans un lieu plus accessible; la presse et les carrosses y font une telle confusion que le commerce de tout ce quartier-là en est interrompu.

On distribue bien des évêchés et des abbayes. Un jeune abbé de La Broue, qui n'a prêché qu'une seule fois devant le roi, est nommé pour l'évêché de Mirepoix; M. de Tulle (*Mascaron*) pour Agen, le père Saillan de l'Oratoire pour Tréguier, l'abbé de Bourlemont pour Fréjus, l'abbé de Noailles pour Cahors.

M. de Marsan et le chevalier de Tilladet[a] sont pensionnaires. L'abbé de La Fayette et un frère de Marsillac ont des abbayes. Enfin les uns sont contents, les autres non. C'est le monde, il n'y a rien de nouveau à cela. Savez-vous l'adoucissement de la prison de MM. de

---

[a] Gabriel de Cassagnet, chevalier de Malte, dit le chevalier de Tilladet, frère cadet du marquis.

Lauzun et Fouquet? Cette permission qu'ils ont de voir tous ceux de la citadelle, et de se voir eux-mêmes, de manger et de causer ensemble, est peut-être une des plus sensibles joies qu'ils auront jamais".

J'étois l'autre jour en un lieu où l'on tailloit en plein drap sur les graces que le public attendoit de la bonté du roi. On ouvroit des prisons, on faisoit revenir des exilés, on remettoit plusieurs choses à leurs places, et on en ôtoit plusieurs aussi de celles qui y sont. Vous ne fûtes pas oublié dans ce remue-ménage, et l'on parla de vous dignement. Voilà tout ce qu'une lettre vous en peut apprendre.

Mandez-moi les sentiments de ma tante (*madame de Toulongeon*) sur notre succession : veut-elle suivre mon exemple, ou si elle veut retirer ma part?

Parlez-moi beaucoup de la belle Coligny, de son esprit, de sa tendresse pour vous, de vos amusements communs; car vous êtes chargés l'un de l'autre. Vos définitions nous ont charmés, ou pour mieux dire, la manière dont vous avez entendu, corrigé et augmenté celles de notre ami Corbinelli.

---

* Il faut voir dans les Mémoires de Saint-Simon, t. X, p. 101, quel fut l'étonnement de Fouquet quand Lauzun lui raconta qu'il avoit été général des dragons, capitaine des gardes, général d'armée, et qu'il avoit été sur le point d'épouser MADEMOISELLE, avec le consentement du roi. Fouquet le crut en démence, et ce ne fut que lorsqu'il eut permission de voir sa femme et les officiers de Pignerol, qu'il crut à la réalité de ces faits romanesques.

De Monsieur DE CORBINELLI.

Je me suis mis dans la tête d'avoir des idées fixes et claires d'un grand nombre de choses dont on parle sans les entendre. Je ne puis souffrir qu'on dise qu'un tel est *honnête homme*, et que l'un conçoive sous ce terme une chose, et l'autre une autre; je veux qu'on ait une idée particulière de ce qu'on nomme le galant homme, l'homme de bien, l'homme d'honneur, l'honnête homme. Qu'on sache ce que c'est que le goût, le bon sens, le jugement, le discernement, l'esprit, la raison, la délicatesse, l'honnêteté, la politesse et la civilité. Or de la façon dont vous vous y prenez, Monsieur, vous êtes mon homme, et madame de Coligny celle qu'il me faut. Ne vous amusez pas à former vos définitions sur l'usage de parler; car la plupart des termes deviennent synonymes par-là. Les conversations ne permettent pas qu'on soit fort exact ni fort régulier dans le choix des paroles. Ce seroit une contrainte pédante; mais je prétends qu'on soit rigoureux quand il est question de définir au vrai. J'ai choisi cent maximes de M. de La Rochefoucauld sur lesquelles je fais des remarques pour les bien faire entendre; je définis *enragement*, peut-être bien, peut-être mal; mais enfin je veux fixer mes idées. Vous verrez tout cela, et vous m'en direz s'il vous plaît votre sentiment.

Vous savez toutes les nouvelles générales et particulières : on parle de changement d'amour à la cour; le temps nous en éclaircira*. J'espère passer à Bussy en m'en retournant en Languedoc, et parler de bien des choses avec vous et avec la charmante madame de Coligny.

* * *

659. **

Du Comte DE BUSSY *à Madame* DE SÉVIGNÉ.

A Autun, ce 6 mars 1679.

Vous savez le goût que j'ai pour vos lettres, Madame, et cela m'oblige à me plaindre que vous m'en écriviez si rarement; il y a deux mois que j'attends votre réponse; outre mon intérêt, j'avois encore celui de M. d'Autun (*M. de Roquette*) qui attendoit avec empressement les douceurs que vous me dites pour lui. Il y a huit jours qu'il est parti pour Moulins, et je le crois présentement à Paris, où je ne doute pas qu'il n'aille recevoir votre encens lui-même.

Nous avons eu ici un temps aussi rude depuis trois mois que vous à Paris, et nous n'en sommes pas encore

---

* C'étoit un bruit vague qui commença bientôt à s'éclaircir. Le 22 mars 1679, le marquis de Trichâteau écrivoit au comte de Bussy: « Madame de Montespan partit mercredi, 15 de ce mois, brusquement de Saint-Germain pour Paris; on dit qu'il y a quelques brouilleries dans le ménage, et que cela vient de la jalousie qu'elle a d'une jeune fille de MADAME, appelée Fontanges. » (*Supplément de Bussy*, seconde partie, page 77.)

quittes. Je suis très fâché de la langueur de la belle *Madelonne*; je prends part à ses maux pour l'amour d'elle-même; mais mon chagrin augmente par la part que vous y prenez; vous n'étiez pas faites toutes deux pour languir.

Je voudrois bien avoir la même occupation que vous avez à juger des sermons du père Bourdaloue, au hasard de la presse. Je ne songerois jamais à sortir d'ici, si nous vous avions, la belle *Madelonne*, notre ami Corbinelli, le père Bourdaloue et un opéra nouveau tous les hivers. Il y a un peu plus de damnation à tout cela que de salut; mais je demande le père Bourdaloue pour le correctif de tout le reste.

La distribution des bénéfices m'est assez indifférente, hormis celui de M. de Tulle (*Mascaron*), qui est fort de mes amis. Je m'en vais lui en faire compliment. Je ne doute pas que MM. de Lauzun et Fouquet ne soient plus aises de la permission de se voir et de se parler qu'ils ne seront de leur liberté; car on sent plus la première grace, quoique petite, qu'une plus grande, qui vient après et que la première a fait espérer. Pour les graces générales que vous jugez qui se feront, elles dépendent de savoir qui l'emportera, du desir que le roi aura d'être aimé, ou du crédit que les ennemis des malheureux auront sur l'esprit de Sa Majesté. Pour moi, si je reçois des graces de la cour, j'en serai plus aise que la plupart des autres gens; car je ne les attends pas, et je me console par avance de n'en jamais recevoir sur ce que je me flatte que les honnêtes gens sont persuadés que je les mérite.

Je n'ai point vu depuis peu madame de Toulongeon sur l'affaire qu'elle a avec madame Baillet; mais je crois qu'elle attend que la première année de son mariage soit passée pour voir si elle ne seroit pas grosse, et ce que cela deviendroit, et qu'ensuite elle traitera avec vous.

A Monsieur DE CORBINELLI.

Je suis dans les mêmes sentiments que vous sur les définitions, Monsieur; toute la différence qu'il y a entre nous deux, c'est que je suis un peu plus occupé d'ailleurs que vous, et que vous y songez plus souvent que moi. Mais quand on me met en train de définir, je ne veux plus faire autre chose. *L'honnête homme* est un homme poli et qui sait vivre; *l'homme de bien* regarde la religion, le *galant homme* est une qualité particulière qui regarde la franchise et la générosité; *l'homme d'honneur* est un homme de parole, et cela regarde la probité; le *brave homme* dont vous ne parlez pas, ne regarde que le courage; le *bon homme* que vous avez encore oublié veut dire un sot.

Le *goût* dans la signification naturelle est, comme tout le monde sait, un des cinq sens de nature; dans le figuré, il veut dire l'estime des bonnes choses; le *discernement* c'est de bien juger du mérite des gens et des ouvrages; la *délicatesse* se définit assez par elle-même : cependant si l'on veut une paraphrase pour la mieux faire entendre, c'est une finesse dans l'esprit; madame de Coligny y ajoute encore une justesse.

Voilà, Monsieur, à mon avis, le bon usage. Nous

vous avons déjà défini*a* le bon sens, le jugement, l'esprit, la raison, l'honnêteté, la politesse et la civilité; mais vous répliquez si tard à nos lettres que vous oubliez ce que nous vous mandions. Ne manquez donc pas, Monsieur, de passer à Bussy, et si je n'y étois pas, poussez jusqu'à Chaseu, ce n'est que deux journées de plus; nous y définirons tout. On me mande qu'on se réjouit fort à Saint-Germain, et qu'on y a grand'peur de Pâques; cela peut aussi bien regarder les nouvelles que les anciennes amours*b*.

a Voyez la lettre du 31 décembre précédent, page 390 de ce volume.

b On ne faisoit encore que soupçonner les nouveaux sentiments du roi, et l'on ne pouvoit juger si Mme de Montespan ne reprendroit pas son premier ascendant. « Je ne saurois que vous dire des amours du « roi, écrivoit madame de Scuderi, le 28 avril 1679; il est dehors, il « est dedans, il n'y a rien d'assuré. Cependant, sans sa rechute de « 1676, il y auroit lieu de croire qu'il a quitté madame de Montes- « pan. » (*Supplément de Bussy*, seconde partie, p. 81.) Ce passage vient à l'appui de l'observation qui a été faite dans la note de la lettre 360, tome III, page 269; la *rechute* eut lieu en 1676, au retour des eaux de Bourbon. (*Voyez* la lettre du 10 juillet 1676, tome IV, p. 377.) Mgr le cardinal de Bausset, dans son *Histoire de Bossuet*, tom. 11, page 53, édition de 1814, réfute aussi madame de Caylus sur l'époque de 1676, assignée par celle-ci à la séparation momentanée du roi et de madame de Montespan. Le témoignage sur lequel il s'appuie n'est pas de nature à permettre le doute le plus léger.

660. ***

De Madame DE SÉVIGNÉ *à Madame* DE GRIGNAN.

(Livry), samedi au soir (27 mai 1679.)[a]

Vous qui savez, ma bonne, comme je suis frappée des illusions et des fantômes, vous deviez bien m'épargner la vilaine idée des dernières paroles que vous m'avez dites. Si je ne vous aime pas, si je ne suis point aise de vous voir, si j'aime mieux Livry que vous, je vous avoue, ma belle, que je suis la plus trompée de toutes les personnes du monde. J'ai fait mon possible pour oublier vos reproches, et je n'ai pas eu beaucoup de peine à les trouver injustes. Demeurez à Paris, et vous verrez si je n'y courrai pas avec bien plus de joie que je ne suis venue ici. Je me suis un peu remise en pensant à tout ce que vous allez faire où je ne serai point, et vous savez bien qu'il n'y a guère d'heures où vous puissiez me regretter; mais je ne suis pas de même, et j'aime à vous regarder et à n'être pas loin de vous, pen-

[a] Cette date n'est que présumée. L'état de la santé de madame de Grignan, et les reproches de froideur que renferme cette lettre, indiquent suffisamment qu'elle a dû être placée en 1678 ou 1679. (*Voy.* la *Notice bibliographique*, page 28.) L'original de cette lettre appartient à M. Pougens; il faut la rapprocher des lettres 3 et 4 de la collection de M. le marquis Garnier.

dant que vous êtes en ces pays où les jours vous paroissent si longs; ils me paroîtroient tout de même, si j'étois long-temps comme je suis présentement. Je voudrois bien que votre poumon fût rafraîchi de l'air que j'ai respiré ce soir; pendant que nous mourions à Paris, il faisoit ici un orage jeudi qui rend encore l'air tout gracieux. Bonsoir, ma très chère, j'attends de vos nouvelles, et vous souhaite une santé comme la mienne; je voudrois avoir la vôtre à rétablir. Voilà mes chevaux dont vous ferez tout ce qu'il vous plaira.

~~~~~~~~~~~~~~~~~~~~~~~~~~~~~~~~~~

661.

De Madame DE SÉVIGNÉ *au Comte* DE BUSSY.

A Livry, ce 29 mai 1679.

Que dit-on quand on a tort? Pour moi, je n'ai pas le mot à dire; les paroles me sèchent à la gorge: enfin je ne vous écris point, le voulant tous les jours, et vous aimant plus que vous ne m'aimez : quelle sottise de faire si mal valoir sa marchandise! car c'en est une très bonne que l'amitié, et j'ai de quoi m'en parer quand je voudrai mettre à profit tous mes sentiments. Il y a dix jours que nous sommes tous à la campagne par le plus beau temps du monde; ma fille s'y porte assez bien : je voudrois bien qu'elle me demeurât tout l'été; je crois que sa santé le voudroit aussi; mais elle a une raison ...., qui lui fait préférer son devoir à sa vie. Nous l'arrêtâmes l'année passée*; et parcequ'elle croit se porter mieux à présent, je crains qu'elle ne nous échappe celle-ci. Je vis l'autre jour le bon père Rapin, je l'aime, il me paroît un bon homme et un bon religieux; il a fait un discours sur l'histoire et sur la manière de l'écrire, qui m'a paru admirable. Le père Bouhours étoit avec lui; l'esprit lui sort de tous côtés. Je fus bien aise de les voir tous deux. Nous fîmes commémoration de vous, comme d'une personne que l'absence ne fait point oublier. Tout ce que nous connoissons de courtisans nous parurent indignes de vous être comparés, et nous mîmes votre esprit dans le rang qu'il mérite. Il n'y a rien de quoi je parle avec tant de plaisir.

Avez-vous lu la *Vie du grand Théodose*, par l'abbé Fléchier? Je la trouve belle.

Vous savez toutes les nouvelles, mon cher cousin; que vous dirai-je*? Le moyen de raisonner sur ce qui est arrivé, non plus que sur les difficultés de Brande-

---

* *Voyez* la lettre 638, page 328 de ce volume.

* La comtesse de Soissons avoit eu ordre du roi de se défaire de sa charge de surintendante de la maison de la reine, dont il vouloit investir son ancienne maîtresse. D'un autre côté les amours du roi avec mademoiselle de Fontanges étoient toujours enveloppés des ombres du mystère. Madame de Montmorency écrivoit le 18 juin: « On ne parle point de la nouvelle maîtresse; le bruit est qu'elle est « grosse; je suis bien fâchée de vous dire que Marsillac entre seul « dans cette affaire, dont le roi fait le dernier secret. » (*Supplément de Bussy*, seconde partie, page 83.)

bourg*a*, qui fait faire encore à bien des officiers un voyage en Allemagne.

Mais que dites-vous de notre pauvre Corbinelli? Sa destinée le force à soutenir un procès par pure générosité pour une de ses parentes*b*. Sa philosophie en est entièrement dérangée. Il est dans une agitation perpétuelle. Il y épuise sa santé et sa poitrine. Enfin c'est un malheur pour lui, dont tous ses amis sont au désespoir.

A Madame DE COLIGNY.

Que dites-vous, ma chère nièce, de l'entêtement de ce pauvre garçon? Ne m'aimez-vous pas toujours? En vérité, je l'espère, et je le souhaite ardemment. Je vous en dis autant, M. le Comte, et je vous assure que je ne perds nulle occasion de parler dignement de vous. Plût à dieu que ce fut utilement! Je vous embrasse tous deux.

---

a L'électeur de Brandebourg refusa d'abord d'accéder au traité de Nimègue. Le maréchal de Créqui le battit deux fois auprès de Minden et l'électeur fit la paix le 29 juin. Tout l'empire y accéda dans le courant de l'année.

b C'étoit une demoiselle Réville, nièce de M. de Corbinelli. (*Voyez* la lettre de Bussy du 17 août 1688.)

662. **

Du Comte DE BUSSY *à Madame* DE SÉVIGNÉ.

A Chaseu, ce 10 juin 1679.

Quand on a tort, Madame, et qu'on l'avoue bonnement comme vous faites, on ne l'a presque plus : cependant cette sincérité, qui est la marque d'un cœur qui se respecte, perdroit à la fin tout son mérite par de fréquentes rechutes. De sorte, ma chère cousine, que je vous conseille en ami de vous corriger à l'avenir, et de ne plus remettre à Livry les réponses que vous avez à me faire; car, outre qu'en répondant si tard, vous ne sauriez plus imiter les conversations, qui est ce qu'il y a de plus agréable dans un commerce de lettres, c'est que vous me faites voir que vous ne m'entretenez que quand vous n'avez plus personne à qui parler, et cela n'est pas si tendre que vous dites; je sais bien que c'est à moi à faire l'honneur de la maison; mais une si longue absence que la mienne devroit un peu me faire avoir de vous des égards qu'on a pour les étrangers. Que ne suis-je à Livry avec vous, Madame, quand ce ne seroit que pour vous épargner les offenses que vous me faites; car je crois que quand je vous dirois quelque chose, vous ne remettriez pas à me répondre deux mois après.

Je vous plains extrêmement s'il faut que le devoir de

la belle *Madelonne* vous sépare d'elle cet été; je sens mieux votre mal qu'un autre quand je songe à celui que j'aurois si quelqu'un enlevoit d'auprès de moi *l'heureuse veuve*; ce n'est pas que je ne profite de votre séparation, car vous m'écrirez plus souvent quand vous ne lui pourrez plus parler.

Je suis fort aise que vous aimiez le père Rapin et le père Bouhours; de la manière dont vous m'en parlez, il semble que vous les ayez long-temps pratiqués; ce sont deux beaux esprits, tout différents l'un de l'autre; mais ce que j'en estime le plus, c'est que ce sont de très bonnes gens; le Traité *de la manière d'écrire l'histoire* du père Rapin est un petit ouvrage achevé; on ne sauroit mieux représenter le père Bouhours que vous ne faites, en disant que *l'esprit lui sort de tous côtés* : le voilà, je le vois.

J'aime extrêmement les louanges que vous me donnez tous trois; car je les crois justes, quoique vous soyez mes bons amis; et, quand je devrois les affoiblir un peu, je ne saurois m'empêcher de vous dire que mon élévation feroit plus d'honneur au roi que celle de tous les nouveaux officiers de la couronne; mais à propos du roi, je vous envoie la copie de la lettre que je lui viens d'écrire sur la paix générale, et la réponse de notre ami M. de Pomponne qui la lui a présentée; je vous supplie de lui dire, quand vous le verrez, que je n'ai jamais plus aimé ni plus estimé personne que lui.

Je n'ai point lu la *Vie du grand Théodose* par l'abbé Fléchier; mais je viens de lire l'oraison funèbre qu'il a faite du feu premier président de Lamoignon, que je trouve admirable ; je sais toutes les nouvelles de la guerre et de l'amour; la première va finir, et celui-ci recommence. Bon! bon! le parterre aime les changements de théâtre. S'il n'y a de l'amour ou de l'amitié façon d'amour dans l'intérêt que prend notre ami Corbinelli aux affaires de sa parente, je ne l'excuse point d'employer son temps, son argent et sa santé à soutenir son procès; il n'a pas trop de tout cela pour lui seul.

Madame de Coligny dit qu'elle voudroit bien avoir un cousin avec moi qui l'aidât à sortir de l'affaire qu'elle va avoir avec son beau-père ".

De Madame DE COLIGNY.

Je plains fort M. de Corbinelli de la peine qu'il s'est voulu donner; mais je crois, n'en déplaise à son jugement, qu'il s'est mis dans le péril sans le connoître. Pour moi, qui vais plaider par nécessité dix mille livres de rente qu'on veut disputer à mon fils, à peine puis-je me résoudre à les défendre. Vous me demandez si je vous aime toujours, ma chère tante, voilà une belle demande! Je suis presque offensée de cette question; mais puisqu'il faut parler net, je vous assurerai que je vous aime de tout mon cœur, et que je fais bien autre chose, car je vous honore, je vous respecte, et je vous admire tous les jours de ma vie.

" Gilbert-Allyre de Langheac, sixième du nom, comte de Dalet. Le mari de mademoiselle de Rabutin n'étoit Coligny que par sa mère; il étoit sans doute substitué aux nom et armes des Coligny.

Du Comte DE BUSSY.

Adieu, ma chère cousine; personne ne vous honore ni ne vous aime plus que je fais. Je ne le cède pas même à la belle *Madelonne*.

~~~~~~

663. **

De Madame DE SÉVIGNÉ *au Comte* DE BUSSY.

A Paris, ce 27 juin 1679.

Je n'ai pas le mot à dire à tout le premier article de votre lettre, sinon que Livry c'est mon lieu favori pour écrire. Mon esprit et mon corps y sont en paix; et quand j'ai une réponse à faire, je la remets à mon premier voyage. Mais j'ai tort, cela fait des retardements dont je veux me corriger. Je dis toujours que si je pouvois vivre seulement deux cents ans, je deviendrois la plus admirable personne du monde. Je me corrige assez aisément, et je trouve qu'en vieillissant même j'y ai plus de facilité. Je sais qu'on pardonne mille choses aux charmes de la jeunesse qu'on ne pardonne point quand ils sont passés. On y regarde de plus près; on n'excuse plus rien; on a perdu les dispositions favorables de prendre tout en bonne part; enfin il n'est plus permis d'avoir tort; et dans cette pensée l'amour-propre nous fait courir à ce qui nous peut soutenir contre cette cruelle décadence, qui, malgré nous, gagne tous les jours quelque terrain.

Voilà les réflexions qui me font croire que dans l'âge où je suis, on se doit moins négliger que dans la fleur de l'âge. Mais la vie est trop courte; et la mort nous prend, que nous sommes encore tout pleins de nos misères et de nos bonnes intentions.

Je loue fort la lettre que vous avez écrite au roi; je l'avois déjà dit à son ministre, et nous avions admiré ensemble comme le desir de l'immortalité, et de ne rien perdre de toutes les grandes vérités que l'on doit dire de son règne, ne l'a point porté à vouloir un historien digne de lui. Il reçut fort bien votre lettre, et dit en souriant : « Il a bien de l'esprit, il écrira bien quand « il voudra écrire. » On dit là-dessus tout ce qu'il faut dire, et cela demeure tout court; il n'importe. Je trouve votre lettre d'un style noble, libre et galant qui me plaît fort. Je ne crois pas qu'autre que vous ait jamais conseillé à son maître de laisser dans l'exil son petit serviteur, afin de donner créance au bien qu'on a à dire de lui, et d'ôter tout soupçon de flatterie à son histoire.

Ce que ma chère nièce m'a écrit me paroît si adroit et si bon, que je n'en veux rien rabattre : il est impossible qu'elle ne m'aime pas, à le dire comme elle le dit.

A Madame DE COLIGNY.

Je vous en remercie, ma chère nièce, et je voudrois pour toute réponse que vous eussiez entendu ce que je disois de vous l'autre à madame de Vins, belle-sœur de M. de Pomponne, très aimable aussi; je vous peignis au naturel, et bien. Il y a très peu de personnes au monde qui puissent se vanter d'avoir autant de vrai mérite que vous.

Notre pauvre ami est abymé dans son procès. Il le veut traiter dans les règles de la raison et du bon sens; et quand il voit qu'à tous moments la chicane s'en éloigne, il est au désespoir. Il voudroit que sa rhétorique persuadât toujours comme elle le devroit en bonne justice; mais elle est inutile contre la routine et le désordre qui règnent dans le palais. Ce n'est point façon d'amour que le zèle qu'il a pour sa cousine, c'est pure générosité : mais c'est façon de mort que la fatigue qu'il se donne pour cette malheureuse affaire. J'en suis affligée; car je le perds, et je crains de le perdre encore davantage.

Ma fille ne s'en ira qu'au mois de septembre. Elle se porte mieux; elle vous fait mille amitiés, à vous, Madame, et à vous, Monsieur. Si vous la connoissiez davantage, vous l'aimeriez encore mieux.

De Monsieur DE CORBINELLI.

J'ai lu, Monsieur, la lettre que vous écrivez au roi; je l'ai trouvée charmante par les sentiments, par le tour, par le style, par la noble facilité, et par tout ce qui peut rendre un ouvrage de cette espèce incomparable. Je n'y ai rien vu dont on se pût passer, ni rien non plus à y ajouter. Le roi devroit vous commander d'être son unique historien; pour moi, je soutiens un procès, et je fais mes *factum* moi-même; je raisonne avec toute la rigueur de la dialectique; mais la chicane est plus forte que les raisons, et le crédit plus puissant que la justice; ce qui me console au moins est que je donne autant de peine qu'on m'en donne, en satisfaisant à mon devoir et à des mouvements de générosité. Pour vous, je vous conseille de jouir de votre solitude, et de mépriser les agitations de la cour; quand on est parvenu à connoître les misères de ce pays-là, et les charmes du vôtre, on est en état d'être heureux, s'il est possible de l'être. J'en dis autant à madame de Coligny, qui vaut tout ce qu'on peut valoir à mon gré.

664. **

Du Comte DE BUSSY *à Madame* DE SÉVIGNÉ.

A Chaseu, ce 4 juillet 1679.

Je voudrois que vous vissiez avec quelle joie je reçois vos lettres, Madame; tout ce que je vous dirai jamais de plus tendre ne vous persuaderoit pas si bien que je vous aime, ni toutes les louanges que je vous donnerai ne vous feront pas tant voir combien je vous estime. On ne sauroit rien ajouter d'agréable aux réflexions que vous faites, sur ce qu'il faut marcher plus droit quand on vient sur l'âge que quand on est encore jeune; cela est vrai, Madame, et vos expressions ont des tours singuliers qui réjouissent en parlant de la vieillesse et de la mort. J'ai dit dans notre généalogie, en parlant de vous, que *vous étiez de ces gens qui ne devriez jamais mourir, comme il y en a qui ne devroient jamais naître*[a]. Mais je ne vous entends pas, ou je ne reçois point de vos lettres que je ne pense ce que j'ai dit de vous, ou que je ne le répète. Je suis charmé de l'approbation que vous donnez à la lettre que j'ai écrite au roi; c'est à mon gré mon chef-d'œuvre, et je trouve que quand Sa Majesté ne seroit pas touchée de ce que je fais pour elle, son intérêt propre l'obligeroit à quelque reconnoissance pour moi ou pour ma maison. Je crois que mes Mémoires, et particulièrement cette dernière lettre, seront à la postérité une satire contre lui, s'il est ingrat; et j'ai trouvé plus sûr, plus délicat et plus honnête de me venger ainsi des maux qu'il m'a faits, en cas qu'il ne veuille point les réparer, que de m'emporter contre lui en injures que j'aurois de la peine à faire passer pour légitimes. Je plains fort notre ami Corbinelli; il n'est pas né pour la chicane.

De Madame DE COLIGNY.

Je trouve mon petit mérite si honoré et si bien établi par votre approbation, ma chère tante, que je n'en ai

---

[a] *Voyez* le portrait de madame de Sévigné, tiré de la généalogie manuscrite du comte de Bussy, parmi les pièces préliminaires de cette édition, tome Ier, page xx.

jamais été si contente qu'aujourd'hui, et pour mieux sentir tout le plaisir qu'il y a d'être louée de vous, je n'ai pas même voulu me défier que l'amour-propre m'eût aidée à vous croire; je vous rends donc mille graces, ma chère tante, du portrait que vous avez fait de moi à madame de Vins; je m'en fie bien à votre adresse et à votre amitié pour m'attendre à son estime, et je sais tout ce qu'elle vaut.

Du Comte DE BUSSY.

Je me réjouis avec vous, ma chère cousine, et avec la belle *Madelonne*, de ce que son voyage de Provence est retardé, et de ce qu'elle se porte mieux. Madame de Coligny l'aime extrêmement; pour moi, si je l'aimois plus que je ne fais, je l'aimerois trop pour mon repos.

A Monsieur DE CORBINELLI.

Je trouvai ma lettre au roi fort belle quand je l'eus écrite, je vous l'avoue; mais on ne peut jamais mieux connoître si elle l'est effectivement, que vous le faites, ni le mieux dire. Il ne me paroît pas que Sa Majesté me dût commander de faire son histoire; le roi devroit seulement avoir de la reconnoissance pour la manière dont je parle de lui, qui lui fera bien plus d'honneur que tout ce que diront les Pellisson, les Despréaux et les Racine. Qu'il soit aussi long qu'il voudra à reconnoître ce que je fais pour lui, sa lenteur à me faire du bien ne me ralentira pas à en dire de lui, et j'ai mes raisons de dire la vérité jusqu'au bout; je fais depuis vingt ans tout ce que je puis pour faire dignement son éloge, et lui, il fait tout ce qu'il peut, par son ingratitude, pour faire de cet éloge une satire. Je connois le bien et le mal de la cour, et le bien et le mal de la vie que je mène, et je vous assure que je me trouve mille fois plus heureux que je ne le serois en ce pays-là, quelque bien et quelque honneur que j'y eusse; madame de Coligny pense sur cela comme moi, et enfin Dieu me donne de la résignation.

665. **

De Madame DE SÉVIGNÉ *au Comte* DE BUSSY.

A Paris, ce 20 juillet 1679.

J'ai vu et entretenu M. l'évêque d'Autun (*M. de Roquette*), et je comprends bien aisément l'attachement de ses amis pour lui. Il m'a conté qu'il passa une fois à Langeron, et qu'il ne vouloit pas s'y débotter seulement. Il y fut six semaines. Cet endroit est tout propre à persuader l'agrément, la douceur et la facilité de son esprit*. Je crois que j'en serois encore plus persuadée, si je le connoissois davantage. Nous avons fort parlé

*« M. de Roquette, évêque d'Autun avoit *la douceur et la facilité que donne la souplesse.* « Il avoit (dit l'abbé de Choisi dans ses Mémoires, tome II, page 102) tous les caractères que l'auteur du Tar-

de vous sur ce ton-là. Nous sommes demeurés d'accord sur l'honneur que le roi feroit à son histoire et à vous, de vous en confier le soin. Il est comme incroyable que cette pensée ne vienne pas; quand on songe à l'avenir et qu'on a de belles vérités à y faire passer, il est naturel de vouloir que ce soit par des canaux qui ne soient pas suspects, et vous êtes justement celui qu'on devroit chercher jusqu'au bout du monde, par mille autres raisons encore qui ne se trouvent pas toutes réunies ensemble comme elles sont en vous. Je parlai au prélat de la lettre que vous avez écrite au roi; il me dit qu'il l'avoit vue, et qu'il l'avoit trouvée belle. Il vous rendra compte aussi des lieux impénétrables qu'il a trouvés où votre nom ne peut pas encore être nommé. Enfin vous aurez beaucoup de plaisir à l'entretenir. Je vous trouve fort heureux de l'avoir. Ce bonheur est réciproque, et vous êtes l'un à l'autre une très bonne compagnie. Il vous dira les nouvelles et les préparatifs du mariage du roi d'Espagne, et du choix du prince et de la princesse d'Harcourt pour la conduite de la reine d'Espagne* à son époux, et de la belle charge que le

« tufe a si parfaitement représentés sur le modèle d'un homme faux. » On peut voir à l'endroit cité un trait de fausseté et de bassesse qui prouve qu'il n'y avoit point trop de sévérité dans ce jugement

* *Mademoiselle*, fille de Monsieur et de Henriette d'Angleterre, épousa Charles II, roi d'Espagne, à Burgos, le 18 novembre suivant. Elle ne quitta la France qu'à regret. « Mademoiselle avoit sou-
« vent dit à Monsieur, frère du roi : — Ne menez pas si souvent votre
« fille à la cour, elle sera trop malheureuse ailleurs. — Cette jeune
« princesse vouloit épouser Monseigneur. — Je vous fais reine d'Es-

roi a donnée à M. de Marsillac, sans préjudice de la première, et du démélé du cardinal de Bouillon avec M. de Montausier, et comme M. de La Feuillade, courtisan passant tous les courtisans passés, a fait venir un bloc de marbre qui tenoit toute la rue Saint-Honoré : et comme les soldats qui le conduisoient ne vouloient point faire place au carrosse de M. le Prince qui étoit dedans, il y eut un combat entre les soldats et les valets de pied : le peuple s'en mêla, le marbre se rangea, et le prince passa. Ce prélat vous pourra conter encore que ce marbre est chez M. de La Feuillade, qui fait ressusciter Phidias ou Praxitéle pour tailler la figure du roi à cheval dans ce marbre, et comme cette statue lui coûtera plus de trente mille écus".

Il me semble que cette lettre ressemble assez aux chapitres de l'Amadis, ou à ceux qu'on a faits pour les imiter comme celui-ci : *Et comme Tonquin d'Armo-*

« pagne, lui dit le roi ; que pourrois-je de plus pour ma fille ? — Ah! « répondit-elle, vous pourriez plus pour votre nièce. » (*Voltaire, Siècle de Louis XIV*.)

" Le monument que l'on voyoit avant la révolution sur la place des Victoires fut achevé en 1686. Il paroit que M. de La Feuillade eut d'abord l'intention d'ériger au roi une statue équestre en marbre blanc, mais ce plan ne fut pas exécuté; la statue étoit de bronze; Louis XIV étoit représenté debout, foulant aux pieds les nations qu'il avoit vaincues. L'abbé de Choisi raconte que le jour de cette inauguration (le 28 mars 1686), le maréchal de La Feuillade fit trois fois à cheval le tour de la statue, à la tête du régiment des gardes dont il étoit colonel, et il ajoute qu'il fit toutes les prosternations dont les païens honoroient autrefois les statues de leurs empereurs. (*Mémoires de Choisi*, tome II, page 8.)

rique n'étoit autre que *René de Guingo*. Et comme ayant trouvé sa mie, il ne savoit bonnement que lui dire.

Je suis tellement libertine quand j'écris, que le premier tour que je prends règne tout du long de ma lettre. Il seroit à souhaiter que ma pauvre plume, galopant* comme elle fait, galopât au moins sur le bon pied. Vous en seriez moins ennuyés, Monsieur et Madame; car c'est toujours à vous deux que je parle, et vous deux que j'embrasse de tout mon cœur. Ma fille me prie de vous dire bien des amitiés à l'un et à l'autre. Elle se porte mieux; mais comme un bien n'est jamais pur en ce monde, elle pense à s'en aller en Provence, et je ne pourrois acheter le plaisir de la voir que par sa mauvaise santé. Il faut choisir et se résoudre à l'absence; elle est amère et dure à supporter. Vous êtes bien heureux de ne point sentir la douleur des séparations; celle de mon fils qui s'en va camper à la plaine d'Ouilles n'est pas si triste que celles des autres années; mais il ne s'en faut guère qu'elle ne coûte autant; l'or et l'argent, les beaux chevaux et les justaucorps étant la vraie représentation des troupes du roi de Perse. Faites-vous envoyer promptement les *Fables de La Fontaine*, elles sont divines. On croit d'abord en distinguer quelques unes; et à force de les relire, on les trouve toutes bonnes. C'est une manière de narrer et un style à quoi l'on ne s'accoutume point. Mandez-m'en votre avis, et le nom de celles qui vous auront sauté aux yeux les premières.

* Madame de Sévigné a plusieurs fois employé cette plaisanterie avec M. de Bussy. (*Voyez* les lettres 19 et 21, t. Ier, pag. 35 et 41.)

Notre ami Corbinelli est dans l'espérance de l'accommodement de l'affaire de sa cousine. Si vous êtes à Chaseu, faites mes compliments à M. et à Mme de Toulongeon. J'aime cette petite femme : ne la trouvez-vous pas toujours jolie?

---

666. **

Du Comte DE BUSSY *à Madame* DE SÉVIGNÉ.

A Chaseu, ce 2 août 1679.

J'arrivai ici d'Auvergne, mercredi 27 juillet, avec *l'heureuse veuve*, elle a gagné son procès contre son beau-père; je ne sais si vous savez cette affaire; la voici en peu de mots :

Comme mère et tutrice du petit marquis d'Andelot, madame de Coligny demande au comte de Dalet la visite des châteaux de Dalet et de Malintras qu'elle savoit être en ruine par sa négligence, et que, comme usufruitier, il eût à les réparer; car il faut savoir que ledit comte de Dalet épousant Barbe de Coligny", les futurs firent conjointement dans leur contrat de mariage donation de ces deux terres à tel de leurs enfants mâles qu'ils choisiroient, et en cas qu'ils mourussent sans choisir, à l'aîné des mâles. A la requête de madame de Coligny,

---

" Ce mariage avoit eu lieu en 1634. (*Voyez* la note, page 406 de ce volume.)

M. de Dalet répondit que sans demeurer d'accord de la validité de la donation, ni sans reconnoître qu'il y eût d'enfant vivant de Gilbert de Langheac, son fils, et de Louise de Rabutin, dame de Coligny, ladite requête étoit incivile et injurieuse, et partant, demandoit qu'elle en fût déboutée et condamnée aux dépens. Avec la réplique que madame de Coligny fit à ces défenses, elle envoya à Riom une attestation du bailliage d'Autun de la vie du petit d'Andelot, et un mois après ces premières escarmouches, nous allâmes à Riom; quatre jours après notre arrivée, la cause fut plaidée, les parties présentes. L'avocat de madame de Coligny redit en peu de mots la teneur de sa requête; l'avocat de M. de Dalet voulut traiter la donation de simple institution révocable en de certains cas (comme, par exemple, en cas d'ingratitude); que le feu marquis de Coligny étant comblé de grâces de la part de son père, sa veuve, qui l'offensoit par les soupçons qu'elle témoignoit de sa conduite, méritoit qu'il révoquât cette institution; il dit encore mille autres sottises comme celle-là, et finit par dire qu'il se réservoit de prouver en temps et lieu que le marquis d'Andelot étoit mort. A la vérité la chaleur me monta au visage, je me levai, et je dis tout haut que ceux qui disoient cela avoient menti, et que c'étoient des coquins; l'avocat ne fit plus qu'ânonner; celui de ma fille fit merveille à la réplique, et ensuite jugement fut rendu conforme aux fins de la requête de la marquise de Coligny.

Ces deux mots ont été un peu étendus, Madame; mais je le donne aux plus habiles courtisans de dire en moins de paroles les choses que je viens de vous raconter.

J'allai hier à Autun voir mes filles de Saint-Julien; j'appris que l'évêque notre ami y étoit arrivé de la veille, je lui envoyai faire compliment. Il me vint voir, et nous nous donnâmes rendez-vous à dîner chez lui le lendemain, pour nous entretenir à fond. J'en viens, et il m'a conté tout ce que vous me mandez. Mais, pour répondre à ce que vous me dites qu'il approuve la lettre que j'ai écrite au roi, je vous dirai que c'est le succès qui le fait parler ainsi; car, lorsque je la lui montrai un peu avant que de l'envoyer, il en improuva une partie par son silence; et à l'endroit où je demande au roi de me laisser en exil toute ma vie pour rendre les belles vérités que j'avois à dire de lui moins suspectes de flatterie, il me dit que Sa Majesté ne me prendroit que trop au mot, comme si elle n'attendoit que mon consentement pour cela.

Il ne me parla point de la résistance que M. le prince apportoit à recevoir mes respects, sachant bien, à mon avis, qu'après les pas que j'ai faits pour cela je ne m'en soucie plus guère.

Il me conta qu'étant chez M. de Pomponne avec La Feuillade, celui-ci avoit parlé de moi comme le meilleur de mes amis; et sur cela, je viens de lui en faire compliment. Au reste, La Feuillade ne perdra pas l'avance qu'il fait de sa statue de marbre; le roi qui aime d'être aimé la lui rendra avec usure.

Votre manière d'écrire libre et aisée me plaît bien davantage que la régularité de beaucoup de Messieurs.

de l'Académie; c'est le style d'une femme de qualité, qui a bien de l'esprit, qui soutient le caractère des matières enjouées, et qui égaye celui des sérieuses. Je vous plains fort, et madame de Grignan aussi, d'être sur le point de vous séparer. Je sens mieux votre peine qu'un autre, quand je songe à celle que j'aurois s'il falloit qu'on tirât ma fille de Coligny d'auprès de moi; on ne peut pas avoir plus de tendresse pour madame de Grignan que nous en avons tous deux. Il est vrai que les dépenses de la plaine d'Ouilles sont excessives; je ne les approuve pas; ce n'est pas que je condamne les particuliers quand ils les font volontairement et sans s'incommoder, mais je voudrois que le roi les défendît, et je trouverois plus beau, si j'étois à sa place, d'avoir de bonnes troupes vêtues simplement, que ruinées par la richesse de leurs habits et par la magnificence de leurs équipages.

Je demande par cet ordinaire les *Fables de La Fontaine*; personne ne connoît et ne sent mieux son mérite que moi; je vous manderai quand je les aurai lues celles qui me plairont le plus; je suis bien aise que notre ami s'accommode; c'est toujours avoir gagné son procès; je dirai à mon beau-frère et à ma belle-sœur de Toulongeon l'amitié que vous leur faites dans ma lettre; vous avez raison d'aimer cette petite femme, et j'en ai encore plus que vous, car elle est fort jolie.

667.**

De Madame DE SÉVIGNÉ *au Comte* DE BUSSY.

À Paris, ce 25 août 1679.

Le récit du procès de ma nièce m'a fait plaisir; et votre *rabutinade* m'a paru fort bien placée; je prends une part singulière à tout ce qui la touche, et son cher père par conséquent, mais à la pareille.

Plaignez-moi, mon cousin, d'avoir perdu le cardinal de Retz. Vous savez combien il étoit aimable, et digne de l'estime de tous ceux qui le connoissoient. J'étois son amie depuis trente ans, et je n'avois jamais reçu que des marques tendres de son amitié. Elle m'étoit également honorable et délicieuse. Il étoit d'un commerce aisé plus que personne du monde. Huit jours de fièvre continue m'ont ôté cet illustre ami. J'en suis touchée jusqu'au fond du cœur.

J'ai ouï dire que le tonnerre est tombé tout auprès de vous. Mandez-moi par quel miracle vous avez été conservé, et si l'on continue encore à tourmenter ma pauvre nièce, et à lui disputer son joli enfant. Admirez en passant le malheur de Corbinelli. M. le cardinal de Retz l'aimoit chèrement: il commence à lui donner une pension de deux mille francs; son étoile a, je crois, fait mourir cette éminence. Son procès est accommodé après lui avoir coûté huit cents francs; il avoit bien affaire de cette dépense.

Notre bon abbé de Coulanges a pensé mourir. Le remède du médecin anglois l'a ressuscité. Dieu n'a pas voulu que M. le cardinal de Retz s'en servît, quoiqu'il le demandât sans cesse*. L'heure de sa mort étoit marquée, et cela ne se dérange point.

Ma fille vous fait ses compliments à tous deux. Je crains bien qu'elle ne m'échappe. Adieu, mes très chers.

Portrait du Cardinal DE RETZ, *par* BOSSUET[b].

« Mais puis-je oublier celui que je vois par-tout dans
« le récit de nos malheurs, cet homme si fidèle aux par-

---

[a] Madame de Sévigné donne plus de détails sur la dernière maladie du cardinal de Retz, dans une lettre qu'elle écrivit le même jour au comte de Guitaud. « Il tombe malade, il demande ce remède (*du* « *chevalier Talbot*); il a la fièvre, il est accablé d'humeurs qui lui « causent des foiblesses; il a un hoquet qui marque la bile dans l'es- « tomac.... Madame de La Fayette, ma fille et moi, nous crions mi- « séricorde, et nous présentons notre abbé ressuscité, et Dieu ne « veut pas que personne décide; et chacun, en disant: Je ne veux « me charger de rien, se charge de tout.... Quand ce pauvre cardi- « nal fut à l'agonie, ils (*les médecins*) consentirent qu'on envoyât « quérir l'*Anglois*. Il vint, et dit qu'il ne savoit pas ressusciter les « morts. » (*Voyez les lettres à M. de Guitaud*, page 31.) Quelques personnes ont cru que le cardinal de Retz avoit abrégé volontairement ses jours. (*Voyez* à ce sujet la note de la lettre du *lundi* 13 *mai* 1680.)

[b] Bossuet a tracé en peu de lignes, dans l'oraison funèbre du chancelier Le Tellier, ce portrait du cardinal de Retz. On a cru devoir le joindre à la lettre dans laquelle madame de Sévigné annonce la

« ticuliers, si redoutable à l'état, d'un caractère si haut
« qu'on ne pouvoit ni l'estimer, ni le craindre, ni l'ai-
« mer, ni le haïr à demi; ferme génie, que nous avons
« vu, en ébranlant l'univers, s'attirer une dignité qu'à
« la fin il voulut quitter comme trop chèrement ache-
« tée, ainsi qu'il eut le courage de le reconnoître dans
« le lieu le plus éminent de la chrétienté, et enfin comme
« peu capable de contenter ses desirs? Tant il connut
« son erreur et le vide des grandeurs humaines! Mais
« pendant qu'il vouloit acquérir ce qu'il devoit un jour
« mépriser, il remua tout par de secrets et de puissants
« ressorts; et après que tous les partis furent abattus, il
« sembla encore se soutenir seul, et seul encore me-
« nacer le favori victorieux de ses tristes et intrépides
« regards. La religion s'intéresse dans ses infortunes, la
« ville royale s'émeut, et Rome même menace, etc. »

---

668. **

Du Comte DE BUSSY *à Madame* DE SÉVIGNÉ.

A Bussy, ce 28 août 1679.

Votre lettre m'a d'abord réjoui, Madame, mais ensuite j'ai été fâché de voir qu'elle n'étoit que d'une pe-

mort de cet homme extraordinaire. Les lecteurs aimeront à rapprocher ce portrait de ceux qui ont été faits par La Rochefoucauld et
le président Hénault. (*Voyez* tome III, pages 302 et 320.)

tite feuille de papier, et je l'ai été bien davantage quand j'y ai vu la mort de M. le cardinal de Retz; je sais l'amitié qui étoit entre vous deux; et quand je ne le regretterois pas par l'estime que j'avois pour lui, et par l'amitié qu'il m'avoit promise, je le regretterois pour l'amour de vous, aux intérêts de qui je prends toute la part qu'on peut prendre; mais c'est notre ami Corbinelli qui est encore plus à plaindre; personne ne perd tant que lui. Il y a long-temps que j'ai remarqué que son étoile changeoit le bien en mal, et qu'il portoit malheur à ses amis. Le pape Urbain VIII, qui le reconnoissoit pour son parent, et qui sur ce pied-là l'auroit avancé, mourut dès qu'il commença de l'aimer. Le cardinal de Retz lui veut faire du bien : il ne passe pas l'année. J'en suis tout-à-fait fâché, car je l'aime de tout mon cœur.

Il y a près de quinze jours que le tonnerre tomba à demi-lieue d'ici; de six personnes qui étoient sous un noyer il en tua trois, et il blessa fort les trois autres; comme vous pourriez dire de rendre un homme digne d'entrer dans le sérail, et de brûler sa femme en pareil endroit qu'il avoit été blessé. Voilà des effets bien bizarres du tonnerre; pour moi, qui mérite d'autres châtiments que le feu du ciel, je ne l'appréhende pas. Il trouveroit peut-être dans mon voisinage où tomber plus justement que sur ma maison; mais la pénitence est une espèce de cloche qui détourne quelquefois la nuée.

M. de Dalet a appelé de la sentence de Riom; ainsi vous verrez cet hiver votre nièce à Paris. Vous croyez bien que je ne demeurerai pas tout seul dans mes châteaux; je demande une permission au roi, qui, je crois, ne me la refusera pas: cependant n'en dites encore rien, s'il vous plaît; car vous savez que le maître ne veut pas qu'on compte sûrement sur les graces. Je suis ravi que le bon abbé n'ait pas suivi le cardinal. Il est encore plus nécessaire que son éminence. Ma fille et moi nous assurons madame de Grignan de nos très humbles services; et pour vous, Madame, quelle tendresse n'avons-nous pas pour vous?

~~~~~~

669.

De Madame DE SÉVIGNÉ *à Madame* DE GRIGNAN[a].

A Paris, vendredi au soir 15 septembre 1679.

Je suis dans une grande tristesse de n'avoir point de vos nouvelles. Je trouve mille choses en mon chemin qui me frappent les yeux et le cœur. Je fus hier chez mademoiselle de Méri; j'en viens encore: elle est sans fièvre, mais si accablée de ses maux ordinaires et de ses vapeurs, si épuisée et si fâchée de votre départ, qu'elle fait pitié: on n'ose lui parler de rien, tout lui

[a] Madame de Grignan étoit restée à Paris depuis les premiers jours de novembre 1677, jusqu'au milieu de septembre 1679. Elle venoit de partir pour la Provence.

fait mal et la fait suer : elle m'a priée de vous dire son état et sa tristesse. Mon Dieu! que j'ai d'envie de savoir comment vous vous trouvez de ce bateau! et toujours ce bateau, c'est toujours là que je vous vois, et presque point dans l'hôtellerie : je crois qu'après cette allure si lente, vous souhaiterez des cahots, comme vous vouliez du fumier après la fleur d'orange. Enfin, ma fille, j'attends de vos nouvelles et de celles de toute votre troupe, que j'embrasse du meilleur de mon cœur : il me semble que tous les soins et tous les yeux sont tournés de votre côté : outre que vous êtes la personne qualifiée, vous êtes la personne si délicate, qu'il ne faut être occupé que de vous. J'ai vu la marquise d'Uxelles *a* qui vous fera dignement recevoir à Châlons : j'y adresse cette lettre.

Nous revoilà maintenant dans les écritures par-dessus les yeux : je n'ai pas au moins sur mon cœur de n'avoir pas senti le bonheur de vous avoir; je n'ai pas à regretter un seul moment du temps que j'ai pu être avec vous, pour ne l'avoir pas su ménager. Enfin il est passé, ce temps si cher; ma vie passoit trop vite, je ne la sentois pas; je m'en plaignois tous les jours, ils ne duroient qu'un moment. Je dois à votre absence le plaisir de sentir la durée de ma vie et toute sa longueur. Je ne sais point de nouvelles, *quiconque ne voit guère, n'a guère à dire aussi**b*. Le roi d'Angleterre est bien malade. La reine

---

a Son fils Nicolas du Blé, marquis d'Uxelles, étoit gouverneur de la ville et citadelle de Châlons.

b Voyez la fable des *deux Pigeons* dans La Fontaine, livre IX, fable II.

d'Espagne" crie et pleure : c'est l'étoile de ce mois. J'aimerois assez à vous entretenir davantage, mais il est tard, et je vous laisse dans votre repos : je vous souhaite une très bonne nuit. Est-il possible que j'ignore ce qui est arrivé de cette barque que j'ai vue avec tant de regret s'éloigner de moi! Ce n'est pas aussi sans beaucoup de chagrin que je l'ignore. Mais si vous n'avez point écrit, j'ai au moins la consolation de croire que ce n'est pas votre faute, et que j'aurai demain une de vos lettres. Voilà sur quoi tout va rouler, au lieu d'être avec vous tous les jours et tous les soirs.

670.

A la même.

A Paris, lundi 18 septembre 1679.

J'attendois votre lettre avec impatience, et j'avois besoin d'être instruite de l'état où vous êtes; mais je n'ai jamais pu voir sans fondre en larmes tout ce que vous me dites de vos réflexions et de votre repentir sur mon sujet. Ah, ma très chère, que me voulez-vous dire de pénitence et de pardon[b]? Je ne vois plus rien que tout ce que vous avez d'aimable, et mon cœur est fait d'une

[a] *Voyez* la note de la lettre 665 ci-dessus, page 414.
[b] *Voyez* les lettres 3 et 4 de la collection de M. le marquis Garnier, et la lettre 660 de cette édition, page 400 de ce volume.

manière pour vous, qu'encore que je sois sensible jusqu'à l'excès à tout ce qui vient de vous, un mot, une douceur, un retour, une caresse, une tendresse me désarme, me guérit en un moment, comme par une puissance miraculeuse; et mon cœur retrouve toute sa tendresse, qui, sans se diminuer, change seulement de nom, selon les différents mouvements qu'elle me donne. Je vous ai dit ceci plusieurs fois, je vous le dis encore, et c'est une vérité; je suis persuadée que vous ne voulez pas en abuser, mais il est certain que vous faites toujours, en quelque façon que ce puisse être, la seule agitation de mon ame : jugez si je suis sensiblement touchée de ce que vous me mandez. Plût à Dieu, ma fille, que je pusse vous revoir à l'hôtel de Carnavalet, non pas pour huit jours, ni pour y faire pénitence; mais pour vous embrasser, et vous faire voir clairement que je ne puis être heureuse sans vous, et que les chagrins que l'amitié que j'ai pour vous m'a pu donner, me sont plus agréables que toute la fausse paix d'une ennuyeuse absence. Si votre cœur étoit un peu plus ouvert[a], vous ne seriez pas si injuste : par exemple, n'est-ce pas un assassinat que d'avoir cru qu'on vouloit vous ôter de

[a] Ce reproche, conservé par M. de Perrin dans l'édition de 1754, a presque autant de force que celui-ci qui se rencontre dans la lettre 4 de M. le marquis Garnier. « J'accorde avec peine l'amitié que vous avez « pour moi, avec cette séparation de toute sorte de confidence. » Les personnes curieuses feront bien de comparer le texte de cette lettre et de celle du 27 septembre suivant, avec celui de l'édition de 1754, ou des éditions modernes. Il en est peu dans lesquelles les retranchements soient aussi considérables.

mon cœur, et sur cela me dire des choses dures? Et le moyen que je pusse deviner la cause de ces chagrins? Vous dites qu'ils étoient fondés : c'étoit dans votre imagination, ma fille, et sur cela, vous aviez une conduite qui étoit plus capable de faire ce que vous craigniez (si c'étoit une chose faisable) que tous les discours que vous supposiez qu'on me faisoit*: ils étoient sur un autre ton; et puisque vous voyiez bien que je vous aimois toujours, pourquoi suiviez-vous votre injuste pensée, et que ne tâchiez-vous plutôt, à tout hasard, de me faire connoître que vous m'aimiez? Je perdois beaucoup à me taire; j'étois digne de louanges dans tout ce que je croyois ménager, et je me souviens que, deux ou trois fois, vous m'avez dit le soir des mots que je n'entendois point du tout alors. Ne retombez donc plus dans de pareilles injustices; parlez, éclaircissez-vous, on ne devine pas; ne faites point, comme disoit le maréchal de Gramont, ne laissez point vivre ni rire des gens qui ont la gorge coupée, et qui ne le sentent pas. Il faut parler aux gens raisonnables, c'est par-là qu'on s'entend; et l'on se trouve toujours bien d'avoir de la sincérité : le temps vous persuadera peut-être de cette vérité. Je ne sais comme je me suis insensiblement engagée dans ce discours, il est peut-être mal-à-propos.

Vous me dépeignez fort bien la vie du bateau; vous

* Madame de Grignan avoit conçu contre Corbinelli des préventions injustes. Il paroît qu'elle l'accusoit de chercher, à l'aide de sa philosophie, à diminuer les sentiments d'amour maternel qui remplissoient le cœur de madame de Sévigné. (*Voyez les lettres des 4 et 20 octobre suivants.*)

avez couché dans votre lit : mais je crains que vous n'ayez pas si bien dormi que ceux qui étoient sur la paille. Je me réjouis avec le petit marquis du sot petit garçon qui étoit auprès de lui; ce méchant exemple lui servira plus que toutes les leçons : on a fort envie, ce me semble, d'être le contraire de ce qui est si mauvais. Je n'ai point de nouvelles de votre frère; que dites-vous de cet oubli? Je ne doute point qu'il ne *brillotte* fort à nos états. Je fais tous vos adieux, et j'en avois déja deviné une partie : je n'ai pas manqué d'écrire à madame de Vins, j'ai trouvé de la douceur à lui parler de vous : elle m'a écrit dans le même temps sur le même sujet, fort tendrement pour vous, et très fâchée de ne vous avoir point dit adieu. Je lui ai mandé qu'elle étoit bien heureuse d'avoir épargné cette sorte de douleur. Quand nous nous reverrons, nous recommencerons nos plaintes. Je me suis repentie de ne vous avoir pas menée jusqu'à Melun en carrosse; vous auriez épargné la fatigue d'être une nuit sans dormir. Quand je songe que c'est ainsi que vous vous êtes reposée des derniers jours de fatigue que vous avez eus ici, et que vous voilà à Lyon, où il me semble, ma fille, que vous parlez bien haut*; et que tout cela vous achemine à la bise de Grignan, et que ce pauvre sang, déja si subtil, est agité de cette sorte; ma très chère, il me faut un peu pardonner, si

---

* Madame de Rochebonne, belle-sœur de madame de Grignan, étoit très sourde. Madame de Sévigné le dit dans la lettre du 4 octobre 1677, pag. 243 de ce volume. C'est chez cette dame que madame Grignan descendoit à Lyon. (*Voyez* la lettre du 27 septembre suivant.)

je crains, et si je suis troublée pour votre santé*. Tâchez d'apaiser et d'adoucir ce sang qui doit être bien en colère de tout ce tourment : pour moi, je me porte très bien, j'aurai soin de mon régime à la fin de cette lune; ayons pitié l'une de l'autre en prenant soin de notre vie. Je vis hier mademoiselle de Méri, je la trouvai assez tranquille. Il y a toujours un peu de difficulté à l'entretenir; elle se révolte aisément contre les moindres choses, lors même qu'on croit avoir pris les meilleurs tons : mais enfin elle est mieux ; je reviendrai la voir de Livry, où je m'en vais présentement avec le bon abbé et Corbinelli. Je puis vous dire une vérité, ma très chère : c'est que je ne me suis point assez accoutumée à votre vue, pour vous avoir jamais trouvée ou rencontrée sans une joie et une sensibilité qui me fait plus sentir qu'à une autre l'ennui de notre séparation : je m'en vais encore vous redemander à Livry, que vous m'avez gâté; je ne me reproche aucune grossièreté dans mes sentiments, ma très chère, et je n'ai que trop senti le bonheur d'être avec vous. Je vis hier madame de Lavardin et M. de La Rochefoucauld, dont le petit-fils est encore assez mal pour l'inquiéter. M. de Toulongeon¹ est mort en Béarn; le comte de Gramont a sa lieutenance de roi, à condition de la rendre dans

---

* L'extrême inquiétude de madame de Sévigné pour madame de Grignan donnoit lieu à des attentions excessives, qui étoient souvent, entre la mère et la fille, l'occasion de ces petites brouilleries intérieures dont on a parlé dans la notice.

¹ Henri de Gramont, comte de Toulongeon, frère de Philibert, comte de Gramont.

quelque temps au second fils de M. de Feuquières pour cent mille francs. La reine d'Espagne crie toujours miséricorde, et se jette aux pieds de tout le monde; je ne sais comme l'orgueil d'Espagne s'accommode de ces désespoirs*. Elle arrêta l'autre jour le roi par-delà l'heure de la messe, le roi lui dit: « Madame, ce seroit une « belle chose que la reine catholique empêchât le roi « très chrétien d'aller à la messe. » On dit qu'ils seront tous fort aises d'être défaits de cette catholique. Je vous conjure de faire mille amitiés pour moi à la belle Rochebonne. Adieu, ma très chère et très aimable, je vous jure que je ne puis envisager en gros le temps de votre absence; vous m'avez bien fait de petites injustices, et vous en ferez toujours quand vous oublierez comme je suis pour vous; mais soyez-en mieux persuadée, et je le serai aussi de la bonté et de la tendresse de votre cœur pour moi.

Madame de La Fayette vous embrasse, et vous prie de conserver l'amitié nouvelle que vous lui avez promise.

Voyez la note de la lettre 665, page 414 de ce volume.

671.

A la même.

À Livry, mercredi 20 septembre 1679.

Vous ne trouverez nullement étrange de ne me point voir dans le bateau; vous ne me demandez point à Auxerre, à Châlons, à Lyon, ni même à Grignan. Pour moi, je suis tellement frappée de vous avoir vue ici, qu'il me semble que je dois vous rencontrer à tout moment. Je veux trouver aussi mesdemoiselles de Grignan et mon petit marquis : enfin je suis si fâchée de me trouver toute seule, que, contre mon ordinaire, je souhaite que le temps galope, et pour me rapprocher celui de vous revoir, et pour m'effacer un peu ces impressions trop vives. Est-ce donc cette pensée si continuelle qui vous fait dire qu'il n'y a point d'absence? J'avoue que par ce côté, il n'y en a point; mais comment appelez-vous ce que l'on sent quand la présence est si chère? Il faut, par nécessité, que le contraire soit bien amer. J'apprends dans ce moment que La Trousse est parti pour Ypres; sa femme n'a jamais voulu lui dire adieu; c'est un état pitoyable que le sien; je la plains, puisque c'est la tendresse qui la fait souffrir : il y a bien de l'apparence que les sujets de sa douleur ne finiront point*. La reine d'Espagne devient *fontaine* aujourd'hui; je comprends bien aisément le mal des séparations. Je vous suis pas à pas; vous êtes à Lyon, vous avez vu Guitaud. J'ai une extrême impatience de savoir de vos nouvelles.

Mercredi, à six heures du soir.

Je reçois, ma très aimable, votre lettre de tous les jours, et puis enfin d'Auxerre.

Cette lettre m'étoit nécessaire. Je vous vois hors de ce bateau, où vous avez été dans un faux repos; car, après tout, cette allure est incommode. Ne me dites plus que je vous regrette sans sujet; où prenez-vous que je n'en aie pas tous les sujets du monde? Je ne sais pas ce qui vous repasse dans la tête; pour moi, je ne vois que votre amitié, que vos soins, vos bontés, vos caresses; je vous assure que c'est tout cela que j'ai perdu, et que c'est là ce que je regrette, sans que rien au monde puisse m'effacer un tel souvenir, ni me consoler d'une telle perte. Soyez bien persuadée, ma très chère, que cette amitié que vous appelez votre bien, ne vous peut jamais manquer; plût à Dieu que vous fussiez aussi assurée de conserver toutes les autres choses qui sont à vous! Je ne vous reparle plus de votre voyage, dont le détail m'est cher; vous êtes à Grignan; il faut parler de la bise, comment vous a-t-elle reçue? comment vous

---

* Ce n'étoit pas seulement le départ de son mari qui causoit son tourment. Elle étoit jalouse de madame de Coulanges. (*Voyez* la lettre 549, page 29 de ce volume.)

trouvez-vous? Je saurai toute la suite de vos pas; et de la visite de Guitaud, et de Châlons, et de Lyon. Hélas! ma chère enfant, je ne songe qu'à vous et à tout ce qui vous touche.

Mon cher Comte, vous aurez bien de l'honneur, si vous conduisez heureusement cette santé si délicate, et je vous en serai plus obligée que de tout ce que vous pourriez faire pour moi. Mesdemoiselles, je pense bien souvent à vous. Je vous redemande ici, l'une au jardin, et l'autre à l'escarpolette : rien ne me répond; vous avez votre part à ma tristesse. Mon cher petit marquis, n'oubliez pas votre bonne maman.

672.*

A la même.

A Livry, vendredi 22 septembre 1679.

Je pense toujours à vous; et comme j'ai peu de distractions, je me trouve bien des pensées. Je suis seule ici; Corbinelli est à Paris : mes matinées seront solitaires. Il me semble toujours, ma fille, que je ne saurois continuer de vivre sans vous : je me trouve peu avancée dans cette carrière; et c'est pour moi un si grand mal de ne vous avoir plus, que j'en tire cette conséquence, qu'il n'y a rien tel que le bien présent, et qu'il est fort dangereux de s'accoutumer à une bonne et uniquement bonne compagnie : la séparation en est étrange; je le sens, ma très chère, plus que vous n'avez le loisir de le sentir. Je suis déjà trop vivement touchée du desir extrême de vous revoir, et de la tristesse d'une année d'absence; cette vue en gros ne me paroît pas supportable. Je suis tous les matins dans ce jardin que vous connoissez; je vous cherche par-tout; et tous les endroits où je vous ai vue me font mal; vous voyez bien que les moindres choses de ce qui a rapport à vous, ont fait impression dans mon pauvre cerveau. Je ne vous entretiendrois pas de ces sortes de foiblesses, dont je suis bien assurée que vous vous moquez, sans que la lettre d'aujourd'hui est un peu sur la pointe des vents : je ne réponds à rien, et je ne sais point de nouvelles. Vous êtes à Lyon aujourd'hui; vous serez à Grignan quand vous recevrez ceci. J'attends le récit de la suite de votre voyage depuis Auxerre. J'y trouve des réveils à minuit, qui me font autant de mal qu'à mesdemoiselles de Grignan; et à quoi bon cette violence, puisqu'on ne partoit qu'à trois heures? C'étoit de quoi dormir la grasse matinée. Je trouve qu'on dort mal par cette voiture; et quoique je fusse prête à vous entretenir de tout cela, il me semble que, recevant cette lettre à Grignan, vous ne comprendriez plus ce que je voudrois vous dire en parlant de ce bateau; c'est ce qui fait que je vous parle de moi et de vous, ma chère enfant, dont je vois tous les sentiments pleins d'amitié et de tendresse pour moi.

Mademoiselle de Méri me mande qu'elle est toujours comme je l'ai laissée, qu'elle me prie de vous le mander, afin que si sa tête ne lui permettoit pas de vous écrire, vous n'en fussiez point en peine ; j'irai descendre chez elle mardi. Madame de Coulanges vint hier au soir bien tard avec sa sœur ; elle a enfin quitté Paris : les étouffements ne sont pas diminués. Elle me dit que M. de La Rocheguyon[1] étoit très mal de sa petite-vérole. Duchesne a demandé une assemblée de tous les médecins du monde : la fièvre est redoublée, et la petite-vérole séchée et devenue verte ; cela ne vaut rien, et pourroit bien nous donner un beau sujet de réflexion. Voilà un laquais de madame de Coulanges qui vient de Paris, et qui m'assure que M. de La Rocheguyon se porte mieux : ma pauvre enfant, *je vous en demande pardon*[2]. Mon fils ne me parle que de vous dans ses lettres, et de la part qu'il prend à la douleur que j'ai de vous avoir quittée : il a raison, je ne m'accoutumerai de long-temps à cette séparation, et c'est bien moi qui dois dire : *rien ne peut réparer les biens que j'ai perdus*. Vos lettres aimables font toute ma consolation : je les relis souvent, et voici comme je fais. Je ne me souviens plus de tout ce qui m'avoit paru des marques d'éloi-

---

[1] Petit-fils de M. de La Rochefoucauld.

[2] Quand madame de Grignan apprenoit quelque mauvaise nouvelle, elle s'arrangeoit là-dessus ; mais lorsque après cela on venoit lui dire que la nouvelle étoit fausse, ou que la personne qu'on lui avoit dépeinte à l'extrémité, se portoit mieux : *Je n'aime pas*, disoit-elle plaisamment, *qu'on change mes idées, et que deviendront mes réflexions passées ?* On sent bien que ce raisonnement n'a rien de sérieux, et que c'étoit un pur badinage entre la mère et la fille. (*Voyez* la lettre 88, tome 1ᵉʳ, page 204.)

gnement et d'indifférence; il me semble que cela ne vient point de vous, et je prends toutes vos tendresses, et dites et écrites, pour le véritable fond de votre cœur pour moi. Etes-vous contente, ma belle? est-ce le moyen de vous aimer? et pouvez-vous jamais douter de mes sentiments, puisque, de bonne foi, j'ai cette conduite?

Votre frère me paroît avoir tout ce qu'il veut, *bon dîner, bon gîte, et le reste*[a]. Il a été plusieurs fois député de la noblesse vers M. de Chaulnes; c'est une petite honnêteté qui se fait aux nouveaux venus. Nous aspirerons une autre année à voir des effets de cette belle amitié de M. et de Mme de Chaulnes. Le roi nous a remis huit cent mille francs; nous en sommes quittes pour deux millions deux cent mille livres; ce n'est rien du tout. Adieu, ma très chère et très belle. Si l'extrémité de l'empereur[1] et de don Juan (*d'Autriche*)[2] pouvoit vous satisfaire, on assure qu'ils n'en reviendront pas. Une reine qui porteroit *une tête* en Espagne, trouveroit une belle conjoncture pour se faire valoir. On dit qu'elle pleura excessivement en disant adieu au roi, ils retournèrent deux ou trois fois aux embrassades et au redou-

---

[a] Allusion à la fable des deux Pigeons, de La Fontaine, livre IX, fable II.
> Hélas! dirai-je, il pleut:
> Mon frère a-t-il tout ce qu'il veut?
> Bon soupé, bon gîte et le reste?

[1] L'empereur Léopold Ier ne mourut que le 5 mai 1705.

[2] Don Jean d'Autriche, fils naturel de Philippe IV, roi d'Espagne, mourut le 17 septembre 1679.

blement des sanglots¹; c'est une horrible chose que les séparations.

673.*

A la même.

A Paris, mercredi 27 septembre 1679.

Je suis venue ici un jour ou deux avec le bon abbé, pour mille petites affaires. Ah, mon Dieu! ma très aimable! quel souvenir que celui du jour de votre départ! j'en solennise souvent la mémoire; je ne puis encore du tout en soutenir la pensée; on dit qu'il faut la chasser, elle revient toujours. Il y a justement aujourd'hui quinze jours que je vous voyois et vous embrassois encore; il me semble que je ne pourrai jamais avoir le courage de passer un mois, et deux mois, et trois mois sans ma chère enfant? Ah, ma fille, c'est une éternité! J'ai des bouffées et des heures de tendresse que je ne puis soutenir. Quelle possession vous avez prise de mon cœur, et quelle trace vous avez faite dans ma tête! Vous avez raison d'en être bien persuadée, vous ne sauriez aller trop loin, ne craignez point de passer le but; allez, allez, portez vos idées où vous voudrez, elles n'iront pas au-delà; et pour vous, ma fille, ah! ne croyez point que j'aie pour remède à ma tendresse la pensée de n'être pas

* *Voyez* la lettre du 18 septembre, plus haut, page 432.

aimée de vous : non, non, je crois que vous m'aimez, je m'abandonne sur ce pied-là, et j'y compte sûrement. Vous me dites que votre cœur est comme je le puis souhaiter, et comme je ne le crois pas; défaites-vous de cette pensée, il est comme je le souhaite, et comme je le crois. Voilà qui est dit, je n'en parlerai plus, je vous conjure de vous en tenir là, et de croire vous-même qu'un mot, un seul mot sera toujours capable de me remettre devant les yeux cette vérité, qui est toujours dans le fond de mon cœur, et que vous y trouverez quand vous voudrez m'ôter les illusions et les fantômes qui ne font que passer; mais je vous l'ai dit une fois, ma fille, ils me font peur et me font transir, tout fantômes qu'ils sont : ôtez-les-moi donc, il vous est aisé; et vous y trouverez toujours, je dis *toujours*, le même cœur persuadé du vôtre; ce cœur qui vous aime uniquement, et que vous appelez *votre bien* avec justice, puisqu'il ne peut vous manquer. Finissons ce chapitre, qui ne finiroit pas naturellement, la source étant inépuisable; et parlons, ma chère enfant, des fatigues infinies de votre voyage. Pourquoi prendre la route de Bourgogne, puisqu'elle est si cruelle? C'est la diligence, je comprends bien cela. Enfin, vous voilà arrivée à Grignan. J'ai reçu toutes vos lettres aimables de Chagny, de Châlons, du bateau, de Lyon; j'ai tout reçu à-la-fois. Je comptois fort juste; et je vous vis arriver à Lyon; je n'avois pas vu M. de Gordes, ni la friponnerie de vous attacher à un grand bateau pour faire aller doucement, et épargner les chevaux; mais j'avois vu tous les compliments de Châlons; j'avois vu le beau temps qui vous a accompagnée jusque-là, le soleil et la lune faisant leur devoir à l'envi ; j'avois vu votre chambre chez madame de Rochebonne, mais je ne savois pas qu'elle eût une si belle vue. Je ne sais pas bien si c'est le dimanche ou le lundi que vous êtes partis de Lyon ; mais je sais que très assurément vous étiez hier au soir à Grignan, car je compte sur l'honnêteté du Rhône. Vous voilà donc, ma très chère, dans votre château : comment vous y portez-vous ? le temps est un peu changé ici depuis quatre jours ; la bise vous a-t-elle reçue ? vous reposez-vous ? Il faut un peu rapaiser votre sang qui a été terriblement ému pendant le voyage, et c'est pour cela que le repos vous est absolument nécessaire. Pour moi, je ne veux qu'une feuille de votre écriture, aimant mieux prendre sur moi-même, car je préfère votre santé à toutes choses, à ma propre satisfaction, qui ne peut être solide que quand vous vous porterez bien. Je suis très fort en peine de la santé de Montgobert ; l'air de Grignan ne lui est pas bon, et je la trouve très estimable de s'oublier elle-même pour vous suivre. Vous en pouvez dire autant pour M. de Grignan, car assurément, dans ce dernier voyage, vous n'avez considéré uniquement que sa propre satisfaction, qu'il a même cachée long-temps sous ses manières polies : vous l'avez approfondie, vous l'avez observée et démêlée ; et dès que vous l'avez aperçue un peu plus d'un côté que de l'autre, vous lui avez sacrifié votre santé, votre repos, votre vie, la tendresse et la tranquillité de votre mère, et enfin, vous avez parfaitement rempli le précepte de l'évangile, qui veut que l'on quitte tout pour son mari.

Le vôtre le mérite bien; mais il faut aussi que cela l'engage encore davantage à prendre soin d'une santé que vous exposez si librement et si courageusement pour lui plaire. Pour moi, j'en fais mon unique pensée, quoique très inutilement, à mon grand regret.

Je reçois des lettres de votre frère, qui ne me parle que de *son pigeon**. Le titre de nouveau-venu dans la province le rend fort considérable, et le met dans toutes les affaires. M. de Coulanges a eu une grosse fièvre, comme il a accoutumé en automne, il en est comme guéri. Sa femme et la Bagnols sont à Livry: je leur ai fait un vilain tour de les avoir quittés lundi; j'y retourne demain matin, et elles s'en vont à Charenton, parceque M. de Bagnols ayant affaire à Paris, il est plus à portée d'y aller que de Livry. Ainsi, ma chère enfant, me voilà toute seule avec votre souvenir; c'est assez, c'est une fidèle compagnie qui ne m'abandonne jamais, et que je préfère à toutes les autres. Il y fait parfaitement beau, et vous croyez bien qu'il n'y a point d'endroits où je ne me souvienne de ma fille, et qui ne soit marqué tendrement dans mon imagination, car je n'y vois plus rien que sur ce ton. Je vis hier madame de Lavardin chez madame de La Fayette, je n'y appris rien de nouveau; elles vous font l'une et l'autre mille amitiés. Madame d'Osnabruck est venue voir MADAME, qui l'a reçue avec une extrême amitié; elle est sa tante, elle a été élevée

---

* C'étoit madame de Grignan que le baron de Sévigné désignoit ainsi, en continuant l'allusion qui a été indiquée dans la note de la lettre précédente, page 438.

avec elle. La reine d'Espagne va toujours criant et pleurant. Le peuple disoit, en la voyant dans la rue Saint-Honoré : *Ah, MONSIEUR est trop bon, il ne la laissera point aller, elle est trop affligée.* Le roi lui dit devant madame la grand'duchesse[a] : « Madame, je souhaite de « vous dire adieu pour jamais; ce seroit le plus grand « malheur qui vous pût arriver que de revoir la France. » Madame la duchesse de Rohan est accouchée d'un garçon; voilà un troisième duc dans la maison de Chabot. On dit que le maréchal d'Humières reviendra bientôt; cette guerre est entièrement finie. Le chevalier revient, je crois, avec lui. Adieu, ma très chère enfant, vous savez bien que je suis tout à vous, n'en doutez jamais.

674.*

A la même.

A Livry, vendredi 29 septembre 1679.

Au sortir de chez mademoiselle de Méri, mercredi au soir, d'où je vous écrivis, ma fille, en qualité de son secrétaire, j'allai souper chez la marquise d'Uxelles; je lui fis tous vos compliments : on ne peut jamais avoir plus d'estime ni plus d'inclination pour personne qu'elle en

[a] C'étoit une leçon indirecte adressée à la grande duchesse de Toscane, qui avoit quitté son mari pour revenir en France.

a pour vous. Elle étoit venue l'après-dîner chez moi avec mesdames de Lavardin, de Mouci et de Belin; tout cela m'avoit chargée de mille et mille compliments pour vous. Nous revînmes ici hier matin, le bon abbé et moi. Corbinelli est occupé de ses affaires; de sorte que je puis me vanter d'être seule : car les Coulanges et Bagnols partoient pour Charenton, et je ne les vis qu'un moment. Je m'en vais donc être avec moi et avec votre cher et douloureux souvenir; je m'en vais voir comment je m'accommoderai de cette compagnie. M. Pascal dit que tous les maux viennent de ne savoir pas garder sa chambre. J'espère garder si bien ce jardin et cette forêt qu'il ne m'arrivera aucun accident. Le temps est pourtant entièrement détraqué depuis six jours; mais il y a de belles heures. Je fus hier très long-temps dans le jardin, à vous chercher par-tout et à penser à vous, avec une tendresse qui ne se peut connoître que quand on l'a sentie. Je relus toutes vos lettres; j'admirai vos soins et votre amitié dont je suis persuadée autant que vous voulez que je le sois. Vous me dites que votre cœur est comme je le souhaite, et comme je ne le crois point; je vous ai déjà répondu*, ma très chère, qu'il est comme je le souhaite et comme je le crois: c'est une vérité, et je vous aime sur ce pied-là; jugez de l'effet que cette persuasion doit faire avec l'inclination naturelle que j'ai pour vous.

L'Anglois (*le chevalier Talbot*) est venu voir le bon abbé sur ce rhume qui nous faisoit peur; il a mis dans son vin et dans son quinquina une certaine chose douce qui

---

* *Voyez* la lettre précédente, page 440 de ce volume.

est si admirable, que le bon abbé sent son rhume tout cuit, et nous ne craignons plus rien. C'est ce qu'il donna à Hautefeuille, qui le guérit en un moment de la fluxion sur la poitrine dont il mouroit, et de la fièvre continue : en vérité, ce remède est miraculeux. J'ai bien envie de savoir comme se porte la pauvre Montgobert, *Le Maire*, et M. de Grignan, que je ne daigne mettre au nombre des malades, puisqu'il joue à l'ombre; je souhaite bien sa santé, pour l'amour de lui, mais aussi pour l'amour de vous, car, quoique vous me priez de n'être point en peine de votre peine, je vous le refuse, ma très belle, persuadée que sa maladie vous feroit plus de mal qu'à lui. Il faut que tant de choses aillent bien pour que vous soyez en repos, qu'il n'est quasi pas possible de vous y voir. J'aimerois bien à savoir l'état où vous êtes au vrai, et combien la fatigue du voyage, les nuits sans dormir, et les agitations du carrosse ont pris sur votre pauvre personne, qui étoit déjà si abattue. Ne croyez point qu'il soit naturel d'être sans inquiétude; mettez-vous à ma place, et, sans vous fâcher, ni dire que vous vous portez parfaitement bien, jugez raisonnablement de la juste crainte que je dois avoir pour vous. Eh! mon Dieu! quand je songe comme vous êtes pour moi, je me trouve inhumaine et grossière pour vous. Si j'étois aussi délicate que vous, je le dis à ma confusion, hélas! ma belle, je ne vivrois pas; et pourquoi ai-je donc tant de courage et tant d'espérance? Est-ce que je vous aime moins que vous ne m'aimez! Il semble que vous m'étourdissiez par vos discours, et cependant je ne les crois point sur votre santé; en vérité, je me perds dans ce faux repos; et, quand j'y pense bien, je trouve que j'ai tant de raison d'être en peine, que je ne sais pourquoi j'ai eu la complaisance d'être persuadée de tout ce que vous m'avez dit: mais vous-même, ne voulez-vous point avoir quelque soin de vous rafraîchir, de vous reposer, de faire écrire pour vous? Gardez-vous bien, ma fille, de répondre à toutes mes lettres: bon Dieu! je ne le prétends pas; je cause avec vous sans fin et sans mesure; il ne faut point de réponse à tout ceci: je n'écris qu'à vous, je fais ma seule consolation de vous entretenir; ne soyez pas si simple que d'y répondre, je ne vous écrirois plus que des billets: le soin que j'ai de votre santé, et la persuasion du mal que je vous ferois d'écrire de grandes lettres, me fait entièrement renoncer au plaisir de les lire. Ce me seroit une douleur de penser à ce qu'elles vous auroient coûté.

J'ai prié madame de Lavardin de faire vos excuses, et de dire vos raisons à madame de Colbert quand elle la verra. J'irai voir mesdames de Vence et de Tourette, dès que je serai à Paris; et en attendant je leur ferai faire des compliments. Le petit Coulanges a été assez malade à nos états; il est si charmé des soins qu'on a de lui, et des députés qu'on lui envoie pour savoir de ses nouvelles, que sa fièvre n'a osé continuer: il est si pénétré de tout cela, que c'est une pitié. Mon fils *brillotte* à merveille; il est député de certaines petites commissions qu'on donne pour faire honneur aux nouveaux-venus; nous aspirerons quelque jour à quelque chose de plus. J'ai prié madame de Marbeuf de le marier en Bretagne; il ne se verra jamais d'un si beau point de

vue que cette année. Il a été dix ans à la cour et à la
guerre; il a de la réputation : la première année de paix,
il la donne à sa patrie : si on ne le prend dans cette circonstance, on ne le prendra jamais : ce pays-ci n'est
pas bon pour l'établir; il faut rendre à César ce qui appartient à César : je l'ai un peu dérangé, mais il ne doit
pas y avoir regret; cette éducation vaut toujours mieux
que celle de *Laridon négligé*[a] : il est toujours aisé de
retourner chez soi, et il ne l'est pas d'être courtisan et
honnête homme quand on veut. Mon fils me parle toujours de *son pigeon* avec beaucoup de tendresse à sa
mode et d'inquiétude pour sa santé. Il avoit été avec
Coulanges se promener aux Rochers, dont ils admi-
roient la beauté : tout ce que vous n'en connoissez pas
est plus beau que ce que vous en connoissez. Adieu, ma
très chère, je m'oublie; encore faut-il donner des bornes à cette lettre, ou bien se résoudre à la faire relier :
en vérité, c'est une douceur que d'écrire, quand on n'a
ce sentiment que pour une personne au monde; car,
après tout, c'est une fatigue, et encore faut-il avoir une
poitrine comme je l'ai. Vous me demandez ce que je fais;
je lis mes anciens livres; je ne sais rien de nouveau qui
me tente; un peu *du Tasse*, un peu *des Essais de morale*. Je me promènerai quand il ne pleuvra plus. Je

---

[a] Allusion à la fable de l'*Éducation*, Dans La Fontaine, livre VIII,
fable XXIV.

    Laridon et César, frères dont l'origine
    Venoit de chiens fameux, beaux, bien faits et hardis,
    A deux maîtres divers échus au temps jadis,
    Hantoient, l'un les forêts, et l'autre la cuisine, etc.

pense continuellement et habituellement à vous; je vous regrette, sans avoir à me reprocher de n'avoir pas goûté tous les moments que j'ai passés avec vous. Je vous écris, je relis vos lettres, j'espère vous revoir, je fais des plans pour y parvenir; je suis occupée ou amusée de tout ce qui a rapport à vous de cent lieues loin; je retourne sur le passé, je regrette les antipathies et les morts; je tremble pour votre santé; la bise me fait une oppression par la crainte qu'elle me donne; enfin, ma chère enfant, trouvez-vous que je n'aie rien à faire?

***

675. *

A la même.

À Livry, mercredi 4 octobre 1679.

Le plaisant repos que vous avez eu à Lyon? je l'ai prévu, ma fille, et j'ai bien compris l'accablement où vous seriez. Mon Dieu, que tout ce qui vous fatigue me fait mal! Vous aviez des visites qui ressembloient à celles de Paris. Je vous plains bien d'avoir été obligée de laisser la pauvre Montgobert malade. Vous aviez un temps épouvantable, quand vous vous êtes embarquée: ce Rhône aura-t-il bien voulu de vous? Quel mal vous aura fait cette tempête, et puis la bise peut-être en arrivant à Grignan? Ma fille, on n'a jamais tout craint, quand on aime comme je fais. J'attends toujours de vos nouvelles avec impatience; vos lettres font la consolation de ma vie, et puis je meurs de peur que vous n'en soyez incommodée en les écrivant. En vérité, mon enfant, il y a bien loin de moi à un philosophe stoïcien[a]; mais enfin c'est ma destinée, et j'y consens, puisque vous le voulez; vous me répondez trop *aimablement*; il faut que je fasse ce mot exprès pour l'article de votre lettre, où vous me paroissez persuadée de toutes les vérités que je vous ai dites sur le retour sincère de mon cœur: mais que veut dire *retour?* mon cœur n'a jamais été détourné de vous. Je voyois des froideurs sans les pouvoir comprendre, non plus que celles que vous aviez pour ce pauvre Corbinelli; j'avoue que celles-là m'ont touchée sensiblement; elles étoient apparentes, et c'étoit une sorte d'injustice dont j'étois si bien instruite, et que je voyois tous les jours si clairement, qu'elle me faisoit petiller: bon Dieu! combien étoit-il digne du contraire? Avec quelle sagesse n'a-t-il pas supporté cette injuste disgrace! Je le retrouvois toujours le même homme, c'est-à-dire fidèlement appliqué, avec tout ce qu'il a d'esprit et d'adresse, à vous servir solidement.

Je ne pensois pas que vous dussiez répondre à Lyon à ma grande lettre; vous quittez tout pour la lire; n'êtes-vous pas admirable? Pour moi, ma fille, je suis ici dans une tristesse et une solitude que j'aime mieux présentement que tout le monde. Voilà un vrai lieu pour l'hu-

---

[a] Madame de Sévigné répond ici à la prévention que madame de Grignan avoit manifestée. (*Voyez* la lettre 670, page 429 de ce volume, et la note.)

meur où je suis : il y a des heures et des allées qui sont devenues *l'humeur de ma mère*[a], et dont la sainte horreur n'est interrompue que par les horribles galanteries de nos cerfs, et je me trouve bien de cette solitude. Corbinelli est à Paris, les Coulanges à Charenton ; je leur ai mandé tout ce que vous m'avez écrit sur leur sujet. Il est vrai qu'on a dit un mot de Chantilly ; mais cela est tombé si court, qu'il n'en est plus question. A propos de Chantilly, j'ai eu un grand chagrin pour le fidèle *Hébert*[b]. Gourville, qui vouloit qu'Hébert lui découvrît tout ce qui se fait à l'hôtel de Condé, l'a attaqué sur certains *revenant-bons* des choses qu'il doit donner à chacun, et que l'on ne prend point, qui lui ont fait un crime, quoique cela se soit toujours fait dans cette maison. Il s'est mêlé des ennemis et des envieux ; quoi qu'il en soit, il est dehors pour avoir été seulement soupçonné ; l'état où il est marque son innocence : je ne l'en estime pas moins, je vous assure, et je n'aurai point de repos que je ne l'aie replacé dans quelque bonne condition ou commission : il a de l'esprit, il écrit à merveille ; il a senti les injustices de la cour, comme le berger de la fable : s'il trouvoit ma livrée dans son coffre, *doux trésor*, diroit-il, *je vous reprends*[c].

J'ai reçu une lettre de madame de Vins, qui me donne

---

[a] Madame de Sévigné donnoit ce nom à ses allées de prédilection. (*Voyez* la lettre 589, page 169 de ce volume.)

[b] Il avoit été à madame de Sévigné, et placé ensuite à l'hôtel de Condé par Gourville. (*Voyez* la lettre 135, tome II, page 21.)

[c] *Voyez* la fable du *Berger et du Roi*, par La Fontaine.

un rendez-vous à Pomponne après Fontainebleau; je n'y manquerai pas. Mademoiselle de Méri est digne de pitié; j'envoie chez elle très souvent, et je la verrai, quand j'irai des moments à Paris. Le bon abbé se porte très bien ici; son Anglois lui guérit encore son rhume, en mettant je ne sais quoi dans son quinquina. Si ce n'étoit la timidité qui reste après les grands maux, il iroit fort bien en Bretagne; mais il est comme quand je me retirois à trois heures et demie, de peur du serein. Il vous fait mille et mille compliments. L'abbé de Grignan me mande que les eaux lui font très bien depuis six jours. Il n'étoit pas content d'abord, mais il est charmé des soins de tous ces hommes que vous haïssez tant. Ma pauvre enfant, ne prenez pas garde à la longueur de mes lettres; je cause avec vous, et c'est ma seule occupation. Je vous demande la grace de ne vous pas tuer pour moi, et que je n'aie point la douleur de contribuer à détruire une vie pour laquelle je donnerois la mienne. Je me suis purgée; je prends maintenant de cette eau dont madame de Lavardin m'a dit des merveilles, et j'observerai ce régime à toutes les fins de lune: en effet, je m'en trouve fort bien, sans préjudice de l'eau de lin. Payez-moi tous ces soins, ma fille, vous en savez le moyen. Mon fils m'écrit à tout moment : il fait très bien aux États; il se fait considérer. Je crains seulement qu'il ne soit un peu trop breton. Il me parle de vous avec une tendresse extrême : je suis conciliante, et je lui dis que vous êtes *son pigeon,* et que vous l'aimez. Je dirai bien aussi toutes mes jolies sottises à votre madame de Chat.... fiez-vous à moi. Mon Dieu, que j'embrasse de bon cœur mesdemoiselles de Grignan! N'ont-elles point bien des choses à me dire? M. de Grignan tue-t-il bien ses perdrix? M'aime-t-il toujours? A-t-il soin de vous comme il me l'a promis? Ma chère enfant, je suis tout à vous; si je n'étois pas seule, mes lettres seroient plus courtes: ne prenez pas ce mauvais exemple, c'est que je ne sais que faire.

676.

A la même.

A Livry, vendredi 6 octobre 1679.

Vous avez trouvé le vent contraire; je n'en suis guère surprise; vous êtes assez destinée à ce malheur, soit sur le Rhône, ou sur la terre. C'est en vérité, ma chère enfant, un grand chagrin en quelque endroit que ce soit, et je comprends fort aisément l'embarras où vous avez été. Il y a même du péril, et vous fîtes très sagement d'honorer de votre présence le lieu où M. de Vardes s'est baigné, plutôt que de vous opiniâtrer à gagner Valence: il faut céder à la furie des vents.

Il est venu ici un père Morel de l'Oratoire; c'est un homme admirable: il a amené Saint-Aubin, qui nous est demeuré. Je voudrois que M. de Grignan eût entendu ce père; il ne croit pas qu'on puisse, sans péché, donner à ses plaisirs, quand on a des créanciers: ces dépenses lui paroissent des vols qui nous ôtent le moyen de faire justice. Vraiment, c'est un homme bien salé, il ne fait aucune composition. Mais parlons de Pauline (*de Grignan*); l'aimable, la jolie petite créature! hélas! ai-je été jamais si jolie qu'elle? on dit que je l'étois beaucoup. Je suis ravie qu'elle vous fasse souvenir de moi : je sais bien qu'il n'est pas besoin de cela; mais enfin j'en ai une joie sensible; vous me la dépeignez charmante, et je crois précisément tout ce que vous m'en dites : je suis étonnée qu'elle ne soit pas devenue sotte et ricaneuse dans ce couvent : ah! que vous avez bien fait de l'en retirer! Gardez-la, ma fille, ne vous privez pas de ce plaisir, la Providence en aura soin : ne lui dites-vous pas qu'elle a une *bonne*[*]? seroit-il bien possible que je trouvasse encore de la place pour aimer, et de nouveaux attachements? Je vous conseille de ne vous point défendre de la tendresse qu'elle vous inspire, quand vous devriez la marier en Béarn. Mesdemoiselles de Grignan ont eu grande raison de trouver le château de leurs pères très beau : mais, mon Dieu, quelles fatigues pour y parvenir! que de nuits sur la paille, et sans dormir, et sans manger rien de chaud; ma chère fille, vous ne me dites pas comme vous vous en portez, et comme cette poitrine en est échauffée, et comme votre sang en est irrité. Quelle circonstance à notre séparation, que la crainte trop bien fondée que j'ai pour votre santé! Je crois entendre cette bise qui vous ôte la respiration. Hélas! pouvois-je me plaindre en comparaison de ce que je souffre, quand je

---

[*] Une *bonne-maman*, une grand'mère.

n'avois que votre absence à supporter? Je croyois qu'on ne pouvoit pas être pis; on n'imagine rien au-delà : j'ignorois la peine où je suis; je la trouve si dure à supporter que je regarderois comme une tranquillité l'état où j'étois alors : encore si je pouvois me fier à vous, et me consoler dans l'espérance que vous aurez soin et pitié de vous et de moi, que vous donnerez du temps à vous reposer, à vous rafraîchir, à prendre ce qui peut apaiser votre sang; mais je vous vois peu attentive à votre personne, dormant peu, mangeant peu, et cette écritoire toujours ouverte. Ma fille, si vous m'aimez, donnez-moi quelque repos, en prenant soin de vous. Ma chère Pauline, ayez soin de votre belle maman. Pour moi, je me porte très bien.

Il fait le plus beau temps du monde. Le bon abbé est parfaitement guéri; son rhume est allé avec sa fièvre : l'Anglois est un homme divin. Nous ne pensons point à faire un plus long voyage que Livry. Il reste une certaine timidité après les grandes maladies, qui ne permet pas qu'on s'éloigne du secours; ce bon abbé vous rend mille graces de vos soins.

Vous me faites rire des vanités des deux sœurs[a] : l'aînée ne néglige pas de citer dans ses lettres à Lyon tous les noms dont elle s'honore ici : l'autre est admirable, de dire qu'on la presse d'aller à Chantilly; la vanité

---

[a] Ces deux sœurs sont madame de Coulanges et madame de Bagnols, qui avoit épousé son cousin-germain. Cette dernière étoit très affectée; elle contrefaisoit les grandes passions : madame de Sévigné s'est plus d'une fois égayée à ses dépens. (*Voyez* sur-tout les lettres 585 et 592, pages 149 et 185 de ce volume.)

est plaisante : imaginez-vous que la pensée de ce voyage a duré un moment dans la tête de M. de La Rochefoucauld; il me le dit en l'air, je le redis tout de suite à ces femmes : son petit-fils a pensé mourir depuis; on n'en a pas redit un seul mot; on jette son bonnet par-dessus les moulins, et voilà ce qu'elle appelle une partie dont on la tourmente; ah! il est vrai, nous eussions eu bien de la peine à la débaucher. Il y a des styles à quoi je ne puis m'accoutumer : j'aime bien mieux être toute seule dans cette avenue.

Nous y étions hier, Saint-Aubin et moi; il lisoit, je l'écoutois, et je regardois le petit pays doux que vous connoissez : je vous souhaitois l'air que je respirois. Nous avions entendu un cor dans le fond de cette forêt; tout d'un coup nous entendons passer comme une personne au travers des arbres, nous regardons, c'étoit un grand chien courant. Qu'est-ce que c'est, dit Saint-Aubin? *C'est*, lui dis-je, *un des aumôniers de M. de Senlis*[1]. Là-dessus sa rate s'est épanouie d'un rire extravagant; et voilà la plus grande aventure qui nous puisse arriver en ce pays : il faut être même d'un grand loisir pour vous raconter une telle sottise.

J'écrirai à Pellisson[a] pour le frère de Montgobert, j'y

---

[1] Denis Sanguin, évêque de Senlis, oncle de Louis Sanguin, marquis de Livry, aimoit beaucoup la chasse, et chassoit très souvent dans la forêt de Livry.

[a] Pellisson administroit les économats de Cluni, de Saint-Germain-des-Prés, et de Saint-Denis. Madame de Sévigné sollicitoit sans doute un bénéfice pour le frère de mademoiselle de Montgobert, dame de compagnie de madame de Grignan.

ferai comme pour ma cure ». Vous n'avez qu'à me donner toutes sortes de commissions : c'est le plus aimable amusement que je puisse avoir en votre absence. En voici un que j'ai trouvé ; c'est un tome de Montaigne, que je ne croyois pas avoir apporté : ah, l'aimable homme! qu'il est de bonne compagnie! c'est mon ancien ami; mais à force d'être ancien, il m'est nouveau. Je ne puis lire qu'avec les larmes aux yeux ce que dit le maréchal de Monthic du regret qu'il a de ne s'être pas communiqué à son fils, et de lui avoir laissé ignorer la tendresse qu'il avoit pour lui. Lisez cet endroit-là, je vous prie, et me dites comme vous vous en trouverez; c'est à madame d'Estissac[b], *de l'amour des pères envers leurs*

« Ceci paroît relatif à la chapelle de Bourbilly, que madame de Sévigné avoit donnée à desservir au sieur Poussy. (*Voyez* la lettre 646, et la note, page 349 de ce volume.)

[b] Le trait du maréchal de Monthic peint au vrai la sévérité des mœurs antiques; mais ce n'est pas seulement cet endroit qui aura frappé madame de Sévigné. Elle a dû se reconnoître dans le portrait que trace Montaigne de madame d'Estissac, et elle est bien aise que sa fille l'y reconnoisse aussi. Ce passage ne sera pas ici hors de sa place : « Or, madame, ayant à m'y pourtraire au vif, j'en eusse oublié un « traict d'importance, si je n'y eusse représenté l'honneur que j'oy « tousiours rendu à vos mérites, et l'ay voulu dire signamment à la « teste de ce chapitre, d'autant que, parmi vos aultres bonnes quali-« tez, celle de l'amitié que vous avez monstrée à vos enfants, tient « l'un des premiers rangs. Qui sçaura l'aage auquel monsieur d'Es-« tissac, vostre mari, vous laissa veufve, les grands et honorables « partis qui vous ont esté offerts autant qu'à dame de France de vos-« tre condition, la constance et fermeté de quoy vous avez soustenu « tant d'années, et au travers de tant d'espineuses difficultez, la charge « et conduicte de leurs affaires qui vous ont agitée par tous les coings

enfants. Mon Dieu, que ce livre est plein de bon sens!

Mon fils triomphe aux États, il vous fait toujours mille amitiés; c'est plus d'attention pour votre santé, plus de crainte que vous ne soyez pas assez forte : enfin *ce pigeon* est tout-à-fait tendre. Je lui dis aussi vos amitiés : je suis *conciliante*, comme dit Langlade. Madame de Vins vous aime, et m'a demandé soigneusement de vos nouvelles; la pauvre Méri est toujours misérable, elle me fait une pitié extrême; j'irai la voir bientôt. J'ai une envie extrême de savoir si vous serez bien reposée, et si Guisoni ne vous aura point donné quelques conseils que vous ayez suivis. On dit que la glace est bien contraire à votre poitrine; vous n'êtes plus en état de prendre sur vous, tout y est pris : ce qui reste tient à votre vie. Le bon abbé me disoit tantôt que je devrois vous demander Pauline; qu'elle me donneroit de la joie, de l'amusement, et que j'étois plus capable que je n'ai jamais été de la bien élever : j'ai été ravie de ce discours, mettons-le cuire, nous y songerons quelque jour. Il me vient une pensée, que vous ne voudriez pas me la donner, et que vous n'avez pas assez bonne opinion de moi. Ma fille, cachez-moi cette idée, si vous l'avez; car je sens que c'est une injustice, et que vous ne me connoissez pas : je serois délicieusement occupée à conserver toutes les merveilles de cette petite.

« de France, et vous tiennent encore assiégée, l'heureux achemi-
« nement que vous y avez donné par vostre seule prudence ou bonne
« fortune; il dira aysement avecques moi, que nous n'avons point
« d'exemple d'affection maternelle en nostre temps plus exprez que
« le vostre. » *Essais de Montaigne,* liv. II, chap. VIII.

Mesdemoiselles de Grignan, ne l'aimez-vous pas bien? Vous devriez m'écrire, et me conter mille choses, mais naturellement, et sans vous en faire une affaire, et me dire sur-tout comment se porte votre chère marâtre: cela vous accoutumeroit à écrire facilement comme nous. Je voudrois bien que le petit continuât à jouer au mail: qu'on le fasse plutôt jouer à gauche alternativement, que de le désaccoutumer de jouer à droite, et d'être adroit. Saint-Aubin a trouvé un mail ici, il y joue très bien; il vous baise très humblement les deux mains. Je lui dis des choses admirables de sa petite *Camuson*, et je lui demande les chemins qui l'ont conduit de la haine et du mépris que nous avons vus, à l'estime et à la tendresse que nous voyons: il est un peu embarrassé; *il mange des pois chauds*, comme dit M. de La Rochefoucauld, quand quelqu'un ne sait que répondre.

M. de Grignan, je vous observe; je vous vois venir; je vous assure que si vous ne me dites rien vous-même de la santé de madame votre femme, après les horribles fatigues de son voyage, je serai bien mal contente de vous. Cela répondroit-il, en effet, à ce que vous me disiez en partant? Fiez-vous à moi, je vous réponds de tout. Je crains bien que vous n'observiez cette santé que superficiellement. Si je reçois un mot de vous, comme je l'espère, je vous ferai une grande réparation.

« Il paroît que M. de Saint-Aubin, oncle de madame de Sévigné, avoit fait un mariage mal assorti. (*Voyez* la lettre du 19 novembre 1688, et la note.)

677.

A la même.

A Livry, mercredi 11 octobre 1679.

J'attendois cette lettre du premier avec bien de l'impatience; les pluies l'ont retardée : voilà un des chagrins de l'absence; c'est qu'elle noircit toutes choses. Je n'avois pas manqué d'imaginer tout ce qu'il y a de plus fâcheux; et pour vous parler sincèrement, je ne puis être en repos sur votre santé : je ne crois pas ce que vous m'en dites; M. de Grignan même ne m'en dit pas un mot : la pauvre Montgobert, à qui je me fie, est malade; mesdemoiselles de Grignan n'en disent que ce qu'il vous plaît : ainsi je suis abandonnée à mon imagination. Vos jambes froides et mortes, dont vous vous moquez au moins devant moi, me font une peine incroyable : je ne trouve point que cela soit à négliger; et si j'étois à votre place, je suivrois l'avis de Guisoni, qui ne traite pas ce mal de bagatelle; je ferois le voyage qu'il vous conseille, je prendrois mon temps, je mettrois ce remède au rang de mes affaires indispensables, et je ne laisserois point mes pauvres jambes froides, mortes et dénuées d'esprits[a] : je les voudrois ressusciter et ré-

---

[a] Expression cartésienne. (*Voyez* la note de la lettre 158, t. II, p. 107.)

chauffer, je voudrois enfin me soulager des cruelles douleurs qu'elles me font souffrir tous les soirs. Ce n'est pas vivre, ma chère enfant, que de vivre avec tant d'incommodités. C'est ce voyage-là que je vous ferois bien faire, si j'étois M. de Grignan, et que j'eusse autant de pouvoir sur vous qu'il en a. Enfin, vous croyez bien que je pense souvent à toutes ces choses, et qu'il n'y a nulle philosophie, nulle résignation et nulle distraction qui puissent m'en détourner. Je m'en accommode le mieux que je puis, quand je suis dans le monde; mais de croire que cette pensée ne soit pas profondément gravée dans mon cœur, ah, ma fille! vous connoissez trop bien l'amitié pour en pouvoir douter. Et vous parlez de ma santé; c'est bien dit, de ma santé, car je me porte très bien, je vous l'ai dit vingt fois; vous vous occupez de ma santé, et moi je m'inquiète avec raison de votre maladie. Guisoni veut que je me fasse saigner, parceque la saignée lui fait du bien; le médecin anglois (*Talbot*) dit qu'elle est contraire au rhumatisme, et que si j'ôte mon sang qui consume les sérosités, je me retrouverai comme il y a quatre ans : lequel croirai-je? Voici le milieu : je me purgerai à la fin de toutes les lunes, ainsi que j'ai fait depuis deux mois; je prendrai de cette eau et de l'eau de lin, c'est là tout ce qu'il me faut; et ce qui me seroit encore meilleur, ce seroit votre santé. Voilà bien du discours, ma très belle, sur un sujet qui n'aura pas manqué de vous ennuyer; mais vous ne sauriez m'empêcher d'être uniquement occupée de l'état où vous êtes.

678.

A la même.

A Pomponne, vendredi 13 octobre 1679.

Me voici, ma fille, avec les plus aimables gens du monde : aussitôt qu'ils furent arrivés à Pomponne, madame de Vins m'envoya un laquais à Livry, pour me prier de les venir voir, si je le pouvois. Je m'y rendis hier au soir; le maître et la maîtresse du logis me reçurent fort bien; mais madame de Vins parut tellement votre amie, que je ne pus douter de tout ce que je pensois déjà de la véritable amitié qu'elle a pour vous. Nous causâmes fort de votre départ, de votre séjour, de votre santé, et même de votre retour; car on ne peut s'empêcher, comme vous disiez une fois, de se rendre l'avenir présent. Nous prenons tout ce que nous pouvons de tous les côtés : il seroit inutile de vous redire toutes nos conversations, vous les imaginez aisément, et cela rendroit cette lettre infinie. Madame de Vins vous écrit; elle vous mandera ce qu'elle sait de nouvelles. Dites-lui un peu que vous mettez sur votre compte tout ce qu'elle fait à mon égard. Son amitié m'est aussi convenable que son âge me l'est peu ; mais son esprit est si bon et si solide, qu'on peut la tenir pour vieille par cet endroit, aussi bien que vous, qui avez passé à *joints-pieds* sur toutes les misères des jeunes personnes. Je lui appris une querelle entre MM. de Ventadour, d'Aumont et le chevalier de Tilladet *; M. de La Rochefoucauld les accommode, et s'en trouve si embarrassé, qu'il aimeroit mieux avoir à faire un poëme épique, à ce que me mande madame de La Fayette ; je vous en dirai davantage mercredi. Je reçus hier vos lettres en venant ici ; de sorte que je fis tenir fort sûrement celle de madame de Vins. Je serai demain à Paris : je veux voir le chevalier, et dire adieu à La Garde, qu'on dit qui s'en va mardi. Je veux leur ôter la peine de venir à Livry, dont les chemins sont déjà gâtés. Je ne vous dis plus rien de notre maison ; vous aurez vu comme les pensées du vendredi étoient toutes contraires à celles de mercredi, cela est fort de l'humanité. Je suis fort aise de la dernière résolution, je crois n'y avoir pas nui *b*. Vous serez bien étonnée et bien fâchée de recevoir sitôt vos ordres pour l'assemblée (*des États de Provence*) ; à peine aurez-vous le temps de vous reposer un moment : mais cette précipitation est mêlée d'un grand bien ; car assurément M. de Vendôme (*le gouverneur*) n'ira point en Provence. M. de Pomponne me l'a dit avec plaisir : tous les ordres

a L'édition de 1754 ne donne que les initiales de ces noms ; mais ils n'en sont pas moins certains ; on les lit tout au long dans la *France galante*. (*Voyez* la note de la lettre suivante.)

b Allusion au petit conte que madame de Sévigné raconte dans la lettre écrite au comte de Bussy, le 9 octobre 1675. (*Voyez* ci-dessus la lettre 419, tome IV, page 29.) Ce passage, restitué d'après l'édition de 1734, nous montre que, même dans cette édition, plusieurs morceaux ont été omis dans les lettres précédentes.

s'adressent à M. de Grignan. Il paroît ici que l'assemblée est déja commencée; voilà qui est fait; ainsi, ma belle, du bien et du mal mêlés par-tout : vous ne passerez pas le mois de novembre chez vous; mais vous êtes encore gouverneurs. M. de Pomponne sent cela comme nous; je n'ai jamais vu un homme si aimable : il m'a fort priée de vous faire ses compliments sincères et tendres, car votre santé et votre absence lui tiennent au cœur.

J'embrasse premièrement M. de Grignan : je l'admire bien, et vous aussi, ma fille, d'aimer tant mes lettres : je suis toujours tout étonnée du bien que vous m'en dites; elles passent si vite chez moi, que je ne sens jamais, ni ce qu'elles valent, ni aussi ce qu'elles ne valent pas : telles qu'elles sont, vous n'en aurez que trop, et moi des vôtres, qui sont pourtant toute ma consolation; mais elles sont bien tristes, quand je les compare à ce qu'il y a de meilleur; je ne vis que pour en venir là. Je me suis égarée, mais je reviens. J'embrasse donc M. de Grignan premièrement, et suis fort aise qu'il ait la bonne foi d'avouer que je lui donne de la tablature pour savoir bien vous aimer : qu'il essaie un peu de chanter sur ce ton, principalement pour le soin de votre santé; car on a beau dire que cela est importun, je ne suis pas trop de cet avis : tout ce qui tient à la vie de ce que nous aimons, de tout temps ne s'est guère accordé avec la tranquillité. Si M. de Grignan avoit autant aimé madame de Saint-Simon", que je vous aime, j'en demande pardon

---

" Diane-Henriette de Budos, duchesse de Saint-Simon, morte de la petite-vérole, le 2 décembre 1670. (*Voyez* la lettre 90, tome 1er. page 208.)

à son amour, il n'auroit pas été bien en repos de la voir dans votre état; qu'il examine donc cette vérité; voilà sa leçon d'aujourd'hui, puisque je me trouve obligée d'être sa maîtresse à aimer. Je l'embrasse donc premièrement; ne pourrai-je continuer, et embrasser quelqu'un secondement? Ce sera vraiment mesdemoiselles ses filles, qui me tiennent au cœur, et mon petit garçon qui ne m'y tient pas mal aussi, et *Paulinote*, avec tous ses attraits; et vous, ma très belle, que vous dirai-je? rien du tout, que ce que vous avez la justice de me dire, c'est que vous remplissez toute la capacité de ce cœur que vous trouvez si savant dans l'amitié.

679.

A la même.

A Paris, mercredi 18 octobre 1679.

Je suis venue ici pour plusieurs petites choses; le bon abbé y est aussi, et se porte très bien. Une de mes affaires étoit de voir le chevalier de Grignan : sa vue me toucha sensiblement : je sais l'intérêt qu'il prend à votre santé; nous en parlâmes fort; il est digne de comprendre ce que je sens pour vous. Je croyois dire adieu aussi à M. de La Garde; mais il ne s'en va pas si tôt : il a toujours de ces sortes d'affaires qui me font admirer sa bonté. Nous voilà donc arrêtés à l'hôtel de Carnavalet; nous ne pouvions mieux faire. Le *bien bon* est entré d'abord dans vos desseins pour l'ajustement de votre appartement. Il est survenu tout à propos un fort honnête ami de *Carpillon Frétin*, homme à qui nous avons affaire en l'absence de M. d'Agaurri[a]; il est tellement entré avec nous dans cette petite commodité, qu'il en veut être l'architecte; il y est fort entendu : il demande seulement le temps d'écrire à M. d'Agaurri, en Dauphiné, pour avoir la permission d'attaquer la vieille antiquaille de cheminée, dont il ne doute point; et cela étant, il n'y aura rien de mieux ni de plus tôt fait. Tout le malheur, c'est qu'il vous en coûtera moins que ce que vous pensez; ils disent que cent écus feront votre affaire; soyez persuadée que nous aurons grand plaisir à vous faire celui-là. En vérité, c'est une chose étrange que l'hôtel de Carnavalet sans vous. Il faut se soutenir par l'espérance de vous y revoir, non plus comme un oiseau ni comme un courrier, mais comme une personne qui n'a plus que faire là-bas, et qui veut respirer un air qui convient et à ses affaires, et à sa santé.

J'ai grand regret que Pauline soit chassée du logis, je vous en crois dehors vous-même, car vous n'aurez guère laissé languir votre convocation, afin de ne pas donner le temps au gouverneur de se raviser; il n'y a pas d'apparence qu'il y songe cette année. On est persuadé que Sa Majesté va faire commencer les propositions du mariage de Bavière par M. le président Colbert[b], qu'on croit qui va partir : tout cela est encore en l'air.

[a] M. d'Agaurri étoit propriétaire de l'hôtel de Carnavalet.
[b] Charles Colbert, marquis de Croissi, qui remplaça M. de Pomponne un mois après.

Je vous ai parlé de la querelle du duc de Ventadour et du duc d'Aumont. Ce dernier revenoit de Bourbon avec sa femme, la duchesse de Ventadour et le chevalier de Tilladet. Le duc de Ventadour étoit à une de ses terres de ce même pays, appelée *la Motte*. Il avoit prié sa femme d'y venir; il en envoya prier toute la compagnie; il fut refusé; il vint lui-même, et ne fut pas bien reçu, parceque, de la dînée à la couchée, les suivant partout, ses discours étoient un peu entremêlés de menaces et d'injures : il étoit à cheval par la campagne, le pistolet à la main, comme Don Quichotte, menaçant et défiant les Messieurs. Le chevalier de Tilladet le traita de fou, et qu'il falloit le mener aux Petites-Maisons. Enfin, dans des transes mortelles, les dames arrivèrent à Paris, où le roi averti envoya aussitôt garder madame de Ventadour. La voilà sous la protection de Sa Majesté. Que fait le monstre? Il s'en va trouver le roi, accompagné de ses proches, c'est-à-dire, de MM. les princes de Condé, de Conti, MM. de Luxembourg, Duras, Schomberg, Bellefonds; et, avec une hardiesse incroyable, il parla à Sa Majesté, disant que le chevalier de Tilladet lui avoit *manqué de respect*. Remarquez ce mot : il remet la Duché où elle étoit autrefois. « Eh, Sire, pourquoi « me refuse-t-on ma femme? Que m'est-il arrivé d'ex- « traordinaire? Suis-je plus bossu et plus mal fait que je « n'étois quand on m'a bien voulu? Si je suis laid, Sire, « est-ce ma faute? Si je m'étois fait moi-même, j'aurois « pris la figure de Votre Majesté; mais tout le monde « n'est pas partagé comme il le voudroit être. » Et enfin, avec cette flatterie naturelle et juste qu'on n'attendoit point, et beaucoup de raison dans ses discours, il a si bien fait que le roi a été fort content de lui, et toute la cour. Cependant on les va séparer; l'embarras c'est qu'il veut absolument que sa femme soit dans un couvent, et cela est triste*. M. de La Rochefoucauld est chargé de toute cette affaire, et des accommodements entre les Messieurs. Je vous ai dit combien il est empêché de tout cela.

Mon fils est aux Rochers solitairement : il a si bien fait aux états, que je crois, en vérité, qu'il aura dans deux ans cette grande députation. Il vous aime très chèrement, il en jure sa foi; je conserverai entre vous l'amour fraternel, ou j'y périrai. J'ai fait vos compliments à toutes les dames que vous me nommez : votre souvenir fait une joie et une tristesse. Madame de La Fayette veut se distinguer à cause de cette nouvelle

* On lit cette anecdote dans la *France galante*, tome Ier, page 106. En rapprochant cet ouvrage des Lettres de madame de Sévigné, on aura plus d'une fois l'occasion de remarquer que, sous un titre frivole, il présente une peinture trop fidèle des mœurs du temps. Le duc de Ventadour, laid et contrefait, ne rachetant point ce défaut par les qualités de l'esprit, soupçonna la duchesse d'avoir des liaisons avec Gabriel de Cassagnet, chevalier de Tilladet. Il feignit de s'absenter, et permit à sa femme d'accompagner à Bourbon la duchesse d'Aumont, sa sœur. Puis, caché sous un déguisement, il les suivoit et s'arrêtoit tous les soirs *incognito* dans la même hôtellerie. Il vit bientôt arriver M. de Tilladet, ce qui donna lieu à une violente altercation. Le duc d'Aumont, allié de Tilladet, prit parti pour lui contre son beau-frère, et il fallut que l'autorité royale s'interposât pour apaiser cette querelle. La maréchale se retira pendant quelque temps dans un couvent du faubourg Saint-Marceau.

amitié; il ne tiendra vraiment pas à elle que vous ne soyez contente.

J'embrasse M. de Grignan, mesdemoiselles ses filles, son petit *sobre* de fils; cela est plaisant d'aspirer à cette qualité : nos Bretons n'ont point cette fantaisie. Pour vous, ma très chère, je suis à vous avec cette perfection que M. de Grignan admire. J'aime que vous me parliez de vous sans cesse, et je regrette tout ce qui n'est que pour causer agréablement : la crainte que tant d'écriture ne vous fasse mal trouble tout le plaisir que j'avois de vos lettres infinies.

680.*

A la même.

A Paris, vendredi 20 octobre 1679.

Quoi! vous pensez m'écrire de grandes lettres, sans me dire un mot de votre santé; je pense, ma chère enfant, que vous vous moquez de moi; pour vous punir, je vous avertis que j'ai fait de ce silence tout le pis que j'ai pu; j'ai compris que vous aviez bien plus de mal aux jambes qu'à l'ordinaire, puisque vous ne m'en disiez rien, et qu'assurément si vous vous fussiez un peu mieux portée, vous eussiez été pressée de me le dire : voilà comme j'ai raisonné. Mon Dieu, que j'étois heureuse quand j'étois en repos sur votre santé! et qu'avois-je à me plaindre auprès des craintes que j'ai présentement? Ce n'est pas, qu'à moi qui suis frappée des objets, et qui aime passionnément votre personne, la séparation ne soit un grand mal; mais la circonstance de votre délicate santé est si sensible, qu'elle en efface l'autre. Mandez-moi désormais l'état où vous êtes, mais avec sincérité. Je vous ai mandé tout ce que je savois pour vos jambes; si vous ne les tenez chaudement, vous ne serez jamais soulagée : quand je pense à ces jambes nues deux ou trois heures le matin pendant que vous écrivez; mon Dieu! ma chère, que cela est mauvais! Je verrai bien si vous avez soin de *moi*. Je me purgerai lundi pour l'amour de vous; il est vrai que le mois passé je ne pris qu'une pilule; j'admire que vous l'ayez sentie; je vous avertis que je n'ai aucun besoin de me purger; c'est à cause de cette eau, et pour vous ôter de peine. Je hais bien toutes ces fièvres qui sont autour de vous.

Le chevalier vous mande toutes les nouvelles; il en sait plus que moi, quoiqu'il soit un peu incommodé de son bras, et par conséquent assez souvent dans sa chambre. Je fus le voir hier, et le bel abbé; il me faut toujours quelque Grignan; sans cela il me semble que je suis perdue. Vous savez comme M. de La Salle* a acheté la charge de Tilladet; c'est bien cher de donner cinq cent mille francs pour être subalterne de M. de Marsillac :

* Louis de Caillebot, marquis de La Salle, sous-lieutenant des Chevau-légers, acheta la charge de maître de la garde-robe, qu'avoit le marquis de Tilladet, lorsque ce dernier fut nommé capitaine-lieutenant des Cent-Suisses de la garde du roi, à la place du marquis de Vardes. (*Voyez* la lettre 642, page 341 de ce volume.)

j'aimerois mieux, ce me semble, les subalternes des charges de guerre. On parle fort du mariage de Bavière. Si l'on faisoit des chevaliers (*de l'ordre*), ce seroit une belle affaire; je vois bien des gens qui ne le croient pas. J'ai reçu une lettre de bien loin, que je vous garde; elle est pleine de tout ce qu'il y a au monde de plus reconnoissant, et d'un tour admirable. Pour le pauvre Corbinelli[a], je ne sais point de cœur meilleur que le sien; et, pour son esprit, il vous plaisoit autrefois: il regarde avec respect la tendresse que j'ai pour vous; c'est un *original* qui lui fait connoître jusqu'où le cœur humain peut s'étendre: il est bien loin de me conseiller de m'opposer à cette pente; il connoît la force des conseils sur de pareils sujets. Le changement de mon amitié pour vous n'est pas un ouvrage de la philosophie, ni des raisonnements humains : je ne cherche point à me défaire de cette chère amitié, ma fille; si dans l'avenir vous me traitez comme on traite une amie, votre commerce sera charmant; j'en serai comblée de joie, et je marcherai dans des routes nouvelles. Si votre tempérament, peu communicatif, comme vous le dites, vous empêche encore de me donner ce plaisir, je ne vous en aimerai pas moins; n'êtes-vous pas contente de ce que j'ai pour vous? en desirez-vous davantage? Voilà votre pis aller. Nous parlions de vous l'autre jour, madame de La Fayette et moi : nous trouvâmes qu'il n'y avoit au monde que madame de Rohan[b] et madame de Soubise qui fussent

[a] *Voyez* la lettre du 4 octobre précédent, page 449 de ce volume.
[b] Marguerite, duchesse de Rohan, veuve de Henri Chabot, et Anne

ensemble aussi bien que nous y sommes; et où trouverez-vous une fille qui vive avec sa mère aussi agréablement que vous faites avec moi? Nous les parcourûmes toutes, en vérité nous vous fîmes bien de la justice, et vous auriez été contente d'entendre tout ce que nous disions. Il me paroît qu'elle a bien envie de servir M. de Grignan; elle voit bien clair à l'intérêt que j'y prends, et je suis sûre qu'elle sera alerte sur les chevaliers*, et sur-tout le mariage se fera dans un mois, malgré l'*écrevisse* qui prend l'air tant qu'elle peut; mais elle sera encore fort rouge en ce temps-là. Madame de La Fayette prend des bouillons de vipères, qui lui redonnent une ame et des forces à vue d'œil; elle croit que cela vous seroit admirable. On coupe la tête et la queue à cette vipère, on l'ouvre, on l'écorche, et toujours elle remue; une heure, deux heures, on la voit toujours remuer: nous comparâmes cette quantité d'esprits si difficiles à apaiser, à de vieilles passions, et sur-tout à celles de ce quartier[b]; que ne leur fait-on point? On dit des injures, des rudesses, des cruautés, des mépris, des querelles, des plaintes, des

de Rohan-Chabot, sa fille, mariée au prince de Soubise, et secrètement maîtresse de Louis XIV.

* Elle auroit sollicité pour M. de Grignan, s'il y avoit eu une promotion de l'ordre du Saint-Esprit. Il ne reçut la croix de cet ordre qu'en 1688.

[b] Madame de La Fayette habitoit vis-à-vis le petit Luxembourg. Ce trait ne seroit-il pas dirigé contre mademoiselle de Montpensier, qui étoit de plus en plus occupée du duc de Lauzun, prisonnier à Pignerol? Il ne peut concerner les *anges* (*les demoiselles de Grancey*), car Monsieur habitoit le Palais-Royal.

rages; et toujours elles remuent, on n'en sauroit voir la fin : on croit que quand on leur arrache le cœur, c'en est fait, et qu'on n'en entendra plus parler; point du tout, elles sont encore en vie, elles remuent encore. Je ne sais pas si cette sottise vous paroîtra comme à nous; mais nous étions en train de la trouver plaisante : on en peut faire souvent l'application.

Voici des affaires qui vous viennent, je crois que vous allez à Lambesc; il faut tâcher de se bien porter, de rajuster un peu les deux bouts de l'année qui sont dérangés, et les jours passeront : j'ai vu que j'en étois avare; je les jette à la tête présentement. Je m'en retourne à Livry jusqu'après la Toussaint; j'ai encore besoin de cette solitude, je n'y veux mener personne; je lirai, je tâcherai de songer à ma conscience; l'hiver sera encore assez long.

Votre pigeon est aux rochers comme un hermite, se promenant dans ses bois : il a fort bien fait aux états : il avoit envie d'être amoureux d'une mademoiselle de La Coste. Il faisoit tout ce qu'il pouvoit pour la trouver un bon parti, mais il n'a pu. Cette affaire a une *côte rompue*[a]; cela est joli. Il s'en va à Bodégat, de là au Buron, et reviendra à Noël avec M. d'Harouïs et M. de Coulanges. Ce dernier a fait des chansons extrêmement jolies; Mesdemoiselles, je vous les enverrai. Il y avoit à Rennes une mademoiselle Descartes[b], propre

---

[a] Allusion à une expression de madame de Grignan, qui avoit fort diverti le duc de La Rochefoucauld. (*Voyez* la lettre 126, tome 1er, page 314.)

[b] Catherine Descartes, fille d'un conseiller au parlement de Breta-

nièce de *votre père* (*Descartes*), qui a de l'esprit comme lui; elle fait très bien des vers. Mon fils vous parle, vous apostrophe, vous adore, ne peut plus vivre sans *son pigeon*; il n'y a personne qui n'y fût trompé. Pour moi, je crois son amitié fort bonne, pourvu qu'on la connoisse pour être tout ce qu'il en sait; peut-on lui en demander davantage? Adieu, ma très chère et très aimable; je ne veux pas entreprendre de vous dire combien je vous aime; je crois qu'à la fin ce seroit un ennui. Je fais mille amitiés à M. de Grignan, malgré son silence. J'étois ce matin avec le chevalier et M. de La Garde : toujours pied ou aile de cette famille. Mesdemoiselles, comment vous portez-vous, et cette fièvre qu'est-elle devenue? Mon cher petit marquis, il me semble que votre amitié est considérablement diminuée; que répond-il? Pauline, ma chère Pauline, où êtes-vous, ma chère petite?

gne. (*Voyez* la note de la lettre 64, tome Ier, page 162.) Elle avoit beaucoup de mérite, et cela fit dire que l'esprit de son oncle étoit tombé en quenouille. Plusieurs pièces qui lui sont échappées se trouvent dans les Recueils. On a retenu les jolis vers qu'elle fit pour la fauvette de mademoiselle de Scuderi; ils sont trop connus pour être rappelés ici.

681.

De Madame DE SÉVIGNÉ *au Comte* DE BUSSY.

À Paris, ce 24 octobre 1679.

Je suis persuadée que vous ne recevrez point cette lettre en Bourgogne, et je le souhaite, mon cher cousin; je l'écris au hasard. Ma nièce de Sainte-Marie m'a dit que vous veniez incessamment à Paris avec l'heureuse veuve. Je pensois qu'elle vînt seule, et je lui fis offrir le logement de ma fille; mais j'ai bien aisément compris que vous ne vous sépariez non plus à Paris qu'ailleurs; vous ne sauriez être en meilleure compagnie. J'ai perdu avec beaucoup de douleur celle de ma fille. La pauvre femme partit le 13 du mois passé avec une santé assez délicate pour que j'en sois continuellement en peine. C'est l'état où je suis. J'ai passé beaucoup de temps à Livry. Cette solitude me déplaisoit moins que la contrainte du monde et des visites. Je m'y en retourne encore passer la Toussaint, après quoi je reviendrai ici vous attendre: il me semble que c'est à-peu-près le temps que vous y arriverez. Je suis si mal instruite des nouvelles, que je n'entreprendrai pas de vous en mander. Je vous écris tristement, mes pauvres enfants; vous me remettrez dans mon naturel. Je l'espère de vos aimables esprits; et en attendant, je vous embrasse tous deux de tout mon cœur.

682.

De Madame DE SÉVIGNÉ *à Madame* DE GRIGNAN.

A Livry, mercredi 25 octobre 1679.

Je suis ici toute fine seule : je n'ai pas voulu me charger d'un autre ennui que le mien : nulle compagnie ne me tente pour commencer sitôt mon hiver. Si je voulois, je me donnerois d'un air de solitude ; mais depuis que j'entendis l'autre jour madame de Brissac, qui disoit qu'elle étoit livrée à ses réflexions, et qu'elle étoit un peu trop avec elle-même, je veux me vanter d'être tout l'après-dîner dans cette prairie, causant avec nos vaches et nos moutons. J'ai de bons livres, et sur-tout Montaigne ; que faut-il autre chose quand on ne vous a point? J'ai reçu ici votre dernière lettre ; vous me croyez à Paris auprès de mon feu, et vous recevrez auprès du vôtre mes lamentations sur les fatigues de votre voyage : l'horrible chose que d'être si loin ! mais on ne peut être plus étonnée que je l'ai été de vous voir avec M. et madame de Mêmes ; j'ai cru que vous vous trompiez, et que c'étoit à Livry que vous alliez les recevoir. Les voilà qui m'écrivent donc d'une manière qui me fait comprendre qu'ils sont parfaitement contents de la bonne réception que vous leur avez faite : ils ont beaucoup d'envie de me voir ; c'est la meilleure raison que j'aie pour m'en retourner incessamment.

Vous avez raison de supprimer la modestie de Pauline, elle seroit usée à quinze ans : une modestie prématurée et déplacée pourroit faire de méchants effets. Vous vous moquez de remercier Corbinelli du bien qu'il dit de votre esprit ; il le trouve seul au-dessus des autres ; et quand il en parle, c'est pour dire ce qu'il pense, et non pour vous plaire, ni pour vous donner bonne opinion de vous. Il vouloit l'autre jour vous mettre un mot dans ma lettre sur les politesses que vous disiez pour lui ; cela ne se rencontra pas ; ce sera pour mon retour. M. et madame de Rohan ne trouvent pas l'invention, sur deux mille cinq cents pistoles qu'ils ont reçues des états, de lui faire un présent sous le nom du petit Prince de Léon. Il y a de plaisantes étoiles ; celle de Corbinelli est de mépriser ce que les autres adorent. Il est vrai que j'eus beaucoup de plaisir à les entendre, l'abbé de Pile* et lui ; ils étoient d'accord en bien des choses ; il y en avoit de dures, sur quoi ils *mâchonnoient*; M. de La Rochefoucauld appelle cela *manger des pois chauds*; ils en mangeoient donc, car dans cette forêt on conclut juste. Le gros abbé (*de Pontcarré*) a commencé sa charge de gazetier ; ne vous incommodez point pour les réponses, il a un style de gazette qu'il possède mieux que moi.

* On lit *de Pile* dans les éditions de 1734 et de 1754. M. Grouvelle a pensé que c'étoit l'abbé de Piles, qui a écrit sur la peinture, et qui lui-même étoit peintre. Cet abbé étoit attaché à M. Amelot, qui se rendit célèbre par ses ambassades. Cette circonstance rendroit vraisemblable sa liaison avec madame de Sévigné qui alloit souvent chez madame Amelot.

Pour votre frère, c'est un homme admirable; il n'a jamais pu se passer de gâter les merveilles qu'il avoit faites aux états par un goût *fichu*, et par un amour sans amour, entièrement ridicule. L'objet s'appelle mademoiselle de La Coste; elle a plus de trente ans, elle n'a aucun bien, nulle beauté; son père dit lui-même qu'il en est bien fâché, et que ce n'est point un parti pour M. de Sévigné: il me l'a mandé lui-même; je l'en loue, et le remercie de sa sagesse. Savez-vous ce qu'a fait ensuite votre frère? Il ne quitte pas la demoiselle; il la suit à Rennes et en Basse-Bretagne où elle va, sous prétexte d'aller voir Tonquedec: il lui fait tourner la tête; il la dégoûte d'un parti proportionné auquel elle est comme accordée: toute la province en parle; M. de Coulanges et toutes mes amies de Bretagne m'en écrivent, et croient tous qu'il se mariera. Pour moi, je suis persuadée que non; mais je lui demande pourquoi décrier sans besoin sa pauvre tête, qui avoit si bien fait dans les commencements? Pourquoi troubler cette fille qu'il n'épousera jamais? Pourquoi lui faire refuser ce parti qu'elle ne regarde plus qu'avec mépris? Pourquoi cette perfidie? Et si ce n'en est point une, elle a bien un autre nom, puisque assurément je ne signerois point à son contrat de mariage. S'il a de l'amour, c'est une folie qui fait faire encore de plus grandes extravagances; mais, comme je l'en crois incapable, je ferois scrupule, si j'étois en sa place, de troubler, de gaieté de cœur, l'esprit et la fortune d'une personne qu'il est si aisé d'éviter. Il est aux Rochers, me parlant de ce voyage chez Tonquedec, mais pas un mot de la demoiselle, ni de ce bel attachement : en général seulement, ce sont des tendresses infinies et des respects excessifs. Voilà de ces choses que j'abandonne à la Providence ; car qu'y puis-je faire ? Je suis pourtant persuadée que tout cela ne sera rien : j'écris des lettres admirables, qui n'auront que l'effet qu'il plaira à Dieu.

Ne vous ai-je point parlé de cette Mademoiselle de*....? Non, c'est à mon fils. Elle est mariée à M. de...., à qui, contre notre pensée, on a effectivement donné cent mille écus, cent mille écus bien comptés. Ils ont été éblouis de cette somme : ils sont avares ; mais en même temps on leur a donné la plus folle, la plus dissipatrice, la plus ceci, la plus cela, qu'il est possible d'imaginer. Après avoir été habillée comme une reine à son mariage par son père, elle a jeté encore douze mille francs à un voyage qu'elle fit à Fontainebleau ; elle y entra dans le carrosse de la reine ; il n'y a pas de raillerie ; elle donna cinquante pistoles aux valets-de-pied ; elle joua, et tout à proportion. Elle en revint enfin ; voici le diantre : père et mère navrés de douleur sur la dépense, et maudissant l'heure et le jour de son mariage, vinrent pleurer chez madame de Lavardin qui les avoit avertis. Le mari vint ensuite, disant avec naïveté qu'il *lui pleuvoit dans la bouche* (remarquez bien ce terme) des lettres d'avis de tous côtés de la mauvaise conduite passée et présente de sa femme, et qu'il étoit

---

* Le nom de cette demoiselle n'est pas connu ; mais on voit par la lettre de madame de Sévigné à son fils, du 5 août 1684, que ce dernier ne dut pas regretter d'avoir manqué ce parti.

au désespoir. Madame de Lavardin rioit sous gorge, et conte tout cela fort plaisamment. Enfin, sans vous dire ses réponses ni ses conseils, voici la conclusion : une belle et grande maison, qu'on avoit louée pour revenir cet hiver, est rendue; et le voyage d'Auvergne n'aura ni fin, ni terme. Voilà une belle histoire dont vous vous souciez beaucoup, ma chère belle; c'est l'oisiveté qui jette dans ces sortes de verbiages.

FIN DU TOME CINQUIÈME.

Contraste insuffisant
NF Z 43-120-14

www.ingramcontent.com/pod-product-compliance
Lightning Source LLC
Chambersburg PA
CBHW050243230426
43664CB00012B/1809